胭+砚
project

# 大欢喜

## 论语章句评唱

李永晶 著

漓江出版社

# 自序
# 寻访华夏心灵世界的原风景

## 一

本书是我对儒学“四书”，即《大学》《中庸》《论语》《孟子》，进行重新解释的一部分。华夏世界的儒学思想有着多重的面相，有着关于从个体生命到宇宙秩序的整全观念，在华夏文明生生不息的进程中一直居于枢纽的位置。儒学从根本上说是“仁学”，那什么是“仁”呢？自孔子（前551—前479）开始，儒学思想家们对这个核心观念已经进行了极为精微的讨论。对于今天的我们而言，暂且记住如下说法或许足矣：“仁者人也”（《中庸》），而“爱人能仁”（《国语·周语下》）。

这个说法包含两个要点。第一，儒学是关于“人”自身的学问，是华夏世界的先哲对于“人”本性天然完美的揭示、描述与论证。这种思想的最终目的就是导引每一个人去认识自我，以成为真正的“人”。我们今天重读以《论语》为核心的儒学经典，就是要接受华夏文明中那些最为优美、崇高、神圣观念的洗礼，让我们再次意识到我们生而为“人”的高贵属性，从而寻找到自己实现完满的人生道路。第二，儒学是关于“爱”的学问。由于现代社会的生产机制和意识形态的操控，现代人多在忙迫中心灵变得颠沛流离，在焦虑中生命变得麻木不仁。联结自我与世界的纽带一旦丧失，生命就将走向沉沦。以孔子为代表的伟大思想家们，很早就洞悉了人的这种境况，他们展开教育，著书立说，目的就是要帮助人们恢复、重建自我与世界的根本关系。“仁”就是对这个有意义的关系的概括——从根本上说，“仁”是自我意识的最高程度的觉醒，是对天地万物的热爱。我们只有恢复“爱”的能力和情感，才能在现代生活中获得属于心灵的自由、宁静与生活的喜悦。

然而，今天的我们对于儒学“四书”难免会有一种距离感。如果从二十世纪初开始算起，我们已经历了一个世纪以上的所谓“走出”传统、拥抱“现代”知识体系的过程。在这一期间，“四书”及其所代表的文化传统曾经陷入深刻的危机当中——人们将其视为古代的、专制的、非科学的、落后的文化遗迹，认为必须用近代的、西方的、科学的思想与文化观念来加以克服。很多人将华夏世界自近代以来遭遇的挫折与失败、将现代化进程中出现的问题悉数归因于传统文化，但这是一种近于本末倒置的看法。如今，历史已经翻页，我们获得了重新审视传统的余裕和眼光。我们有必要基于我们对时代的全新体验，对儒学思想进行重新的认识，让我们的生活获得古典养分的支持。

我在本书中即将进行的工作，主旨就是要回应我们此刻生活中的真实问题——我们现在究竟在过着怎样的生活？什么样的生活更值得我们去追求？我们的幸福或不幸，与这个世界有着怎样的关系？再进一步去追问：“我们”以及“世界”究竟是怎样的存在？这些问题或来源于具体的时代与历史处境，或来自人自身近乎永恒的自我与生命意识。因此，本书在重新解释儒学思想体系时，将致力于综合运用我们已经熟悉的知识与学说，而不再拘泥于它们的时间与空间起源。

温故而知新。通过重温过去的典籍而获得对生命、对生活的重新认识，这就是本书的目的。我们对古典著作的每一次重读，其实都是在新的时空下对华夏心灵世界原风景展开的一次重新寻访。

## 二

如前所述，自十九世纪末以来，华夏世界的心灵秩序受到了强烈的冲击，甚至形成了所谓的心理创伤。如何从这种冲击造成的困惑与阴影中走出来，从根本上说就是我们个体以及群体面临的真实问题。本书将以南宋时期的朱熹（1130—1200）撰写的《四书章句集注》（以下简称《集注》）为文本，在新时代、新文明与新生活的视野下对儒学思想进行重新的理解与表述。在这个新视野中，"四书"是对我们的心灵秩序与社会秩序依然发挥着潜移默化作用的观念体系，而不仅仅是现代学术体系中的"哲学"或者"古典学"的文本。因此，我们不妨将文本前面的"儒学"乃至"古典"的标签去掉。

华夏心灵世界遭遇挑战的这种体验，历史上并非首次。东汉末年，源于喜马拉雅山南麓的佛教传入华夏，在随后的数百年间，对华夏世界的心灵与社会秩序造成了深远的影响。直到"北宋五子"——邵雍（1011—1077）、周敦颐（1017—1073）、张载（1020—1077）、程颢（1032—1085）与程颐（1033—1107）——横空出世后，他们直面并广泛吸收佛教的世界观与方法论，从而唤醒了儒学近乎沉睡的心灵，华夏世界的"治道"与"人心"于是得到了重建。这一新生的儒学被称为"新儒学"（又称"宋学"或"理学"或"道学"）；由于朱熹是这一新传统的集大成者，这种新儒学又被称为"朱子学"。不管称呼如何，这种新传统的本质都是儒学观念体系发展的最新表述。若按公元纪年算起，朱子集毕生精力撰写的《集注》，堪称是华夏世界第二个千年开始时自我意识的最高表达。

现在，我们正处于华夏世界第三个千年的开端时刻，现代性的冲击余波未绝。我们只有直面现代人文社会科学知识所建构的世界，重访儒学所描绘的华夏世界的心灵原乡，才能回应我们心灵深处的困惑与需求。因此，在重新阅读“四书”时，我们需要敞开我们的心怀，尽力参考、吸收各种优秀的学说与思想。

对于华夏世界思想观念的演进，著名的历史学家陈寅恪（1890—1969）有一段广为人知的说法：“窃疑中国自今日以后，即使能忠实输入北美或东欧之思想，其结局当亦等于玄奘唯识之学，在吾国思想史上，既不能居最高之地位，且亦终归于歇绝者。其真能于思想上自成系统，有所创获者，必须一方面吸收输入外来之学说，一方面不忘本来民族之地位。此二种相反而适相成之态度，乃道教之真精神，新儒家之旧归途，而二千年吾民族与他民族思想接触史之所昭示者也。”兼收并蓄，返本开新，生生不息，这正是华夏文明史所昭示的真精神。

在这个以千年时空为尺度的视野下，儒学与华夏民族共同体的生命将再次发生联系；在世界走向新文明的途中，这个古老而常新的文明当然也会再次获得新生。在本书中，我将努力表达出自己在“四书”中看到的真实世界，以及我在真实的世界中看到的“四书”，看到它们揭示的永恒真理——它关乎人类以及我们每一个个体的生命尊严。

让我们一同开启一场心灵之旅吧。

# 体例说明

一、本书新撰二篇“序说”，分别置于《论语》和《大学》《中庸》篇前，以概括提示这些文本的价值与意义。朱子《集注》以《大学》《中庸》开篇，有其特殊的考虑；本书重新安排次序，将《论语》提前，以《大学》《中庸》二篇为解释性论文附属于后，期待读者直接进入原初儒学的精神世界。

二、本书对全部章句的含义，均用现代白话文进行重新的表述，以“文义”进行标识。在这一部分中，本书将以朱子的注释为基础，对各章句的“文辞和义理”进行系统性的解释和说明。传统“文言”天然有着“文”的属性，古人所言的“道”，今人所言的“哲理”或“思想”，皆依赖文辞与文脉而得以显现。通过加注“文义”的工作，本书力求将部分原文的生动性与现场感呈现出来，借以揭示原文的深邃思想与恒久哲理。这种工作的实质是进行重新解读与表述，而不是通常意义上的“译文”，故不寻求字面上的一一对应。

三、在前述工作的基础上，本书对部分章句进一步加以综合解释和自由引申，以“评唱”进行标识。“评唱”体例见于宋代禅宗的学术领域，其意是指对佛教经文或禅师教学问答等进行的综合解释、赏析、评论以及赞颂。本书用“评唱”一语，取禅宗面对经文时重视实践、直击心灵、直面世界的教学方式，目的是与读者一同，全副身心地投入到文本所导引的世界中去，去“体认”而不是仅仅依据我们有限的理性去“理解”文本。因此，我对于自觉没有新体认的章句，以及文义上多少有重复的章句，未进行“评唱”工作。另外，本部分涉及的引述将以随文注释的方式注明，以明示本书认知的来源，并为初次阅读儒学经典的读者提供进一步阅读的方便。

四、本书对朱子《集注》中的注释，适当摘录其中的一部分，以“朱注”为标识，单列出来。这种注释方式除了要表明本书对朱子学说的继承关系外，我还希望读者借此对新儒学体系获得一个相对整全的认知。因此，摘录以重要的字义注释和有创造性的解释为主；前述“文义”或者“评唱”部分有比较充分体现的注释，不再单列。此外，未采用朱注而参考了诸如《论语义疏》《论语正义》等著作的注释，均在前述“评唱”部分加以注明。

五、本书对《论语》二十篇各拟一个新的标题，置于每篇之前。《论语》虽然不是任意的辑录，但多数篇章的编排并没有统一的主题；因此，新拟的标题仅仅是出于提示各篇中一条或若干条语录的主旨，而决不是说各篇仅说此一件事。每篇的标题虽然形式上是“以偏概全”，但我希望它们在整体上能呈现出《论语》的主要内容。《大学》和《中庸》为长篇论文，本书进行了分节与添加标题的处理，以方便读者阅读和理解。

六、本书引述的直接注释“四书”的文献以及相关研究文献，均在“参考文献”中加以明示，而引述的其他相关古籍或资料由于比较常见，且仅仅涉及原文，故不再单列版本信息。

七、通过上述工作，我期待有缘的读者能开卷有益，对其中的一条或若干条语录能“欢喜奉行”，在实践中收获心灵的大欢喜与大自在。关于“大”字，古典思想中有“充实而有光辉之谓大”“自体宽广”“周遍包含”“不可思议”等多种含义，因此，本书题名为《大欢喜》。

# 目 录

# 论语章句序说

《论语》是孔门师生部分言行记录的汇编，是后人研读孔子思想、进行儒学教育的首要文本。现代西方学者在谈及《论语》时，往往将其与基督教的《圣经》进行类比，而在华夏世界传统的政教体系中，也早有人将其尊为“圣经”，可见《论语》在人类文明史上占有特殊的地位。《论语》的这种地位，源于孔子开创的教育体系。在商周两代，学在官府，教育的对象主要是贵族子弟；自孔子首倡“有教无类”以及开创私人撰述以来，教育以及著述活动不再是贵族与官员的专利，而是向全社会开放，从而使得文化下移。这是华夏世界文明化进程中的一个里程碑式的事件。

近现代学者对孔子开创的这一教育传统尤为关注。比如，章太炎（1869—1936）称颂“仲尼荡平阶级”的历史角色；萧公权（1897—1981）则进一步论述说，孔子“非抑旧贵族而使下侪于皂隶，实乃提升平民而令上跻于贵族也”，因此，孔子“固不失为旧制度之忠臣，亦同时为平民之益友”。这些说法不仅是对孔子角色的评价，更准确地指出了孔子在中国社会结构变迁中扮演的角色。用今天的话来说，孔子可谓集保守主义与进步主义、理想主义与现实主义于一身；孔子被后世推尊为华夏政教体系的“至圣先师”，可谓实至名归。华夏文明史上的诸多高光时刻，事实上都有着强烈的孔子思想的印记。

孔子的根本思想可归结为一个“仁”字。“仁”含义宽泛，包含“仁爱”“慈爱”“高贵”“慈悲”等多种含义；如果换一个角度来说，“仁”就可训为“人”字——“仁”是人自然的、天赋的本性，是人之所以为人的根本属性；教育的本质就是要导引人走向对“仁”的自觉，从而成为真正的人。显然，这里说的“人”是社会意义上的人，而不是生物意义上的人。由于人与禽兽在生物学上并无本质的区分，“人”的标准端赖于其社会性的定义。孔子为华夏文明确定了“人”的标准，所以儒学有“人而不仁非人也”的说法。

孔子的思想内容和教育实践，是真正的“精英教育”和“贵族教育”。这种教育体系向所有人开放，但个体最终要依靠自身天赋的本性和后天的努力，走向各自的卓越。这个过程无关乎身份、地位与财富，只与教育的本质，即成就生命自身的自然完美、实现人的尊贵属性有关。——我们要在这个生命的意义上，理解人自身的“精英”与“贵族”属性。本书将孔子的这种关于人的教育思想与教学体系，遵循传统的说法，统称为“儒学”。

# 论语
## 章句

# 学而第一
## 人生最重要的一件事情

子曰：“学而时习之，不亦说乎？有朋自远方来，不亦乐乎？人不知而不愠，不亦君子乎？”

**[文义]**

孔子说：“学习各种知识和技能，时常练习以至于纯熟贯通，这不是让人心生喜悦的事情吗？有朋友从远方来相会，这不是让人感到快乐的事情吗？别人不知道自己，但自己却没有丝毫的愠怒，这不正是君子的风范吗？”

**[评唱]**

孔门弟子将此条语录列为《论语》的第一章，使得后世学者开篇即见一“学”字，这其实是孔子师生留给后世最初的讯息，也是最重要的方法论：学习是人生中最重要的一件事。虽然有先贤早已意识到儒家“学”思想的重要性，将本章称为“圣学第一义”，但人们又往往忘记了这个字的真实含义。比如，人们都知道孔子讲仁、义、礼、智、信、温、良、恭、俭、让这些美德，却往往忽视了这个根本的事实——在华夏历史世界中，孔子开口说出的第一个字就是“学”，而紧随其后的就是“习”；“学习”由此成为华夏文明得以存续和发展的最为底层的逻辑。

那么，究竟什么是“学习”？我们先看朱子的解释：“未知未能而求知求能，之谓学；已知已能而行之不已，之谓习。”（《朱子语类·卷第二十》）学习就是先求知求能，然后将其落到实处，并不断进行下去的过程。事实上，《论语》全书就是在教人为什么要学习、学习什么以及怎样学习；抓住这一点，我们就获得了理解《论语》以及儒学思想的一条关键线索——《论语》首先是一部杰出的学习论，也是人类文明史上最早的一部教育论。不过，由于“学习”在今天是如此平常，又如此重要，以致我们从未思考过它的起源以及本义是什么；我们从来都是将其作为不证自明的事情而接受下来。就其起源来说，这个关于“学”的思想与理论，却是源于一颗伟大的心灵——孔子的心灵——的创造与发展。

虽说如此，孔子并未抽象地论述什么是“学习”。你看，孔子开口就说：“学而时习之，不亦说乎？”——那为何学习是让人能感到快乐、愉悦、欢喜的事情？提到学习，现代人多会想到学习知识或技艺，其实这仅仅是“学”的一种表象。《论语》所言的“学”，有着孔子心灵特有的深度——学习会让人感到由衷的愉快，久之足以改变自身的气质，最终成就人的自然完美。“古之学者为己”（《论语·宪问第十四》），学习完全是为了成就自己。这是一个人由未知到已知，再到能行之、能实践的过程，而人们的“自我”无非是这个过程的显现，或者说是这个过程的一种结果。

因此，孔子的“学习”就是彰显、揭示、成就人类永恒本性的学说。朱子言“明善而复其初”，正是对孔子“学”本义的呈现。当一个人意识到自己的本性得到了显现和实现时，就会获得一种由衷的满足。这不是感官意义上的快乐，而是自我意识彻底觉醒后，重新面对世界万事万物时油然而生的一种大欢喜。同样，“有朋友自远方来”，相互砥砺，共同学习，与其同乐，这自然是美好而快乐的事情。假如别人都不知道、不理解我，我仍然内心平静，不会烦闷，更不会去迁怒他人，而会反过来进行自省：自己的涵养与行事还有哪些不足的地方？学习是为了自己，自是与他人无关。反求诸己，而绝不怨天尤人，这不正是君子的行事准则吗？学还是不学，这是成为君子还是小人的两种道路。

就此而言，君子就是真正的学者，有着宁静、祥和、愉悦的心灵。孔子循循善诱，将“学”与人内心的安宁关联了起来，这正是为学者确立心灵秩序的关键一步；朱子以“中心喜悦”四字来描述学者的心灵状态，这是对“学”的功效的表达。孔子留给后世的一段自我描述，即“其为人也，发愤忘食，乐以忘忧，不知老之将至”（《论语·述而第七》）的述怀，事实上向我们展示了一种圆满的人生肖像。如果我们未能从学习中感受到由衷的欢愉，那么只能说，我们的学习尚未真正开始。

强调“学习”的重要性，同样属于另一个古典文明的伟大传统，即古希腊的文明传统。柏拉图（Plato，前 427—前 347）认为，“热爱学习和热爱智慧是一回事”，所以他创作的一系列对话都有一个明显的主题，那就是学习和教育。比如，著名的《理想国》的一个重要主题就是讨论什么是好的教育——这个好的教育必然是关于“身体”与“灵魂”的教育，因为“真正的知识是关于真正的存在的知识”（《斐德罗篇》），也就是关于人自身的知识，它是心灵不可或缺的养分。人们通过“献身于获得知识的快乐，以此使他的灵魂不是拥有借来的美，而是拥有它自身的美，使他的灵魂拥有自制、良善、勇敢、自由、真理”（《斐多篇》），这就是人克服自身的贪欲与堕落的过程。而且，这个过程同样得益于“快乐”这种学习活动所带来的心理效果。柏拉图伟大的学生亚里士多德（Aristotle，前 384—前 322）也有过类似的说法，即“求知”亦即学习“不仅对于哲学家，而且对于一般人来说都是一件最快乐的事”。（《诗学》）

显然，华夏世界由儒学开创的学习与教育思想，与古希腊世界的教育思想共享了多种关于人性完美的观念。在这里，我们已经看到了“学习”与“快乐”之间的人性上的关联：精神上感受到的快乐，或朱子所言的学者的“中心喜悦”，构成了学习最重要的动因。而经由学习获得的效果，则远远不限于学者自身的快乐了：我们今日所享受的一切文明成果，可以说都是人类相互学习的结果。

我们的学习愈加深入、丰富，就会愈加明白此章的意蕴，也就会愈有学习的动力，最终能让我们“欢喜奉行”。一切能让人持之以恒的力量，都来源于人们在各自所从事的活动中所获得的喜悦、快意或者说是幸福。

本章尚需留意的是“君子”一语。“君子”最初是对有政治地位的君主与公卿士大夫的称呼，通常与作为平民身份的“小人”相对而言。但《论语》开篇就对“君子”的内涵进行了转换和重新的定义——君子的评判标准不在于出身、门第与财富，而在于他的德性；有德者即是“君子”，无德者则是“小人”，从而使得它们获得了道德评价的含义。“君子”的标准由身份转向德性，这就在观念上为平民阶层的向上移动创造了可能性——人皆可以为“君子”，而获得“君子”这种高贵的名声与自我意识的方法却极为简易平常：学以成君子。

**[朱注]**

学之为言效也。人性皆善，而觉有先后，后觉者必效先觉之所为，乃可以明善而复其初也。习，鸟数飞也。学之不已，如鸟数飞也。

既学而又时时习之，则所学者熟，而中心喜说，其进自不能已矣。

**有子曰："其为人也孝弟，而好犯上者，鲜矣；不好犯上而好作乱者，未之有也。君子务本，本立而道生。孝弟也者，其为仁之本与！"**

**[文义]**

有子说："一个人为人孝悌，也就是说孝顺父母、敬爱兄长，但却又容易做出忤逆犯上的行为，这样的人极其罕见；没有犯上的举止却喜好背叛作乱，根本就不会有这种人。所以，君子学习的关键在于确立为人的根本，这个根本确立了，他当行的正道也就会油然而生。所以说，孝悌，应该就是一个人实践仁德的根本吧。"

**[评唱]**

如果说《论语》首章的主旨在于揭示"学"在孔子学说中的核心位置，那么本章作为《论语》的第二章，其用意在于揭示儒学思想形成的自然根基，即"家"或者说"家庭"。家庭是人类社会最为基本的结构，是"人类满足日常生活需要而建立的社会的基本形式"（亚里士多德《政治学》）；而且，家庭以血缘为纽带，其内在的结合程度远超过其他社会关系。在家庭关系中，生物学的遗传功能与养育后代的本能，升华为人们观念中的"血缘"与"亲缘"关系，这个关系就是"仁"的起点。孔子曾以"爱人"（《论语·颜渊第十二》）这个非常具体的行为来回答弟子对什么是"仁"的询问，而"爱"最为自然的表达与实践，正是发生在家庭的内部；或者说，家庭内部"日用而不知"的情感纽带与实践原则，就是人们所言的"爱"的本质。

在家庭内部，父母和子女的关系有着自然和非自然的形成过程。美国社会学家伯格（Peter L. Berger,1929—2017）与卢克曼

（Thomas Luckmann,1927—2016）曾用“初级社会化”（primary socialization）来描述家庭教育的角色；与此相对，儿童离开家庭后的教育称为“次级社会化”（secondary socialization），需要通过一般的教育活动来完成（《现实的社会建构》）。家庭是儿童社会化的首要场所，是儿童意识到的第一种社会事实。其中除了血缘关系在持续发挥着作用外，这种事实的建构还有着非自然的一面，需要教化才能完成，即通过教育，将人建构为“孝悌”的人格主体。

从功能上说，这种“孝悌”关系有助于家族共同体抵御来自外部的风险，因而符合人性的自然。而在社会生活当中，经过“孝悌”原理教化的人，多会以和顺的心态与方式面对陌生的他人，社会秩序容易得到维护；反过来说，一个相对稳定的社会秩序也有益于家庭的安定。因此，当这个家庭内部的伦理观念扩充到社会层面时，就构成了“仁”的原则，所以说它是仁的“本源”或“根本”。这样一来，我们还隐约看到了《论语》编者的意图——在首章揭示“学”的人生之路后，本章立刻将学习的核心内容，即“仁”揭示了出来。

另外，《论语》第二章安排的是有子的语录，这一点也值得留意。后世学者多注意到，《论语》中常用“字”称呼孔门弟子，而以尊称“子”相称呼的只有“有子”和“曾子”二人，所以他们认为《论语》的编者出自有子和曾子的门人。不过，这种看法在境界和格局上尚显不够高远宽阔。从有子和曾子留下的语录来看，他们都真正继承并发扬了孔子的一些思想，获得尊崇并不能简单说是出于其门人的私意。有子语录见于本篇，而曾子语录及事迹则可见于多篇当中。有子的事迹虽然不多，同为孔门弟子的子游却留下了这样的评论：“有子之言似夫子也”（《礼记·檀弓上》）。另据孟子（前372—前289）记载，孔子殁后，弟子思慕不已，“子夏、子张、子游以有若似圣人，欲以所事孔子事之”（《孟子·滕文公上》）。——“有若似圣人”，显然不仅仅是指容貌上的相像。

**[朱注]**

善事父母为孝，善事兄长为弟。

此言人能孝弟，则其心和顺，少好犯上，必不好作乱也。

仁者，爱之理，心之德也。为仁，犹曰行仁。（程子）曰：“谓行仁自孝弟始，孝弟是仁之一事。谓之行仁之本则可，谓是仁之本则不可。盖仁是性也，孝弟是用也，性中只有个仁、义、礼、智四者而已，曷尝有孝弟来。然仁主于爱，爱莫大于爱亲，故曰孝弟也者，其为仁之本与！”

**子曰：“巧言令色，鲜矣仁！”**

**[文义]**

孔子说：“以甘美的言辞与谄媚的容色迎合、取悦他人，想要在这样的人的身上看到一丝仁德的光辉也非常困难啊！”

**[评唱]**

在儒学的认知体系中，“仁”本于人心，为天赋与人的全部属性；“巧言令色”的本质是出于私利私欲的行为，试图以掩饰与欺骗的方式达成自己的目的。然而，在君子看来，一个人的行为与意图根本无法掩饰，人们见其“如见肺肝然”（《大学》），近乎透明。所以，人若有“仁”在身，则举手投足皆会显现德性的光辉；相反，一个人若专务于以巧言令色粉饰自己的言行外表，那正是他不诚实的外在呈现，自然没有“仁”可言。与“巧言令色”相对，“刚毅木讷，近仁”（《论语·子路第十三》），这也就是所谓的“诚于中，形于外”（《大学》）。

**曾子曰："吾日三省吾身：为人谋而不忠乎？与朋友交而不信乎？传不习乎？"**

**［文义］**

曾子说："我每天以三件事进行自我省察：为别人办事，我真的尽心尽力了吗？和朋友交往，我真的做到了实实在在吗？传授的知识，我自己做到熟识于心了吗？"

**［评唱］**

曾子的这种"内省"的功夫，就是普通人追求自我实现的必由之路。这种内省并不开始，亦不终止于在安静时刻对自身的省察，而是在实践中时时刻刻对自身的反省与导引。"内省"的本质是自我意识的彻底觉醒与自觉；此时的自我意识，就是对生命的整全性与高贵性的自觉，以及将这种天赋之性在自身完满实现的愿望。这种愿望既热烈又冷静——说它热烈，是因为它就是生命的意志，来自生命自身的欢喜；说它冷静，是因为它要贯彻一种科学的自我证成的方法与功夫。

本章记录了曾子具体的省察方法，我们且看"为人谋而不忠乎"一句。朱子将"忠"解释为"尽己"，即竭尽自己的全力。一般而言，人在为自己考虑时才可能做到"尽己"，做到忠于自己；那么，自己在为他人办事时，是否同样做到了竭尽全力呢？这恐怕就要诉诸内在的良知良能了。朱子与门生言："人自为谋，必尽其心；到得为他人谋，便不子细，致误他事，便是不忠。"（《朱子语类·卷二十一》）——为他人做事、谋划时不仔细认真，耽误了事情，这就是"不忠"。孔门弟子中，颜回天资最高，体悟、继承孔子学说最多，可惜不幸短命；而对于曾子，孔子曾以"鲁"，即资质驽钝来评价他，但他却是孔门仅次于颜回的贤者，由此可见"内省"功夫的重要性。

从现代的意识来看，“内省”或者说“反省”“反思”，还是真正科学精神的展现。比如，现代的“社会科学”要求研究者向自然科学的研究方法看齐，也就是研究要有客观性。这固然不错，但更重要的是，研究者时时刻刻对自己所使用的理论、方法、工具以及预期达成的目标要有一种“自觉意识”，也就是不断对它们进行省察，才能真正进入研究对象的内部，从而才有可能做出新的发现与发明。在这个意义上，“内省”就是一种高度的理性化意识；当代社会学家用“反思性”（reflexivity）来描述近代社会中的自我意识的这种特征。曾子每日“三省吾身”，可以说就是这种理性精神在建构自己与世界关系中的具体实践。

**[朱注]**

尽己之谓忠。以实之谓信。

**子曰：“道千乘之国：敬事而信，节用而爱人，使民以时。”**

**[文义]**

孔子说：“治理拥有千乘兵车的大诸侯国，要遵循三个原则：心无旁骛、兢兢业业地做事，借以取信于民；因财物皆取于民，不铺张浪费，就是爱民；出于公共目的而要使用民力时，要选择农闲的时机。”

**[评唱]**

对于为政者而言，“敬事”为首要原则；为政者若不敬业，缺乏职业伦理意识，国家就不可能得到有效的治理。朱子认为“敬”的含义就是“主一无适”；也就是说，一个人只有全副身心地专注、投入于自己应该做的事情当中，没有杂念，不分心于其他事务，如此才可以将事情做好。因此，“敬事”就有集做事时的“原则”“方法”和“效验”于一身的含义。

“节用”在现代政治的语境中，我们可以理解为实行有效的预算与财政政策。财富由人民所创造，作为权力机构的政府并不生产财富，因此二者有矛盾的地方。近代西方政治思想有“无代表不纳税”一说，人民要派代表监督政府对税金的使用；这也是现代政治通常将“预算审议权”实质性赋予议会的原因。为政者若单纯讲“爱人”，可能是出于权力或意识形态的策略目的，所以孔子以“节用”这一看似平常的实践来检验为政者是否真正“爱人”，具有高度的具体性和可操作性。究其实，无论“节用而爱人”还是“使民以时”，可以说都是“敬事”的天然之力、分内之事。

**[朱注]**

敬者，主一无适之谓。敬事而信者，敬其事而信于民也。

**子曰：“弟子入则孝，出则弟，谨而信，泛爱众，而亲仁，行有余力，则以学文。”**

**[文义]**

孔子说：“为人子弟，在家里时就要好好侍奉父母，走出家门、身处宗族邻里时就要敬爱兄长；行事要谨慎，脚踏实地；对于寻常百姓要有友爱之心，对于有仁德的贤人要加以亲近。这些基本的事情做好了，如果还有余力，那就继续学习六艺。”

**[评唱]**

佛教中有“法无定法”的说法，孔子的教育方法也有多种。本章为孔子教育思想的记录，尤其值得注意的是孔子单列出来的“泛爱众”一条，可将其视为《论语》中对孔子“博爱”思想的首次记录。

**[朱注]**

谨者，行之有常也。信者，言之有实也。

文，谓《诗》《书》六艺之文。

洪氏曰："未有余力而学文，则文灭其质；有余力而不学文，则质胜而野。"

**子夏曰："贤贤易色；事父母，能竭其力；事君，能致其身；与朋友交，言而有信。虽曰未学，吾必谓之学矣。"**

**[文义]**

子夏说："喜好贤德胜过喜好美色；侍奉父母能竭尽全力；服务君王能全力以赴；与朋友交往能言而有信。一个人如果做到了这四点，即使别人说他还未学习，或者他本人谦虚说自己并未学习，但我一定会说他已经学习了。"

**[评唱]**

非但教学没有固定的方法，学习也没有固定的方法，因为学习不是就形式而是就效果而言。一个人言谈举止是否恰当得体，能否遵循正道而行，这是衡量他是否有学问的最终标准。

**[朱注]**

子夏，孔子弟子，姓卜，名商。

四者皆人伦之大者，而行之必尽其诚，学求如是而已。故子夏言有能如是之人，苟非生质之美，必其务学之至。虽或以为未尝为学，我必谓之已学矣。

**子曰："君子不重则不威，学则不固。主忠信，无友不如己者。**

**过则勿惮改。”**

**[文义]**

孔子说：“君子的言行若不庄重严肃，而有浅薄轻浮之意流露出来，那他就无法显示人格所固有的威仪与尊严，他的所学也无法做到坚实牢固。君子要心存忠信，也就是对自己、对他人、对万事都要落到实处；如果一个人不忠不信，不如自己，就不要与他交游。如果自己有过错，就要从速改过自新，不可畏难苟安。”

**[评唱]**

君子若不自重，心灵就会为外在的事物所牵引，时时刻刻杂念丛生，忙迫不安，自然无法在学业上精进。君子自重，就是要意识到自己生而为人的尊严，认识到自己的本性，对自己的生活时刻不糊涂苟安。“苟日新，日日新，又日新”（《大学》）——君子日新其德，光辉自然外显，这就是自重的显现与结果。因内里自重而流溢在外的气象，就是君子的威仪与风范，而非君子刻意为之，故曰“君子不重则不威”。

**曾子曰：“慎终追远，民德归厚矣。”**

**[文义]**

曾子说：“谨慎为逝者举办送终的葬礼，不断追思缅怀前代远祖，这样民风民德就会日渐淳朴笃厚了。”

**[评唱]**

曾子的这一说法实则涉及儒家的宗教观念。今天的民俗学家与人类学者通常用“祖先崇拜”（ancestor worship）来概括儒家的宗教观念与仪式。儒学很早就实现了世界观的理性化，因而不提倡一般意义上的有神的宗教信仰，但儒学如何解决“宗教信仰”这一生命与心灵的必然需求？人们已经注意到，理性在这种生命的本能需求上几乎无能为力，科学也不能解决情感的问题。这些情境会让我们重新思考儒家提出的“慎终追远”的方案；该方案的本质就是让人们能在家系的连绵与群体的永恒中获得生命延续乃至永在的意识。钱穆（1895—1990）对此曾有这样的评论：“儒家不提倡宗教信仰，亦不主张死后有灵魂之存在，然极重葬祭之礼，因此乃生死之间一种纯真情之表现……对死者能尽我之真情……其事超于功利计较之外，乃更见其情意之真。”（《论语新解》）

其实，世界上的许多民族都有这样的观念：死亡不是生命的终点，而遗忘才是。人们果能对逝者追思不忘，逝者自然就存在于此世间。这是对“存在”极为深刻的理解。凡世的人们或许无法遽然理解其中的含义，但在这一实践当中，会逐渐体悟到生命的本质与意义；以此明白的心生活在人世间，民风民德自然会归于笃厚淳朴。可以说，儒学“慎终追远”的方案，通过将个体的生命与共同体生活的秩序结合在一起的方式，对华夏世界的心灵结构持续发挥着深刻的影响。

**[朱注]**

慎终者，丧尽其礼。追远者，祭尽其诚。民德归厚，谓下民化之，其德亦归于厚。

**子禽问于子贡曰：“夫子至于是邦也，必闻其政，求之与，抑与之与？”子贡曰：“夫子温、良、恭、俭、让以得之。夫子之求之也，其诸异乎人之求之与？”**

**[文义]**

子禽问子贡道："我们夫子每到一个诸侯国，一定会听得到这个国家的政事情况。夫子是求别人告诉他呢，还是别人主动告诉他的呢？"子贡回答说："夫子待人接物、考察民风民情时，和蔼可亲，温文有礼，人们自然会将政情告诉他。所以，说夫子'求之'亦未尝不可，但和一般人的'求'却大不相同吧？"

**[评唱]**

孔子的温、良、恭、俭、让是人性自然完美的外在显现。孔子虚己尽人，其气象犹如春风浩荡。"君子之德风"（《论语·颜渊第十二》）——为政者在孔子的盛德面前，会肃然起敬，会不由自主地将政情告诉孔子，向孔子请教为政的正道，所以并不是孔子主动求之。《大学》有言："小人闲居为不善，无所不至，见君子而后厌然，掩其不善而著其善。"各国的为政者见到孔子，我们可以类比于小人见君子的情形，因而这种"掩其不善而著其善"的机制与机缘就会自然发挥作用，他们会不由自主地严肃起来，如实说出邦国的政事详情。当然，在这个过程中也不排除孔子主动询问的情形；不过，即使是孔子主动询问，也是以温、良、恭、俭、让的方式询问，其目的依然是让为政者受到无形的感化与教化，导引他们对自己的行事进行反省，从而让他们知无不言，言无不尽。

**[朱注]**

子禽，姓陈，名亢；子贡，姓端木，名赐。皆孔子弟子。

温，和厚也。良，易直也。恭，庄敬也。俭，节制也。让，谦逊也。五者，夫子之盛德光辉接于人者也。

言夫子未尝求之，但其德容如是，故时君敬信，自以其政就而问之耳，非若他人必求之而后得也。

**子曰："父在，观其志；父没，观其行；三年无改于父之道，可谓孝矣。"**

**[文义]**

孔子说："观察君子的孝道，有三个要点：父亲在时，因为他无法独立行动，就要看他是否有高远的志向；父亲殁后，看他的行为是否符合正道；对于父亲的某些可改可不改的做法，三年间能不改变，就可以称为孝了。"

**[评唱]**

儒家学说注重实践导向，"孝"最终要在"事"上体现，而不是抽象的观念自身。比如，"三年无改于父之道"为"事"，而朱子引"孝子之心有所不忍故也"一语，则将"孝子"隐微的"心"揭示了出来。这一"有所不忍"的心意，就是"孝"。

**[朱注]**

父在，子不得自专，而志则可知。父没，然后其行可见。

尹氏曰："如其道，虽终身无改可也。如其非道，何待三年？然则三年无改者，孝子之心有所不忍故也。"

**有子曰："礼之用，和为贵。先王之道，斯为美，小大由之。有所不行，知和而和，不以礼节之，亦不可行也。"**

**[文义]**

有子说："日常生活中践行礼仪时，要以'和'为准则和目标，因为言行举止和顺、从容、优美，正是天理在人世生活中的自然显现。古代圣王制作礼仪，就以'和'为美的标准；事无大小，都遵循礼仪办理。有一些事情不按照礼仪办理，或者只是为了和而和，没有用礼仪来加以约束，这也不行。”

**[评唱]**

本章出现了一个非常重要的概念，即“美”。在西方哲学体系中，自柏拉图以降，人们多认为“美”就是“理念”在客观事物上的显现，审美的愉悦来自人们对事物本质的纯粹直观；而在华夏观念体系中，“美”在字面上的含义是“羊大为美”，最初或指味道鲜美，但在文明的进程中，“美”逐渐获得了一种被共有的社会性内涵，美的事物会让人自然而然感到愉悦（李泽厚《美的历程》）。在初民的日常生活实践中，礼乐最初形成于人神沟通的仪式过程，经过圣王加工制作，逐渐形成了集肃穆、庄严、优美、从容、喜悦等属性为一身的一套形式做法。

朱子言“礼者，天理之节文”，就是说“礼”的本质是天理、天道在人间事务上的自然显现，是天理对人们行动的一种节制和文饰；“天理”与“人事”在人身上合一的表现，就是“礼”在实践中呈现的“和”。在这个意义上，说“礼”具有“美”的形式，倒是与西方哲学体系中的“美”的观念若合符节。因此，如果不明白“礼”出于天理自然，出于人性，而将其视为外在的对人的约束，那么人们在内心就不会对“礼”感到欢喜，亦无和乐可言。由此也可见，“和”就是宇宙秩序与心灵秩序的和谐统一，而这种“和”的观念同时还是华夏世界“美”的观念的一个重要显现。

凡俗的人们只是将“礼”视为一套规则体系，久而久之就会将其视为空洞的义务与束缚，这种结果其实就是“存在的忘却”——人们忘记了自己存在于“礼”自身当中，忘记了“礼”是服务于人存在自身的工具与媒介，自己要经由“礼”走向人生的和乐。“礼云礼云，玉帛云乎哉？”（《论语·阳货第十七》）——孔子曾委婉含蓄地指出了“礼”的空洞化问题：礼并不仅仅是人们在日常生活中的相互赠答礼物或致意，不是形体上的动作与表现，而应该是集优美、优雅、活泼、庄重于一体的生命自身的艺术呈现。有子以一个“和”字来表达这种协和的生命形态，故曰“礼之用，和为贵”，而和即美也。我们要注意华夏美学与“礼”的内在关系。

**[朱注]**

礼者，天理之节文，人事之仪则也。和者，从容不迫之意。盖礼之为体虽严，而皆出于自然之理，故其为用，必从容而不迫，乃为可贵。先王之道，此其所以为美，而小事大事无不由之也。

**有子曰：“信近于义，言可复也。恭近于礼，远耻辱也。因不失其亲，亦可宗也。”**

**[文义]**

有子说：“与人交往时‘信’的原则接近‘义’，接近行事当然要遵循的道理，因为‘信’意味着将语言上的约定付诸实践；信守承诺，这当然符合正理。与人交往时‘恭’的原则很接近‘礼’，因为恒有恭敬于心的人，内心诚敬，内外皆不丧失自己固有的德性与人格，其举止中正，自然远离了由于过度的谦卑或倨傲而产生的耻辱感。靠近他人，与其交往时，不要失去那些值得亲近的人，可以将他们视为自己的模范。”

**[评唱]**

“义”是儒学思想体系中非常重要的一个观念，也是我们日常生活中常用的字眼儿，比如，我们会用诸如“情义”“有情有义”“薄情寡义”的说法；在一些理论探讨的情境中，我们会使用“义理”“正义”等说法。那究竟什么是“义”？本章有子以“信”描述“义”，是举例说明；而朱子注“义者，事之宜也”则是对“义”的概括说明。“义”是人当然要遵循的道理，但这个道理要体现在具体的“事”上。在“天理之本然”的意义上，“义”呈现出普遍的原则属性，而在其他时刻，“义”首先表现为这个普遍原则的具体应用。在这个应用过程中，“理”固然重要，但对“情”的考虑同样不可偏废，因为“情”本来就是人的一种固有属性，它与“理”并行而不悖。人要过一种有情有义的人生。

**[朱注]**

义者，事之宜也。

此言人之言行交际，皆当谨之于始而虑其所终，不然，则因仍苟且之间，将有不胜其自失之悔者矣。

**子曰：“君子食无求饱，居无求安，敏于事而慎于言，就有道而正焉。可谓好学也已。”**

**[文义]**

孔子说：“君子对于求学能专心致志，不羡慕外物，所以他们在日常生活中非常节制，在饮食上不暴饮暴食，在居住上不贪求安逸，勤于做事而审慎表达，还接近人格上有更高成就的人来匡正自己的言行举止。这么做就可称为好学了。”

**[评唱]**

君子好学，乐在其中。一个人若专注于食求甘美，居求安逸，心灵必为物质世界的诱惑所牵引，忙迫不安，在学习上必然三心二意，自欺欺人，不可谓“好学”。如果说学习是一种能力，是人生中最重要的一件事情，那么“好学”就不仅仅是指爱好学习、善于学习，它自身就是人的一种美德。

**子贡曰：“贫而无谄，富而无骄，何如？”子曰：“可也。未若贫而乐，富而好礼者也。”子贡曰：“《诗》云：‘如切如磋，如琢如磨。’其斯之谓与？”子曰：“赐也，始可与言《诗》已矣，告诸往而知来者。”**

**[文义]**

子贡向孔子请教说：“一个人在他贫困时若能做到不谄媚富贵之人，而在他处于富贵时不骄奢淫逸，他的品行怎么样呢？”孔子回答说：“不错啊，但不如在贫穷时能做到乐在其中，在富贵时能爱好礼仪的人。”子贡若有所得，回应说：“《诗·卫风·淇澳》中‘如切如磋，如琢如磨’这句诗，说的就是我和夫子之间的这种学问上的探讨方式吧？”孔子听了很高兴，称许道：“子贡啊，现在我可以跟你说说《诗》了，因为我的话还只说出了一半，你就领悟到另外一半了。”

**[评唱]**

凡俗的人们处于贫乏困苦的境地时，很容易丧失内心的操守，动辄谄媚他人，以摆脱困局；同样，当他们处于温柔富贵乡时，难免骄奢淫逸，肆无忌惮，以身徇于外物，极端者甚至身败名裂。因此，对于子贡“贫而无谄，富而无骄”的命题，孔子认为这已经很不错了；但孔子随即引申出更高的命题：“贫而乐，富而好礼。”如果说前者还只是注重个人的操守，着眼于洁身自好，是一种“消极的自由”，那么后者则因强调发挥主体的积极意志，于困境中能保持心灵的宁静与快乐，在富贵闻达时能发挥表率与榜样的作用，可以说是一种“积极的自由”。

其实，儒家还有“君子素位”的重要原则：“素富贵，行乎富贵。”（《中庸》）——有的人生来就身处富贵的境地，有的人通过后天的作为获得了富贵，但如何看待自己手中的财富，则是事关个体幸福与群体文明的大事。由于处于富贵者往往占有了更多的社会资源，如何为社会做出模范与表率，这才是他们要考虑的问题。德国社会学家埃利亚斯（Norbert Elias，1897—1990）曾指出，宫廷贵族的言谈举止、生活习惯往往成为文明的模板与源泉（《文明的进程》）；事实上，处于富贵阶层的人们的举止也往往扮演着同样的角色。倘若社会解体，礼崩乐坏，他们的富贵可能也朝不保夕，形同浮云。这当然是极端的情形。在一般的日常生活中，人们都有向更高——首先表现为富贵——阶层流动的本能；因此，富贵者是否好礼，将决定性地影响群体秩序的好坏。一个人能“贫而乐，富而好礼”，意味着他建立了一种与自我和他者的良善秩序，仁义由此可以生发出来。与此相对，“贫而无谄，富而无骄”虽然已难能可贵，但由于主体仅仅将行动的意志指向自身，在认知格局以及行事的结果上就会出现明显的局限。

在孔门弟子中，子贡善于“货殖”，“亿则屡中”（《论语·先进第十一》），即善于把握市场行情，善于经商，获得了财富，但他可能对财富的“意义”有所不安，所以才有了本章的对话。这一对话，实际上将个体的“意义”世界与现实的社会秩序的“建构”关系揭示了出来，足见孔子对人类事务的深刻洞察。

另外，子贡能对孔子的言论进一步发挥，引述《诗》中的诗句来加以表达，可见他口才也非常出色。子贡后来在外交上很有建树，由本章亦可见其端绪。

**[朱注]**

子贡货殖，盖先贫后富，而尝用力于自守者，故以此为问。而夫子答之如此，盖许其所已能，而勉其所未至也。

**子曰：“不患人之不己知，患不知人也。”**

**[文义]**

孔子说：“不要为别人不知道自己而忧虑，因为学习是为自己，不是为他人；但如果不知人，也就是不知道他人的优点，那就不能随时鞭策自己、提升自己，从而失去精进的机会，这才值得担忧呢。”

**[评唱]**

对于君子而言，学习是自己一生的事业，自是与他人无关。他人是否知道自己，这不是自己能决定的事情；但自己是否能认识他人，能否看到他人的优点，则是检验自己所学的一个方法。“三人行，必有我师焉。择其善者而从之，其不善者而改之。”(《论语·述而第七》)——能够看到他人的优点并向他学习，这正是对自己、对他人有清晰认知的表现。

# 为政第二

## 为政以德：华夏世界的大宪章

**子曰：“为政以德，譬如北辰，居其所而众星共之。”**

**[文义]**

孔子说：“治国要以德为宪章和法度，就好比天空中的北极星一样，自己安居不动，而其余星辰却共同围绕着它旋转，仿佛归向它一般。”

**[评唱]**

此章为华夏政治哲学简易而形象的表达。孔子将人间政治秩序的终极状态比作星辰布列的天象，这不仅仅是修辞学的考量，还有着对“政治”的根本理解：属于人类事务的政治同样有着自然属性，为政者要取法宇宙中的万物不偏不倚、各得其所的天然和谐秩序。“观天之神道，而四时不忒；圣人以神道设教，而天下服矣”（《周易·观卦第二十》）——华夏世界的圣人观察宇宙运行神妙的规律，为社会提供教化的终极依据和方法。孔子言“政者，正也”（《论语·颜渊第十二》），朱子言“政之为言正也”，以及今人所言的“正义”，都内在于华夏世界的这种宪法性的“政”的概念当中。

理解这种政治哲学的关键在于理解“德”字。“为政以德”之“德”，不是个体意义上的“私德”，而是万人禀自于天的“公德”，是人类生活共有的规律。孔子所言的仁义礼智信，就是人们共有的普遍的“德”，它们有着公共的属性。“德者，得也”；“德”就是作为宇宙本原的“道”在人间事务上的表现。在初民时代，社会体系简单，酋长或君王在公共事务上只要能显示自己的“私德”，就会使人民服从。而在高度复杂的现代社会，为政者在其私德无所亏欠的基础上，还要掌握关于现代社会运行的知识和规律，为每一个个体都能有所得创造条件，从而辅助人民实现上天赋予他们的全部潜能。

与人们日常生活息息相关的法律，就是“德”在社会治理层面上的表达。相应地，作为现代政治理念与原则的“法治”，本质就是“为政以德”的一种具体实现与实践方式。无需说，“法治”中的法既是指自然法（natural law），又是指经过人民授权的实在法（positive law），而二者在根本上都要遵循“德”的原则。违背了这个原则，法律就与人的自然本性发生乖离，“法治”或者堕落为严刑酷法的暴力统治，或者形同虚设、失去权威，社会陷入无法的混乱状态。亚里士多德说法律的实际意义“应该是促成全邦人民都能进于正义和善德的[永久]制度”（《政治学》），表达的正是这个意思。

这个意义上的“为政以德”，就如同北极星一样，众星四面旋绕，秩序井然，堪称“无为而治”。注意，作为儒家理想政治的目标，这种“无为而治”要求有所为而有所不为。政治的“有所为”在于为政者以德正己，以德确立法律秩序；在政治实践中的“有所为”，应从属于万人共有的“公德”，而非君王个体的“人欲”，又可视为“有所不为”，因为为政者不能恣意妄为。老子的“无为而治”思想，有着对政治事务同样的认知和考量，“是以圣人处无为之事，行不言之教”（《老子·第二章》）；在老子这里，“为政以德”表现为“为政以道”。

再进一步，从有所作为的意义上来说，为政者需以自己的“德”

为垂范为表率，导引共同体的所有成员共同实现各自的天性，实现属于每个个体的正义。所以，“为政以德”不是要用“道德”去治理社会、约束他人。这个意义上的德治，符合事物的天然本性，就如同“众星共之”的宇宙秩序一般，是一种自然秩序。或许有必要再重复一遍：“德”的最终根据与来源在于“天”，我们要在宇宙起源和生成的意义上理解它全部的意义。

现代人在阅读本章时，难免会产生隔膜，这其实是现代政治造成的必然结果。美国政治哲学家布鲁姆（Allan Bloom，1930—1992）的下述说法一语中的，指出了问题的要害：“德性不再意指它过去常常意指的东西。”他紧接着说，在现代性的状况当中，“‘自由’作为最重要的政治讨论术语取代了德性，德性开始意指社会德性——亦即将会导致人们遵从公民权威并和他们和平地生活在一起的性情（disposition）——而非灵魂的自然完美（natural perfection）”（《人应该如何生活》）。布鲁姆是对的，因为当“德性”的含义被有意无意转换为“社会德性”也就是人们口中通常说的那个“道德”后，人们在理解、判断人类事务时就失去了一个不可或缺的超越性的视角与尺度。人们只能在冷酷的统治术或公民的伦理学中才能找到古典“德性”的影子，而且必然是遭受严重扭曲的影子。

**[朱注]**

政之为言正也，所以正人之不正也。德之为言得也，得于心而不失也。

为政以德，则无为而天下归之，其象如此。

程子曰：“为政以德，然后无为。”范氏曰：“为政以德，则不动而化、不言而信、无为而成。所守者至简而能御烦，所处者至静而能制动，所务者至寡而能服众。”

**子曰：“《诗》三百，一言以蔽之，曰：‘思无邪’。”**

**[文义]**

孔子说：“《诗》三百篇，如果用一句话来概括作总体的特征，就可以说是：‘三百篇所表达的情感与观念，都纯朴、真挚、中正，而没有偏私’。”

**[评唱]**

儒家思想非常注重“诗教”。在儒学传统中，“诗”就特指经孔子删定而成的《诗》，今天通称《诗经》，共305首，是传统中国社会最主要的教材之一。《诗经》，今人多称其为“中国的第一部诗歌总集”，固然不错，但这仅仅是就其文学体裁而言，而在华夏世界的政教系统中，《诗经》并不能仅仅在一般的“诗歌”的意义上去理解。事实上，《诗经》的成立自身就意味着华夏世界特有的一种政教传统的确立。从起源上看，周代有“采诗”与“献诗”制度：“古者天子听政，使公卿至于列士献诗”（《国语·周语上》），因而公卿和士人有向君王献呈民间诗歌的义务。由于诗歌是古时人们表达情绪的主要手段，王朝的“采诗”与“献诗”制度，实际上就是为政者把握民风民情与政情的方法。这些诗歌来源不一，周朝官员在采集并编辑成册时，自然会进行再次的加工、润色乃至创作。孔子在此基础上最终删定为今日所见的诗集时，主要工作应该是斟酌取舍，而不是加工创作。

因此，《诗经》的这种社会和政治起源，使得它成为周代社会风土民情的重要记录，里面自然包含着对人性的深刻描绘、洞察和理解。当它被纳入教育体系后，《诗经》所承载的感性、审美与共同体的历史讯息，反过来开始作用于人性的自然，这就是所谓的“诗教”，它构成了儒家“礼教”不可或缺的一部分。孔子删定的《诗》由此也上升为包含永恒真理的“经”，这就是我们今天所言的《诗经》的由来。“诗教”重心在于对人心灵与性情的全方位熏陶与教化，“礼教”的重心在于人社会行为的规范性与审美性。孔子以“思无邪”概括三百篇的主旨，揭示出了他删定诗集时的原则——诗歌所表达的情感、行为是否纯正无邪。孔子对三百篇主旨的确定，实际上就是对华夏世界心灵秩序的界定。无邪，中正，纯真，这是生命的一种真正自由的状态。

现代社会的学校教育偏重理性教育，其弊端正在显现：理性教育诚然通过说理和逻辑而让人信服，但它容易遮蔽情感与直觉的本能，而后者在创造性的工作中往往扮演着必不可少的角色。俗语言“晓之以理，动之以情”，情感有着打动人心、激发人行动的特殊力量，会深刻影响人们的行为方式。金末元初文学家元好问（1190—1257）有词云：“问世间，情是何物，直教生死相许。”（《摸鱼儿·雁丘词》）此语脍炙人口，它揭示了一个深刻的道理：情感或曰感性甚至有着主导人生与死的力量。

在这个教育的意义上，《诗经》三百篇有着崇高的位置——它是华夏先民纯真的心灵世界的原风景，是来自远古的天籁之音；它是人性原始丰饶的自我展现，无邪纯美，温柔敦厚，叫人心平气和，心生喜悦。在纷扰忙迫的现代社会中，我们若能反复吟诵其中的一些篇章，心灵就会得到清洗与滋润，在潜移默化中获得信心与力量。

**[朱注]**

程子曰：“‘思无邪’者，诚也。”

**子曰：“道之以政，齐之以刑，民免而无耻。道之以德，齐之以礼，有耻且格。”**

**[文义]**

孔子说：“以法制来加以导引，再用刑罚加以控制，百姓可能会免于犯罪，但不会有羞耻感。以符合天道的德行来垂范导引，再用礼仪加以规范，那么百姓就会有羞耻感，政治就会达到善治的目的。”

**[评唱]**

本章从民的角度对“为政以德”展开了进一步的解释，又提出了“齐之以礼”的方法，即“教化”。“政”与“刑”本来是达成有效治理的工具，相当于今日的政令、政策、刑罚、法律，不可或缺，但有轻重之别。此处“德”就是前述“为政以德”的“德”，是一种万民共有的宛如自然般的事物；或者说，“德”就是事物本来的属性和道理，亦即“天理”，是政、刑、礼的终极根据。

但在包括为政者在内的人们的心目中，政、刑仅仅是统治者用于统治的工具，有温度的生命往往成为冰冷的政、刑的牺牲品。因此，孔子主张“道之以德，齐之以礼”，主张用作为公共生活规则的“礼”来加以教育、约束、节制、规范人民的行为，就体现了孔子作为仁者的慈悲情怀。在为政者的德行、德政的感召、熏陶、导引之下，人民非但不会触犯法律，还会形成内在的自我约束机制。这是因为，对于个体而言，“礼”是一种给定的社会情境，是一种生来就置身其中的，因而近乎自然的情境，是一种无需质疑的社会现实。人既然需要遵循自然规律才能获得有品质的生活，那么人同样需要遵循“礼”来维持有意义的社会生活。违背自然规律，人会受到自然的惩罚；违背“礼”的规约，人会受到社会的惩戒。人的“社会化”过程，就是以习俗、习惯为律令，对主体进行驯化，让个体最终获得有着社会意义的人格。

这个人格的一个极其重要的标志就是“耻”意识的觉醒，它是人在长期接受“礼”的节制过程中形成的一种心理机制。人要通过“耻”

意识的自觉而形成富有自律性、自由的人生状态，这就是“格”。以刑罚约束、威吓个体，人民固然因恐惧而检点自己的行为，从而免遭惩罚，但刑罚的外在性、强制性以及偶发性，不足以激发人们内心的愧疚感，甚至会导致人心的麻木不仁，当然无法成就人们自由的心灵状态。因此，儒家政治学的根本内容就是一种人性论，目标也是人性的完成。这种人性的目标或者称为“仁”，或者称为“道”，它最终的结果就是一种自尊、自由、自律、自主、自发、自重、自强的人格教育与养成。

**[朱注]**

礼，谓制度品节也。格，至也。言躬行以率之，则民固有所观感而兴起矣，而其浅深厚薄之不一者，又有礼以一之，则民耻于不善，而又有以至于善也。

政者，为治之具。刑者，辅治之法。德礼则所以出治之本，而德又礼之本也。此其相为终始，虽不可以偏废，然政刑能使民远罪而已，德礼之效，则有以使民日迁善而不自知。故治民者不可徒恃其末，又当深探其本也。

**子曰：“吾十有五而志于学，三十而立，四十而不惑，五十而知天命，六十而耳顺，七十而从心所欲，不逾矩。”**

**[文义]**

孔子说：“我在十五岁时就立志，全心向学；到了三十岁时，我已经确立了基础，心不会为外物动摇；到了四十岁时，我对于世间事物的道理，都已经了然于心，无所困惑；到了五十岁时，我进一步认识到，宇宙间万物莫非天道的显现；到了六十岁时，声入心通，我听到人们的任何说辞，都莫逆于心，能立刻知道它们的得失；到了七十岁时，我凡有所为，都遵循心之所欲，不再检束，但都符合规矩法度。”

**[评唱]**

此章是作为求道者的孔子的自画像，历来为人们所重视。与《大学》所言格物、致知、诚意、正心、修身、养性、齐家、治国、平天下的学习次序，可以对照来看。从进入“不惑”之时开始，人生就开始进入了自在的境地；而“从心所欲不逾矩”，就是一个人所能得到的大自在，是人心灵的至福状态，也是天赋人格的完满实现。但不要忘记，这种人生的圆满状态有一个平凡的起点：学习。这是我们今人阅读本章时尤其要用心的地方。

此章尚需注意“天命”一语。朱子言“天道之流行而赋于物者”为天命，依据的是《中庸》“天命之为性”的说法；要注意的是，“知天命”是在人生不断的学习中获得的认知，是学习的真实效验，而不是有着神秘色彩的命题。

**[朱注]**

天命，即天道之流行而赋于物者，乃事物所以当然之故也。

**孟懿子问孝。子曰：“无违。”樊迟御，子告之曰：“孟孙问孝于我，我对曰‘无违’。”樊迟曰：“何谓也？”子曰：“生，事之以礼；死，葬之以礼，祭之以礼。”**

**[文义]**

鲁国大夫孟懿子向孔子请教什么是“孝”，孔子回答说：“无违。”弟子樊迟驾车时，孔子谈及此事，并说道：“孟孙问我什么是孝，我回答说‘无违’。”樊迟于是问道：“您这句话是什么意思呢？”孔子说：“无违，表面是说不要违背双亲的命令，但实质是指不违背礼节。父母在世时，要依循礼义奉养；父母去世时，要依据葬礼安排，祭祀要依循祭礼进行。”

**[评唱]**

此章揭示了“孝”的社会性内涵：“孝”不是简单地听从父母的命令，而是要不违背社会通行的“礼”。如此一来，“孝”就超出了家庭空间、私人空间中的行为规范，而获得了客观性。朱子引述的胡安国（1074—1138）的说法，指出了“孝”在实践中可能面临的困境：子女想孝敬其父母的心思可能无穷无尽，但其能力有限；该做的没有做，或者不该做的做了，都是不孝。那子女如何把握这个该与不该的分寸？针对孟懿子的情况，孔子给出了一种相对简易可行的方法：无违，按照社会通行的礼节行事即可。

**[朱注]**

胡氏曰：“人之欲孝其亲，心虽无穷，而分则有限。得为而不为，与不得为而为之，均于不孝。所谓以礼者，为其所得为者而已矣。”

**孟武伯问孝。子曰：“父母唯其疾之忧。”**

**[文义]**

孟武伯问孝。孔子说：“凡为人父母者，最担心自己的孩子生病，其他事情倒是其次；因此，身为人子，既然知道了自己父母最大的担忧是什么，就要时常检点自身，不让自己生病。这就是对你而言的孝啊。”

**[评唱]**

面对孟懿子的儿子孟武伯提出的什么是“孝”的同样问题，孔子因材施教，给出了不同的回答。父母对其子染疾生病的担忧，胜过一切，包括自身的健康。常言说“儿行千里母担忧”，又言“可怜天下父母心”，说的都是一个意思。为人子者，若能体会父母的担忧而管理好自己的健康，这可以说就是“孝”的一种表达了。常言又云“养子方知父母恩”，意思是一个人自己在做了父母后，自然会知道自己真正的所忧为何事，只有这时候才会明白父母之所忧，最终也就明白了父母的恩情。前人言“凡人急则呼天，疾痛则呼父母”，这又是人之常情——“此等点示，能令有人心者痛哭”（蕅益《四书蕅益解》），岂不然哉！因此，孔子所言的“孝”，并不仅仅是表面上人们所理解的道德规范，同时还是一种彻底的自然主义行为，深深扎根于人性当中。

人顺从自然而生活，就是天道在人身上的显现，是人获得至福的不二法门；儒家所言的“孝”就是人性的一种自然。人们通常将“规范”与“自然”对立起来，但在儒学这里，我们看到了二者之间有着异常紧密的内在关联。

**[朱注]**

言父母爱子之心，无所不至，惟恐其有疾病，常以为忧也。人子体此，而以父母之心为心，则凡所以守其身者，自不容于不谨矣，岂不可以为孝乎？

**子游问孝。子曰：“今之孝者，是谓能养。至于犬马皆能有养；不敬，何以别乎？”**

**[文义]**

孔子的弟子子游问孝。孔子说：“今天人们所说的孝，只是在饮食上的供奉而已；但对于自己的犬马，同样会提供饮食。如果没有发自内心的敬爱之意，那怎么区别于自己奉养父母的心呢？”

**［朱注］**

养，谓饮食供奉也。犬马待人而食，亦若养然。言人畜犬马，皆能有以养之，若能养其亲而敬不至，则与养犬马者何异。

**子夏问孝。子曰："色难。有事，弟子服其劳；有酒食，先生馔，曾是以为孝乎？"**

**［文义］**

子夏问孝。孔子说："子女在侍奉双亲时，能呈现出愉悦和婉的容色最为困难。有事情的时候，自己替双亲、兄长效劳，有美酒佳肴时让他们先吃，能把这些看作是孝吗？"

**［评唱］**

人的容颜是心灵世界的真实反映：如果没有真正的敬爱父母之意，就很难在容貌脸色上呈现出源于内心的愉悦之情。在这里，我们再次看到了儒家伦理所具有的自然主义性格特征。

**［朱注］**

程子曰："告懿子，告众人者也。告武伯者，以其人多可忧之事。子游能养而或失于敬，子夏能直义而或少温润之色。各因其材之高下，与其所失而告之，故不同也。"

**子曰："吾与回言终日，不违，如愚。退而省其私，亦足以发，回也不愚。"**

**［文义］**

孔子说："我和颜回终日谈学论道，他默默无言，只是听着，仿佛有些愚笨。但等到他退去后，我观察他独自一人时的表现，发现他能将我的说法一一发挥出来，能将道理落在实处。可见颜回在听讲时就已经心领神会、处处洞然，并沉浸其中，哪里是愚笨啊。”

**[评唱]**

颜回是孔子最得意的弟子，儒家五大圣人之一，被誉为“复圣”，即孔门的又一位圣人。“深潜纯粹”，这是朱子借用其师的说法所描述的颜回的气象。老子言：“大成若缺，其用不弊。”（《老子·第四十五章》）——真正的智慧是一种无我的智慧，与天地宇宙合其德，全然不显现己意，故每每给人以愚钝的印象。

**[朱注]**

回，孔子弟子，姓颜，字子渊。

私，谓燕居独处，非进见请问之时。发，谓发明所言之理。

**子曰：“视其所以，观其所由，察其所安。人焉廋哉？人焉廋哉？”**

**[文义]**

孔子说：“在了解一个人时，首先看他的所作所为，接着观察他所走的道路，然后再详察他心安于何事。一个人又如何能隐藏自己呢？真是无所隐藏啊！”

**[评唱]**

本章记录的是孔子判断人的方法。一个人的言行、行事方式就是他心灵的存在方式，是他人格的真实呈现；人无法在其他人眼中掩饰自己的根本原因，就在于“掩饰”自身也是他人格的显现。俗语云“人生如戏，全靠演技”，其实说出了“自我”的真实属性——如果说戏剧的目的是借助演出来创造一种现实，让人们在欣赏中获得各自的意义，那么“自我”正是在其“所以”“所由”以及“所安”三个方向的“演出”当中呈现出来的。反过来说，这种认识意味着，一个人也要在这三个方向上用力，建构属于自己的意义世界。

孟子也有一个非常有名的识人方法：观察一个人的眼睛。“存乎人者，莫良于眸子。眸子不能掩其恶。胸中正，则眸子瞭焉；胸中不正，则眸子眊焉。”（《孟子·离娄上》）——心地纯正的人，他的眼睛就会清澈透明；心地不纯正的人，他的眼睛就会暗淡无光，目光飘忽不定。现代人说“眼睛是心灵的窗户”，说的是同一道理。孟子的这一方法对识人的人自身，有非常高的要求：自己要“胸中正”，目光清澈透明，这样才能映照出对方的心灵，让对方的内心在自己的心灵中显现出来；如果自己“胸中不正”，非但自己的目光不会清明，对世界的认知也会发生扭曲，这时候自然无法识人。

**[朱注]**

以，为也。由，从也。察，则又加详矣。安，所乐也。廋，匿也。

**子曰：“温故而知新，可以为师矣。”**

**[文义]**

孔子说：“温习此前的所学，就能懂得新的义理与知识，这样的人可以成为老师了。”

**[评唱]**

此章前半句可视为孔子提倡的学习方法。人们在求学时，每每有贪多求快、好高骛远的缺点；孔子教人要时刻能停下脚步，重新温习此前所学，乃至反复玩味，这样往往就会有触类旁通、融会贯通的效果，从而真正有所获得。

**子曰："君子不器。"**

**[文义]**

孔子说："身为君子，当立志承担大任，成就大事业，而不是拘泥于一才一艺。"

**[评唱]**

"器"是指有具体的实际用途的器物，与"道"相对，现代学者有用"专才"和"通才"来对应解释。不过，"君子不器"并不是说要君子只能做"通才"而不能做"专才"，而是说一个人要有宏大的志向，要经由"器"而上升到对"道"的体认，能认识到自己的天赋本性，并能将其充分加以实现。有了这样对"道"的自觉，就会对事物有深刻的认知；这时候再反过来从事具体的工作，就会做出具有真正创造性的、有益于人类的工作。"形而上者谓之道，形而下者谓之器，化而裁之谓之变……举而错之天下之民谓之事业"（《周易·系辞上》）——君子要对自己的所学进一步变化剪裁，成就自己的"事业"。

**[朱注]**

器者，各适其用而不能相通。成德之士，体无不具，故用无不周，非特为一才一艺而已。

**子贡问君子。子曰："先行其言而后从之。"**

**[文义]**

子贡问什么是君子。孔子说："先做了，然后再说，这就是君子的言行标准。"

**[评唱]**

子贡能言善辩，孔子对其口才多有称誉，与弟子宰我并列为“言语”科的俊杰（《论语·先进第十一》）。不过，现实中口才好的人不免多有空言无实的事情出现，所以孔子以这句话提醒他，要他“言顾行，行顾言”（《中庸》），也就是言行一致。“古者言之不出，耻躬之不逮也”（《论语·里仁第四》），说的是同一意思。

**子曰：“君子周而不比，小人比而不周。”**

**[文义]**

孔子说：“君子内心公正坦荡，没有偏私，而小人行为举止皆出于私利私欲，自然没有公正无私可言。”

**[评唱]**

君子内心无私，廓然大公，一视同仁；小人相反，行事以是否能满足一小我的私利私欲为原则。朱子对门人解释说：“周者，大而遍之谓；比便小，所谓两两相比。君子之于人，无一人使之不得其所，这便是周；小人之于人，但见同于己者与之，不同于己者恶之，这便是比。”（《朱子语类·卷第二十四》）——君子致力于使人各得其所，就是以正义的方式对待所有的人；小人自然无是非正义的观念。“君子和而不同，小人同而不和”（《论语·子路第十三》），意思相同。

**[朱注]**

周，普遍也。比，偏党也。皆与人亲厚之意，但周公而比私耳。

**子曰："学而不思则罔，思而不学则殆。"**

**[文义]**

孔子说："只学习而不思索，就会感到茫然；只思索而不学习，就会感到疲倦。"

**[评唱]**

本章是脍炙人口的名句，含义隽永而深刻。"学而不思"，只是知识的收集与堆积，无法将知识转化为自己的切身的认知，变成自己生活和行动的养分，最终会茫然无措，劳而无功；相反，"思而不学"，就没有将主观的思考转化为客观行动的具体途径，任凭自己的想法天马行空，让身心都处于不安的境况。"学"是一个人获得立身基础的客观过程与要求；学习已经存在的知识与习惯，也就是一个人的"社会化"过程，是一个人进入社会的必由之路。而"思"则是获得主体性的必要过程，也就是说通过思考而获得自己的认识和见解，一个人的个性也就呈现了出来。

当然，学与思是一相辅相成的过程，并非截然二分：多数人由学而思，渐入佳境；少数人由思而学，殊途同归。不过，对于多数人而言，学习过程的核心到底是一个"学"字；不经过"学"，个体无法存立于社会，也就是没有形成人之所以为人的根本。在实际中，人们可以根据自己的气质，探索"学"和"思"的关系。显然，以学习促进思考，能让我们的思考更为坚实、更为犀利，因为思考有能用上力的地方而不至于空转；同样，以思考带动学习，能让我们的学习更富有效率，而不至于散漫无边，徒增负担。

**[朱注]**

不求诸心，故昏而无得。不习其事，故危而不安。

**子曰："攻乎异端，斯害也已！"**

**[文义]**

孔子说："如果专门致力于学习那些偏执奇异的学说，那就有害了。"

**[评唱]**

人们的心灵结构，除了与生俱来的、深藏于无意识中的那部分外，容易受到人们成长过程中的各种能够进入心灵内部的要素的影响。有的学说、理论、文艺作品能让人高尚、振奋起来，而有的则可能坏人心术、堕人气志。为学当走正道，首要的就是学习各个文明流传下来的那些伟大的经典作品，而不是上来就专门学习各种有偏执的学说。所以，虽然同样是"为学"，学习怎样的学说与思想，非常重要。在为学的正道上有所成就后，再研究各种不同的学说，心灵就不会被轻易吸引，相反可能还会获得新的启发。

本章有多种不同的解释，分歧点在于是取"攻"为"治学""讲学"意，还是取"攻击"意。梁朝学者皇侃（488—545）认为"异端"就是指当时的"杂书"，所以本章主旨在于"禁人杂学诸子百家之书"（《论语义疏》）。朱子的看法类似。与此相对，现代学者多从包容的角度进行重新解释。现代新儒家熊十力（1885—1968）指出："古今一切学术，各于真理，有其见到之方面。亦各有所蔽，而不得见到其许多方面。故任异端之竞其明，从而观其会通，则必于真理多所发见矣。善学者不必自守一家或一先生之言，以攻击异端。"（《读经示要》）钱穆则以孔子时代尚未有杨、墨、佛、老学说为根据，认为"本章异端，乃指孔子教人为学，不当专向一偏，戒人勿专在对反之两端坚执其一"（《论语新解》）。当代学者李泽厚（1930—2021）则依据儒学求同存异、不排斥异己的宽容精神，认为孔子的意思是"攻击不同于你的异端学说，那反而是有危害的”（《论语今读》）。但也有相反的看法，比如杨伯峻（1909—1992）释此句为：“批判那些不正确的议论，祸害就可以消灭了。”（《论语译注》）

**[朱注]**

范氏曰：“攻，专治也，故治木石金玉之工曰攻。异端，非圣人之道，而别为一端，如杨、墨是也。其率天下至于无父无君，专治而欲精之，为害甚矣！”

**子曰：“由，诲女知之乎！知之为知之，不知为不知，是知也。”**

**[文义]**

孔子对他说：“子路，我告诉你什么是真正的知道吧！知道就是知道，不知道就要承认自己不知道，这才是真正的知道。”

**[评唱]**

子路是孔门著名弟子，姓仲，名由，字子路，为人好勇，心直口快，行事不免鲁莽，有时难免强不知以为知，不懂装懂，所以孔子对他有如此教诲。既能知道自己的已知，又明白自己的未知，这是通向真知的一步。凡俗的人们对自己的已知和未知，不甚了了者甚多，故其心灵多处于晦暗无明的状态，可叹！知道自己获得了新知，内心会产生欢喜；知道自己的未知，会产生求真知的动力，才会导引自身去追求自然完美。这是一个由“知识”到“智慧”的过程。

另外，“不知为不知”还意味着人对自身理智的有限性有清晰的意识。当人们意识到自己并不能把握、理解全部的心灵奥秘和宇宙事物时，就会产生一种谦虚、谦卑的自我意识。这种心灵状态为他们接受那些伟大、永恒的事物准备好了条件；人们因承认自己的有限性反而最终获得了永恒性，从而让生命获得了真正的自在。

**子张学干禄。子曰："多闻阙疑，慎言其余，则寡尤；多见阙殆，慎行其余，则寡悔。言寡尤，行寡悔，禄在其中矣。"**

**[文义]**

子张要学习获取俸禄的方法。孔子说："干禄有道。你且多听多问，对有疑虑的部分暂且存而不论，对没有疑虑的部分，谈论时要谨慎，这样就会少犯错误；你还要多观察，有危险的事情不要做，要做那些安全的事情，其余的事情要谨慎，这样就不会为自己的行为后悔。你的言行很少有差错，自然就会得到上上下下的信任和评价，俸禄就自在其中啦。"

**[评唱]**

子张即颛孙师，为孔门高徒，多出现在"问政"的情境对话中，代表了孔门中有职业意识以及政治热情的一派。学干禄，就是学习如何做官，这其实是大问题。凡俗的人们多不学无术，言行不修，他们一旦进入仕途，鲜少能够敬业敬事，在谋取权力和利益的双重欲望驱动下，往往肆意妄为，能"寡尤寡悔"者实属凤毛麟角。这样的人最终或碌碌无为，或身败名裂，二者必居其一。所以孔子教诲子张，不应该以"干禄"为念，而应以修学进德为要务，将"为政"视为学习的一种手段与途径，所谓"学而优则仕"（《论语·子张第十九》）是也。

西汉大儒董仲舒（前179—前104）对于本章的主题做出过非常有名的解释，即"仁人者，正其道不谋其利，修其理不急其功"（《春秋繁露·对胶西王越大夫不得为仁第三十二》）；另外一种说法是"正其谊不谋其利，明其道不计其功”（班固《汉书·董仲舒传》）。这些说法对后世华夏世界的政治哲学与政治人格产生了深远的影响。

**哀公问曰：“何为则民服？”孔子对曰：“举直错诸枉，则民服；举枉错诸直，则民不服。”**

**[文义]**

鲁哀公问孔子道：“如何才能让百姓真正服从自己？”孔子回答说：“举用正直的人，排除那些奸邪的官员，百姓就会服从；反过来说，任用奸邪的小人而舍弃正直的人不用，百姓就不会服从。”

**[评唱]**

针对鲁哀公询问的统治方法的问题，孔子因材施教，提出了为政者自身要“直”，也就是要坚守“正义”原则。这种“直”的原则的首要实践场所就是如何用人。统治关乎民心，而民心天然好直，好正义的原则；百姓孜孜以求者，无非是公平和正义而已。这种自然人性是驱动政治走向文明的自然法与自然正义的原则。人民对具体的政体、政治家以及政策的服从与不服从，取决于这个正义原则得到了怎样的实现。

**[朱注]**

谢氏曰：“好直而恶枉，天下之至情也。顺之则服，逆之则去，必然之理也。然或无道以照之，则以直为枉，以枉为直者多矣，是以君子大居敬而贵穷理也。”

**季康子问：“使民敬、忠以劝，如之何？”子曰：“临之以庄，则敬；孝慈，则忠；举善而教不能，则劝。”**

**[文义]**

鲁国大夫季康子问道："要使百姓能对我们敬重、忠诚，还能积极向善、向上，我应该怎么做呢？"孔子说："一切皆取决于为政者自身。为政者在面临百姓时，要庄重诚敬，而无傲慢之心，百姓自然会尊重他们；为政者事亲以孝，使民以惠而不苛刻，百姓自然会忠诚；任用那些有善行、有成就的人，教育那些未能有所表现的人，百姓就会积极进取，向榜样看齐。"

**[评唱]**

此章与上一章原则相同。为政者，无论是鲁哀公还是季康子，眼中首先看到的是"民"的行为，意在"责民"，对百姓提出要求。孔子教诲他们，眼睛需要盯住自身，需要"反躬""反己"，或曰"反求诸己"，时常检点自己的言行是否符合正道。在上位者能时刻反躬自省，反思自己德行上的不足，并能勇于改过自新，其成效就是移风易俗，有利于创造和谐美好的社会秩序；反之，遇事就推卸责任，良善的治理自然无从谈起。"不能反躬，天理灭矣"（《礼记·乐记》），说的就是这个道理。

**或谓孔子曰："子奚不为政？"子曰："《书》云：'孝乎惟孝，友于兄弟，施于有政。'是亦为政，奚其为为政？"**

**[文义]**

有人问孔子说："您为何不从政呢？"孔子回答说："《尚书》有言：'在家庭内部践行孝悌，将此孝悌原理再扩展到政事之上。'如此看来，在家庭内部的一言一行就已经是政治事务了，还需要怎样才算从政呢？"

**[评唱]**

对于君子而言，他的行为举止关乎共同体的秩序，在这个意义上都属于政治事务；《大学》中“欲治其国者，先齐其家”一语，表达的是同一“政治”认知。另外，如朱子所言，孔子解释自己不出仕的原因时，或许有不好直说或者不愿意再说的地方，所以用这个关于“政治”的普遍道理来加以应对。

**[朱注]**

盖孔子之不仕，有难以语或人者，故托此以告之，要之至理亦不外是。

**子曰：“人而无信，不知其可也。大车无輗，小车无軏，其何以行之哉？”**

**[文义]**

孔子说：“人如果不诚信，对人对事都虚妄不实，那就不知道他还能干什么了。打个比方说，大车如果缺少横梁，小车如果缺少曲木，牛马就无法牵拉，那这些车靠什么行走呢？车无此二者不行，人而无信，也寸步难行。”

**子张问：“十世可知也？”子曰：“殷因于夏礼，所损益，可知也；周因于殷礼，所损益，可知也。其或继周者，虽百世，可知也。”**

**[文义]**

子张问道：“朝代兴亡，十代前的事情还能知道吗？”孔子回答说：“殷商继承了夏朝的礼仪制度，但有所增减，所以可以知道；周朝继承了殷商的礼仪制度，也有所增减，所以也可以知道。今后继承周朝的，即使过了一百代，也可以知道。”

**[评唱]**

礼仪制度是政治文明的体现，在华夏世界体现为“教化”。教化的原则出自天理本然，符合自然正义的原则，但作为手段的礼仪制度则有不同的表达。每个时代都会有其特殊的、具体的情境，礼仪制度会随之变迁，但其本质并不会变化。孔子说即使过了一百代也可以知道“继周者”的礼仪制度情况，这是因为周制，“郁郁乎文哉”（《论语·八佾第三》），比较完备。另一方面，关于周代礼制有更详实的文献资料，百代以后的人们据此也会大略知道周代的情况。孔子删定《诗经》《尚书》、编撰《春秋》等，为后世留下了极为珍贵的文献材料。

**子曰：“非其鬼而祭之，谄也；见义不为，无勇也。”**

**[文义]**

孔子说：“不是他应该祭祀的对象而去祭祀，那是向鬼神谄媚；遇见了自己应该做的事而不去做，那是没有勇气。”

# 八佾第三

## 礼乐：心灵和宇宙秩序的交响曲

**孔子谓季氏：“八佾舞于庭，是可忍也，孰不可忍也？”三家者以《雍》彻，子曰：“‘相维辟公，天子穆穆’，奚取于三家之堂？”**

**[文义]**

孔子批评鲁国大夫季孙氏时，这样说道：“在自己家的庭院表演八列六十四人的这种天子规格的舞乐，这是对天子的僭越；他现在能干出这种事情来，将来还有什么事情干不出来呢？”祭祀结束撤席时用《诗·周颂·雍》来赞唱，这是天子的礼制，而鲁国大夫孟孙、叔孙和季孙三家竟然也这么做了。孔子对此评论说：“《雍》有言：‘诸侯在宗庙襄助，天子庄敬肃穆’，这首赞歌怎么出现在他们三家的宗庙中呢？”

**[评唱]**

礼乐制度集文化、审美、艺术、秩序、意义于一身；孔子从季氏“八佾”舞于厅堂和三家祭礼以《雍》赞唱，预先看到了秩序的坍塌与意义的丧失。这正是《中庸》所言的“至诚”的效验：“祸福将至，善必先知之；不善必先知之。”——心灵敏锐的人会瞬间捕捉到自然和人世的变动。人们熟知的一些说法，诸如“以小见大，见一叶落而知岁之将暮”（《淮南子·说山训》）、“履霜，坚冰至”（《周易·坤卦第二》）等等，表达的都是明智的人善于见微知著。

**[朱注]**

佾，舞列也。天子八、诸侯六、大夫四、士二。每佾人数，如其佾数。或曰：“每佾八人。”

**子曰：“人而不仁，如礼何？人而不仁，如乐何？”**

**[文义]**

孔子说：“人若没有仁德，礼仪又有什么用呢？人若没有仁德，音乐又有什么用呢？”

**[评唱]**

孔子此言可视为对前一章“八佾舞”“以《雍》彻”的进一步批评。礼乐本于人心；人而不仁，就是对自己人格的高贵属性麻木不仁，就是丧失了本心的人。这样的人自然无法理解内在于礼乐的美学与道德属性，无法获知礼乐给人带来的真正愉悦和欢喜。

**[朱注]**

游氏曰：“人而不仁，则人心亡矣，其如礼乐何哉？言虽欲用之，而礼乐不为之用也。”

**林放问礼之本。子曰：“大哉问！礼，与其奢也，宁俭；丧，与其易也，宁戚。”**

**[文义]**

当时世间为礼者，专事繁文缛节，徒有其表。鲁国人林放于是就礼的本质求教孔子。孔子见有人关心这个问题，非常高兴，就赞叹道："这是事关大体的大问题啊！为礼者容易走向奢侈之途，毋宁说俭朴才是礼的本来属性；丧礼在形式上容易治办得滴水不漏，毋宁说有哀痛之心才是丧礼的本义。"

**子曰："夷狄之有君，不如诸夏之亡也。"**

**[文义]**

孔子说："那些偏远的夷狄区域尚且有国君、有政治秩序，不像在诸夏地方，虽然也有国君，但臣下的僭权乱政已经导致国君形同虚设了。"

**[评唱]**

本章有几种解释，现代学者多从儒学尊道高于尊君、文明高于政体的含义，将本章解释为：夷狄虽然有国君，仍然比不上诸夏，即使诸夏没有国君。不过，这种解释有轻视"夷狄"的意思。其实，在儒家政治观念中，"君"有着公共性的意义：它是秩序、文明和意义的象征，而不仅仅是实施统治的权力的代表。同样，华夏传统政治秩序中的"忠君"思想，同样也有着双重的涵义："忠君"自身就包含着对文明、秩序的尊重。

**季氏旅于泰山。子谓冉有曰："女弗能救与？"对曰："不能。"子曰："呜呼！曾谓泰山不如林放乎？"**

**[文义]**

鲁国大夫季氏到泰山行祭告之礼。孔子的弟子冉有当时担任季氏的家臣，于是孔子责问他说：“你不能阻止季氏的僭越行为吗？”冉有回答说：“不能。”孔子感叹道：“唉！你们认为泰山之神竟然还不如林放知礼吗？泰山之神一定不会享用那种非礼的祭祀。”

**[评唱]**

按照《礼记》的记载，天子祭天地，诸侯祭封内山川。祭祀泰山，本来属于鲁国国君的职分，季氏越级祭祀，显然是僭越。面对冉有无法阻止季氏的现实，孔子不再直接批评季氏和冉有，而是提出了一个非常意外的问题：你们这些人知道泰山之神的意志吗？你们僭越礼制祭祀泰山，果真能获得神灵的福佑吗？你们认为泰山之神竟然还不如林放知礼吗？其实，对于季氏而言，遵循礼制与政治秩序才是自我保全的最佳方法，可惜其智慧思虑不足，故孔子有“呜呼”的深叹。

**[朱注]**

旅，祭名。

冉有，孔子弟子，名求，时为季氏宰。

**子曰："君子无所争，必也射乎！揖让而升，下而饮。其争也君子。"**

**[文义]**

孔子说：“君子没有与别人相争的事情。如果一定要有所争，那他们的行为也会像射箭比赛一样吧！比赛射箭时，他们相互揖让三次，再上台比试，下来后胜者揖让负者，饮酒致意，不以胜负为意。君子即使相争，也呈现出君子的风范。”

**[评唱]**

君子温、良、恭、俭、让，平日读书、明理、养气、做事，都力求遵循天道天理，最终的目标是获得心灵的宁静与人生的欢喜，获得大自在；而小人或出于势利之心，或出于矜傲之气，时刻处于与万人进行争夺的态势当中，其内心的焦灼、忙乱可见一斑。二者境界高下，不啻霄壤。本章的“君子无所争”，要从老子“夫唯不争，故天下莫能与之争”（《老子·第二十二章》）的含义上来理解。——世间大凡所争之事，无非名与利；因为君子不存争名夺利的念头，心灵纯净，品行高洁，所以没有人能同他相争。

清代著名理学家、有着“天下第一清官”之称的陆陇其（1630—1692）对本章有深入的辨析。他这样写道：“这‘争’字不是到争时始有，平日势利之念、矜傲之气，隐然伏于胸中，外边虽不见有影响，一遇着可争之会，便发出来，不可禁遏”；所以君子“读书养气，一毫势利之念、矜傲之气不留在胸中，自内及外只是一个恭逊也”。但君子决不是没有原则的老好人，因为“有种时候，关系民生利病、学术异同，众议纷纭，是非可否，混然无别，不得不为之分辨，不得不为之救正，如孟子之辟杨、墨，司马温公之论新法，看来却像个争了，然慷慨正直之际，而恭逊气象未尝不存，如射之揖让一般”（《松阳讲义》）。这就是说，君子非但不是“不争”，而且还有其“必争”——在事关民生、学术等大问题上，君子自然责无旁贷，会挺身而出，所谓“当仁不让于师”（《论语·卫灵公第十五》）也。但君子遵循礼仪与正道，无私利私欲夹杂其中，所以“天下莫能与之争”。

**子夏问曰：“‘巧笑倩兮，美目盼兮，素以为绚兮。’何谓也？”子曰：“绘事后素。”曰：“礼后乎？”子曰：“起予者商也，始可与言《诗》已矣。”**

**[文义]**

子夏问道："古诗中有'她嘴角的微笑多么美好，她的双眼多么清澈明亮，这是以简素为绚烂啊'这样一句，是什么意思呢？"孔子回答说："这就如同绘画一样，首先要打好白色的底子，然后施加各种色彩，画面就会更加鲜明绚烂了。"子夏顿时有所感悟，接着说道："这么说，礼仪对于人而言也相当于后来施加的色彩纹饰吧？"孔子感叹道："能给我以启发的是你子夏啊，我可以和你谈论《诗》了。"

**[评唱]**

子夏所引诗歌描述的是一位天生丽质的佳人；"巧笑倩兮，美目盼兮"显然是天然美质，但为何"素以为绚"，子夏就有些不明白了，于是他就向孔子请教。孔子以绘画为例，说明"绚"要以"素"为前提。子夏举一反三，由此联想到"礼"的形式和实质的关系。"礼"只有建立在"仁"这一实质的基础上，其形式才有意义。子夏由诗歌的理解上升到对礼的思考，可视为儒家诗教的效验，所以孔子非常高兴，不禁对子夏大加赞许。本章的含义，可与"质胜文则野，文胜质则史。文质彬彬，然后君子"（《论语·雍也第六》）一条同时参看。

**子曰："夏礼吾能言之，杞不足征也；殷礼吾能言之，宋不足征也。文献不足故也，足则吾能征之矣。"**

**[文义]**

孔子说："我能谈论一些夏朝的礼仪制度，只可惜现存的杞国无法提供充分的证据；商朝的礼仪制度，我也能谈论一些，可惜现存的宋国无法提供充分的证据。这两个国家对其前代的礼仪都有所继承和保留，只可惜留下来的典籍和当世的贤人不够，否则我就能对夏商两朝的礼仪制度进行考证说明了。”

**[评唱]**

近代以来的社会科学讲究实证主义或者说实证精神（positivism），要求以实在的证据支撑自己的观点或发现。对于夏礼、殷礼，孔子说自己能谈论一些，但缺乏能够寻访的典籍和贤人，无法完全印证自己的观点，这就是孔子的实证精神。我们今日读书做研究，也要尽可能多地占有资料，如此才有可能有新的发现、提出新的学说，否则就可能是在重复别人的发现、发明或者别人早已获得的认识。当然，我们也不能沉浸于资料的收集、辨析当中，还要从中走出来，要在更宽广的视野中进一步审视自己工作的价值和意义。

**[朱注]**

杞，夏之后。宋，殷之后。征，证也。文，典籍也。献，贤也。

**子曰：“禘自既灌而往者，吾不欲观之矣。”或问禘之说。子曰：“不知也。知其说者之于天下也，其如示诸斯乎！”指其掌。**

**[文义]**

禘，通常是指周朝王室祭祀制度，天子崩后，新继位天子将其神主迎入祖庙。灌，是指以酒浇地，以降神。鲁国本是诸侯，僭用王者祭祀之礼，已经违背礼制；献酒以下的仪式，更是荒腔走板，孔子不忍直视。于是有人就向孔子询问何谓“禘”。询问者或许是鲁国官员，孔子认为他是“非礼”而问，就回答说：“不知道。知道禘礼的人治理天下，大概就如同看这个一样清楚明白吧。”说着，孔子指了指他的手掌。

**[评唱]**

禘祭是天子举行的盛典，意义重大。如果真明白了禘的深刻道理，天下国家必可大治，这就是孔子“指其掌”的原因。今天人们谈论“礼”时，往往会注意到它作为社会规范、行为规范的侧面，这自然不错；礼可以规范我们的行为，有利于提高社会交往的效率。于是很多人会认为，礼就是社会秩序。不过，人们多因日用而不知，忘记了“礼”事实上有着更为深刻的含义——礼还有其更底层的逻辑和意义，它源于宇宙和人的心灵秩序。人们通过“礼”获得了自身存在的证明和意义。

近代以来，学者多从巫术—宗教的角度解读“礼”的起源和意义。比如，法国人类学家阿诺尔德·范热内普（Arnold van Gennep，1873—1957）认为，所有的社会生活都有一个基本的区分，即“世俗”（le profane）与“神圣”（le sacré）的区分，而礼仪就是进行这种区分时必不可少的手段和形式；他进而提出了有名的“过渡礼仪”（les rites de passage）的说法——人们通过特定的礼仪行为，能够通过、跨越世俗与神两界，获得一种安心与有意义的人生。比如，我们熟知的庆祝婴儿诞生或满百日的礼仪、成长过程中的成人式、订婚、婚礼，以及最后的丧礼，就是人们用于标识人生阶段的方法，人们也正是在这些仪式中汲取了生命的意义（《过渡礼仪》）。由于多数礼仪是人们生来就面临的现实存在，结果，“礼”就自然而然与人心发生了关联。

儒家对“礼”的意义，早有充分的论述。比如，战国时代著名的儒学思想家荀子（约前307—前213）就曾撰写过专门论述礼的论文，其中这样写道：“礼有三本：天地者，生之本也；先祖者，类之本也；君师者，治之本也”；“故礼，上事天，下事地，尊先祖而隆君师”（《荀子·礼论》）——他认为“礼”有三种来源，“礼仪”就是圣人依据天理与人性而创制的制度与规范，最初就有着“神圣”与“世俗”两种含义。

当“神圣”或者说超越的侧面从“礼”中脱落下去后，它就失去了建构有意义的事实与秩序的能力，人们的行为就容易滑向现实主义与虚无主义的泥淖当中。

**祭如在，祭神如神在。子曰：“吾不与祭，如不祭。”**

**[文义]**

祭祀先祖，如同先祖就在身边；祭祀神祇，如同神祇就在身边。孔子说：“我如果不能与祭合一，不能诚心诚意、全神贯注于其中，那就等同于未进行祭祀。”

**[评唱]**

儒家观念中的鬼神究竟是怎样的存在？或者说，鬼神到底存在还是不存在？这是生活于传统时代的人们所关心的问题，也是生活在现代世界的人们偶尔会意识到的话题。在宋代新儒学当中，这个问题得到了深度的解释，这里略加介绍。面对门人对如何“事鬼神”的追问，朱子回答说，鬼神无非是“气”而已；他进一步引述张子的说法：“横渠曰：‘物之初生，气日至而滋息；物生既盈，气日反而游散。至之谓神，以其伸也；反之谓鬼，以其归也。’天下万物万事自古及今，只是个阴阳消息屈伸。”有人继续问：“人死气散，是无踪影，亦无鬼神。今人祭祀，从何而求之？”朱子回答说：“如子祭祖先，以气类而求。以我之气感召，便是祖先之气。故想之如在，此感通之理也。”朱子还说：“且如祭祀，只是你聚精神以感之。祖考是你所承流之气，故可以感。”（《朱子语类·卷第三》）后世的学者将朱子的这种认识称为“气一元论”，即整个宇宙都是由“气”构成；天地本一气，周流不息，聚而成形，散而无踪，鬼神概莫能外。所以，对于“神在”

与否的问题，朱子给出了一种近于“实在”的解释。

当然，本章的重心并不是如何理解“实在”的哲学问题，而是要把握“如在”这一心理学与社会学的问题。朱子使用的“感通”一语，就是对后一问题进行的说明。俗语云“信则灵”，这也是一种“感通”的思维方式。那么，如何理解“感通”这种认识方式？它是人们所说的那种能通灵的巫术吗？当然不是；孔子说“如在”“如神在”时，其实给出了一种关于“神”的社会学认知。其实，祭祀是一种情境，一种形式礼仪，它制造了一种非日常的、戏剧化的“表演”空间；而表演的意义则取决于观众的参与程度——祭祀的参与者既是观众，又是演员，他所制造的祭祀的“现实”，就是“如在”的“现实”，人们从中获得心灵上的慰藉与满足。按照美国学者普鸣（Michael Puett）的说法，“祭祀的目的应该在于自我转化（self-transformation）”，在于“转化举行祭祀的人”（《成神》）。因此，祭祀时如果不能做到诚敬，不能“与祭”，那就无法创造“如在”的现实，祭祀自身就失去了意义。通过祭祀活动，“鬼神”成为人们日常生活中的一种现实存在。

当代社会学家将这个过程称为“现实的社会建构”（the social construction of reality）——我们在日常生活中认为是不证自明的“现实”，其实源于我们的观念、知识、行动以及制约我们行为的各种习惯与社会制度相互作用的结果（《现实的社会构建》），可以说它是一种建构的结果。从这个意义上的“现实”的角度来说，“神在”与否是深奥难解的神学问题，而“如在”则是相对浅显的社会学问题，因为它与我们的日常生活的若干情境息息相关。人们在参观诸如寺院、圣堂等场所时，或者参与祭祀活动时，心灵中多多少少都会涌现出“如在”的感受。这在社会学家看来就足够了，因为这种“感受”是真实的，有着规范、导引人们行动方式的能力。

因此，“如在”可以理解为“在”的一种显现，而事实上人们也只有通过“如在”的社会过程，才能领会“在”的属性及其意义。

反过来说，祭祀在本质上必然是一种非日常的行为，它的目的就是要在特定的时刻创造一种非凡的、神圣的空间，将日常生活中“限制接触”的禁忌性事物以特定的形式展现在人们的面前，让人们意识到某种“在”的存在，从而恢复生活的一种“神圣”的维度。这种行为其实是人们出于宗教本能的行为，是生命多姿多彩与辽阔的自我意识的显现。

本章讲祭祀时的“如在”，推而广之，我们读古人的教诲，也当有古人“如在”的认知——真正的精神自有其不灭的品性，我们读圣人先贤的书，就是要以自己的精神，以自己的“气”，去与古人交游，受其精神的感召与感化，从而让自己的生命获得超越时空的深度、广度与厚度。

**[朱注]**

程子曰：“祭，祭先祖也。祭神，祭外神也。祭先主于孝，祭神主于敬。”

**王孙贾问曰：“‘与其媚于奥，宁媚于灶’，何谓也？”子曰：“不然，获罪于天，无所祷也。”**

**[文义]**

卫国大夫王孙贾问道：“俗话说‘与其献媚于奥，不如献媚于灶’，这句话是什么意思？”古时祭祀灶神时，先祭于灶台，然后再将神迎入室内西南角进行祭祀，因此“祭于奥”获得了更为尊崇的含义。不过，灶台因更接近人们的日常生活，虽有“卑贱”寓意，人们也认为献媚于灶更容易获得好处。王孙贾不知如何看待这个问题，于是向孔子求教。孔子回答说：“这句俗语说得不对。如果立心行事得罪了上天，媚灶媚奥无用固不用说，向哪里祷告也都没用。”

**[评唱]**

今人在表达极大愤慨时会说“天理难容”，现代日本人依然会用“天罚”或“天谴”来约束或评价人的行为。1923年日本关东大地震发生后，当时著名的企业家与商业界领袖、有名的《论语与算盘》一书的作者涩泽荣一（1840—1931）就批评说，地震是上天对沉浸于骄奢淫逸的生活中的日本国民进行的“天罚”；基于同样的逻辑，2011年日本东北大地震发生后，时任东京都知事的石原慎太郎公开声称，地震是对纵欲的日本人进行的“天罚”。这些说法表明，人们依然在从“天”获得判断事物的根据，并诉诸人们内心深处的某种对“天”的敬畏情感。人若“获罪于天”，向任何神灵祈祷或祷告都无济于事，这是孔子对人类事务的深刻洞察，也可以说是儒学特有的信仰。

**[朱注]**

天，即理也；其尊无对，非奥灶之可比也。逆理，则获罪于天矣，岂媚于奥灶所能祷而免乎？

**子曰：“周监于二代，郁郁乎文哉！吾从周。”**

**[文义]**

孔子说：“周代的礼仪典章借鉴、继承夏商二代而成，真是制度完备、文采斐然啊！我遵从周代的礼制。”

**子入大庙，每事问。或曰："孰谓鄹人之子知礼乎？入大庙，每事问。"子闻之，曰："是礼也。"**

**[文义]**

孔子参拜鲁国祭祀周公的太庙时，对各种陈设、仪式的做法和含义都详细加以询问。有人见此情形，就说道："谁说孔子这位鄹人之子知礼呢？现在看来不是这样啊。他进入太庙，事事都要询问别人。"孔子听到了这个说法，说道："我事事详加询问，这就是礼啊。"

**[评唱]**

就祭祀的"礼"而言，它包括两个层面的知识：一是祭祀时的陈设、仪式作法等经验领域的知识；一是祭礼所表达的超越经验的普遍的含义。对于这些知识，即使圣人也不能说无所不知。孔子依据文献记载或自己的观察，对于祭祀自然有着丰富的知识，但即使如此，在"太庙"这一祭祀的具体实践现场，孔子也会感到自己知识的不足或不确切。所以孔子"每事问"，正表明孔子的谦虚好学的精神，同时避免因不知而失礼的情形发生。将书本上得来的知识与实践中的知识相互印证，这是非常自然的求知的方法。孔子本意或许在此，但旁人不解，以为孔子不"知礼"；殊不知，在"礼"的实践中获得进一步体认，即体认"礼"所代表的天道与人心，然后再用"礼"来导引自己行事，这才是"礼"的本意。仅仅从仪式作法的角度理解"礼"，其实只是注意到了"礼"的表象，而未理解"礼"的深层内涵与逻辑。

**子曰："射不主皮，为力不同科，古之道也。"**

**［文义］**

孔子说：“昔时《乡射礼》规定，射箭以射中靶心为准，而不以穿透靶心为目标，因为射手的力气不同。尚德不尚力，这是古道。”

**子贡欲去告朔之饩羊。子曰：“赐也！尔爱其羊，我爱其礼。”**

**［文义］**

古时天子在每年冬季举行所谓的“告朔”礼，将来年的历书颁布给诸侯，诸侯将其藏于祖庙，于十二月初一宰杀活羊，举行祭礼。鲁国自文公以来已经不参加天子的“告朔”礼，但每年还例行宰杀活羊，子贡想要废除这个惯例。孔子不同意，说道：“子贡呀，你爱惜你的羊，我可是更珍惜这个‘告朔’之礼啊。”

**［评唱］**

关于“告朔”古礼还有其他说法，因不影响本章主旨，这里从朱注。孔子不同意子贡停止已经空洞化的“告朔”仪式，或许是他内心意欲恢复周制的反映。“礼”绝非无意义的惯例，而是有意义的形式和秩序的象征。孔子珍视的是“礼”的意义世界。

**［朱注］**

告朔之礼：古者天子常以冬季，颁来岁十二月之朔于诸侯，诸侯受而藏之祖庙。月朔，则以特羊告庙，请而行之。饩，生牲也。鲁自文公始不视朔，而有司犹供此羊，故子贡欲去之。

**子曰：“事君尽礼，人以为谄也。”**

**[文义]**

孔子说："事君时悉数按照礼仪典章行事，别人还以为我是在献媚呢。"

**[评唱]**

小人"事君"时，虽然也处处遵循礼仪，但内心以阿谀奉承为本意，其心思在于追求满足个人的私利私欲。君子"事君尽礼"，是按照"礼"的本意、按照事情的本然规则行事；也就是说，君子"事君"是一种参与公共事务的行为，指向了共同体的秩序、价值与意义的维护与建构，而没有个人的私意夹在其中。孔子"事君尽礼"，难免有人"以小人之心度君子之腹"，即"人以为谄也"。

孔子的这句话，其实是在向弟子传达一个关于"认知"的重要讯息。一般而言，人们对同一事物有不同的看法，通常被认为是源于看问题的"视角"不同；这种看法固然不错，但我们要注意，问题还有另外一个维度：人们在认知格局上必然有高低的差距，它在更重要的意义上决定着我们"认知"的成色。美国著名的犹太裔政治哲学家列奥·施特劳斯（Leo Strauss，1899—1973）曾这样指出："依据低的事物理解高的事物时，人们必然会歪曲高的事物，而从高的事物理解低的事物时，人们并没有剥夺低的事物充分展现其自身之所是的自由。"（《斯宾诺莎的宗教批判》）

君子和小人，一个站在高处，一个站在低处。站在低处的人，自然会用其低的眼光打量着这个世界；如果他们权力在握，就会强行将高处的事物降低，降低到他们较低的认知水准与行事原则上。孔子之所以强调"为政以德"（《论语·为政第二》），就是要从政治秩序上为文明的向上提供保障。

**定公问："君使臣，臣事君，如之何？"孔子对曰："君使臣以礼，臣事君以忠。"**

**[文义]**

鲁定公问道："君王使用臣下，臣下为君王效劳，那君臣应该如何相处呢？"孔子回答说："为人君者因处于尊位，差遣臣下时态度容易简慢，所以要按照礼节行事，充分尊重下属；相反，为人臣者因处于下位，在办理具体事务时容易隐瞒实情，所以要尽心职守，不可有欺上罔下的行为。"

**[评唱]**

权力会导致腐败，还会导致掌权者的傲慢；而在权力秩序中居于下位者，容易遭受权力的压迫，往往会以媚上、屈从、欺瞒等方式敷衍塞责，甚至进行隐秘的对抗，也就是所谓的"阳奉阴违"；结果，在上位者进一步以权力的手段强化对属下的控制，从而陷入彼此劣化的恶性循环。这其实就是战国末期思想家韩非（约前 280—前 233）在其著作《韩非子》中所描述的君臣关系。只有将君臣的行为都加以规范，纳入到人们本然的、自然的关系当中，彼此在"道"的导引下行事，才能克服这种劣化的关系。"君使臣以礼"意味着以"礼"，即事理的本然规则与形式，来约束权力。对权力进行约束，这正是政治文明化的方式。韩非子提出的君王以"法"或"术"的各种手段来约束臣下的方法，并未脱离权力自身的逻辑，政治与君王自身必然毁于这种不受约束的权力游戏当中。

**子曰："《关雎》，乐而不淫，哀而不伤。"**

**[文义]**

孔子说："《诗·国风·关雎》的咏叹，洋溢着喜悦而不至于过度，流露着哀婉而不至于伤情。"

**[评唱]**

《诗·国风·关雎》以如下的咏叹开篇："关关雎鸠，在河之洲；窈窕淑女，君子好逑。"这或许是华夏世界最为脍炙人口的一首诗，文字极富音乐性，今天我们读来依旧朗朗上口。那么，除了我们的这种直觉感受，此诗究竟好在何处？历代评注家对此都有说法，但都不如孔子这八个字："乐而不淫，哀而不伤。"这句话当是孔子进行"诗教"时的说法。

诗有"情语"与"景语"之分，而究其实却都是对世事人生、对生命的深沉咏叹，因发自肺腑而必有哀与乐的呈现。但哀与乐若没有节制，就会反过来导致心灵失去平静和秩序，甚至让人陷入狂乱，诗就丧失了疏导性情的功用；音乐也有着同样的效果，需要节制。而"礼"就起着这样一种规范、节制的作用。于是，儒家的"诗教""乐教"与"礼教"就形成了三位一体的结构，相互支持、补充，共同构成了华夏世界心灵秩序的基础。

**哀公问社于宰我。宰我对曰："夏后氏以松，殷人以柏，周人以栗，曰使民战栗。"子闻之，曰："成事不说，遂事不谏，既往不咎。"**

**[文义]**

鲁哀公向宰我询问古人立社的做法。立社就是建立土地神庙以祭神，并植与土地适宜的树木，以使神有所凭依。宰我不知而妄言，回答说："在立社时，夏后氏栽植松树，殷人栽植柏树，周人栽植栗树。

周人使用栗树，是要取其谐音，为的是让人民感到战栗。”孔子闻言，颇为不悦，说道：“事情已经出现了，多说无益；事情既然已做了，再谏无益。你既然已经出此言，再责怪你又有何益！”

**[朱注]**

宰我，孔子弟子，名予。三代之社不同者，古者立社，各树其土之所宜木以为主也。

孔子以宰我所对，非立社之本意，又启时君杀伐之心，而其言已出，不可复救，故历言此以深责之，欲使谨其后也。

**子曰：“管仲之器小哉！”或曰：“管仲俭乎？”曰：“管氏有三归，官事不摄，焉得俭？”“然则管仲知礼乎？”曰：“邦君树塞门，管氏亦树塞门；邦君为两君之好，有反坫，管氏亦有反坫。管氏而知礼，孰不知礼？”**

**[文义]**

孔子有一天感叹道：“管仲的器量格局真是小啊！”有人听到孔子的评论，就问道：“那管仲生活俭朴吗？”孔子说：“管仲有府邸三处，各处均备家臣，而非专人兼办，哪里说得上俭朴？”“那么，管仲懂得礼制吗？”孔子答道：“国君设屏风于门外，管仲亦设屏风于门外；国君宴请他国的国君时，设置案几，以酬酢时放置酒杯；管仲设宴时也有样学样。如果说他管仲知礼，那还有谁不知礼？”

**[评唱]**

管仲（？—前645）是东周时期著名的政治家与思想家，曾辅佐齐桓公采取“尊王攘夷”政策，最终“九合诸侯，一匡天下”——即尊重周天子的权威，多次召集诸侯议事，维护周朝的天下秩序，成就了一世的霸业，后人对他非常推崇。孔子及其门人在探讨政治事务时，经常会以管仲的行事为对象，评论政治的原则以及具体实践的得失。

本章孔子以“管仲之器小哉”的评论开始，接连指出了管仲在操守上奢侈、在礼节上僭越的问题。管仲的“三归”，后人虽有“娶三姓女子”“有三处采邑”“筑有三台”等不同说法，但皆言其“富拟于公室”，财富堪与国君比肩；虽然“齐人不以为侈”（《史记·管晏列传第二》），但毕竟不符合俭朴的本意。同时，管仲家里的陈设处处比照国君，孔子据此明确断言管仲“不知礼”。

不过，本章的重心不是这些具体的生活方式，而是由此可见的管仲“器小”的问题。按照朱子等人的看法，孔子对管仲的批评是在一个更大的格局和尺度上的批评——管仲本来还可以做得更好，辅佐齐桓公实现王道政治；他自己也会再进一步，由贤而入圣。孔子的这个“管仲之器小哉”的说法与其说是批评，毋宁说是惋惜。因此，当子路、子贡在另外一个场合提到“桓公杀公子纠，召忽死之，管仲不死”——也就是批评管仲不仁不义，未能为其主君公子纠殉死——的往事时，孔子就对管仲进行了文明层面上的辩护：管仲能不以战争安定天下，就是他的“仁”；而且，“微管仲，吾其被发左衽矣”（《论语·宪问第十四》）——没有管仲，当时的中原地区就会遭到异族的统治，文明可能就会被破坏。

管仲的奢侈与不知礼是事实，而他取得的辉煌功业也是事实。那么，我们是否可以就事论事，将他的行为还原到政治现场而加以重新的认识？从理念上说，管仲本来可以做得更好，但对于政治家而言，如何权衡理念和现实的紧张关系，正是考验其政治智慧之所在。本章提到管仲“有三归”“树塞门”“有反坫”的作法，表面上是管仲不俭朴、不知礼的证据，但管仲自己如何看待这些行为呢？《战国策·东周》

的作者提出了一种非常有意思的说法：“国必有诽誉，忠臣令诽在己，誉在上。”——国民对于君王的行事，一定会有赞美和批评，忠臣会主动承担国民的批评，让国君独享国民的赞美。管仲就是这样的忠臣：“管仲故为三归之家，以掩桓公。”这就是管仲为君“分谤”说法的来源。后世流传很广的历史小说《东周列国志》对此进行了进一步的演绎。

齐桓公成就霸业后，自谓功高无比，不免心生骄傲，生活也奢侈起来，这自然引发了国民的讥讽和批评。但此时的管仲一反常态，并未进行劝谏，而是跟着过起了奢靡的生活。管仲的政治盟友鲍叔牙于是批评说：“君奢亦奢，君僭亦僭”，不合时宜。管仲回答说：“夫人主不惜勤劳，以成功业，亦图一日之快意为乐耳。若以礼绳之，彼将苦而生怠。吾之所以为此，亦聊为吾君分谤也。”也就是说，管仲以自身佯装的“失德”来掩护君王行事上的瑕疵，为的是让君王在享受快意的生活后，还能励精图治，不至于懈怠。

这是小说作者冯梦龙（1574—1646）的说法，管仲的心事究竟如何，我们不得而知，但这段说法倒是凸显了贪图安逸的人性普遍弱点以及政治的现场逻辑。在政治实践中，“权衡”或者说“权”事实上扮演着不可或缺的角色。

**[朱注]**

器小，言其不知圣贤大学之道，故局量褊浅、规模卑狭，不能正身修德以致主于王道。

**子语鲁大师乐。曰：“乐其可知也。始作，翕如也；从之，纯如也，皦如也，绎如也，以成。”**

**[文义]**

孔子曾经向鲁国主管音乐的官员即太师传授制乐的知识。孔子说："制作乐章有其内在的规律，我们要明白其中的道理。音乐初起时，以金鼓开始，闻者会身心收敛，翕然振作；接下来，八音齐奏，声律协和纯粹，高低清浊分明，连绵不断，如行云流水，一篇乐章就这样完成了。"

**[评唱]**

华夏世界很早就对音乐有了高度的认识。《尚书·尧典》记载，舜帝在命令夔当乐官时，曾这样指示道："诗言志，歌永言，声依永，律和声；八音克谐，无相夺伦，神人以和。"——诗表达情志，歌咏唱文字，五声匹配咏唱，六律配合五声；八种乐器能和谐奏鸣，人神都会达到和乐的状态。《礼记·乐记》也有类似的论述："诗，言其志也。歌，咏其声也。舞，动其容也。三者本于心，然后乐器从之。是故情深而文明，气盛而化神，和顺积中而英华发外，唯乐不可以为伪。"礼乐源于宇宙秩序和人心秩序，因此通过音乐就能做到正风易俗，这一点正是儒家礼乐文明的核心认识。孔子希望"鲁一变至于道"（《论语·雍也第六》），所以直接教授鲁国乐官制作乐章的技艺。

**仪封人请见。曰："君子之至于斯也，吾未尝不得见也。"从者见之。出曰："二三子何患于丧乎？天下之无道也久矣，天将以夫子为木铎。"**

**[文义]**

孔子周游列国时来到卫国的仪城，主管边境事务的官员请求拜见孔子。他说："君子来到这个地方，我必去拜访求见，还未曾遭到过拒绝。"孔子门人于是为其引荐。拜访结束，他出来后对孔门弟子说：

“你们何必为夫子一时的失位而感到忧虑呢？天下失道，已非朝夕；夫子周流四方，正是天将以夫子为木铎，为警钟，施政教而拯救天下啊。”

**[评唱]**

这位仪城的“封人”有着极高的见识，不愧能得到来访的各国君子的接见。他的这一句“天将以夫子为木铎”的说法，在认知格局和境界上绝不亚于孔门弟子。

**[朱注]**

木铎，金口木舌，施政教时所振，以警众者也。

或曰：“木铎所以狥于道路，言天使夫子失位，周流四方以行其教，如木铎之狥于道路也。”

**子谓《韶》：“尽美矣，又尽善也。”谓《武》：“尽美矣，未尽善也。”**

**[文义]**

孔子曾评论舜帝时代的《韶》乐说：“真是尽善尽美啊！”而在评论周武王时代的《武》乐时则说：“声容极其盛美，但其寓意还不尽善。”

**[评唱]**

昔时君王治国有成，必作音乐歌舞以彰显其功业，彰显太平盛世，所以观赏当时的音乐歌舞，就可以察知当时政事的得失。周武王以武力征伐而得天下，毕竟有其不正之处，此意流露于当时名为《武》的舞乐当中。孔子以其纯然的仁者之心，从音乐中听出了一丝杀伐之意，所以认为它“未尽善”。孔子精通音乐，由此可见一斑。

本章形式上是论述音乐的得失，实则涉及华夏世界中“美”与“善”

关系的大问题。一般而言，人们观赏舞乐时，多以感官上美的愉悦程度来判断；美的表现形式有着压倒性的吸引力，人心容易为其迷惑、沉醉、摇曳。在审美的过程中，人们也会在美的事物中获取愉悦和欢喜，汲取生命的意义，这就是艺术存在的终极价值。现代的哲学家也多从这个意义上论述“美”。正因如此，孔子提出的关于艺术的更高的标准，也就是“善”的标准，这值得我们特别留意。在孔子看来，舜的《韶》乐就是尽善尽美的典范，所以“善”的标准就是体现在舜身上的仁爱精神。

孔子非常推崇的吴国政治家季札，对“美”和“善”的关系有着类似的看法。《左传·襄公二十九年》记载有他出使鲁国时观赏周王室音乐的精彩篇章。在听到乐工演唱的《周南》与《召南》后，他立刻评论说：“美哉！始基之矣，犹未也，然勤而不怨矣。”——他感叹说：“美好啊，我从歌声中感觉到，教化已经奠定了基础，虽然尚未完成，不过百姓已经勤劳而不怨恨了。”接下来，当他听到《邶风》《鄘风》《豳风》等乐章时，都以“美哉”的感叹开始，然后对音乐一一加以细致的评论。而当歌颂舜的舞乐《韶箾》上演时，他不禁赞叹道：“德至矣哉！大矣如天之无不帱也，如地之无不载也。……观止矣，如有他乐，吾不敢请已。”——季札从舞乐中看到了舜的至德，如同苍天覆盖一切，如同大地承载一切一般，感叹自己从中获得了巅峰体验。此时，季札并未用“美”的语言来抒发自己的认知，而是直接用“德”来表现“美”的形式和内容。这与孔子对《韶》乐“尽美矣，又尽善矣”的评价有异曲同工之妙。

这种将“美”的审美感受从属于“善”的价值判断的结果，使得华夏世界中的“德”获得了一种美的光辉属性，也就是说，有“德”者必有“美”的光辉。人要过上审美的艺术的生活，就必须先过上有“德”

的生活。

在本章中，我们再次看到了华夏礼乐文化与孔子的关系。当代有学者曾这样评论道："在孔子和《韶》乐精神呼应，在悠悠的音乐声之中，历史感交织集体生存的深切关怀，道德与艺术相融无间，'圣德'充分显示于其中。漫长的集体文化沉淀的历史性反思，受孔子精神世界的高度道德自觉所激活，超越自私自利的本能制约"；"孔子之所以伟大，是能够以精炼的语言表达当下的圣德，足以鼓励来者自强不息"。（邓国光《〈文心雕龙〉文理研究》）——孔子开创的礼乐教育体系，将正义的生活和审美的生活熔铸为一体，对华夏的心灵世界造成了深远的影响，我们至今仍生活在这一伟大的传统当中。

**[朱注]**

韶，舜乐。武，武王乐。美者，声容之盛。善者，美之实也。

**子曰："居上不宽，为礼不敬，临丧不哀，吾何以观之哉？"**

**[文义]**

孔子说："身居上位时做不到宽宏仁慈，行礼时做不到恭敬严肃，遭遇丧事时没有哀戚伤痛的真情，这样的人哪里还有可观之处呢？"

# 里仁第四

## 真正的富贵

子曰："里仁为美。择不处仁，焉得知？"

**[文义]**

孔子说："风俗淳厚，人们宅心仁厚，这样的乡里堪称为美。仁就是美的实质，不选择仁美这样的地方居住，怎能说有智慧呢？"

**[评唱]**

人源于自然，顺应自己的本性生活，必然会有自然美呈现出来。如果在居住时追求华美绚丽，外在事物就会影响并束缚他的心灵，久而久之自己的本性就会暗而不彰，变得麻木不仁。儒学思想如此强调环境对人的作用，是因为在教化人心的目标上，儒学拒绝采用超自然的神灵约束的路径。儒学的这种非宗教性格，需要发展出一种功能上能取代神灵的替代物，现代社会学称其为"功能等价物"（functional equivalents）。本章所言的居住环境，就是这种"功能等价物"的一种：环境会影响人的存在方式。

儒学思想对环境作用的强调，为后世留下了许多格言警句。《孔子家语·六本》记载有孔子这样的说法："与善人居，如入芝兰之室，久而不闻其香，即与之化矣；与不善人居，如入鲍鱼之肆，久而不闻其臭，亦与之化矣。”《荀子·劝学》中有非常形象的比喻：“蓬生麻中，不扶而直；白沙在涅，与之俱黑。兰槐之根是为芷，其渐之滫，君子不近，庶人不服。其质非不美也，所渐者然也。故君子居必择乡，游必就士，所以防邪僻而近中正也。”——兰槐又名白芷，是一种香草，为人所喜爱；然而，如果将其浸泡在“滫”，也就是臭水当中，就让人厌恶了。人对人发生的影响同样如此，但往往为人们所忽视，所以孔子有“居不处仁，焉得知”的感慨。

**[朱注]**

里有仁厚之俗为美。

**子曰:“不仁者不可以久处约,不可以长处乐。仁者安仁,知者利仁。”**

**[文义]**

孔子说：“不仁者就是失去了本心的人，内心为外物所拘役。当他长时间处于贫贱困穷时，必然会做出违法乱纪的事情，因而无法持久；同样，当他处于富贵安逸时，生活也必然奢侈放肆，得意忘形，久之必然会感到倦怠无聊，感受不到人生的意义。而仁者的心灵就是仁，不为清贫或富贵所动；知者的心灵就是智慧，以仁为利，必然会追求仁。”

**[朱注]**

约，穷困也。利，犹贪也，盖深知笃好而必欲得之也。不仁之人，失其本心，久约必滥，久乐必淫。

**子曰：“唯仁者能好人，能恶人。”**

**[文义]**

孔子说："仁者没有私心，仁者之心就是天理的本然；因此，仁者的好恶皆遵循正理，只有他们才能真正喜好人、厌恶人。"

**[评唱]**

好恶是人之常情，人们多出于自己的感觉进行判断取舍，必然夹杂着自己的私利私欲在其中。"爱而知其恶，憎而知其善"（《礼记·曲礼上》）——仁者内心廓然大公，一片光明，能真正映照出人世间的善恶。

**子曰："苟志于仁矣，无恶也。"**

**[文义]**

孔子说："一个人如果有志于仁，念兹在兹，那他也就不会做什么恶事了。"

**[朱注]**

志者，心之所之也。其心诚在于仁，则必无为恶之事矣。

**子曰："富与贵是人之所欲也，不以其道得之，不处也；贫与贱是人之所恶也，不以其道得之，不去也。君子去仁，恶乎成名？君子无终食之间违仁，造次必于是，颠沛必于是。"**

**[文义]**

孔子说："追求富贵乃是人的天性，自身并无不当，不过，若富贵不是依循正道而获得，那君子不会安享此富贵；人们都厌恶贫贱，这是人之常情，不过，若不遵循正道脱离贫贱，君子将安于此贫贱。君子即便在一顿饭的工夫，也不违背仁的正道。即使遭遇忙乱窘迫，乃至生活流离失所，君子亦不失其仁的本心。”

**[评唱]**

在通常的意义上，富贵是好事，但如果不是以正道得来，人就无法安享富贵；非但如此，这种不正当的富贵还会反过来加速人的堕落与沉沦。同样，贫贱并非好事，但如果以正道摆脱贫贱，最终可能会成就一番大事业；而不以正道摆脱贫贱，其结果可能同样是加速自己的堕落与沉沦。富贵与贫贱自身不是问题，如何面对它们才是真问题。俗语有“失之东隅，收之桑榆”一说，又《淮南子·人间训》中有“塞翁失马，焉知非福”的著名典故，它们都在告诫人们不要因眼前的得失而束缚自己的心灵。无论如何，心才是根本的问题。所以，君子“时有常变，心无常变；动静语默之间，举一念，行一事，必在天理之上”（张岱《四书遇》）。时刻“念兹在兹”（《尚书·大禹谟》），让天道与仁义内化为自己心灵秩序的一部分，实现天人合一，这才是生命真正的富贵。

**[朱注]**

造次，急遽苟且之时。颠沛，倾覆流离之际。

言君子为仁，自富贵、贫贱、取舍之间，以至于终食、造次、颠沛之顷，无时无处而不用其力也。

**子曰：“我未见好仁者，恶不仁者。好仁者，无以尚之；恶不仁者，其为仁矣，不使不仁者加乎其身。有能一日用其力于仁矣乎？我未见力不足者。盖有之矣，我未之见也。”**

**[文义]**

孔子继续说道：“我还未见到真正爱好仁、厌恶不仁的人呢。真正好仁的人以仁为最高的标准，即使在造次颠沛之际也不违仁；真正厌恶不仁的人，心灵纯然是一片仁，不会让不仁的事物沾染其身。为仁由己不由他，有能终日致力于为仁的吗？人们因循怠惰，每每以力气不足为搪塞，实际上我还未见到力气不足的人。或许有这样的人吧，只是我还未见到。”

**[评唱]**

“力不足者”，本质上就是不知道立志实现美好、欢喜人生的人，不知道勇猛精进而已。

**[朱注]**

盖为仁在己，欲之则是，而志之所至，气必至焉。故仁虽难能，而至之亦易也。

**子曰：“人之过也，各于其党。观过，斯知仁矣。”**

**[文义]**

孔子说：“人们在行事上的过失，其实也可以分类。观察他们的过失，也就知道他们仁德的厚薄了。”

**子曰：“朝闻道，夕死可矣。”**

**[文义]**

孔子说：“如果早晨明白了道，那晚上死去也无妨了。”

**[评唱]**

孔子鲜少谈及“死”的话题；除本章外，尚有“未知生，焉知死”（《论语·先进第十一》）一句，都是广为人知的说法。注意，本章的重心与其说在表明“道”的难求，毋宁说在表明“道”的究极功用更为恰当——“道”可以让人坦然面对自我意识的终结，让寻求自保、永生的自我意识接受生命的本能。其实，怀生畏死，这是人类的共同心理。法国哲学家柏格森（Henri Bergson，1859—1941）曾分析说，人的理智的本能是自我保全，但这种发达的理智会意识到一个严重的问题：人会意识到自己死亡，而意识不到它其实更对自己有利。于是乎，宗教就是人的自然本能，是人“对死亡的必然性的一种抵御反应”（《道德和宗教的两个来源》）。宗教发展出的生命“不朽”“永生”“轮回”等各种观念，就是为回应人类的这种特殊的心理要求。所以，宗教是人类理性觉醒后的必然产物。

在华夏世界中，早在周王朝时代，理性主义原则就得到了确立，人们必然也发展出了一套与其相匹配的生命观念。这种观念与西方文明中的“宗教”不同，但却承担着类似的功能，也就是我们在前面提到的“功能等价物”。这是一种特殊的解决方案：将自我融入群体、融入自然乃至“道”当中，从而获得“不朽”。所以，本章的“闻道”，不是指在理性上去认识“道”，而是指要在全副身心的意义上体认到“道”的存在。春秋时代郑国杰出的政治家子产（？—前522）曾提出有名的“立言”“立德”与“立功”的“三不朽”学说，其目的就是要将个体自我意识的延续置于具有永恒性的共同体与自然当中，从而完成自我意识的拯救（钱穆《灵魂与心》）。

德国哲学家海德格尔（Martin Heidegger，1889—1976）有一个著名的说法，叫“向死生存”（Sein zum Tode）。它有意打破人们在日常生活中对“死”的禁忌——因“死”对于理性的自我意识而言是一种不可理喻的威胁，以生命倒计时的方法迫使人警醒，让人们意识到“存在”自身的全部可能性，以对抗日常生活具有的“本质性的沉沦倾向”（《存在与时间》）。显然，这是一种“未知死，焉知生”的认知路径。这种观念易于制造“激情的崇高”和“深沉的狂热”（李泽厚《实用理性与乐感文化》）。

与此相对，儒家的说法可以说是“向道生存”，它鼓励并导引人们去求道，去体悟大道。这样，肉体上有限的生命就与无限的“道”融为一体，肉体必然的消失因“道”的永恒而获得了拯救；于是，个体的生命意识就获得了深远辽阔的“不朽”属性，心灵得到了慰藉和解放。孔子言“仁者不忧”（《论语・子罕第九》《论语・宪问第十四》），因为“仁者”就是实现了天赋本性的人，他们于日常生活中时刻能保持心灵的宁静与平和，而不是为激情与狂热所支配。所以，“仁者”就是日常生活的平凡英雄，是人“闻道”的自然结果。

**[朱注]**

程子曰：“言人不可以不知道，苟得闻道，虽死可也。”又曰：“皆实理也，人知而信者为难。死生亦大矣！非诚有所得，岂以夕死为可乎？”

**子曰：“士志于道，而耻恶衣恶食者，未足与议也。”**

**[文义]**

孔子说：“士的志向在于探求真理大道，他们中若有以粗衣粗食为羞耻的人，就不值得和他们切磋探讨了。”

**[评唱]**

现代学者普遍认为，“士”阶层的崛起是春秋时代后期华夏世界的一大变革，它打破了此前政治由公卿贵族把持的政治结构，为平民向上的社会流动奠定了基础（萧公权《中国政治思想史》）。这个被称为“士”的群体最初是处于底层的贵族，或处于权力外围的公卿；在东周末年的时代动荡中，出身于平民阶层的人开始广泛进入“士”的行列。不过，这个群体成功保留了贵族出身的历史与文化记忆，保留了贵族阶层的政治热情与道德意识。所以，一个人最终能否成为“士”，端赖于他是否有面向公共领域、面向公共生活的德性准备。

孔子的著名弟子子路、子贡等人都专门向孔子请教过什么是“士”，可见孔子教育的核心就是培养能够创立秩序、延续文明的“士”——他们通常品行高洁，心志弘毅，独立自尊，忧国忧民，心系天下。北宋著名思想家、政治家范仲淹（989—1052）有一段脍炙人口的说法：“不以物喜，不以己悲；居庙堂之高则忧其民，处江湖之远则忧其君。是进亦忧，退亦忧。然则何时而乐耶？其必曰：‘先天下之忧而忧，后天下之乐而乐’乎！”（《岳阳楼记》）这其实就是华夏世界传统士人君子高尚情怀的自我表达。近代以来，华夏世界的传统文化虽然经历过各种冲击乃至破坏，但文化基因与文明火种毕竟没有熄灭，“士”的自我意识和情怀，依然体现在我们时代的一些读书人以及科学家们的身上。

**子曰：“君子之于天下也，无适也，无莫也，义之与比。”**

**［文义］**

孔子说：“天下的事情对于君子而言，是无可无不可；可或不可判断取舍的标准就在于义，也就是取决于事物本然的道理。”

**［评唱］**

人们在生活中容易为世俗的观念所左右、束缚，久而久之则拘滞不通，心灵为自身的立场或成见所遮蔽。今天人们所见的党派意见的分歧、意识形态的对立、立场上的左右分裂等等，都是因为不知探寻事物本然的道理；他们的所见所论，必然有其偏颇乃至不正义的地方。真正的君子能超越这些对立与分歧，以“大道之行也，天下为公”（《礼记·礼运》）的超然态度参与公共事务。

**子曰：“君子怀德，小人怀土；君子怀刑，小人怀惠。”**

**[文义]**

孔子说：“君子小人各有其怀抱：君子心存道德，小人心系安乐；君子心存法度，小人心系利益。”

**[朱注]**

怀，思念也。怀德，谓存其固有之善。怀土，谓溺其所处之安。怀刑，谓畏法。怀惠，谓贪利。

**子曰：“放于利而行，多怨。”**

**[文义]**

孔子说：“以谋取利益为行为的导向，必然多取怨于人。”

**[评唱]**

人们在各自追求私利的过程中，也会自发形成一种秩序；近代以来的“市民社会”或“商业社会”观念，就强调人们逐利行为的正当性。利益虽然是现代社会不可或缺的一种组织原则，但依循利益的行为容易引发人们彼此的怨恨，这就是本章要传达的事实。而且，利益作为组织原则并不牢靠，需要其他手段来调节和维系，这也正是现代商业社会必然是法律高度发达的社会的原因。

**子曰：“能以礼让为国乎？何有？不能以礼让为国，如礼何？”**

**[文义]**

孔子说：“能以礼让的原则治国吗？如果能做到，那还有什么难事呢？如果不能做到以礼让治国，礼就徒有其表，那礼还有什么用呢？”

**[评唱]**

平时我们多讲“礼让”，以为“让”只是一种行为，但究其实，如朱子所言，它是“礼之实也”。“让”在行事上体现为“克己”“虚己”的过程，人但能“克己”，克制自己的私利私欲，行事自然就会接近“天理之本然”，从而在形式上就符合“礼”的观念和规范。

**[朱注]**

让者，礼之实也。

**子曰：“不患无位，患所以立。不患莫己知，求为可知也。”**

**[文义]**

孔子说：“不要担忧自己没有职位，要担忧自己能否站得住。不要担心自己不为人所知；不为人所知，那是因为自己的德行未达到光明的地步，别人自然看不见，所以需要努力修德与成就事功。”

**[评唱]**

本章“求为可知也”一语，不是说要为了别人知道自己而去追求什么，而是说要专心砥砺自己的德行，“可知”就是这种努力的一种结果。“德不孤，必有邻”（本篇），“求为可知”就是求德。“德”是能穿越时空而为人所知、为人识别的普遍标签。我们今天所知的伟大人物，无论是科学家、艺术家还是政治家，不分古今中外，都是能将其天赋的德性充分发挥出来，为人类文明做出了巨大贡献的人。

**子曰："参乎！吾道一以贯之。"曾子曰："唯。"子出。门人问曰："何谓也？"曾子曰："夫子之道，忠恕而已矣。"**

**[文义]**

孔子有一天对弟子曾参说："曾参啊！你知道吗，我所讲的道，其实一以贯之，贯通于万事万物。"曾子回答说："是，明白了。"孔子出去后，门人问道："夫子具体指的是什么呢？"曾子说："夫子之道，无非就是忠恕而已。"

**[评唱]**

本章有深意，朱子甚至认为"一以贯之"是"《论语》中第一章"，也就是最重要的一章。朱子与其门人曾就"吾道一以贯之"和曾子"忠恕"的回答进行反复讨论，留下了大量的记录，这里摘引三条，以供参考："'一以贯之'，犹言以一心应万事"；"尽己谓忠，推己为恕。忠恕本是学者事，曾子特借来形容夫子一贯道理"；"圣人知曾子许多道理都理会得，便以一贯语之，教它知许多道理却只是一个道理。曾子到此，亦是它践履处都理会过了，一旦豁然知此是一个道理，遂应曰：'唯！'及至门人问之，便云：'忠恕而已矣。'忠是大本，恕是达道。忠者，一理也；恕便是条贯，万殊皆自此出来。虽万殊，却只一理，所谓贯也。子贡平日是于前言往行上着工夫，于见识上做得亦到。夫子恐其亦以圣人为'多学而识之'，故问之。子贡方以为疑，夫子遂以一贯告之。子贡闻此别无语，亦未见得子贡理会得，理会不得。自今观之，夫子只以一贯语此二人，亦须是它承当得……。曾子是践履笃实上做到，子贡是博闻强识上做到。"（《朱子语类·卷

第二十七》）

**[朱注]**

尽己之谓忠，推己之谓恕。

夫子之一理浑然而泛应曲当，譬则天地之至诚无息，而万物各得其所也。自此之外，固无余法，而亦无待于推矣。

程子曰："以己及物，仁也；推己及物，恕也，违道不远是也。忠恕一以贯之：忠者天道，恕者人道；忠者无妄，恕者所以行乎忠也；忠者体，恕者用，大本达道也。此与违道不远异者，动以天尔。"

**子曰："君子喻于义，小人喻于利。"**

**[文义]**

孔子说："君子对义理了然于胸，小人对私利异常精明。"

**[评唱]**

君子因深知义，行事以义为原则，对义有真切的体认，所以对事物的利弊有深刻的认知；小人行事以利为原则，似乎是对利有深刻的认识，其实不然。逐利是人的动物属性的自然延伸，这种行为并未将人从其动物属性中区分开来。——生活止步于动物性生存的境地当中，我们能说这符合人的最高利益吗？所以说，君子因为对义与利都有深刻的认知，所以才最终能"喻于义"，而小人"喻于利"，到底不知其利的真正所在。

**[朱注]**

喻，犹晓也。义者，天理之所宜。利者，人情之所欲。程子曰："君子之于义，犹小人之于利也。唯其深喻，是以笃好。"

**子曰："见贤思齐焉，见不贤而内自省也。"**

**［文义］**

孔子说："看到有贤德贤能的人，要想着如何向他看齐；看到不贤的人，不要认为与自己无关，而是要反过来点检自身，看看自己身上是否也有同样的习气。"

**［评唱］**

本章含义与"三人行，必有我师焉。择其善者而从之，其不善者而改之"（《论语·述而第七》）一语相同，旨在教人学习的方法与功夫。

**子曰："事父母，几谏，见志不从，又敬不违，劳而不怨。"**

**［文义］**

孔子说："子女侍奉父母时，如果父母有过，要委婉地加以提醒，点到为止；如果父母不听从，要恭敬如常，不要违背父母意志；虽然自己会因此忧心忡忡，但并不怨恨父母，因为父母或有幡然醒悟之时。"

**子曰："父母在，不远游，游必有方。"**

**［文义］**

孔子说："父母在堂时，不要长久地到远方游历；游历时要时常与父母联系，告知自己的所在，以免父母担忧。"

**［评唱］**

"慈母手中线，游子身上衣。临行密密缝，意恐迟迟归。谁言寸草心，报得三春晖。”为人子女者宜反复吟诵唐代诗人孟郊（751—814）这首著名的《游子吟》；需要远游或者不在父母身边时理应如此，即使平日常见，也当如此。此章当和前章以及下二章一同看。

钱穆尝言：“慈是人生自然现象，孝则必待人文教育培植。”即父母对子女的“慈”是出于人的自然本性，而子女对父母的“孝”需依赖教育才能养成。钱穆的这个判断，源于他这样的认识：“子女成年后，则如雏燕离巢，羽翼丰满，高飞远走，天地方宽。若不以孝道相敦劝，恐兴风木之叹，徒增蓼莪之痛。”这里的“风木之叹”就是人们熟知的“皋鱼悲哭”的典故：“夫树欲静而风不止，子欲养而亲不待。往而不可追者年也，去而不可得见者亲也。”（《韩诗外传·卷九》）而“蓼莪”则是指《诗经》中的同名诗篇，主题同样是“孝子不得终养”的悲叹。所以，“中国人提倡孝道，乃是根据人类心性而设施的一项特殊教育，其主要目标，注重在为人子女者之心性，并不是专对父母而有孝。”（《晚学盲言》）钱穆的这一解释，可以说将孔子的心境真切地揭示了出来——“孝”乃是出于圣人一片仁爱、慈悲的胸怀，为此单立名目，自有其大意义存焉。就此而言，有子“孝弟也者，其为仁之本与”（《论语·学而第一》）一言，可以说体悟到了孔子教诲的真谛。

**子曰：“三年无改于父之道，可谓孝矣。”（重出）**

**子曰：“父母之年，不可不知也。一则以喜，一则以惧。”**

**［文义］**

孔子说：“父母的年岁，为人子者不可以不知道，要时常放在心头。

知道后，一方面会感到欢喜，另一方面又会感到忧惧。”

**[评唱]**

本章意思浅显，无需解释，而“喜”“惧”二字却触人衷肠，要常存心间。明代大政治家张居正（1525—1582）对朱子的注释进一步发挥说：“今父母寿考康宁，使人子得以承欢膝下，这是难得之事，岂不可喜？然父母年纪衰迈，来日无多，安能保其长存，这又有不测之忧，岂不可惧？”（《四书直解》）

**[朱注]**

知，犹记忆也。常知父母之年，则既喜其寿，又惧其衰，而于爱日之诚，自有不能已者。

**子曰：“古者言之不出，耻躬之不逮也。”**

**[文义]**

孔子说：“古昔的人不轻易谈论自己，因为他们以自己无法实行自己的说法为耻辱。”

**[评唱]**

《论语》中前后十余次论及的“耻”，是君子建构自我时一个极为重要的观念。“耻”本质是人自我意识高度发达的一种表现，它虽然是一种内在的、被称为“羞愧”的心理感受，却会对行为者产生强烈的约束力量。不过，同所有其他德性一样，作为人本能和良知的“耻”，也往往为“人欲”——贪婪的欲望——所遮蔽，所以也有待教化培育才能成为人的自觉意识，最终在社会范围内形成一种由“耻”所调整的文化。

美国文化人类学家鲁思·本尼迪克特（Ruth Benedict，1887—

1948）在她的日本论名著《菊与刀》中曾指出，日本文化是一种“耻感文化”（shame culture），而与其相对的则是西方社会的“罪感文化”（guilt culture）。从这种分类的角度来看，华夏世界的传统文化也可以说是“耻感文化”。比如，美国著名汉学家史华兹（Benjamin I. Schwartz，1916—1999）就曾这样评论说：“在孔子那里，‘羞耻感’并不仅仅是在处理中国文化时常常提到的‘羞耻伦理’（shame ethic）。与此相反，它是一种深刻而内在的自我尊重。”（《古代中国的思想世界》）

如果说“罪感文化”的前提是存在着全能的上帝，人在上帝面前会自发地感觉到自己的卑下与有罪，那么“耻感文化”的前提就只能说是人性自身，仅仅诉诸人的自我意识，因此或许更有助于人主体性的挺立。在这个意义上，我们可再次确认儒学文化是对人性抱有极高善意的文化。

**子曰：“以约失之者鲜矣。”**

**[文义]**

孔子说：“人若能在身心上做到收敛，在事上做到俭约，那他在行事上就几乎不会出现差错了。”

**子曰：“君子欲讷于言而敏于行。”**

**[文义]**

孔子说：“君子在言谈上必须迟缓一些，要慢半拍，而在行动上必须迅捷。”

**[评唱]**

君子“古者言之不出，耻躬之不逮也”，所以要“讷于言而敏于行”，而不是做“语言的巨人，行动的矮子”。

**子曰：“德不孤，必有邻。”**

**[文义]**

孔子说：“有德之人不会孤单，因为一定会有同样有德的人来与之为友。”

**[评唱]**

孔子尝言“同声相应，同气相求；水流湿，火就燥”（《周易·乾卦第一》），这是从物理现象上的观察，在人事上则是“德不孤，必有邻”。后世有名诗句“海内存知己，天涯若比邻”（王勃《送杜少府之任蜀州》）、“丈夫志四海，万里犹比邻”（曹植《赠白马王彪》），皆化自此章。

虽然如此，在历史世界的特定时刻当中，有德之人未必会获得理解。“知我者谓我心忧，不知我者谓我何求”（《诗·王风·黍离》），这是诗人的感叹；孔子本人亦有“知我者其天乎？”（《论语·宪问第十四》）的感喟。尤其在衰世当中，品行高洁、拒绝同流合污的人，往往还会成为俗世与权贵排斥、构陷的对象。所以，这句话中的“邻”要作扩大理解：除了“天”之外，后世但凡能理解君子德行心事者，同样都是其“邻”。屈原（约前340—约前278）作《离骚》诸赋以自伤悼，并最终投江而亡，可见其当时孤独、寂寞与傲岸，但千载之后屈原却被视为华夏心灵的标杆，可见其“邻”正在于后世。“德不孤，必有邻”既是孔子道德意识的自我呈现，又同时建构了华夏世界个体的安身立命之所——有德之人的终极依托就是“天”自身，由此他就获得了生命的终极意义。

**子游曰：“事君数，斯辱矣；朋友数，斯疏矣。”**

**[文义]**

子游说：“事君交友，都有个分寸和道理：如果君主不听而一再进谏，听者厌烦，那就自取其辱了；同样，规劝朋友时不知节制，那对方就会有意疏远了。”

# 公冶长第五
## 孔门群像：精英的标准

**子谓公冶长："可妻也。虽在缧绁之中，非其罪也。"以其子妻之。子谓南容："邦有道不废；邦无道免于刑戮。"以其兄之子妻之。**

**［文义］**

孔子谈及弟子公冶长时说："可以把女儿嫁给他；他虽然曾经身陷牢狱，但那不是他的罪过。"后来，孔子将自己的女儿嫁给了他。在谈及弟子南容时，孔子说："国家有道，政治清明，他就会得到任用，发挥才智；国家无道，政治昏暗，他也会保全自身，不会陷于刑戮之祸。"后来，孔子将自己的侄女嫁给了他。

**子谓子贱："君子哉若人！鲁无君子者，斯焉取斯？"**

**［文义］**

孔子在谈到弟子子贱时赞叹道："他真是一位君子啊！鲁国如果没有同样的君子，他又是向谁学习，最终成就了自己的君子人格呢？"

**子贡问曰："赐也何如？"子曰："女器也。"曰："何器也？"**

**曰："瑚琏也。"**

**[文义]**

听到夫子对同门的褒奖，子贡忍不住问道："那我子贡如何呀？"孔子说："你是一件有用的器具。"子贡继续问："那具体是哪件器具啊？"孔子答道："可以说是瑚琏吧。"

**[评唱]**

瑚琏是宗庙中盛装黍稷的重要器具，且贵重华美。孔子认为子贡虽然身未至"君子不器"（《论语·为政第二》）的理想境界，但就其善于言辞表达的天资和日常学业的进步而言，认为他在事功上当有所成就，故有此比喻。本章还可这样理解：和前面对公冶长等三位的背后评价不同，子贡要求老师当面评价自己，这其实是给孔子出了一道小小的难题。孔子深知子贡对语言有极高的天赋，所以将其比喻为"瑚琏"，而子贡自然也会从这个巧妙的比喻中领悟全部的讯息。孔子教育的高明，由此可见一斑。

**或曰："雍也仁而不佞。"子曰："焉用佞？御人以口给，屡憎于人。不知其仁，焉用佞？"**

**[文义]**

有人评价冉雍说："冉雍虽有仁德，但口才不佳。"孔子闻言，说道："哪里需要什么口才？与人应接时伶牙俐齿，会屡屡遭人厌烦。我不知道冉雍能否称为仁，但他哪里需要什么口才！"

**[评唱]**

“佞”是指有口才；朱子解释说，当时人们多认为有口才就是有贤能，所以有人评论冉雍虽然有仁德，但却没有口才。其实，人们对“佞”“贤”与“仁”的看法，从孔子时代开始时至今日，也没有多少变化。人们往往为一个人的口才所吸引，转而会认为他有贤能。这其实是一种偏见和误认。且看孔子的回答：“不知其仁，焉用佞？”——仁者“爱人”（《论语·颜渊第十二》），仁在日常生活中的表达就是“爱人”以及“爱心”。没有这个“爱”，人们互相沟通的语言往往会引发相反的憎恶之情，也就是这里所说的“屡憎于人”。

社会学家鲍曼（Zygmunt Bauman，1925—2017）在论述语言和爱心的关系时写道：“语言上的交锋一般都以理性的凯旋而归和爱心的遍体鳞伤而告终。”这其实是源自二者的必然关系：理性追求的是实用目的，而爱自身就是目的。鲍曼继续说：“理性的自我获得一种能技能，把自我本身的意图转化为引导他人行为的目的；相反，爱心激发自我把另一方的意图当作自身的目的。理性在其道德的最佳状态也只会宽宏大量地容忍另一方。”（《个体化社会》）理性在本质上一种工具，而爱心则是一种以对方为目的的情感。作为理性自我表达的工具，语言每一次被说出，充其量也只能表述“仁”的一部分。在日常生活中，我们要对语言以及理性的有限性有清醒的认识，避免它们占据了我们心灵的全部。

**[朱注]**

雍，孔子弟子，姓冉，字仲弓。佞，口才也。仲弓为人重厚简默，而时人以佞为贤，故美其优于德，而病其短于才也。

**子使漆雕开仕。对曰：“吾斯之未能信。”子说。**

**[文义]**

孔子让弟子漆雕开出仕，漆雕开回答说：“我对出仕这件事还没有自信。”孔子非常高兴。

**[评唱]**

君子出仕为官，事关共同体生活的品性，兹事体大，所以子夏有“学而优则仕”（《论语·子张第十九》）的说法。现代人多重视制度在国家治理中的作用，固然不错，但也不要忘记孟子的如下说法：“徒善不足以为政，徒法不能以自行。”（《孟子·离娄上》）只有有人格的主体与良善的制度相互配合，才能取得善治。

**[朱注]**

斯，指此理而言。信，谓真知其如此，而无毫发之疑也。开自言未能如此，未可以治人，故夫子说其笃志。

**子曰：“道不行，乘桴浮于海，从我者其由与？”子路闻之喜。子曰：“由也好勇过我，无所取材。”**

**[文义]**

孔子说：“道难行于天下，哪天我若欲乘坐竹筏，漂流江海，那跟着我的会是子路吧？”子路听到这句话后非常高兴。孔子说：“子路在好勇的精神上超过了我，但有一点还做得不够：不能裁度事理。”

**[评唱]**

许多学者曾用力辨析“取材”到底是“取木材”，还是“取裁”，抑或只是“取哉”，这种考证固然有其意义，但并不是本章的重心；本章的重心前后有跌宕。首先是夫子自道。华夏世界的君子人格理想大凡有二：或者行道拯救，或者归隐逍遥，即“道不行，乘桴浮于海”。

君子循道行事，其实无可无不可。子路好勇，孔子对此也常常赞许；但见到子路因此而喜形于色时，话锋一转，教诲他说，勇于任事，临难不避，这固然可嘉，但勇只有依据义的标准，才能得其宜，否则可能会适得其反。

**孟武伯问："子路仁乎？"子曰："不知也。"又问。子曰："由也，千乘之国，可使治其赋也，不知其仁也。""求也何如？"子曰："求也，千室之邑、百乘之家，可使为之宰也，不知其仁也。""赤也何如？"子曰："赤也，束带立于朝，可使与宾客言也，不知其仁也。"**

**[文义]**

鲁国大夫孟武伯问道："子路称得上是仁人吗？"孔子回答说："不知道啊。"孟武伯又问，那如何评价子路呢？孔子说："子路啊，一个拥有千辆兵车的大国，可以让他去掌管兵赋，但还不能说他是仁人。"孟武伯于是又问冉有如何。孔子回答说："冉有啊，一个拥有千家大城、百辆兵车的卿大夫之家，可以让他担任总管，但还不能说他是仁人。"孟武伯又问："那公西华如何呢？"。孔子说："公西华啊，他可以身着礼服，站在庙堂上应对来宾，但还不能说他是仁人。"

**[评唱]**

有仁必有才，而有才未必有仁。孔子对诸弟子的才华，都各有称许，但诸弟子最终能否成为有仁德之人，尚待观察，需要在他们具体的行事上察看他们的心灵世界。

**[朱注]**

赋，兵也。古者以田赋出兵，故谓兵为赋，《春秋传》所谓"悉索敝赋"是也。

赤，孔子弟子，姓公西，字子华。

**子谓子贡曰："女与回也孰愈？"对曰："赐也何敢望回？回也闻一以知十，赐也闻一以知二。"子曰："弗如也！吾与女弗如也！"**

**[文义]**

孔子问子贡说："你与颜回相比，谁更胜一筹啊？"子贡回答道："我哪敢指望成为颜回那样的人啊？他闻一知十，我也就闻一知二罢了。"孔子听子贡这么说，就感叹道："的确，你不如他啊！其实，我和你都比不上他啊！"

**[评唱]**

本章对话内容也有一波三折的韵味。孔子将子贡与颜回相提并论，可见有暗自称许子贡的意思；子贡以"何敢望回"回答，当是据实以告，在赞扬颜回才高的同时，亦表明自己有自知之明。孔子深喜子贡能有此认知，在肯定他的判断的同时，以"吾与女弗如"来激励子贡继续成就德业。孔子在这一对话中认为自己不如颜回，除了出于激励子贡的意思外，应该说还有对颜回的能力的真实认知，而不仅仅是出于自谦。颜回不幸短命殁后，孔子悲恸竟至失态，连呼"天丧予！天丧予！"(《论语·先进第十一》)，可见他对颜回的珍惜与爱护，以及这里的评价，都是出自纯然的真情实意。

朱子与门人对本章进行了非常细腻的评论，他说道："圣人之道，大段用敏悟。晓得时，方担荷得去。如子贡虽所行未实，然他却极是晓得，所以孔子爱与他说话。缘他晓得，故可以担荷得去。虽所行有未实，使其见处更长一格，则所行自然又进一步。圣门自曾、颜而下，便须逊子贡。如冉、闵非无德行，然终是晓不甚得，担荷圣人之道不去。所以孔子爱呼子贡而与之语，意盖如此。”（《朱子语类·卷第二十八》）子贡天资聪颖，孔子愿意与他说话，是否有深意或不得而知，但“学莫便乎近其人”（《荀子·劝学》），子贡修学进德卓有成效，如朱子所言，当和他与孔子之间的密切交流有关。

**宰予昼寝。子曰：“朽木不可雕也，粪土之墙不可杇也，于予与何诛？”子曰：“始吾于人也，听其言而信其行；今吾于人也，听其言而观其行。于予与改是。”**

**[文义]**

宰予大白天睡觉。孔子批评道：“腐烂的木头无法用来雕刻，污秽的土墙无法再行粉刷。我对你还有什么可责怪的？”孔子又说道：“以前我对于一个人，通常是听其言而信其行，如今我可要听其言观其行。宰予这件事，改变了我的看法。”

**[评唱]**

俗语云：“一勤天下无难事，一懒天下万事休！”孔门弟子皆极为勤奋，只有宰予是例外。宰予在语言上非常有天赋，如果勤奋学习，当有所成。孔子当然会有这种期待，所以当他看到宰予竟然在大白天睡觉时，不禁对他进行了严厉的批评，期待他能够幡然悔悟。

**[朱注]**

宰予能言而行不逮，故孔子自言于予之事而改此失，亦以重警之也。

范氏曰：“君子之于学，惟日孜孜，毙而后已，惟恐其不及也。宰予昼寝，自弃孰甚焉，故夫子责之。”

**子曰：“吾未见刚者。”或对曰：“申枨。”子曰：“枨也欲，**

**焉得刚。"**

**[文义]**

孔子说："我未见到刚毅的人。"有人回答说："申枨。"孔子说："申枨的欲望太多，哪能称得上刚毅。"

**[评唱]**

在儒学观念中，"刚"是一种美德，它与"欲"相对，因此有"壁立千仞，无欲则刚"的说法。人但凡有私利私欲，就无法依循天理之本然，每每屈从于欲望与谋利之心，无法按照事物的自然法则来行事，其外在的表现就是"不刚"。后人称许儒家温、良、恭、俭、让的美德，认为它们有"柔"的属性，殊不知，这些美德自身就是"刚"。本章的语录表明，孔子极为推崇"刚"的德性。孔子公开慨叹自己"未见"的人，除了未见"仁者"外，就是本章的"刚者"。我们今天所言的刚毅不屈、光明磊落、浩然正气的伟岸人格，都是"刚"的显现。"刚"德的内涵，在孟子提出著名的"浩然之气"（《孟子·公孙丑上》）一说后，才得到完全的呈现，由此构成了华夏心灵世界刚健的一极。

**[朱注]**

刚，坚强不屈之意，最人所难能者，故夫子叹其未见。

谢氏曰："刚与欲正相反。能胜物之谓刚，故常伸于万物之上；为物掩之谓欲，故常屈于万物之下。自古有志者少，无志者多，宜夫子之未见也。"

**子贡曰："我不欲人之加诸我也，吾亦欲无加诸人。"子曰："赐也，非尔所及也。"**

**[文义]**

子贡有一次说道："我不希望别人加于我的事情，我也不以此加诸他人。"孔子说："子贡呀，己所不欲勿施于人，真正的仁者才能做到这一点，不是你目前所能做到的。"

**[朱注]**

程子曰："我不欲人之加诸我，吾亦欲无加诸人，仁也；施诸己而不愿，亦勿施于人，恕也。恕则子贡或能勉之，仁则非所及矣。"

**子贡曰："夫子之文章，可得而闻也；夫子之言性与天道，不可得而闻也。"**

**[文义]**

子贡说："夫子的言谈举止都是其德性的外在显现，一般人都可以听见看见；但夫子谈论的性与天道，就不是一般人所能轻易听见的。"

**[评唱]**

孔子因材施教，寓性与天道于诗书礼乐艺的日常教学当中，而不是单独、直接、抽象地谈论性与天道；孔子日常教授的诗书礼乐，本质上都是性与天道在人世间的显现，舍此而无性与天道可言。朱子言"性者，人所受之天理"，而"其实一理也"，自是孔门真谛。不过，若非上智者，恐怕无法在孔子的日常教学中悟透、体认到性与天道的深刻道理。这正是子贡"不可得而闻也"一语的重心所在，而不是说孔子对"性与天道"闭口不谈。顾炎武（1613—1682）言"夫子之教人'文、行、忠、信'，而性与天道在其中矣，故曰'不可得而闻'"（《日知录·卷七》），亦是此意。

因此，学者如果明白了"下学上达"，或者说从具体到抽象的认知路径，自然就会在日常教学中领悟到孔子论述“性与天道”的真谛。在孔子的后学中，直接谈论“性与天道”的人，当首推西汉大儒董仲舒；宋代的新儒家群体在阐述“性与天道”上用力极深，并极有心得。在随后的儒学思想史上，还出现了“尊德性”（即存心明体）和“道问学”（即读书经世）孰为本孰为末或孰先孰后的争论，到清代最终收敛为“道问学”的时代风尚（余英时《文史传统与文化重建》）。其实，二者应该说是无可无不可，也可以说是一体两面，学者根据自己的禀赋，求一适合自己的进学进德的道路即可。我们只能从特定情境中，去观察哪一种方法更为活跃或占据主导地位。

**[朱注]**

文章，德之见乎外者，威仪文辞皆是也。性者，人所受之天理；天道者，天理自然之本体，其实一理也。言夫子之文章，日见乎外，固学者所共闻；至于性与天道，则夫子罕言之，而学者有不得闻者。

子路有闻，未之能行，唯恐有闻。

**[文义]**

子路每听闻善言，必汲汲行之；在未能加以实践之前，很担心听到新的善言，会影响自己对此前善言的实行。

子贡问曰：“孔文子何以谓之文也？”子曰：“敏而好学，不耻下问，是以谓之文也。”

**[文义]**

子贡问夫子：“卫国大夫孔文子，为何谥号获得了‘文’这个字呢？”

孔子回答说：“资质聪敏却爱好学习，位高爵尊却不以向下面的人请教为耻，因此谥号获得了‘文’的美誉。”

**[朱注]**

凡人性敏者多不好学，位高者多耻下问。

**子谓子产：“有君子之道四焉：其行己也恭，其事上也敬，其养民也惠，其使民也义。”**

**[文义]**

孔子评论子产说：“他的身上有四种君子之道：其为人谦逊，能以诚敬之心对待在上位者，实行养民护民惠民的政策，使用民力时也有章法、符合事宜。”

**[评唱]**

子产（？—前522）是春秋时代郑国著名的政治家、思想家，其为政思想被概括为宽猛并用、刚柔相济。他尝言：“唯有德者能以宽服民，其次莫如猛。夫火烈，民望而畏之，故鲜有死焉；水懦弱，民狎而玩之，则多死焉。”他的继任者太叔心地美善，“不忍猛而宽”，结果“郑国多盗”，最后不得不举兵而大开杀戒(《左传·昭公二十年》)。所以，子产贵在对人民的现实状况有清醒的认知，施政宽猛并用，所以孔子用“养民也惠”对他进行了高度的评价。

**子曰：“晏平仲善与人交，久而敬之。”**

**[文义]**

孔子说：“齐国大夫晏平仲善于与人交往；人们与他交往越久，

越会尊敬他。”

**子曰：“臧文仲居蔡，山节藻棁，何如其知也！”**

**[文义]**

孔子说：“鲁国大夫臧文仲饲养了一只大龟，并制作一龟室，在柱头斗栱上雕刻山的形状，在横梁的短柱上绘有水藻的模样。龟本来用于占卜，而不会主导祸福。他以这种方式谄媚鬼神，可见其智识是多么短浅啊！”

**[朱注]**

居，犹藏也。蔡，大龟也。

当时以文仲为知，孔子言其不务民义，而谄渎鬼神如此，安得为知？

**子张问曰：“令尹子文三仕为令尹，无喜色；三已之，无愠色。旧令尹之政必以告新令尹。何如？”子曰：“忠矣。”曰：“仁矣乎？”曰：“未知，焉得仁？”**

**“崔子弑齐君，陈文子有马十乘，弃而违之。至于他邦，则曰：‘犹吾大夫崔子也。’违之。之一邦，则又曰：‘犹吾大夫崔子也。’违之。何如？”子曰：“清矣。”曰：“仁矣乎？”曰：“未知，焉得仁？”**

**[文义]**

子张问道：“楚国的子文三次出任令尹的官职，不见他有喜色；三次被罢免，不见他有愠色。他每次都将自己的政令告诉新任的令尹。他这个人怎么样呢？”孔子说：“可以说是很忠诚了。”子张问：“那不能称为仁吗？”孔子说：“他不知道什么是仁，怎么能说他是仁人呢？”

子张接着问：“齐国大夫崔子弑杀了齐国君主，同为大夫的陈文子放弃了自己十辆车马的俸禄，飘然离去。到了其他国家后，他说：‘这里的大夫和我们的崔子一样。’于是他又到了另一国家。到了之后他又说：‘这里的大夫和我们的崔子一样。’于是，他又离开了。那陈文子这个人如何呢？”孔子回答说：“只能说是清廉。”子张问：“那不能称其为仁吗？”孔子回答道：“他不知道什么是仁，怎么能说他是仁人呢？”

**[评唱]**

单从外面的行止上看，令尹子文堪称“忠”，陈文子堪称“清”，但不知二人内心的认知如何，是否出于义理之当然，所以孔子不以“仁”称许他们。“仁”虽然要在事上显现，但二子的事迹尚缺少与具体的人的关系，所以夫子很难判断他们有怎样的仁德。

**季文子三思而后行，子闻之曰：“再斯可矣。”**

**[文义]**

鲁国大夫季文子遇事皆三思而后行，人皆称颂其智慧。孔子听说后，评论道：“思考两次就够了。”

**[评唱]**

普通人遇事能仔细思索一次已经难能可贵，若能在此基础上再次思考，行事当不会有太大差谬。但如果仍无法决断而行动，继续思考下去，恐怕私意已经萌生，心灵徒增负担，或得不偿失矣。

**[朱注]**

程子曰：“为恶之人，未尝知有思，有思则为善矣。然至于再则已审，三则私意起而反惑矣，故夫子讥之。”

**子曰：“宁武子，邦有道则知，邦无道则愚。其知可及也，其愚不可及也。”**

**[文义]**

孔子说：“卫国大夫宁武子，在政治清明的时候，他积极建言献策，显得非常有智慧；在政治昏乱的时候，他韬光养晦，以求得扶危济困，匡正朝政人心，这时候他每每显得愚笨。他的智慧很多人能做到，而他在危难时刻显现出的愚笨，是一般人都做不到的。”

**[评唱]**

宁武子的智慧，就是所谓的“大智若愚”。从事政治，需要政治智慧；孔子但凡论政，都是在对弟子进行政治教育。这些政治原则扎根于人性，不以时空的不同而发生转变，可谓古今一也。

**子在陈，曰：“归与！归与！吾党之小子狂简，斐然成章，不知所以裁之。”**

**[文义]**

孔子在陈国时，有一次感叹道：“回去吧，我还是回去吧！我们鲁国的故乡，有一批志向远大、但还略显粗犷的青年人。他们的修养已经初具规模，斐然可观，只是还不知道如何进一步检点约束自己，以成为真正的人才。”

**[朱注]**

狂简，志大而略于事也。斐，文貌。成章，言其文理成就，有可观者。

裁，割正也。夫子初心，欲行其道于天下，至是而知其终不用也。于是始欲成就后学，以传道于来世。又不得中行之士而思其次，以为狂士志意高远，犹或可与进于道也。但恐失其过中失正，而或陷于异端耳，故欲归而裁之也。

**子曰："伯夷、叔齐不念旧恶，怨是用希。"**

**[文义]**

孔子说："伯夷和叔齐不念旧恶，胸怀宽广，因此内心很少有怨恨。"

**[评唱]**

佛教思想中有人生"四苦""七苦"或"八苦"说，除了生、老、病、死四苦外，还有怨憎会、爱别离、求不得（第八苦或说"五阴炽盛"），而其中的"怨憎会"就是不得不与自己"怨恨""憎恶"的人在一起而产生的内心痛苦。伯夷、叔齐不念旧恶，内心不存怨恨，可见是有道在身的人。孟子曾赞颂伯夷为"圣之清者也"（《孟子·万章下》），认为他是圣人中尤其呈现出心地清净、高洁面貌的人，这与他"不念旧恶"的心灵属性不无关系。

**子曰："孰谓微生高直？或乞醯焉，乞诸其邻而与之。"**

**[文义]**

孔子说："谁说鲁国的微生高这个人正直呢？有人来向他借醋，碰巧他家里没有，他本可直言没有，但却向邻居借来后送给了那个人。"

**[评唱]**

私意主导行动，行动便不直。"直"是儒家非常重视的行事原则。

前面孔子评论季文子“三思而后行”时，说“再可也”，其用意之一就是避免私意丛生，影响了行为的正直。孔子言“人之生也直，罔之生也幸而免”（《论语·雍也第六》），就是要让人过上内心正直、行为正直的生活。

**子曰：“巧言、令色、足恭，左丘明耻之，丘亦耻之。匿怨而友其人，左丘明耻之，丘亦耻之。”**

**[文义]**

孔子说：“花言巧语、笑脸逢迎、过分恭敬，左丘明以这样的行为为耻，我孔丘同样以这样的行为为耻。背地里对某人心怀怨恨，但表面上却佯装友善，与其结交，左丘明以这种行为为耻，我孔丘同样以这种行为为耻。”

**[评唱]**

巧言、令色、足恭，表里不一，这就是小人的行径。

**颜渊、季路侍。子曰：“盍各言尔志？”子路曰：“愿车马、衣轻裘与朋友共，敝之而无憾。”颜渊曰：“愿无伐善，无施劳。”子路曰：“愿闻子之志。”子曰：“老者安之，朋友信之，少者怀之。”**

**[文义]**

颜渊、季路某次侍奉在孔子左右。孔子说：“你们何不谈谈自己的志向呢？”子路说：“我愿意与朋友分享我的车马衣服，即使用坏了也不遗憾。”颜渊说：“我希望自己能做到不矜夸自己的善行，不彰显自己的功劳。”子路说：“我们也想听听夫子您的志向。”孔子说：

“我希望全天下的老年人都能安享晚年，希望朋友之间都能彼此信任，希望所有年幼的人都能得到关怀照顾。”

**[评唱]**

本章宜观孔门师生气象。子路有勇，豪气干云；颜渊无我，温厚和乐；但二子心智格局仍有所限。孔子视天下万民如己身，仁义满怀，可以说尽显圣人气象。

**子曰：“已矣乎！吾未见能见其过而内自讼者也。”**

**[文义]**

孔子感叹说：“真是没办法啊！人皆有过，但如果能在内心进行反思和检点，然后加以改正，可谓善莫大焉。我未见到这样的人啊！”

**[评唱]**

“内自讼”就是在发生过错时在内心进行反省，默默追究自己的责任。这种“内自讼”是一种突破“自我”心理防御的能力，非有自我意识的高度觉醒、非有勇气者不可为，这是孔子感叹“未见”的原因。曾子“一日三省吾身”就是于无事时的“内自讼”，实在是有大勇者。

**子曰：“十室之邑，必有忠信如丘者焉，不如丘之好学也。”**

**[文义]**

孔子说：“即使是在仅有十户人家的小村落，也一定有像我孔丘一样天生忠信的人，但可惜他们还不如我好学啊！”

**[评唱]**

忠与信都是美德，有人天生就有这些美德，但他们的德性有可能就止步于此，无法再进一步。这时候，“学”的作用就突显了出来：一个人天生质美，如果还能好学，就相当于快步走上了自我实现的大道。由此可见，“学”不仅仅是获取知识的心智活动，还是一种心灵习惯以及人的存在方式。孔子“好学”的本质属性于是就完全显露了出来——“好学”同仁、义、礼、智、信等美德一样，它自身就是一种美德。

**[朱注]**

十室，小邑也。忠信如圣人，生质之美者也。夫子生知而未尝不好学，故言此以勉人。言美质易得，至道难闻，学之至则可以为圣人，不学则不免为乡人而已。可不勉哉？

# 雍也第六
## 陋巷自有山水

子曰：“雍也可使南面。”仲弓问子桑伯子，子曰：“可也简。”仲弓曰：“居敬而行简，以临其民，不亦可乎？居简而行简，无乃大简乎？”子曰：“雍之言然。”

**[文义]**

孔子称许弟子冉雍说：“冉雍可以站在国君的位置上，总理国家政务。”冉雍闻言，内心有疑虑，不知孔子就哪一点而言，就问桑伯子怎么样。孔子说：“他也可以，他行事简易。”

冉雍于是说：“居心庄敬，无一丝苟且，而在行事上简易不烦，这样的人治理天下，不就可以了吗？但如果平日就以简易为原则，行事上再追求简易，这就过于简略了吧？”孔子回答说：“冉雍你说得很对。”

**[评唱]**

今人以“简政放权”为社会治理的要务，其立意就是为政者要以“宽洪简重”为原则，如此则“事不烦而民不扰”。简，就是与民以自由，让人民自由地生息，而不轻易干预。权力由于其固有的属性，每每欲以其意志施加于民众生活之上，结果可能损害人民的自由。但权力又是任何共同体生活的内在属性，因此，为政者的要务就是克制权力自身的控制本性，以合宜的方式建构公共生活，这就是冉雍阐发的“居敬而行简”的道理。为政者如果不能敬人敬事，不能按照天理的本然或者说科学规律行事，那么实践中的权力关系就无法得到妥当的安排。

**[朱注]**

南面者，人君听治之位。言仲弓宽洪简重，有人君之度也。

**哀公问：“弟子孰为好学？”孔子对曰：“有颜回者好学，不迁怒，不贰过，不幸短命死矣，今也则亡，未闻好学者也。”**

**[文义]**

鲁哀公问孔子说：“夫子的弟子中谁可称得上是好学啊？”孔子回答说：“有一位叫颜回，他好学；他能做到不迁怒于他人，不重复犯下过错。只是可惜未得其寿，已经故去。如今没有了，我不知道谁能称得上好学了。”

**[评唱]**

颜回不迁怒，不贰过，就是“苟日新，日日新，又日新”（《大学》）的日新精神。日日自明其德，勇猛精进，这既是学习的自然效果，又是德性自我实现的自然过程，也就是成为朱子、程子等新儒学家所说的“人”的过程。颜回天资明敏，有着至极纯粹的心灵世界，而孔子却以“好学”来称许他，其中自然大有深意，后世学者不可轻轻放过。程子从中读出“学以至乎圣人之道”，可以说把握了孔子此言的大义。

**[朱注]**

程子曰：“学以至乎圣人之道也。”“学之道奈何？”曰：“天地储精，得五行之秀者为人。其本也真而静。其未发也五性具焉，曰仁、义、礼、智、信。形既生矣，外物触其形而动于中矣。其中动而七情出焉，曰喜、怒、哀、惧、爱、恶、欲。情既炽而益荡，其性凿矣。故学者约其情使合于中，正其心，养其性而已。然必先明诸心，知所往，然后力行以求至焉。若颜子之非礼勿视、听、言、动，不迁怒贰过者，则其好之笃而学之得其道也。然其未至于圣人者，守之也，非化之也。假之以年，则不日而化矣。今人乃谓圣本生知，非学可至，而所以为学者，不过记诵文辞之间，其异乎颜子之学矣。”

**子华使于齐，冉子为其母请粟。子曰：“与之釜。”请益。曰：“与之庾。”冉子与之粟五秉。子曰：“赤之适齐也，乘肥马，衣轻裘。吾闻之也，君子周急不继富。”原思为之宰，与之粟九百，辞。子曰：“毋！以与尔邻里乡党乎！”**

**[文义]**

孔子的弟子公西华出使齐国去了，冉有担心其母失养，代为求米。孔子说：“给他一釜的米吧。”冉有要求多给一些。孔子说：“那再给他一庾的米吧。”结果，冉有一共给了五秉。孔子说：“公西华去齐国，乘的是健硕的肥马，穿的是轻暖的皮衣。我听说，君子应该周济突然遭遇困难的人，而不是要继续帮助那些富足的人。”孔子当鲁国司寇时，任用弟子原思当家里的总管，给他九百斗米的俸禄，原思坚辞不受。孔子说：“不要坚持啦，你把粮食分给邻里乡人吧！”

**[评唱]**

俗语言：锦上添花易，雪中送炭难。冉有的行为相当于锦上添花，已失去了事情的正理，所以夫子对冉有多有微辞。孔子的弟子原思认为自己不应收受先生的俸禄。孔子说，这是公事，公事公办，于义理当收；但孔子也理解原思的心情，于是就建议了一个折中的办法：将俸禄转赠送给邻里。孔子在这些具体的事物上，随时教诲弟子行事的正理，要弟子们在义理和人情之间做出恰当的平衡。

**[朱注]**

釜，六斗四升。庾，十六斗。秉，十六斛。

**子谓仲弓曰："犁牛之子骍且角，虽欲勿用，山川其舍诸？"**

**[文义]**

孔子曾评论冉雍说："耕牛如果生有一头红毛小牛，牛角周正，那你即便不愿意用小牛作祭祀，山川的神灵会舍弃它吗？不应因为它是耕牛生的小牛就舍弃不用啊。"

**[评唱]**

本章是一个比喻。周朝人崇尚红色，所以祭祀时以"骍"，即红色的牲畜为牺牲，而"犁牛"即耕牛，不能用于祭祀。此章是说，冉雍的父亲虽然出身低贱，但不能因此废弃拥有贤才的冉雍而不用。任人唯贤，彻底打破出身论与身份制，这是华夏政治哲学的正统理念和原则。

**子曰："回也，其心三月不违仁，其余则日月至焉而已矣。"**

**[文义]**

孔子说："颜回，他能做到三个月不偏离仁德；其余的人，虽然也都致力于求仁，但无非是于一日或一月当中偶尔达到仁的境地，旋即偏离，如此而已。"

**[评唱]**

“仁”为人心灵的最高境界，“仁人”就是人的自然完美状态。心不违仁，就是心灵秩序和宇宙秩序融合无间，达到了“天人合一”的境地。孔子不轻易以“仁”称许弟子，唯独对颜回以“其心三月不违仁”称之，由此可见颜回对“仁”当有异常真切的认知和体验。

**[朱注]**

三月，言其久。仁者，心之德。心不违仁者，无私欲而有其德也。

**季康子问:“仲由可使从政也与？”子曰:“由也果，于从政乎何有？”曰：“赐也可使从政也与？”曰：“赐也达，于从政乎何有？”曰：“求也可使从政也与？”曰：“求也艺，于从政乎何有？”**

**[文义]**

鲁国大夫季康子问道：“可以让仲由从政吗？”孔子回答说：“仲由办事果断，从政有又何难处呢？”季康子又问：“子贡，他也可以从政吗？”孔子回答说：“子贡通达事理，从政又有何难处呢？”季康子接着问：“那冉有，他也可以从政吗？”孔子回答说：“冉有多才多艺，从政又有何难处呢？”

**[评唱]**

我们可将这个对话视为“招聘会”现场的问答，季康子在征询孔子对其门生的看法。由于三子各有所长，孔子自然倾情推荐。不过，三子虽各有贤才，但三者能否发挥出自己的才能，还要看为政者是否能尊贤，是否能为人才发挥作用创造有利的条件。孔子用“于从政乎何有”作答，隐约表达了这一层意思。

**季氏使闵子骞为费宰，闵子骞曰："善为我辞焉。如有复我者，则吾必在汶上矣。"**

**[文义]**

鲁国大夫季氏想让孔子的弟子闵子骞出任费邑的总管。闵子骞听到传话后，对来者说："请为我好好推辞吧。如果有人再来说项，那我一定会到汶水北岸，离开鲁国了。"

**[评唱]**

虽说"学而优则仕"（《论语·子张第十九》），出仕为官是当时君子的一个主要出路，孔门弟子自然不例外，但亦人各有志；闵子骞以"必在汶上"一语，表明了一种决绝的意志。《论语》的编纂者辑录此条，亦表明他们对个体的这种自由意志的尊重、推崇之意。

**[朱注]**

程子曰："仲尼之门，能不仕大夫之家者，闵子、曾子数人而已。"

**伯牛有疾，子问之，自牖执其手，曰："亡之，命矣夫！斯人也而有斯疾也！斯人也而有斯疾也！"**

**[文义]**

孔子弟子冉伯牛生病，孔子前去探问，从窗户握住他的手，说道："没有办法啊，真是天命啊！这样的人也会生这种病啊！这样的人也会生这种病啊！"

**[评唱]**

人世间的许多事情并非依靠理性就能获得完美的解释，在面对一些不可解的事件，或者面对无可奈何的境况时，人们的自然本能往往会流露出来。孔子感叹“命矣夫”，从这个角度来理解就足够了。从孔子的感叹中，我们也足见他对弟子的一片爱惜之情。

**子曰：“贤哉，回也！一箪食，一瓢饮，在陋巷，人不堪其忧，回也不改其乐。贤哉，回也！”**

**[文义]**

孔子说：“颜回，他真有贤德啊！餐饮不过一箪饭、一瓢水，且身居陋巷陋室，别人当无法忍受这种艰苦，可颜回却不改其快乐。颜回，他真有贤德啊！”

**[评唱]**

颜子究竟“所乐何事”？这是周子、程子等宋代儒学家非常重视的大问题。朱子在本章的注释中言“不敢妄为之说”，其实在与门生讨论时，曾有过明确的回答。他说：“人之所以不乐者，有私意耳。克己之私，则乐矣”；“不被那人欲来苦楚，自恁地快活”。（《朱子语类·卷第三十一》）“乐”与“苦”相对，孔子多言前者而鲜言后者，正因为后者是人生的常态。佛言“众生皆苦”，举凡生老病死、爱恨情仇、悲欢离合，皆是佛教所言的“苦”，都源自“私意”与“人欲”，本质上都是人偏离正道的欲求。新儒学教人“存天理，灭人欲”，其实就是教人通过克制欲求的途径去寻求真正的快乐。

其实，世俗的快乐多是肉体的快乐，得之迅，而失之亦捷；失之而复求之，求之而复失之，生命能量在这种反复中耗散，生命走向衰败与腐朽。而真正的快乐，或者说快乐的本质乃是心灵的自由，它有着持久乃至永恒的属性。这种快乐消除了自我和他者、自我和外物的对立关系，将整个生命意识投射到了天地万物当中，肉体有限的感知得到了无限的解放，使得自己获得了超越具体时空的意识。这就是心灵的自由，是一种求道并得道的状态。因此，只有获得了心灵的快乐，与道同在，人性的自然完美才能实现。

颜回居陋巷而不改其乐，其实是人之为人的一种高贵属性，我们由此也看到了他的心灵所散发的水晶一般的光辉。在华夏的心灵世界中，颜子的箪瓢陋巷也由此获得了至高的文化意义，成为人们心灵深处的一片永恒的净土。

**[朱注]**

程子曰："颜子之乐，非乐箪瓢陋巷也，不以贫窭累其心而改其所乐也，故夫子称其贤。"

又曰："昔受学于周茂叔，每令寻仲尼、颜子乐处，所乐何事？"愚按：程子之言，引而不发，盖欲学者深思而自得之。今亦不敢妄为之说。学者但当从事于博文约礼之诲，以至于欲罢不能而竭其才，则庶乎有以得之矣。

**冉求曰："非不说子之道，力不足也。"子曰："力不足者，中道而废，今女画。"**

**[文义]**

冉有说："我不是不喜欢您讲的大道，只是我资质愚钝，能力不够，没有办法啊。"孔子回答说："能力不够，说的是一个人虽然竭尽全力，仍然不得不在途中停止下来，无法再进一步。可你不是这样呀，你只是画地为牢。"

**[评唱]**

冉有在修学途中必有怠惰的时刻，故孔子有如此教诲。由此可见，冉有对孔子之道的“喜悦”，远非纯粹，也不是由衷的喜悦。由衷喜悦，就是大欢喜，就会义无反顾，勇猛精进，欢喜奉行。这样，他能最终达到的“中道”或者说“半途”，就远远超过一般意义上的“半途”，必然远非常人所能比，生命的状态也由此焕然一新——人们会获得一种推动自己不断进取的力量。

人们常说信仰会产生勇气和力量，但儒家学说都是围绕日常的人事而展开，不关心与“信仰”有密切关联的超验事物。那么，华夏世界的人们的勇气和力量当从何而来？儒家对“天命”信仰的某种保留，这自然是其一；而其二就是持续奋斗精进时内心获得的宁静与喜悦，它们构成了君子自强不息的一种力量源泉。

华夏世界当中，古往今来能成就一番事业者，往往都有着一番豪气，一番猛志，一番书生意气。深受儒家精神熏陶的诗人，将这种精神准确地表达了出来。我们且随意看一些诗句：“老子犹堪绝大漠，诸君何至泣新亭”（陆游《夜泊水村》），“子规夜半犹啼血，不信东风唤不回”（王令《送春》），“精卫衔微木，将以填沧海。刑天舞干戚，猛志固常在”（陶渊明《读山海经十三首》），这些其实都是儒家奋力进取精神的生动写照。

**[朱注]**

力不足者，欲进而不能。画者，能进而不欲。谓之画者，如画地以自限也。

**子谓子夏曰：“女为君子儒，无为小人儒。”**

**[文义]**

孔子对子夏说：“你要成为儒者中境界广大的人，而不要当儒者中格局偏狭的人。”

**[评唱]**

本章是《论语》中唯一一次提到“儒”的说法，可见“儒”并非孔子及其弟子自我认知的标签，而只是当时以出仕为业的群体的通称。朱子释“儒”为“学者”的称呼，也符合当时人们对“儒”的认知。儒者或学者可分为“君子儒”与“小人儒”。前者立志高远，胸襟广阔，以天下为己任；后者格局偏小，只求正心修身，不关心公共生活。后世还有“俗儒”“陋儒”“世儒”“腐儒”等对学者的批评性称谓，它们都是“小人儒”进一步向下跌落的结果。而“君子儒”进一步上达，就会成为“雅儒”乃至“大儒”（《荀子·儒效》）。子夏有文学特长，孔子担心他为文献辞章所局限，所以鼓励他要有更高境界的追求。

**子游为武城宰。子曰：“女得人焉尔乎？”曰：“有澹台灭明者，行不由径。非公事，未尝至于偃之室也。”**

**[文义]**

孔子弟子子游担任武城的总管。孔子问他说：“你有没有在那里得到贤才啊？”子游回答说：“有。有一位叫澹台灭明的人，他走路时一定走正道，而不走那些捷径小路。如果不是为了公事，他从不造访我言偃的居所。”

**[评唱]**

灭明品行的高洁，由此可见一斑。然若非子游这样的贤者，灭明恐怕也不会被视为贤才；在世俗的观念中，人们可能或认为灭明迂腐，或认为他简慢而不通世务。

**子曰：“孟之反不伐，奔而殿，将入门，策其马曰：‘非敢后也，马不进也。’”**

**[文义]**

孔子说：“鲁国大夫孟之反从不炫耀自己。有一次兵败，他奔走在后面，掩护全军。快要撤回进自己的城门时，他快马加鞭，说道：‘不是我敢于断后，我的马跑得不快啊。’”

**[评唱]**

此章生动形象，亦有深意存焉。人若时刻有孟之反这一事迹在心，那么就会“人欲日消，天理日明”，逐步消除“小我”，最终成就为一个顶天立地的“大我”。

**[朱注]**

谢氏曰：“人能操无欲上人之心，则人欲日消、天理日明，而凡可以矜己夸人者，皆无足道矣。然不知学者欲上人之心无时而忘也，若孟之反，可以为法矣。”

**子曰：“不有祝鮀之佞，而有宋朝之美，难乎免于今之世矣。”**

**[文义]**

孔子说：“如果没有祝鮀那样出色的口才，而只是有宋朝那样俊美的姿色，恐怕很难幸免于当今的衰世了。”

**[评唱]**

佞，口才，其实是一把双刃剑。且看与口才有关联的说法：伶牙俐齿、能说会道、口若悬河、绘声绘色、能言善辩、妙语连珠、出口成章、谈笑风生等等，这些说法多强调人在言辞表达上的一种效果，容易引人注目。今天娱乐节目中流行的“脱口秀”，就是“佞”在商业上的价值转化形式。所以，口才如果没有与其相配的内在德性，其价值就止步于在他人面前的表演，就是一种“商品”，而且还会“屡憎于人”（《论语·公冶长第五》）。

**子曰：“谁能出不由户？何莫由斯道也？”**

**[文义]**

孔子说：“天下之人，谁能出门时不经过门户呢？为什么他们不走这条正道呢？”

**[评唱]**

人性中有好高骛远的一面，容易为高远、玄妙的说法所吸引，而对日常的事物与事务，容易轻视、忽视乃至漠视。儒学的核心是要人们重新审视日常的生活世界，在平凡、平常、平淡的生活中砥砺出自身人性的光辉，让自己的人生别开生面，获得超越性的视角和体验。这就是孔子所言的“斯道”。

**子曰：“质胜文则野，文胜质则史。文质彬彬，然后君子。”**

**[文义]**

孔子说：“朴素的本质胜过修饰的文采，就显得像乡间野人一样粗犷不羁；反过来说，修饰的文采胜过朴素的本质，就显得像掌管文书的史官一样刻板教条。只有文采和本质兼而有之、搭配均衡，才能成为质朴文雅的君子。”

**[评唱]**

“文”是华夏世界中极为重要的一个用语，今人视为至上价值的“文明”或“文化”，本义就是指此“文”的光辉显现，指此“文”在人类生活中转化、凝聚为具体制度、观念与器物的过程。而“文采”，则专指“文”在审美意义上的显现。南朝著名文艺理论家刘勰（约465—约532）曾写道：“文之为德也大矣，与天地并生者，何哉？夫玄黄色杂，方圆体分，日月叠璧，以垂丽天之象；山川焕绮，以铺理地之形。此盖道之文也”；“龙凤以藻绘呈瑞，虎豹以炳蔚凝姿。云霞雕色，有逾画工之妙；草木贲华，无待锦匠之奇。夫岂外饰，盖自然耳”（《文心雕龙·原道第一》）。——文与天地并生，宇宙日月云霞山川虎豹，其外在呈现就是“文”。

人类在超拔于动物性的生存境况后，在对大自然的观察中形成了“美”的意识，并用这种意识反过来导引、熏陶、提拔自己的生活。这就是“文”被视为至高价值的根本原因。因此，“文质彬彬”就是君子对自身行为反观后获得的审美意识的表达。君子要留心于“文”与“道”的关系：以“文”来显现“道”的存在，以“道”来充实“文”的表达。美的意识虽然为人所特有，但其根本来源则是“道”，是自然。

**[朱注]**

野，野人，言鄙略也。史，掌文书，多闻习事，而诚或不足也。彬彬，犹班班，物相杂而适均之貌。言学者当损有余，补不足，至于成德，则不期然而然矣。

**子曰：“人之生也直，罔之生也幸而免。”**

**[文义]**

孔子说："人的天性本来正直，如果过着扭曲天性的生活，那他只能侥幸生活在人世吧。"

**[评唱]**

孔子告诉我们，人要过正直的生活。太白有名诗："且放白鹿青崖间，须行即骑访名山。安能摧眉折腰事权贵，使我不得开心颜。"(《梦游天姥吟留别》)——这是一种豪放、快意、自由的人生，而普通人可能无法遵从心灵正直的要求，过上这样的生活。不过，如果人内心能为这种正直的生活保留一部分空间，心田时刻有几分自由潇洒的意思，那么虽然多少会有不得已而"罔之生"的部分，但终归有做到"幸而免"的可能。而当这分直道而行、追求自由的意思没有了，那这种"罔之生"就没任何意义可言了，等待他的无非是生命的日渐枯槁。

人要过上正直的生活，在古希腊的传统中就是要求人过上符合"正义"的生活。比如，著名的大哲学家苏格拉底（Socrates，前469—前399）在与友人讨论"正义"时，很快就共同意识到，他们的讨论是一件有关正确的生活方式的大事："正义者是幸福的，不正义者是痛苦的"；"正义属于最好的一种善，一个人要想快乐就必须热爱正义，既由于它本身又由于它的后果。"（《理想国》）——这是他们得出的一部分结论。当然，话还要说回来，普通人可能意识不到这些问题。孔子的感叹，自然包含着这种对人性现实的深刻认知。

子曰："知之者不如好之者，好之者不如乐之者。"

**[文义]**

孔子说："知道它不如爱好它，爱好它不如乐在其中。"

**[评唱]**

本章的核心在于一个“乐”字，它是儒学思想中一个极为重要的字，《论语》开篇就言：“学而时习之，不亦乐乎？”与其相关的还有“悦”字，它们都表明一种非常活泼的、富有生机的心灵状态。

孔子在谈到颜回时，曾以其身居陋巷而“不改其乐”对他进行了深深的叹美。颜回的“乐”，就在于他对“道”有真切的体验，从中体认到了人生的至福。知道这个世界上有“道”的存在，这已经不容易，而能够进一步爱好“道”，更是难能可贵。人因为爱好、珍视某种事物，会将自身的主体热情投入其中，这就是通向“道”的道路，也就是所谓的“求道”过程。而“乐之者”已然处于完成的阶段，不再有“道”和“我”的分别，而是全身心与道合一，融会贯通，浩然自适，心中自然充满绝大的欢喜。

因此，“乐”是人格完成的最高状态与境界，是一种心灵愉悦的终极状态。李泽厚曾经指出，华夏文化是一种“乐感文化”，“无需惊涛骇浪，无需梦想天国，无需神恩狂喜，就在这平平凡凡琐琐碎碎的日常生活中，你就可以找到‘道路、真理和生命’”（《历史本体论》）。不过，我们还有必要进一步考究“乐”的得失。追逐快乐，这是人们日常生活中的主要激励机制；但凡俗人们的快乐有一个特点：容易失去，容易餍足。所以，真正的“乐”需要有对于事物的真正“知识”，需要有对心灵和宇宙本质的洞察。

本章表达的正是从“知识”到获得“快乐”的心灵过程。如上面所述，人们在追求自我成就的过程中，“知之”已经是一种较高的心灵状态，已经摆脱了无明的境地，而“好之”则有主体热情与意志的进一步投入。只是，“好之”还有着功利主义的目的，还受自身欲望的牵引与束缚；欲望若减退，“好之”的强度也随之减退。而“乐之”，乐在其中，就是将自己的全部人格投入到对象当中，悠然自得，实现了人生的完满。

所以，人们必须要经过“知之”与“好之”的阶梯上升，克服人性天然容易堕落沉沦的本性，才能最终在对象中体悟到恒久的快乐和意义。由此而获得的“快乐”，与世俗快乐有着云泥之别——前者近乎永恒，而后者近乎速朽；前者是心灵的宁静、和谐的品质，后者是欲望的满足，短暂易逝。

**[朱注]**

尹氏曰：“知之者，知有此道也。好之者，好而未得也。乐之者，有所得而乐之也。”

**子曰：“中人以上，可以语上也；中人以下，不可以语上也。”**

**[文义]**

孔子说：“从天生的资质和后天的学养来看，人大略可分为上中下三等。对中等以上的人，可以跟他谈论高深的道理；对中等以下的人，不要跟他谈论高深的道理。”

**[评唱]**

谈话、讲学要注意对象的素质，否则可能适得其反。老子对此也有形象的描述：“上士闻道，勤而行之；中士闻道，若存若亡；下士闻道，大笑之，不笑不足以为道。”（《老子·第四十一章》）——“上士”天资聪慧，志向明确，只要听到正道，就会立刻起身实践。与此不同，“中士能认识到道的价值，但自己的理性有时会沦为欲望的工具而使道成为次要的价值。在追求贪欲满足的过程中受挫后，则会寻求道的指引，道又成为他的首要价值。故‘中士闻道，若存若亡。’下士则几乎总是让理性成为欲望的奴隶，心为外物所役，以为那样就是聪明的，而与之相反的行为方式则会被他们认为是愚不可及。因此他们就会笑修道者愚蠢。”（鄢圣华《老子旨归》）对“中人以下”如果“语上”，结果往往适得其反。

孔子宅心仁厚，只从言者的角度说“不可语上”，强调教育要注意内容和方法；而对于“中人以下”，莫不以“学”加以鼓舞振拔，以求对他们有所助益。

**樊迟问知。子曰：“务民之义，敬鬼神而远之，可谓知矣。”问仁。曰：“仁者先难而后获，可谓仁矣。”**

**[文义]**

孔子弟子樊迟问什么是“智”。孔子回答说：“致力于正确处理百姓日常生活中面临的问题，敬事鬼神，而不是想着谄媚鬼神以图获得福佑，这可以说就是智慧了。”樊迟又问什么是“仁”。孔子说：“人遇困难时能当先、有成效时能居后，这就可以说是仁了。”

**[评唱]**

在儒家观念中，“鬼神”虽然有着“神灵”“神秘莫测”“神力”等各种超自然的涵义，但最终倾向于一种理性主义的解释：“鬼神”是“气”的特定存在形式。借助这样的观念，政治哲学中必不可少的“神人秩序”就得到了建构。据记载，上古三代皆敬事鬼神，《礼记·表记》中有孔子对三代政教方式比较详细的描述：“夏道尊命，事鬼神而远之”；“殷人尊神率民以事神，先鬼而后礼”；“周人尊礼尚施，事鬼敬神而远之”。从夏朝的“尊命”到商朝的“尊神”再到周朝的“尊礼”，一条理性化的演变路径已经隐约可见，但在“敬鬼神”这一点上并无不同。其实，即使是在科学理性高度昌明的今天，人们虽然不信鬼神，但对其心怀敬畏这一点大概也并无多少变化。孔子在这里是就“为政”而言：为政者不应当惑于“鬼神”的超自然能力，而应该以“敬”的方式将其从人们的日常生活中隔离开来，然后专心处理自己能够把握的问题。

程子说“人多信鬼神”，这是对普遍人性的一种深刻的洞察，而此处的“人”自然包括君王等为政者在内。事实上，通过将自己视为沟通神灵的代理人，君王垄断了国家层面的祭祀活动。他们要借助鬼神的力量为政权建构合法性和正当性，往往更容易“迷信”鬼神。这事实上又体现了权力脆弱的一面——为政者只需对“鬼神”进行解释，就能对权力的运作施加影响。比如，《左传·桓公六年》记载有随国大夫季梁劝谏随国国君不要追击楚国军队的故事。随君自称信神，认为自己会获得神的庇佑；季梁因势利导，说道：“所谓道，忠于民而信于神也”；“夫民，神之主也，是以圣王先成民而后致力于神”。——百姓才是鬼神的真正主人，只有致力于百姓的事务，才能取信于鬼神。再比如，《左传·僖公五年》记载有晋献公图谋“假途伐虢”的著名故事。虞国大夫宫之奇识破了晋献公的阴谋，劝谏虞君不要接受晋国的贿赂；虞君不服，认为自己平时待神不薄——“享祀丰洁，神必据我”，也就是认为神会帮助他。宫之奇针锋相对，回答说：“鬼神非人实亲，惟德是依”，而且“神所冯依，将在德矣”。——鬼神对人不分亲疏，只是依从有德性的人。显然，这些说法彻底破除了国君对鬼神的迷信，同时确立了以百姓为主的人神秩序。

通过“敬鬼神而远之”的方式正确处理人神关系，这在孔子看来就是政治的“智慧”。荀子对于这种关系做出了进一步的解释，他举例说：“雩而雨，何也？曰：无何也，犹不雩而雨也。日月食而救之，天旱而雩，卜筮然后决大事，非以为得求也，以文之也。故君子以为文，而百姓以为神。”（《荀子·天论》）——祭祀求雨就下雨了，这是为什么？荀子给出了彻底理性的科学的回答：祭祀求雨时下雨，就跟平时下雨没有什么不同，没有人的功劳在里面；但是，这种行为有非常重要的政治后果，即“百姓以为神”。这样，为政者“敬事鬼神”的行为就不只是理性主义视野中的“文饰”行为，而是意义空间中重建人与超验世界关系的问题。

荀子的解释非常符合现代宗教社会学处理类似问题的方式——社会学家不关注上帝、鬼神是否存在的神学问题，而是专注于观察并分析这些宗教性观念在共同体生活中扮演了怎样的角色。近代社会被称为“世俗社会”，诸神形式上从人们的日常生活中隐退下去，但只要对当今世界各国的政治与民风实情略加观察，我们就会发现超验事物仍以各种方式在场，因而也构成了政治哲学与政治实践的重要主题。

**[朱注]**

专用力于人道之所宜，而不惑于鬼神之不可知，知者之事也。

程子曰：“人多信鬼神，惑也；而不信者又不能敬。能敬能远，可谓知矣。”

**子曰：“知者乐水，仁者乐山。知者动，仁者静。知者乐，仁者寿。”**

**[文义]**

孔子说：“智者比较喜欢水，仁者比较喜欢山。智者比较活跃，仁者比较沉静。智者比较快乐，仁者比较长寿。”

**[评唱]**

本章可视为孔子的“山水论”，堪称开创了后世山水诗与山水画的理论先河。我们从本章中可以窥见“山水”在华夏心灵中所扮演的角色：山水并非自然自在的事物，而是与山水观察的主体有着内在的关联。“登山则情满于山，观海则意溢于海，我才之多少，将与风云而并驱矣。”（《文心雕龙·神思第二十六》）——山水本质上是登临者心灵的显现，而不仅仅是客观存在的自然事物。

关于山水异常丰富的审美与哲学意蕴，后世艺术家多有阐述，兹举一例。北宋著名画家、山水画理论家郭熙（约 1023—约 1085）在其理论作品《林泉高致》中就曾自问道：“君子之所以爱夫山水者，其旨安在？”他的回答是山水是能让人“常处”“常适”“常亲”的自然存在，而山水画就有着将山水的形象置于日常生活当中，让人心有所寄托的功能。比如说山，“春山淡冶而如笑，夏山苍翠而欲滴，秋山明净而如妆，冬山惨淡而如睡”，又“春山烟云连绵人欣欣，夏山嘉木繁阴人坦坦，秋山明净摇落人肃肃，冬山昏霾翳塞人寂寂”，人们足不出户就能体验山峦“四时之景”与“朝暮之变态”不同的意境，无需隐居山林就能培养高洁的情志。再比如说水，老子有一段著名的说法：“上善若水，水善利万物而不争。处众人之所恶，故几于道。”（《老子·第八章》）也就是说，老子从水的属性上看到了“道”的功能和形象。由此可见，在华夏的心灵世界当中，山水早已沉淀为静穆而深远的形象，成为生生不息、永恒不灭的宇宙自身的缩影。

心灵的这种属性在人的心理上会显现为“乐”，而在生理上显现为“寿”。张居正在解释本章时这样写道：“夫人惟心有拘系，所以多忧。知者既流动不拘，则胸次宽弘，遇事便能摆脱。凡世间可忧之事，皆不足以累之矣，岂不乐乎？人惟嗜欲无节，所以损寿。仁者既安静寡欲，则精神完固，足以养寿命之源。凡伐性丧生之事，皆不足以挠之矣，岂不寿乎！”（《四书直解》）。这是他对朱子注释的进一步引申，堪称完美。

今人多注重养生，但其多数流于保全生物性的形体，而忽略了此“生”乃是整全的、具有灵性的生命。“仁者寿”，颜子仁而不得世俗意义上的寿，历代注家都注意到这个悖论，认为“或以饮食不调所致”（李炳南《论语讲要》）。不过，换一个角度看，老子言“不失其所者久，死而不亡者寿”（《老子·第三十三章》）——身虽死而道存，这是老子的“寿”的观念。仁者与永恒的天地同心同德，孔子“仁者寿”自然有此深意。

还需注意的是，本章对“知者”和“仁者”的描述是对照而言，并无比较高下之意；所谓“仁者见之谓之仁，知者见之谓之知”（《周易·系辞上》），人们各自的心智结构会影响他们对宇宙万千事物的看法。二者的这种相互对照的意思，朱子曾进一步解释说：“仁者一身混然全是天理，故静而乐山，且寿，寿是悠久之意；知者周流事物之间，故动而乐水，且乐，乐是处得当理而不扰之意。”（《朱子语类·卷第三十二》）

**[朱注]**

知者达于事理而周流无滞，有似于水，故乐水；仁者安于义理而厚重不迁，有似于山，故乐山。动静以体言，乐寿以效言也。动而不括故乐，静而有常故寿。

**子曰：“齐一变至于鲁，鲁一变至于道。”**

**[文义]**

周朝建国，封太公于齐，封周公于鲁。时至今日，二者皆不同以往。齐国经桓公霸政熏染后，功利主义盛行，而鲁国先王之道虽然衰败，但遗风犹存。所以，齐国国政若能改弦更张，就会成为鲁国那样的国家，而鲁国若能修明已经弛废的礼仪制度，就会接近先王的正道。所以孔子说:“齐国一变就会达到鲁国的水准,鲁国一变就会达到王道的层面。”

**子曰：“觚不觚，觚哉！觚哉！”**

**[文义]**

孔子见世上很多礼制已经有名无实，就感叹道：“觚已经失去了此前的形状，还能说是觚吗？还能说是觚吗？”

**[朱注]**

觚，棱也，或曰酒器，或曰木简，皆器之有棱者也。

程子曰：“觚而失其形制，则非觚也。举一器，而天下之物莫不皆然。故君而失其君之道，则不为君；臣而失其臣之职，则为虚位。”

**宰我问曰：“仁者，虽告之曰：‘井有仁焉。’其从之也？”子曰：“何为其然也？君子可逝也，不可陷也；可欺也，不可罔也。”**

**[文义]**

孔子弟子宰我问道：“仁者虽然爱人，如果有人告诉他‘有人掉到了井里’，那他也会跟着跳进去救人吗？”孔子说：“怎么可能会是这样呢？君子为详细了解那个人的说法，会到井边看一下，但那个人无法陷害他，让他跳进去救人；也就是说，君子可能被欺骗，但不可能被愚弄到贸然跳井的地步。”

**[评唱]**

仁者诚然“可欺”，会相信他人“井有仁焉”的说法，因为仁者爱人，内心充满了慈悲，他本能的反应是相信别人；但仁者同时又“不可罔”，不会被陷害，因为仁者有“智”，会运用自己的理智去判断。

**[朱注]**

欺，谓诳之以理之所有。罔，谓昧之以理之所无。

**子曰：“君子博学于文，约之以礼，亦可以弗畔矣夫。”**

**[文义]**

孔子说：“君子对于诗书礼乐、典章制度等要广泛学习，兼收并蓄，同时还要将它们付诸日常生活中，以规范自身生活的礼仪来约束、点检、实践自己的所学，这样就不会有大的差错了。”

**[评唱]**

“博学于文”就是要多读书，多获取理性的知识；但要知道，理性的知识并不能包打天下，并不能简单地转化为行动或实践，所以需要“礼”来加以调节。如先贤所言，“学礼则通世故人情”（李炳南《论语讲要》），而“世事洞明皆学问，人情练达即文章”。所以，纯粹的自然科学知识另当别论，人文与社会科学领域的知识，总归要与人生挂上钩才有意义。

**子见南子，子路不说。夫子矢之曰：“予所否者，天厌之！天厌之！”**

**[文义]**

孔子在卫国时，与卫灵公的夫人南子见了一次面。当时南子有淫乱的名声，子路对孔子与其见面，非常不悦。孔子于是发誓说：“我如果违心做了我所否定的事情，那上天会厌弃吧！上天会厌弃吧！”

**[评唱]**

本章的对话情境极为生动。一般的解释是，孔子遵循当时的礼制，不得不与南子见面。子路不知道其中的道理，感到不高兴，所以在孔子面前使脸色。其实，以子路直率的性格，即使知道孔子见南子是出于外交礼节，估计也会有这样一番对话。否则，孔子不对相应的礼制进行解释，而是发誓连说两句“天厌之”的行为就不可理解了。孔子以重誓回应子路，而不是用平时谆谆教导的方式，其实也有“以其人之道还治其人之身”的味道，借此让子路猛醒，让他能纠治自身容易冲动的气质。

**子曰：“中庸之为德也，其至矣乎！民鲜久矣。”**

**[文义]**

孔子说：“中庸的德性，可谓尽善尽美啊！可惜世道衰微，人民很少能实践中庸的美德了。”

**[评唱]**

“中庸”为儒学的至德，相传孔子的孙子子思（前483—前402）曾专门作长篇同名论文《中庸》来对此进行阐述，但现代人多不甚解其意。作为参考，这里引述古罗马著名政治家西塞罗（Marcus Tullius Cicero，前106—前43）的一个说法，略示其大意。在讨论“行为的秩序性”和“场合的适时性”时，西塞罗首先借用了古希腊斯多葛学派的定义：“中庸是使一切言行都恰到好处的学问。”据此，他引申说：“中庸就是在适当的时间做适当的事情的学问。”（《论责任》）“恰到好处”是对行为的秩序性的描述，它要求“谨慎”“自制”等美德，要求每一行为都“均衡和谐”。——不错，这个说法就是对“中庸”本质的揭示，而儒学的“中庸”，正是儒家关于“和谐”的教诲。

儒学不仅仅要求人在行为上“和谐”，在最高的意义上，它教导人们要追求心灵秩序和宇宙秩序的和谐。《中庸》有言：“致中和，天地位焉，万物育焉。”朱子还曾解释说：“中庸者，不偏不倚、无过不及，而平常之理，乃天命所当然，精微之极致也。”这些说法试图揭示的正是“中庸”在心灵和宇宙秩序上的意义。

**子贡曰：“如有博施于民而能济众，何如？可谓仁乎？”子曰：“何事于仁，必也圣乎！尧、舜其犹病诸！夫仁者，己欲立而立人，己欲达而达人。能近取譬，可谓仁之方也已。”**

**[文义]**

子贡问道：“如有人能广泛施恩惠于民众，救济众人，这个人怎么样啊？可以称得上是仁人吗？”孔子回答说：“能做这些事情的人岂止是仁人啊，一定可以说是圣人了！唐尧、虞舜还未能全部做到呢！所谓的仁者，就是自己想要有所成就，会先去帮助他人有所成就；自己想要通达，会先去帮助他人通达。一个人若能贴近自身去比喻、去思考，推己及人，可以说就找到实践仁的方法了。”

**[评唱]**

本章“己欲立而立人，己欲达而达人”这一说法，是华夏心灵世界的经典格言。仁者并不是简单意义上的“无我”——仁者超越了本质上是动物性的、满载着私利私欲的“小我”，以天地间的“大我”为行事原则。这个“大我”并不否定“小我”最初“欲立”“欲达”的动机，但他对“小我”的有限性有清晰的认知，于是将这种动机转化为“立人”与“达人”。仁者爱人，是一种换位思考与行动的心智结构：他时刻将他人的欲求当作自己的欲求，这样他就在自我和他人之间建立了同构关系——因为他旨在成就他人，所以他最终成就的恰恰是超越个体的社会性的自我，即“大我”，成为一位顶天立地的大丈夫。

另外，子贡对“仁”的标准的看法，其实有着好高骛远的偏差，所以孔子教子贡要“能近取譬”，从自己能切实做到的地方去思考，那就会找到实践“仁”的具体方法，或者说找到通向“仁”的正确方向了。

# 述而第七

## 传统：共同体的尊荣与永恒

**子曰："述而不作，信而好古，窃比于我老彭。"**

**［文义］**

孔子说："传述而不妄加新创，相信并爱好先王的礼乐制度，我这不过是取法于老彭而已。"

**［评唱］**

孔子删定《诗》《书》，重修鲁国史书《春秋》，审定《礼》《乐》，为《易》释义，确立"六艺"的教学体系，这里面无疑包含着孔子个人的创见与贡献，但孔子自己却认为，这些工作只是传述先人的智慧，不是自己的创作，至多可比作商朝时期的贤大夫老彭而已。

这里要注意的是，"述而不作"不仅仅是孔子的谦虚表达，还包含着孔子自身的文明意识与创作思想——孔子将自己的原创性工作寓于其中；换言之，我们需要将"传述"和"创作"等量齐观，将"述而不作"视为儒家独特的创作方法。孔子开创的这种方法已经为后人所继承——后世学者通过为经典作"注""疏""传""笺""解"等方式，将自己的意思附加其中，从而使得经典在华夏文明、华夏心灵的延续和整合过程中扮演了定海神针的角色。今人对于儒家思想有真切体会者，多会表达同样的意思。比如，当代新儒家牟宗三（1909—1995）就主张说，“只要去读，认真地了解”，就是“一种继承方式”，而不必轻言“重新建立”（《中国哲学十九讲》）。朱子言“其事虽述，而功则倍于作矣”，诚为不刊之论。

对于孔子在本章表达的观念，今天的学者多用“保守主义”来解释。“保守主义”又可细分为“文化保守主义”和“政治保守主义”，其主旨就是要维护共同体生活的稳定性。保守主义将延续下来的传统与事物看作是意义的来源。这不难理解：传统其实就是先人在反复试错过程中形成的智慧结晶。二十世纪著名的政治哲学家哈耶克（Friedrich August von Hayek，1899—1992）从“适应性进化”（adaptive evolution）的角度，对“传统”“惯例”或“道德规则”的形成进行了重新的解释——他认为它们是人们各种自发行动的结果，而不是“智慧预先设计的产物”。在这种认识当中，“传统”既是“自由的条件”又是“理性据以发展的先决条件”（《自由秩序原理》）。也就是说，“传统”乃是人们在群体生活中进行的“自然选择”的结果；对于生活于其中的个体而言，“传统”就是他们的“第二自然”，与人们的心灵秩序有着天然的契合。

在政治哲学上，传统的一个重要效用就在于它能提供权威。十九世纪英国政治评论家白哲特（Walter Bagehot，1826—1877）在评论英国保留下来的王室的作用时，提出了一个有名的比喻：“制造一个王室就像收养一位父亲一样困难；属于前者的特殊感情同属于后者的特别亲情一样无法主动创造。”在英国的政治结构中，王室的权威相当于一位父亲在家庭中的权威，它来自长久的共同生活。权威和权力不同，它不诉诸暴力，而是依靠无形的情感来发挥影响力，它代表了政治秩序中的“尊荣”。白哲特继续写道：“政府的尊荣部分是那些带给它力量的部分——那些凝聚其运动力量的部分。有效用的部分仅仅利用这种力量。政府中华丽的部分有必要，因为它们是政府的生命力之依赖”；“它们是开端，是一切工作的必须前提条件”。（《英国宪制》）传统意味着特定的“开端”，仅仅因为它的古老性，就足以激起人们的敬意，且不论它自身往往包含着高贵的属性。

因此，孔子对待传统“述而不作”的态度，堪称是华夏世界的保守主义，饱含着孔子对历史与永恒、变迁与意义的深切思考。孔子的思想体系绵延二千余年而不绝，持续为政治共同体提供根本的权威和意义，可以说就是华夏世界政治秩序中的“尊荣”部分。对于个体而言，在变化剧烈的现代社会，“信而好古”，对先人的智慧深信而笃好之，实则是人们抵抗外部环境对心灵造成纷扰与侵蚀的一种有效手段。

**[朱注]**

述，传旧而已。作，则创始也。

盖不惟不敢当作者之圣，而亦不敢显然自附于古之贤人，盖其德愈盛而心愈下，不自知其辞之谦也。然当是时，作者略备，夫子盖集群圣之大成而折衷之。其事虽述，而功则倍于作矣，此又不可不知也。

**子曰：“默而识之，学而不厌，诲人不倦，何有于我哉？”**

**[文义]**

孔子说：“沉静无言，全神贯注，默默领悟并牢牢记住；时刻学习，日日精进，从不自满；教诲他人，因材施教，从不倦怠。我又能做到哪一条呢？”

**[评唱]**

学无止境。学有所得，自然乐在其中，故能“不厌”。教诲、导引他人，让他人同样走出柏拉图意义上的“洞穴”看到光明，此事绝非能一蹴而就，唯有心怀大爱、慈悲的仁者才能“不倦”。不厌不倦，日常生活中内心充满无上的欢喜，这就是在天道导引下的光明人生。所以，本章是孔子的谦虚、反省之辞，更是孔子垂范后世的行为准则。

**子曰:“德之不修,学之不讲,闻义不能徙,不善不能改,是吾忧也。”**

**[文义]**

孔子说：“不修习德行，不讲求学问，听到了真正有益的道理不能付诸实践，不能遵循，不能改过自新，这就是我所忧虑的啊。”

**[评唱]**

孔子尝言：“君子道者三，我无能焉：仁者不忧，知者不惑，勇者不惧。”（《论语·宪问第十四》）孔子在本章所言的“忧”，是为世人自甘沉沦、不能向上振拔自我而“忧”。这种“忧”来自普遍的仁爱与慈悲，而不是普通人出自私意的忧愁和烦恼。

**子之燕居，申申如也，夭夭如也。**

**[文义]**

孔子闲居无事时，形体从容舒畅，容貌平和愉悦。

**[评唱]**

这自然是孔子德性的外在显现，是宁静从容的心性表达。普通人闲居时，往往会产生怠惰、慵懒、无聊的情绪，这些情绪自然会影响心灵的宁静。

**子曰："甚矣吾衰也！久矣吾不复梦见周公。"**

**[文义]**

孔子说："我的衰老真严重啊！我很久都梦不到周公了。"

**[评唱]**

日常生活中，我们习惯于多用"梦想"来进行自我激励和导引。孔子精力旺盛时，时刻想着成就周公的事业，日夜以周公为自己的表率和楷模，周公自然会在梦中出现。俗语云：日有所思，夜有所梦；我们可能都会有类似的体验，现代思想家则试图对其中的机制进行阐述。比如，精神分析学家弗洛伊德（Sigmund Freud，1856—1939）在《释梦》中，综合亚里士多德以来人们对梦的研究，提出了梦是"前意识"系统在睡眠时的自我表达的看法，并将其来源分为五类：（1）白天未得出结论的思想；（2）因我们的心智能力不足而未能解决的问题；（3）在白天被排挤和压抑的思想；（4）白天的前意识活动在潜意识中激发的强烈思想；（5）白天发生的无关紧要因而未处理的印象。无论从哪一种来源来说，"梦"都是人整全的自我意识的一部分，在我们的行动中扮演着我们不易察觉和理解的角色。

这里值得一提的是，华夏的精神世界中尚有一则近乎家喻户晓的"庄周梦蝶"的故事，其著名处在于庄子醒来后的认识："不知周之梦为蝴蝶与，蝴蝶之梦为周与？"（《庄子·齐物论》）——借助蝴蝶的视角，人们能适度消解自我意识对自己的束缚，看到生活与生命的另外一种"真实"。那么，当孔子感叹自己"不复梦见周公"时，除了表达自身生命真实状态，他又在表达着怎样的感情？我们有必要在孔子整全的心灵世界中，去理解他对自己生命的看法。

西汉伟大的历史学家司马迁（约前145—？）在《史记·孔子世

家第十七》中描述了孔子最后的时光，其中也记载了孔子的一个梦境："孔子病，子贡请见。孔子方负杖逍遥于门，曰：'赐，汝来何其晚也？'孔子因叹，歌曰：'太山坏乎！梁柱摧乎！哲人萎乎！'因以泣下。谓子贡曰：'天下无道久矣，莫能宗予。夏人殡于东阶，周人于西阶，殷人两柱间。昨暮予梦坐奠两柱之间，予始殷人也。'后七日卒。"——孔子梦见自己坐于殿堂两柱中间，说自己本是殷人，其实是坦然告诉子贡，自己的人生已经走到终点。《礼记·檀弓上》中的记载略有出入：子贡听到孔子的歌声后，惊道："泰山其颓，则吾将安仰？梁木其坏，哲人其萎，则吾将安放？夫子殆将病也。"于是，子贡急忙进去见孔子。《孔子家语》中也有类似的记载。从上述记载来看，孔子在面对肉体生命的终结时，态度其实非常达观；孔子自言"不复梦见周公"，或可作达观的理解。

**[朱注]**

孔子盛时，志欲行周公之道，故梦寐之间，如或见之。至其老而不能行也，则无复是心，而亦无复是梦矣，故因此而自叹其衰之甚也。

**子曰："志于道，据于德，依于仁，游于艺。"**

**[文义]**

孔子说："君子要立志于实现大道，日常行事上要坚守德性，内心时刻不偏离仁的境界，通过优游于艺术而获得人生的自由与圆满。"

**[评唱]**

按照朱子的解释，本章为儒学修学进德的纲领，或者说是进阶的次序，即从立志求道开始，到优游徜徉于艺术当中以"玩物适情"，最终进德成才。

本章语义的重心，我们还可以这样理解：以立志为人生的起点，以德与仁为人生的道路，以艺术为人生的最终目标。儒学以人生为自己创作的对象，这就是“游于艺”。志道、据德、依仁，最终都服务于建构一种完美的有意义的人生。或者说，道、德、仁就是让人获得自由、愉悦与欢喜的道路，而它们在日常生活中的实践与显现就是“游于艺”——借助包括礼乐、“六艺”在内的各种“艺术”的熏陶，人实现对自身的导引，走向自由与逍遥的人生。

孔子“兴于诗，立于礼，成于乐”（《论语·泰伯第八》）的说法，同样讲的是为学的次序，但对“成于乐”的目标或者说结果显然更为强调。或者再退一步，按照日本学者子安宣邦（1933—）的说法，人至少要能够“置身于文艺娱乐以自适”（《孔子的学问》）；这种状态自身就有意义，而不必考虑教化因素。明代大儒王阳明（1472—1529）尝言：“琴瑟简编，学者不可无。盖有业以居之，心就不放。”（《传习录》）——日常生活中只要琴瑟和书籍不离左右，或玩物或适情，心灵都会由此得到熏陶、滋润而不至于枯槁，更不会陷入沉沦。

**[朱注]**

志者，心之所之之谓。道，则人伦日用之间所当行者是也。

据者，执守之意。德者，得也，得其道于心而不失之谓也。

依者，不违之谓。仁，则私欲尽去而心德之全也。

游者，玩物适情之谓。艺，则礼乐之文，射、御、书、数之法，皆至理所寓，而日用之不可阙者也。

此章言人之为学当如是也。盖学莫先于立志，志道，则心存于正而不他；据德，则道得于心而不失；依仁，则德性常用而物欲不行；游艺，则小物不遗而动息有养。

**子曰："自行束脩以上，吾未尝无诲焉。"**

**[文义]**

孔子说："自己带着一束肉干来求学的人，我没有不进行指导的。"

**[评唱]**

束脩，相当于至薄的伴手礼。此章言来者但凡能遵循最基本的礼仪规范，孔子都会对其加以指点、教育。也有学者取"束，带；脩，饰也"的解释，认为孔子对自行束带修饰——也就是能展现基本的外表礼仪与庄敬——而来的人，莫不加以教诲。二者均通。这是一种面向所有人的教育，也就是"有教无类"（《论语·卫灵公第十五》）。

**[朱注]**

脩，脯也。……古者相见，必执贽以为礼，束脩其至薄者。

**子曰："不愤不启，不悱不发；举一隅不以三隅反，则不复也。"**

**[文义]**

孔子说："如果不是竭力思考后还有所不明，我不会启发他；如果不是心知其意而无法表达出来，我不会启发他；如果举一而不能反三，自己不想着触类旁通，我就不会重复教他。"

**[评唱]**

在古希腊思想家柏拉图笔下的苏格拉底与友人的对话中，我们也能常见"不愤不启，不悱不发"这一教学方法的运用。这并不是偶然，因为教育从根本上说就是"心"的教育，而好的教育者，就是要导引学生自己去思考、探索、判断，最终帮助学生形成独立思考、自由思考的心智结构。

**[朱注]**

愤者，心求通而未得之意。悱者，口欲言而未能之貌。

**子食于有丧者之侧，未尝饱也。子于是日哭，则不歌。**

**[文义]**

孔子进餐时若遇到有丧事在身的人，未尝吃饱过。孔子如果在某一天吊丧而哭，这一天内就不再歌咏。

**[评唱]**

心同理同情同；丧者内心哀戚，孔子的不饱、不歌，表达的正是他的同情心理。

**子谓颜渊曰："用之则行，舍之则藏，惟我与尔有是夫！"子路曰："子行三军，则谁与？"子曰："暴虎冯河，死而无悔者，吾不与也。必也临事而惧，好谋而成者也。"**

**[文义]**

孔子对颜渊说："如果获得任用，就出仕行道；如果得不到任用，就隐退不出。只有我和你能做到这一点吧！"子路见孔子只是赞赏颜回，自负其勇，就问道："夫子您如果统帅三军，那会带谁去啊？"孔子回答说："如果徒手搏虎，徒步过河，即使丧命也不后悔，那是有勇无谋，我不与此人同行。能和我统帅三军的人，必须是一位在大事面前凛然若有惧意、谨慎而有危机意识，并且善于事前谋划而能取得成功的人。"

**[评唱]**

孔子和颜回谈论的“行”，事关君子“进退”——即参与政治生活原则——的大问题。君子进退出处以“道”为根据，孔子认为自己的学生中，只有颜回对这个“道”有真切的体认，所以有此评论。但子路随即将“行”的含义从原理层面转换到实践层面，问了一个非常具体的问题：“子行三军，则谁与？”孔子接下来的回答，形式上是针对具体问题的回答，但又随即提升到教育的层面上——勇气固然重要，但没有智慧与之匹配，就无法取得成功。本章对话很富有戏剧性，将孔门师徒教育现场的那种活泼泼的气息生动地传达了出来。对话虽然只有三句，内容与义理却一波三折，既浅显易懂，又有深意存焉。

**[朱注]**

谢氏曰：“圣人于行藏之间，无意无必。其行非贪位，其藏非独善也。若有欲心，则不用而求行，舍之而不藏矣，是以惟颜子为可以与于此。子路虽非有欲心者，然未能无固必也，至以行三军为问，则其论益卑矣。夫子之言，盖因其失而救之。夫不谋无成，不惧必败，小事尚然，而况于行三军乎？”

**子曰：“富而可求也，虽执鞭之士，吾亦为之。如不可求，从吾所好。”**

**[文义]**

孔子说：“财富若可求，那即使是当车夫驾车，我也会去做。如果不可求，那我还是顺从自己的爱好吧。”

**[评唱]**

俗语云：生死有命，富贵在天。本章并不是说富贵不可求，富贵自然有其可求的部分；本章的重心在于，即使追求富贵，也未必获得自己所期待的结果。再进一步说，问题并不在富贵能求得与否，而是追求富贵自身并不能成为人生的目标，所以人在追求富贵时最终多半茫然无绪，不知在何时止步，回头关注自己的肉体和心灵生活。

曹雪芹在《红楼梦》开篇处借助“跛足道人”之口，高声吟唱了一首《好了歌》，这里且抄录四句：“世人都晓神仙好，惟有功名忘不了。古今将相在何方？荒冢一堆草末了。世人都晓神仙好，只有金银忘不了。终朝只恨聚无多，及到多时眼闭了。”——埋头追求荣华富贵的结果，到头来可能发现是一场镜花水月的空欢喜。这就是本章暗含的“不可求”的意蕴。人只有在追求自己的“所好”，在自己愿意燃烧生命追求的事业当中，才能获得真正的财富与高贵，才能最终得到生命的大欢喜。

**[朱注]**

设言富若可求，则虽身为贱役以求之，亦所不辞。然有命焉，非求之可得也，则安于义理而已矣，何必徒取其辱哉？

**子之所慎：齐，战，疾。**

**[文义]**

孔子平日有三件事非常慎重：斋戒，战阵和疾病。

**[评唱]**

本章的重心在“慎”字上。“‘慎’者，于斋之前，战之前，疾之前，着实有一番功夫，不是临渴治井。故曰‘圣人不治已病，治未病’。”（张岱《四书遇》）

**子在齐闻《韶》，三月不知肉味。曰：“不图为乐之至于斯也。”**

**[文义]**

孔子周流至齐国时，得闻舜帝时创制的乐曲《韶》，沉浸其中，反复学习体会，以至于三个月间虽食肉而不知肉的滋味。孔子深深叹息道："此乐尽善尽美，没想到竟然到了如此的地步啊。"

**[评唱]**

孔子此时的"乐"，不同于非理性的短暂的"狂喜"，也不同于宗教信徒追求的神秘体验，而是来自日常的行为，即学习并欣赏音乐。这种体验不难理解：我们在听音乐时，往往会感觉到某些旋律会和我们的心灵发生共振，给我们带来极大的愉悦感。但是，这种愉悦感很可能转瞬即逝，我们会逐渐倦怠乃至麻木。孔子体味此"乐"，"三月不知肉味"，既可见孔子对音乐的极致精通，更可见《韶》乐自身的尽善尽美。（《论语·八佾第三》）——这么说或许更恰当：《韶》乐的尽善尽美必得通过孔子的心灵才会得到揭示；孔子的"乐"来自对至善和至美的真切体验，心灵、历史与真理浑然融合在一起。

**[朱注]**

《史记》三月上有"学之"二字。不知肉味，盖心一于是而不及乎他也。

**冉有曰："夫子为卫君乎？"子贡曰："诺，吾将问之。"入，曰："伯夷、叔齐何人也？"曰："古之贤人也。"曰："怨乎？"曰："求仁而得仁，又何怨？"出，曰："夫子不为也。"**

**[文义]**

卫灵公在世时，将其世子蒯聩驱逐到晋国。及卫灵公薨，国人立蒯聩的儿子辄为卫国的国君。随后，晋国将蒯聩送回卫国，但卫君拒绝接纳自己的父亲。冉有问道："夫子会赞同卫君吗？"子贡说："好，我进去问一下吧。"子贡走进厅堂后，问孔子道："伯夷、叔齐是怎样的人呢？"伯夷、叔齐为孤竹君的第一、第三子。其父将死，遗命立第三子叔齐为国君。叔齐认为长幼之节不可废，就逊位于伯夷，而伯夷认为父命不可违，坚辞不受，于是二人双双逃走。子贡对此当然是明知故问。于是孔子回答说："他们二位都是古时的贤人啊。"子贡接着问："他们是否对自己的行为有所怨悔呢？"孔子说："他二人所求的是仁，且都得到了仁，又有什么怨悔呢？"孔子认为伯夷、叔齐的让国是仁义之举，意味着他希望卫君能将国君的位置让给他的父亲。子贡明白此意，出来后对冉有说："夫子不会站在卫君这一边的。"

**[评唱]**

仁者无忧，仁者无惧，仁者还无怨；仁者内心就是宇宙秩序在人心上的表达。内心无忧无惧怨的人，心灵纯净空灵辽阔的人，自然就是快乐幸福的人。

**子曰："饭疏食饮水，曲肱而枕之，乐亦在其中矣。不义而富且贵，于我如浮云。"**

**[文义]**

孔子说："吃粗饭，喝白水，无枕则曲肱枕之而眠，我也是乐在其中啊。如果为人不义，那不义的富贵于我而言不过是浮云而已。"

**[评唱]**

此章境界高致，"浮云"二字让人们从物质性的欲望生活中迅速提拔上升，能让人获得俯瞰生活的天空视角，能让人看到自己生活与心灵的原风景，从而获得一种内心的力量。钱穆称"本章风情高邈，可当一首散文诗读”（《论语新解》），可谓恰如其分。孔子此“乐”与颜回“不改其乐”之“乐”，已不仅仅是常人所言的“安贫乐道”，而是心灵获得至福的境界：贫，乐在其中；富，不改其乐。这种“乐”根源于宇宙的生机和永恒，超越了个体肉身的有限与命运的多歧；人若能时刻体味到“不以物喜不以己悲”（范仲淹《岳阳楼记》）的境况，就是人生终极的欢喜。

董仲舒对本章的“义”与“富”进一步发挥。他论述道：“夫人有义者，虽贫能自乐也”，反之“虽富莫能自存”，财富越多危害就越大；对于其中的道理，“民不能知，而常反之，皆忘义而殉利，去理而走邪，以贼其身而祸其家”（《春秋繁露·身之养重于义第三十一》）。这些说法可以看作是用通俗的、表达利害关系的语言对“浮云”二字的解释。《国语·晋语》中有晋国大夫叔向韩宣子“贺贫”，即祝贺他贫穷的故事。韩宣子不解：我徒有正卿虚名，而无相应的财富，无法与他们交游，你怎么反倒祝贺我呢？叔向随即为他举出了晋国一上卿因有富无德而导致身败名裂，最终宗族尽灭的往事，然后说：“若不忧德之不建，而患货之不足，将吊不暇，何贺之有？”

凡俗的人们通常知道财之利，而鲜少能知财富之弊，亦可叹也。我们平日有事无事时，若能于心中反复吟诵本章，心灵或许会收获几分云淡风轻的从容与宁静。这其实就是幸福。

**子曰：“加我数年，五十以学《易》，可以无大过矣。”**

**［文义］**

孔子说：“《易》道无穷，广大悉备，深奥精微；如果上天再借我数年光阴，让我能用上五十年的时间学习《易》，那我对天文、地理、人事的认识和判断，就不会有太大的差错了。”

**［评唱］**

前人对本章“五十”这一时间的含义有不同解释。其实，按照孔子晚年喜读《易》，“韦编三绝”（《史记·孔子世家第十七》）——因反复翻阅而导致穿编竹简的绳索多次折断——的情况来看，孔子无非感叹对博大精深的《易》把握不足，尚需数年的时间继续学习而已。从本章中，我们也可看到孔子对《易》的推崇与信心。后世儒家同样推崇《易》。比如，有这样一则关于朱子的轶事：宋宁宗庆元元年（1195），朝廷内部围绕当时的儒家思想，即“道学”，出现了意见对立；朱子在进退踌躇之际，批卦得到了“遯”的三爻卦。由于该卦的卦象有隐遁、明哲保身之意，于是他决定“绝口不谈朝政”。

**子所雅言，《诗》《书》、执礼，皆雅言也。**

**［文义］**

孔子常言三件事：《诗》《书》与执守礼仪。

**［朱注］**

雅，常也。执，守也。《诗》以理性情，《书》以道政事，礼以谨节文，皆切于日用之实，故常言之。

**叶公问孔子于子路，子路不对。子曰：“女奚不曰：其为人也，发愤忘食，乐以忘忧，不知老之将至云尔。”**

**［文义］**

楚国叶县尹沈诸梁，即叶公，向子路询问夫子是怎样的人，子路没有回答。孔子知道后，对子路说："你何不这么说呢：'他那个人呀，发愤学习，连吃饭都忘记了；他乐在其中，忘记了忧愁，忘记了年月，都不知道老年即将到来了。'"

**[评唱]**

俗语云：活到老，学到老。殊不知，学到老，方能活到老，亦乐到老。学以至于圣境，内心充满喜悦，这是凡俗之人追求永恒的唯一方法。我们在前面说过，今天的人们在阅读《论语》时，要把握住孔门师生论述"学习"的这条线索。在本章的记录可以说是"夫子自道"，孔子将一个关于"学习"的更为朴素的真理和讯息传达给了我们——学习本质上就是一种生活方式，而且还是一种高贵、可欲、可行的生活方式。

屈原有诗云"惟草木之零落兮，恐美人之迟暮"（《离骚》），这种"迟暮"的感喟乃是生命意识的自然流露，是敏感的心灵对生命意识的激情表达；而孔子"不知老之将至"一语宁静平和，意味深远。孔子生于华夏世界礼崩乐坏的大变革前夜，为匡正世道人心而周游列国，在旁人眼中凄凄惶惶，"累累若丧家之狗"（《史记·孔子世家第十七》），难免会被认为有壮志难酬的情绪。但这种看法的胸臆和格局都不够。孔子以忠恕之道行仁义之实，对天命之可为与不可为早已了然于胸，所以他的心灵当平静如水，乐在其中，所谓"仁者不忧"是也。

从根本上说，《论语》时刻在教导人们要去学习，在教导人们去领悟什么是真正有意义的生活方式，而本章则告诉我们，学习自身就是这样一种有意义的生活方式——生命会在这种"发愤忘食，乐以忘忧"的境界中迎来"最后一幕"。

西塞罗曾这样写道："不管怎么说，'最后一幕'是不可避免的，正像树上的果子和田里的庄稼最终都要坠落和枯萎一样。聪明的人是不会为此而抱怨的。”但这也是事实：“本身不知道如何过一种愉快而幸福的生活的人，无论什么年纪都会觉得活得很累。”因此，他得出结论说：“对哲学怎么称赞都不会过分，因为它能使其忠实的信徒毫无苦恼地度过一生中的各个时期。”(《论老年》)西塞罗这里讲的“哲学”，不是现代人熟悉的那种学院当中讨论的学问，而是他自身从事的生命教育，即“美德的培养和修炼”。在华夏世界，这种教育的对应物就是儒学。

**子曰：“我非生而知之者，好古，敏以求之者也。”**

**[文义]**

孔子说：“我不是天生就知道这些知识和道理的；我是通过爱好古人留下来的典章、制度、义理、辞章以及他们自身的行事，并勤于学习和讨教而获得的。”

**[评唱]**

这是《论语》中第二次记载孔子“好古”的学习方法论。“古”代表着先人的智慧和他们创造的文明。正因为“好古”——勤奋向先贤和传统文明学习——并且能继承正道，孔子才在华夏文明中扮演了继往开来的角色。

**子不语怪、力、乱、神。**

**[文义]**

孔子不谈论怪异、蛮力、作乱、鬼神。

**[评唱]**

妖孽的怪行、奇特的蛮力、背德的乱事、灵异的鬼神，这些都是普通人茶余饭后常常津津有味谈论的话题。这些非自然的现象或事物有着特殊的品性，往往会触发人们诸如恐惧等原始的激情与本能，因而有着某种统摄人心的力量。比如，在先民的心智结构中，鬼神等超自然的存在就被认为与他们的幸福和苦难有着不可分的关联。普通人喜爱谈论怪、力、乱、神，可以说是原始心智结构的遗留；这种喜爱也就是人性自身。所以，对于此四事，孔子采取“不语”——既不言其有又不言其无——的策略，实出于孔子对于人性、对于人类事务的深刻洞察。

举例来说，孔子避开这些话题的一个重要的原因就在于，这些话题并不适合普遍的教育目的。孔子说：“中人以上，可以语上也；中人以下，不可以语上也。”（《论语·雍也第六》）——怪、力、乱、神因其与人们意识的关系，若非若朱子所言，对它们“穷理之至”，亦即对它们进行彻底理性化的分析，就会成为扰乱乃至禁锢人们心灵的力量。有意思的是，如果对这些事物“穷理之至”，人们的认识就会别开生面；人们会认识到，它们最终就是英国哲学家休谟（David Hume，1711—1776）所言的“纯粹精神和完善理智”。休谟通过引述培根（Francis Bacon，1561—1626）的说法，进一步表达了自己的观点：“诚然，少量的哲学使人的心灵倾向于无神论，但是深入哲学则将人的心灵引向宗教。”（《宗教的自然史》）这是对近代西方哲学与宗教关系的一种表述。

显然，能做到“穷理之至”的人毕竟是人群中的少数。值得注意的是，孔子虽然不语怪、力、乱、神，但对“道”“天”“祭”“礼”级别的事物却屡次进行阐述，由此华夏世界特有的“宗教”观念与体系得到了建构。

儒学不谈论超自然的事物，不用它们去引发人们内心的激情，于是人们就认为儒学寡淡无味，无法吸引他们。这其实说明了人性的弱点。德国哲学家尼采（Friedrich Nietzsche，1844—1900）曾这样说道："哲学不能满足大众的需求，因为它缺乏神圣性。——这是彬彬有礼的勒南先生说出的一句恶毒话。"（《权力意志》）哲学以理性的推演见长，是人类心灵能力的一部分，但毕竟不是全部。尼采快意于颠覆人们的价值观，以其无与伦比的"毒舌"著称于世，但他的哲学之所以意义非凡，原因就在于他对人性的弱点有着异常深刻的洞察。尼采引述勒南的说法，正是要说明人性对"神圣性"的渴求。儒学不谈论超自然的事物，诚然失去了一种收拾人心的手段，但这也正是儒学文明的要义所在：儒学致力于启发人们自己去导引自己的生活。

**[朱注]**

怪异、勇力、悖乱之事，非理之正，固圣人所不语。鬼神，造化之迹，虽非不正，然非穷理之至，有未易明者，故亦不轻以语人也。

**子曰："三人行，必有我师焉。择其善者而从之，其不善者而改之。"**

**[文义]**

孔子说："三人同行，必有一人可以作我的老师。我取法他们的优点，以他们为前行的榜样；而对他们的缺点，我反观自省，若有同样的缺点就加以改正。"

**[评唱]**

学习是一种思考方法，是一种习惯，更是生活本身。"三人行"可以理解为一个人所处的任何境遇。西塞罗有过类似的说法："通过研究他人来判断自己行为的性质也是一种很好的方法，发现他人身上的不当之处，可以使自己引以为鉴。因为发现他人的缺点怎么说也要比发现自己的缺点来得容易。”（《论责任》）——这种说法包含着对人性非常深刻而有意思的观察。人要于时时刻刻学习，于事事物物上学习，以学习度过一生。孔子自述“好学”，对于学习的方法和效验每有至论；我们学习《论语》，首要任务就是要抓住孔子所言的“学”的思想和方法。

**子曰：“天生德于予，桓魋其如予何？”**

**[文义]**

宋国司马桓魋为奸佞小人，因嫉妒而欲害孔子。孔子说：“我的德性为上天所赋予，他桓魋又能奈我何？”

**[评唱]**

此章表现了孔子对“天”的信仰，但我们还要注意的是，这种信仰有一个至关重要的中介，即“德”。孔子尝言：“天何言哉？四时行焉，百物生焉。”（《论语·阳货第十七》）通过对自身“德”的自觉，孔子才能将自己与无言的天意或天命关联起来。所以，孔子在危机时刻表现出的信仰力量，本质上是源于对“德”的信仰。人最终要靠自身而非神灵等超越性的力量，来面对个体的危机与世界的苦难，这正是华夏人文精神的本质特征。孔子“天之未丧斯文也，匡人其如予何？”（《论语·子罕第九》）的说法，有着同样的认识。

**子曰：“二三子以我为隐乎？吾无隐乎尔！吾无行而不与二三子者，是丘也。”**

**[文义]**

孔子说："你们以为我还有所隐藏吗？我对你们没有任何隐藏啊！我所有举止，你们都有目共睹；你们见到的正是我孔丘本人啊。"

**[评唱]**

今人但凡提到教育，多以书本上的知识为准则；书本上的知识固然重要，但教师的言谈举止自身同样是教育的重要内容与手段。荀子言"学莫便乎近其人"（《荀子·劝学》），这种观念既指出了有效的学习方法，又对教师提出了非常高的要求，即所谓的"言传身教"。语言传达的主要是理性、逻辑和知识，而教师自身包括教育活动在内的行为方式，传达的主要是感性、实践方面的知识，对学生有着潜移默化的重要作用，因而是教育现场不可或缺的一部分。

**[朱注]**

诸弟子以夫子之道高深不可几及，故疑其有隐，而不知圣人作、止、语、默无非教也，故夫子以此言晓之。

吕氏曰："圣人体道无隐，与天象昭然，莫非至教。常以示人，而人自不察。"

**子以四教：文，行，忠，信。**

**[文义]**

分开来看，孔子教育分四类：文，行，忠，信。

**[评唱]**

《诗》《书》等"六艺"的教育为"文教"，言传身教为"行教"；孔子日常行止，皆是其教育理念的显现与实践。教育的最高目标就是"明明德"，引导人们那将上天赋予自己的仁义礼智信的美德发挥出来。

其中，竭尽全力做事就是“忠”，与人相处时做到真诚无妄就是“信”。从这个角度说，“文”和“行”侧重于教师的教学，“忠”和“信”侧重于学生的实践。

**子曰：“圣人，吾不得而见之矣；得见君子者斯可矣。”子曰：“善人，吾不得而见之矣，得见有恒者斯可矣。亡而为有，虚而为盈，约而为泰，难乎有恒矣。”**

**[文义]**

孔子说：“圣人，我是无法看到了，能看到君子就可以了。善人，我是无法看到了，能看到有恒心的人就不错了。一个人没有可佯装为有，空虚可佯装为充盈，欠缺可佯装为富有，但他很难佯装自己有恒心。”

**[朱注]**

张子曰：“有恒者，不贰其心。善人者，志于仁而无恶。”

**子钓而不纲，弋不射宿。**

**[文义]**

孔子钓鱼，不用大网拦截河而捕鱼；孔子射鸟，但不射那些栖息在巢的鸟。

**[评唱]**

这是孔子仁心的自然体现。孔子待物如此，待人更不必言。

**子曰：“盖有不知而作之者，我无是也。多闻，择其善者而从之；多见而识之，知之次也。”**

**[文义]**

孔子说："大概有不知其道理而妄作妄为的人吧，但我不是这样。努力多方请教，择善而行；尽力多看，就会大体认识到事情的本来面目。多闻多见，这是获取真知的一个次序吧。"

**互乡难与言，童子见，门人惑。子曰："与其进也，不与其退也，唯何甚？人洁己以进，与其洁也，不保其往也。"**

**[文义]**

互乡那个地区民风不良，很难跟他们讲道理。互乡的一个童子求见孔子，孔子没有拒绝，门人感到困惑。孔子说："那个童子求见，可见他有向善之心。我见他，是赞许他向善的这一点；他回去后若继续为不善，我自然不赞成，这有什么过分的呢？人家带着洁身自好的想法前来，至少此时能涤除旧习的污染，这值得赞许，但我不能保证他此前的行为啊。"

**[评唱]**

孔子有"自行束脩以上，吾未尝无诲焉"（见本篇）的说法，表达的是教育的热情。本章意思相近。互乡的人很难打交道，听不进去善言善语；但对于互乡少年的求见，孔子还是热心地接见了。孔子在少年"洁己以进"这一点上看到了他的"善端"，也就是向善的可能，所以接见他，期待他能有所觉醒和进步。伯夷、叔齐"不念旧恶"，孔子"不咎既往"，可见圣贤心地的高洁和辽阔。

**[朱注]**

程子曰："圣人待物之洪如此。"

**子曰："仁远乎哉？我欲仁，斯仁至矣。"**

**[文义]**

孔子说："仁很遥远吗？不，我想要成为仁人，这种仁就会到来，在我的身上得到实现。"

**[评唱]**

我想要"仁"，"仁"就来了，也就是我得到了"仁"，真是如此吗？无须怀疑，因为"仁"是人天赋的属性，内在于人心当中；是否能成为仁人，全在于自己。人有志于"为仁"，其实就是立下"为人"的志向，那他就会时刻激励自己去修德进仁。这是一种心理激励机制。现代社会学中有"预言的自我实现"或"预言的自我证成"（self-fulfilling prophecy）的说法——虚无缥缈的"预言"在经过复杂的社会过程后，往往会出现它最初预料的结果。从这个角度来说，"我欲仁"一方面是个体志向的表达，另一方面则是对自己的"预言"，因而同样有着自我实现的机制。比如说，因为自己有"欲仁"的动机，在生活中就会向"仁"的观念看齐，诸如克制自己的私利私欲、行事符合礼义等，这就是对"心"进行自我教化的过程。这种教化的结果就是"斯仁至矣"。

孔子"我欲仁，斯仁至矣"这个命题的重要性，或许只有法国哲学家、数学家笛卡尔（René Descartes，1596—1650）的"我思故我在（Cogito ergo sum）"命题堪与之比肩。笛卡尔的这个著名命题在哲学上可以进行多种解释：仅就直观上看，它确立了"我思"与"我在"之间的必然关系。人通过"思"的思维活动，确认了"我在"的现实，这个现实不仅仅是物理世界的"在"自身，还是"我"的自我意识得到明证的瞬间——笛卡尔被视为现代哲学之父，道理就在这里。同样，"我欲仁，斯仁至矣"的主体通过"欲仁"的思维活动，不仅仅是"仁"

瞬间转化为心灵的现实，还使得“我”自身的存在得到了显现与证明。“我思”的“我”是在自然之光照射下出现的理性主义的“我在”；“我欲仁”而成就的“我”则是在“道”的导引下出现的“仁人”，是最高的天赋得到实现的“我”。从哲学上说，孔子的这一说法确立了华夏人格的“主体性”。

值得注意的是，二者在认识论上有共通的地方：“我思”与“我欲仁”的“我”都认识到了人的心灵活动与客观世界的内在关联。当代美国哲学家塞尔曾提出“心灵事件能够引起物理事件”（《心灵导论》）的命题，试图消解人们将“心”与“物”或者“灵魂”与“肉身”视为对立的二元论观点；而在儒学的世界认识当中，心灵最初就与物的世界浑然一体：心外无理，心外无事，心外无物。

儒学的心物一元论的思想，我们可以从王阳明与友人围绕“花树”展开的一段著名的对话中一窥究竟。《传习录》这样记载道：“先生游南镇。一友指岩中花树问曰：‘天下无心外之物，如此花树，在深山中自开自落，于我心亦何相关？’先生曰：‘你未看此花时，此花与汝心同归于寂；你来看此花时，则此花颜色一时明白起来，便知此花不在你的心外。’”——正是人“看”的这种活动，将本然寂灭的世界点亮、唤醒，作为“现实”呈现在人的眼前。再进一步说，这个世界的呈现事实上依赖于“看”的心灵属性：有人将其视为单纯的“花”，有人将其视为普通的“树”，有人从中获得了审美的愉悦，有人可能首先注意它在植物学上的分类和属性，而思想家——比如王阳明和他的朋友们——看到的则是事关世界本源的哲学问题。大千世界，森罗万象，到底都是“心”的创造与表象。

我们再从日常的角度看一下孔子的这个命题。对于“生而知之”的上智者而言，“我欲仁，斯仁至矣”可以说是水到渠成，没有任何认知以及实践上的问题；而对于“中人”以下的普通人来说，这个命题还仅仅是认识论上的必然，他们未必有将这个潜能转化为现实的能力。不过，对于普通人而言，“我欲仁”所体现的主体“立志”意志更为重要，是这个命题的重心所在。“取法乎上，得乎其中；取法乎中，得乎其下。”——普通的人们若立志求仁，即便最终无法达到仁的境界，但也会小有所成，成为品行高洁的人，会体味到由此而来的生命的喜悦。

**[朱注]**

仁者，心之德，非在外也。放而不求，故有以为远者；反而求之，则即此而在矣，夫岂远哉？

**陈司败问：“昭公知礼乎？”孔子曰：“知礼。”孔子退，揖巫马期而进之，曰：“吾闻君子不党，君子亦党乎？君取于吴，为同姓，谓之吴孟子。君而知礼，孰不知礼？”巫马期以告，子曰：“丘也幸，苟有过，人必知之。”**

**[文义]**

陈国的司寇问孔子道：“鲁昭公知礼吗？”孔子说：“知礼。”孔子离开后，陈司寇遇到孔子弟子巫马期，于是上前作揖，说道：“我听说君子没有偏私，现在看来，君子也有偏私吗？昭公娶夫人于吴国，人称吴孟子。鲁君为周公的后人，吴孟子为泰伯的后人，他们都是周太王的后人，姬姓，而同姓不婚。昭公如果知礼，谁又不知道礼呢？”巫马期将这番话告诉了孔子，孔子说：“我也真是幸运啊，只要有了过错，人们一定会知道。”

**[评唱]**

陈司寇给孔子出了一个难题：鲁昭公是否知礼？因为这是一个需

要给国君定性的高难度问题，且人臣在外人面前，对于主君有称美不称恶的礼数，于是孔子自然要给出一个概括性的肯定回答：知礼。如果就事论事，昭公有违背礼制的行为，孔子当然也知道这一点。陈司寇似乎有备而来，自以为抓住了孔子有私心的把柄，就以昭公违背同姓不婚的礼制，对昭公进行了高调的批评；并且他还上纲上线，上升到对“君子不党”原则的怀疑。孔子自然知道陈司寇的意思，但并不一一辩驳与说破，而只是承认自己的过失。如此，孔子也以委婉的方式批评了昭公在具体行为上有不知礼之处。孔子内心光明澄净，圣人气象由此可见一斑。

**[朱注]**

孔子不可自谓讳君之恶，又不可以娶同姓为知礼，故受以为过而不辞。

**子与人歌而善，必使反之，而后和之。**

**[文义]**

孔子与人合唱，见人唱得好，一定会请他再唱一次，然后自己再唱，以歌相和。

**[评唱]**

孔子在日常生活中以礼乐相伴，以礼乐涵养自己的德性，这就是“游于艺”的一种表现。孔子见人歌唱得优美动听，“必使反之”，一则见贤思齐，二则扬人之善，三则求尽善尽美。此章是对圣人日常生活中自然、从容、自由、优美举止的一条记录。有意义的人生，其实就存在于这些日常的细节行事当中。

**子曰："文，莫吾犹人也。躬行君子，则吾未之有得。"**

**[文义]**

孔子说："言辞表达或撰写文章，我或许能赶上他人；但若说身体力行，成为亲自实践的君子，那我还没有做到。"

**[评唱]**

本章形式上是孔子在表达谦虚之意，实际上却是在表达一个深刻的认知。此处的"文"可以理解为语言的表达，因而是人理性的自我表达；而"躬行"则是亲身实践，它与"文"所表达的观念和理念自然会有距离。成为"躬行君子"，实际上就是成为"仁人"的过程，孔子当然不会以"仁"自居。

**子曰："若圣与仁，则吾岂敢？抑为之不厌，诲人不倦，则可谓云尔已矣。"公西华曰："正唯弟子不能学也。"**

**[文义]**

孔子说："如果说我是圣人、仁人，我岂敢当？我只是努力去做而从不厌烦，教导别人从不厌倦，但也不过如此，何足道哉。"公西华闻言，说道："这正是我们弟子无法学到的呀。"

**[评唱]**

为之不厌，不知仁义已日至；诲人不倦，但知推己及人，期待共同止于至善。所以，"为之不厌，诲人不倦"自身就是圣人与仁人唯一的心事。一个人若能做到这一点，可以说就去圣贤不远了。

**子疾病，子路请祷。子曰："有诸？"子路对曰："有之。《诔》**

**曰：‘祷尔于上下神祇。’”子曰：“丘之祷久矣。”**

**[文义]**

孔子生病，子路请求进行祈祷。孔子问：“有这回事吗？”子路回答说：“有啊。《诔》的文辞有言：‘祷尔于上下神祇。’于是我就替您进行祷告了。”孔子回答说：“那照你这么说，我已经祈祷很久啦。”

**[评唱]**

孔子平时“不语怪、力、乱、神”（本篇），教导为政者要“敬鬼神而远之”（《论语·雍也第六》），可见其对鬼神的一般态度。所以，当他得知子路为其祈祷时，自然对其草率的行为感到不满，就向他确认此事。子路平时疏于学问，但此时竟也能找到书本上的理论根据。孔子本意是要对子路进行批评教诲，但见他坦然以告，故不欲拂弟子的关心与热情，且想到自己也并非全然无祈祷之实，所以就以自己“祷久矣”来宽慰弟子。当然，这个回答也流露着对子路行为的含蓄批评。问题是，这里所言的“祈祷之实”该如何理解？

其实，凡世的人们生病时，除积极进行治疗之外，多会进行某种形式的“祈祷”：或默默进行某种“静心”的活动，或通过烧香拜佛等特定仪式，希望能获得超自然力量的加持。这些行为多出自于人的宗教本能，而不是一般意义上的迷信。人们通过这一行为，内心获得安宁，激发人固有的自愈能力，从而有利于病情的缓解、改善乃至治愈。孔子于日常生活中克己复礼，敬人、敬事、敬天、敬鬼神，按照子路引述的说法，将这些庄敬的行为视为宽泛的“祈祷”行为亦未尝不可。只是，圣人的心事，不知子路知否？

**[朱注]**

祷，谓祷于鬼神。

《诔》者，哀死而述其行之辞也。上下，谓天地。天曰神，地曰祇。祷者，悔过迁善，以祈神之佑也。无其理则不必祷，既曰有之，则圣人未尝有过，无善可迁。其素行固已合于神明，故曰："丘之祷久矣。"

**子曰："奢则不孙，俭则固。与其不孙也，宁固。"**

**[文义]**

孔子说："奢侈就会导致人骄盈放纵，而俭朴则容易导致固陋，二者都有失中正。但与其骄盈放纵，还不如选择固陋。"

**[评唱]**

奢侈往往意味着骄奢放纵，久之必坏；俭朴虽然有简陋、固执的缺点，却保持着持续生长的可能。这就是所谓的"俭以养德"。

**子曰："君子坦荡荡，小人长戚戚。"**

**[文义]**

孔子说："君子坦荡光明，小人阴郁寡欢。"

**[评唱]**

君子遵循天道天理行事，内心光明清净，表现在外自然是喜悦坦荡；小人心事重重，心灵为物欲所牵引遮蔽，自然患得患失，焦虑不安，忧愁满面，郁郁寡欢。前者幸福，后者不幸。人于无事时常默念本章，心灵或别开生面。

**[朱注]**

程子曰："君子循理，故常舒泰；小人役于物，故多忧戚。"

**子温而厉，威而不猛，恭而安。**

**[文义]**

孔子为人温厚但不失严肃，有威仪却不显得刚猛，表情庄敬却又从容不迫。

**[评唱]**

这也就是"君子坦荡荡"的气象。

# 泰伯第八
## 艺术人生

**子曰："泰伯，其可谓至德也已矣。三以天下让，民无得而称焉。"**

**[文义]**

周太王有三子：长子泰伯，次子仲雍，三子季历；季历生子昌。太王欲传位给季历，泰伯知道后，就和其弟仲雍逃到荆、蛮地区，并断发文身，以示无继承王位的决绝之意。太王于是传位给季历，再传至昌，即后来闻名华夏世界的周文王。最终，文王之子武王克商，获得天下。孔子赞美说："泰伯，可以说是至德了。他三让天下，但无行迹可见，人民都无法称颂他。"

**[评唱]**

孔子尝言："能以礼让为国乎？何有？不能以礼让为国，如礼何？"（《论语·里仁第四》）——为政者若能以礼让治国，孔子认为就不会有什么难以解决的问题；反过来如果没有礼让，礼自身就不成立了。其实，为政时的"礼让"原则，正是对现实政治的权力欲望与机制的克服，因而自然有助于作为公共事务的政治的顺利展开。在本章中，孔子以"至德"这一至高的说法来赞誉泰伯，其根据就是泰伯"三以天下让"，可见"让"或"礼让"在儒家政治哲学与实践中的重要性非同一般。

儒家推崇“三代之治”的“禅让”制度，显然有着对政治权力进行驯化的现实主义考虑。

**子曰：“恭而无礼则劳；慎而无礼则葸；勇而无礼则乱；直而无礼则绞。君子笃于亲，则民兴于仁；故旧不遗，则民不偷。”**

**[文义]**

孔子说：“恭敬而不以礼节制，就会变得劳烦；谨慎而不以礼节制，就会变得胆怯；勇敢而不以礼节制，就可能妄为；直率而不以礼节制，就可能急躁。在上位者若能厚待其亲，情深义重，那人民自然会加以效仿，民风就会归于仁德；同样，在上位者若能不疏远旧友、不遗弃老人，那人民自然会加以效法，就不会薄情寡义，民风就会免于浇薄。”

**[评唱]**

本章孔子言“无礼”的弊端，反过来说我们就不难看到“礼”对人性的友好；比如，人们的生活因为“礼”而变得轻松愉快，行为因“礼”而变得温文尔雅，等等。“礼”与人们的内在天性有密切的关联，人们多日用而不知，往往将其想象得非常陌生。

**曾子有疾，召门弟子曰：“启予足，启予手。《诗》云：‘战战兢兢，如临深渊，如履薄冰。’而今而后，吾知免夫，小子！”**

**[文义]**

曾子得了重病，召集门人弟子说：“看看我的脚，看看我的手。《诗·小雅·小旻》篇有云：‘战战兢兢，如临深渊，如履薄冰。’我一生是如此谨慎，才保全了受之于父母的身体发肤。今后，我就不用再谨慎，身体也可以免于毁伤了，弟子们啊！”

**[评唱]**

明末清初的著名文学家张岱（1597—1689）在《四书遇》中曾引述李见罗的说法，对本章进行了评论：“曾子闻学之早合下便以修身为本，故到终来，浩然自慊，与孔子曳杖逍遥，仿佛一般气象。古云‘生死岸头，不是临时处置’。”——这是说曾子因有平日的修为，所以能坦然面对生命的终结。佛教禅宗有“于生死岸头得大自在”的说法，说的正是人格与生命修行的最终完成。

**曾子有疾，孟敬子问之。曾子言曰：“鸟之将死，其鸣也哀；人之将死，其言也善。君子所贵乎道者三：动容貌，斯远暴慢矣；正颜色，斯近信矣；出辞气，斯远鄙倍矣。笾豆之事，则有司存。”**

**[文义]**

曾子重病时，鲁国大夫孟敬子前来探问。曾子说：“鸟之将死，其鸣也哀；人之将死，其言也善。位居高位的君子于日常生活中，应当以三种行事准则为贵：首先整饬外表仪容，这样就能远离粗粝放肆；其次端正脸色，做到表里如一、以诚待人，这样就容易取信于人；最后要注意言辞声调，这样就会避免言谈粗鄙、不符道理了。至于笾豆等具体祭祀事宜，交给主管的官员就可以了。”

**[评唱]**

容貌，颜色，辞气，这些是一个人在日常生活中用于表达、呈现自己的交流手段。我们通常所言的某个人的“气象”，同样主要由此三者构成，是他人认知自己的一个极为重要的途径。事实上，“自我”正是在这个互动过程中得到呈现和建构。美国社会学家戈夫曼（Erving

Goffman，1922—1982）在分析个体的行为方式时，使用了诸如“剧本创作法”（dramaturgy）、“表演”（performance）等戏剧中的说法，认为人在日常生活中各种场合的行动，与剧场中人们带着面具“演戏”有着同样的机制；日常生活中这种个体行动最终还会涉及社会秩序的建构（《日常生活中的自我呈现》）。俗语云：人生如戏，全靠演技。这个说法虽然旨在批评行为缺乏“真诚性”，但就人的行动的外在呈现上来说，倒是指出了关键的问题——人们的自我呈现，就是在“上演”或者说“建构”一种秩序与现实。当人的这种自我呈现开始自觉接受道德意识导引时，它自然就会通向人的自然完美。

再回到君子看重的三件事：容貌、颜色与辞气。如何让它们自觉接受美德的导引？由于三者是人的情感与意志的直接显露，人们多日用而不知，不知何为正，何为偏。因此，人们首先要意识到这三件事非同小可，要认识到它们关系到心灵与社会秩序的和谐。这正是曾子以“人之将死其言也善”的赤诚心灵，郑重其事地为后世留下这一番说法的意图所在。

当然，这三件事还可以用《大学》中的“修身”一语概括，而《大学》也被认为是曾子所作。问题是，“修身”若不能落到实处，终究是口耳之学，成为空洞的教条，人生将以“演戏”告终。因此，曾子以遗言的方式谈这些极为日常的平淡的实践，正是其苦心孤诣之处——显然，人们对于“遗言”或“遗训”，会产生出于本能的严肃与敬重。

后世有人依据以上两章的记录，认为曾子是在“苦行”，这其实是巨大的误解。人们在容貌、颜色、辞气上持续进行自我反省修正，正是一个明心见性的过程，是成就“心”的全德，进而成就“人”自身的过程。从社会学的角度来看，修身的本质就是通过反观“自我呈现”来建构理想的自我，最终实现自我与人、事、物的和谐关系。

**[朱注]**

鸟畏死，故鸣哀。人穷反本，故言善。

尹氏曰："养于中则见于外，曾子盖以修己为为政之本。若乃器用事物之细，则有司存焉。"

**曾子曰："以能问于不能；以多问于寡；有若无，实若虚，犯而不校。昔者吾友尝从事于斯矣。"**

**[文义]**

曾子说："自己的才能高于他人，但还能继续向他人询问请教；自己的知识多于他人，但还能继续向他人询问请教；自己已经有了真切的认识和理解，但深知义理无穷、知识无限，所以常常自觉不足，仿佛非常空虚一般；旁人如果偶然以非礼的方式对待我，我就以正道应对，宽以待人，内心从不加计较。好学、谦虚、宽恕——从前，我的朋友颜渊就曾致力于这么做。"

**[评唱]**

曾子"日三省吾身"（《论语·学而第一》），修学治己的工夫极细密，但又极为寻常，对于一般人而言容易效仿。此章同样，谦虚好学，不耻下问，犯而不校，这些品行看上去似乎极为平常，但能做到的又有几人？曾子认为，他的朋友颜回就曾经致力于实践这些美德。孔子赞誉颜回"好学"，曾子的这句话可视为旁证。

此章形式上是曾子在谈论颜回，其实也有"夫子自道"的意思，即曾子以自己的切实体验来谈论修身的工夫。颜回和曾子最终都获得了杰出的声誉，前者被后世尊为"复圣"，后者被尊为"宗圣"，可以说都与这些细密的工夫有直接的关系。

**[朱注]**

友，马氏以为颜渊是也。颜子之心，惟知义理之无穷，不见物我之有间，故能如此。

**曾子曰："可以托六尺之孤，可以寄百里之命，临大节而不可夺也。君子人与？君子人也。"**

**[文义]**

曾子说："可以将身长六尺的幼童孤儿托付给他，可以将方圆百里的大国统治权委任于他；他意志坚定，才华出众，在面临事情的紧要关头时，自己的志向能不为形势所撼动，从而能主持大局。这样的人就是君子吧？这样的人才是真正的君子啊。"

**[评唱]**

如果说前章是言曾子"内圣"的工夫，那么本章则显示了曾子"外王"的志向与格局。二者合在一起，就是曾子对君子人格的界定、向往与追求。其实，在儒学观念中，"内圣"必然会导向对成就外在功业的追求——仁者爱人，仁者必然有推己及人、"己欲立而立人，己欲达而达人"的愿望；这种观念、这种爱愿在现实历史进程中的自我实现，就构成了"外王"的事业。当然，在历史世界中，需要各种历史条件的辐辏，一个伟大的人物才能最终显现为"内圣外王"。

观曾子的其他语录，他诚然有近于圣人"浑全温厚"的气象，但本章却显示出曾子心事峥嵘的另外一面——张岱说，"曾子弘毅胸肠，俨然与千古英雄相对处"（《四书遇》）；朱子则以"刚"和"峻厉"来形容曾子，认为他有"孟子气象"，对"临大节而不可夺"一语尤其击节赞叹。据此，朱子对他同时代的士大夫们进行了严厉的批评，说那些人“大抵不顾义理，只计较利害，皆奴婢之态，殊可鄙厌”（《朱子语类·卷第三十五》）。朱子平时也以温厚的气象示人，此时出语颇为高昂，足见曾子此语有激发人心的力量。

**[朱注]**

其才可以辅幼君、摄国政，其节至于死生之际而不可夺，可谓君子矣。

**曾子曰：“士不可以不弘毅，任重而道远。仁以为己任，不亦重乎？死而后已，不亦远乎？”**

**[文义]**

曾子继续说：“士，胸怀不可以不宽广，意志不可以不坚定，因为他担负的责任非常重大，而实现的路途非常遥远。他以实现仁德为己任，要教化万民、和谐万邦，这种任务难道不非常重大吗？这条道路绝非坦途，但他孜孜以求，死而后已，这种路途不就可以说是非常遥远吗？”

**[评唱]**

此章中曾子对“士”的理解和定位，堪称千古绝唱，让人由衷地感受到一种大力量：这是一种来自伟大人格与心志的力量，一种来自历史深处的力量，我们可将这句话看作是对孔子心志的表达。有现代学者说“士”人从此背上了沉重的道德负担，其实大谬不然。支撑华夏文明绵延不绝的正是“士”——士大夫、君子以及今天的读书人——的这种自我认同：他们认同于永恒的“道”，汲汲以求。以恢弘宽广、坚毅执著的心志完成人的全部天赋，走向“仁”的境地，这正是对心灵自由与幸福的追求。读书人的所作所为事关己身、事关天下，不可不时时以本章的曾子之言来振拔自己。

孔子、曾子以后，能如此表达自身的历史意识和生命价值的当首推孟子；朱子也曾表示："孟子气象大抵如此。"孟子是在孔子之后，第一位践行这种"弘毅"以及"仁以为己任"的孔子精神、曾子之意的大力君子。以孟子为宗的儒家心学一系的思想家，诸如陆九渊（1139—1193）、王阳明等人，他们对生命的自觉大抵有同样的气度与规模。范仲淹"先天下之忧而忧，后天下之乐而乐"（《岳阳楼记》）的名句，也可以说是对曾子千古绝唱的回应。

**[朱注]**

弘，宽广也。毅，强忍也。非弘不能胜其重，非毅无以致其远。

仁者，人心之全德，而必欲以身体而力行之，可谓重矣。一息尚存，此志不容少懈，可谓远矣。

**子曰："兴于《诗》，立于礼，成于乐。"**

**[文义]**

孔子说："学习《诗》会感发内心，学习礼仪能立足社会，再加以音乐的熏陶，完美的人格就会得以形成。"

**[评唱]**

儒家的诗教、礼教与乐教构成了一套完整的教育体系，但三者又有一定的次序关系。诗教的核心是感性教育，是情感与审美的熏陶，旨在为人格奠定一个健全的基础；礼教的核心是人在共同生活中敛束身心，在自我、他者乃至与天地的关系中获得自由与审美的享受；通过学《诗》与礼，人们会养成性情内在与外在的和谐，再借助音乐加以协调，人性就得到了自然的完美，所以说是"成于乐"。

其实，诗歌、音乐、舞蹈，它们本来有着共同的起源。“凡音之起，由人心生也。人心之动，物使之然也。感于物而动，故形于声。声相应，故生变，变成方，谓之音。比音而乐之，及干戚、羽旄，谓之乐。”——根据《礼记·乐记》开篇的说法，“声”是人心感动于外物发出的声响，它按照一定的方式变化形成文理，就是“音”，排比音节后用乐器演奏出来，就是“乐”，再配以盾牌、斧钺、羽毛、牦牛尾加以演示，就是“乐舞”。我们再继续看：“诗者，志之所之也。在心为志，发言为诗，情动于中而形于言，言之不足，故嗟叹之，嗟叹之不足，故永歌之，永歌之不足，不知手之舞之、足之蹈之也。”(《毛诗传笺》)——内在于人心的情志，表达在语言上，就是“诗”；语言无法充分表达时，就会接连用感叹、咏唱、舞蹈来加以表现。由于诗歌与音乐来自人心，那么诗教与乐教必然是对整全的人性的教育。这个教育内在于共同体的生活，所以还要借助“礼教”来加以完成。

而“乐者，乐也”（《礼记·乐记》），“成于乐”就是最终获得了人生的大欢喜，实现了一种完满的人生状态。在我们的经验中，当我们在听那些伟大的音乐诗篇时，每每会获得心灵的共振，何以如此？其实，在这个过程中，我们个体生命意识中那些最为远古的体验与记忆得到了激发，此刻、历史与永恒在乐章中水乳交融，我们的心灵由此进入天人合一的辽阔之境。这是人性的自然美的显现，也是儒家“艺术人生”目标的实现。现代新儒学思想家徐复观（1903—1982）对此有如下评论：“礼乐并重，并把乐安放在礼的上位，认定乐才是一个人格完成的境界，这是孔子立教的宗旨。”因此，“可以说，到了孔子，才有对于音乐的最高艺术价值的自觉，而在最高艺术价值的自觉中，建立了‘为人生而艺术’的典型”（《中国艺术精神》）。成就艺术的人生，就是成就心灵自由、自在、欢喜的人生。

现代教育以科学教育为主，实质就是理性化的教育。人的理性化是人类演进的必然，但也不可没有相反的情志化，二者共同构成了人心灵的本能。儒家的礼乐教育，就是对人进行的情志教育。1993年在湖北省荆门市郭店村出土的“郭店楚简”有“道始于情，情生于性”的说法，有学者据此提出了华夏世界“情本体”的说法（李泽厚《实用理性与乐感文化》）。情志化的重要手段就是艺术教育，因为真正的艺术超越了基于理性的功利主义的计算，能帮助人们看到包括生命在内的天地万物的本质。

其实，试观古今成大事业者，无不将自身全部的生命热情注入到他的对象世界当中，或完成伟大的艺术作品，或完成伟大的科学创造，这可以说就是情志的作用。孔子言“兴于诗”是教育的第一阶段，原因就在于人心因诗歌而得到了感发，情感因其得到了熏陶；而人心与情志又会贯穿整个人生，实为一个人随后有所“立”、有所“成”的情感基础。人生无此情感，心灵无此诗意，生命必然枯淡寡味，自然无法昂然立于天地之间。

**[朱注]**

《诗》本性情，有邪有正，其为言既易知，而吟咏之间，抑扬反覆，其感人又易入。故学者之初，所以兴起其好善恶恶之心，而不能自已者，必于此而得之。

礼以恭敬辞逊为本，而有节文度数之详，可以固人肌肤之会，筋骸之束。故学者之中，所以能卓然自立，而不为事物之所摇夺者，必于此而得之。

乐有五声十二律，更唱迭和，以为歌舞八音之节，可以养人之性情，而荡涤其邪秽，消融其查滓。故学者之终，所以至于义精仁熟，而自和顺于道德者，必于此而得之，是学之成也。

**子曰："民可使由之，不可使知之。"**

**[文义]**

孔子说："治国者通过推行礼乐教化，就可以帮助人民走上修身立德的正道，但却无法让人民全部明白这些政教措施的深刻道理。"

**[评唱]**

民众的天资有上中下的差异，其中下者对天道深远永恒、广大精微的道理，自然无法理解。圣人制作礼乐，就是要通过可行的方法和手段，通过礼乐这种中介，对人民的行为进行规范，让人民过上遵循正道的生活，各自实现自己的幸福。这就是"民可使由之，不可使知之"。

有些人认为本章主张"愚民政策"，其实大谬不然，实属"以小人之心度君子之腹"，是在以"下愚"理解"上智"。在现代社会当中，一项好的政策、法律的制定通常要考虑到政治、经济、社会、文化观念等诸多复杂因素，人民自然无法全部理解，或者无法做到充分的关心，因此，政策与法律的制定通常由一部分法律专家先行拟定，然后经过人民代表的充分讨论，最终审议并通过。法律法规一旦得到通过并公布，全体国民就有义务无条件服从，而不管自己理解与认可的程度如何。这就是现代社会的"民可使由之"。一个人不能以不知道或不理解法律条款而获得法律上的免责。

因此，人民素质的高低、政治与法律制度的臧否，共同决定了现代社会治理水平的高下。现代政治体制的文明，体现在它要通过诸如普通选举、政策公开辩论等方式，让人民尽可能参与其中，成为法律上的主权者，这就是今天人们所说的民主制度。民主要求每一位有权利的个体承担起参与公共事务的责任，但这只是理想状态；公共事务中尚有无数人民不知或不必知的道理与知识，但如果没有法律法规让民众“由之”，让人民去遵循公共生活的基本规则，那么共同体生活以及基于其上的国家就无法成立。

**［朱注］**

程子曰：“圣人设教，非不欲人家喻而户晓也，然不能使之知，但能使之由之尔。若曰圣人不使民知，则是后世朝四暮三之术也，岂圣人之心乎？”

**子曰：“好勇疾贫，乱也。人而不仁，疾之已甚，乱也。”**

**［文义］**

孔子说：“一个人如果好勇却厌恶贫穷，他就会不肯安分守己，就会作乱。人若不仁，轻则薄情寡义，重则乖戾暴虐，这时候如果过于苛责他，他就会自暴自弃，就会作乱。”

**［评唱］**

前章“民可使由之，不可使知之”的说法，从本章来看，其实对为政者提出了很高的要求。比如，对于“好勇疾贫”的人，对于“不仁”的人，为政者都要以恰当的方式进行教化和导引，否则就容易滋生祸患。“人民”有着多面的性格，古典政治哲学对此有深刻的理解；相反，近代政治哲学多将“人民”抬举得极高，其实是过犹不及。

**［朱注］**

好勇而不安分，则必作乱。恶不仁之人而使之无所容，则必致乱。二者之心，善恶虽殊，然其生乱则一也。

**子曰：“如有周公之才之美，使骄且吝，其余不足观也已。”**

**[文义]**

孔子说："一个人即使有周公那样的美才，如果他骄傲自满，并且器量狭隘，不希望别人赶上自己，不能将自己的才能贡献与人，那他其余的才艺都不值得一看了。"

**[评唱]**

骄吝将导致人我之间、物我之间的泾渭分明，既不能爱人，又不能推己及人；其才其艺固然仍可发挥一些作用，但由于其成德成圣的才能遭到禁锢，生命断然无客观的华章可言。前人多从"气"上说骄吝二字：骄为气之虚盛，而吝为气之实欠，二者其实都源于自身私利私欲的膨胀，生命无法从自我与他者、自我与宇宙万千事物的自然关系中持续获得能量和滋养。一个"骄"字，一个"吝"字，二者所代表的习气，对于所有有志于自我成就的人，都不可不用力戒除。

**子曰："三年学，不至于穀，不易得也。"**

**[文义]**

孔子说："学习三年，心思仍然在学业上，而没有迁移到获得谷物俸禄上去，不容易啊。"

**[评唱]**

《汉书》记载，董仲舒精心钻研学问，"三年不窥园"，终成一代大儒。人若无所成就，根源多在其不能专心致志、持之以恒。

**子曰："笃信好学，守死善道。危邦不入，乱邦不居。天下有道则见，无道则隐。邦有道，贫且贱焉，耻也；邦无道，富且贵焉，耻也。"**

**[文义]**

孔子说："君子要笃信天理正道，又能勤奋学习，还要坚守正道至生命结束，以求善始善终。君子不进入动荡不安的邦国，避开那些混乱昏暗的邦国。天下清明有道，就展现自己的才能；天下昏暗无道，就隐退起来。邦国政治清明，他却贫贱潦倒，说明他不知上进，这是他的耻辱；邦国政治黑暗，他却大富大贵，可见其富贵皆不义，这同样是他的耻辱。"

**[评唱]**

笃信固然好，但如果不好学，不经过理性与情感的综合判断，就可能变得迷信乃至狂热。意志坚定固然好，但若非坚定于正道，就可能固执己见，变得偏执乃至固陋，终生不闻大道。

**[朱注]**

笃，厚而力也。不笃信，则不能好学；然笃信而不好学，则所信或非其正。不守死，则不能以善其道；然守死而不足以善其道，则亦徒死而已。

**子曰："不在其位，不谋其政。"**

**[文义]**

孔子说："不在那个位置上，就不要谋划、参与那个位置上的事情。"

**[评唱]**

本章"不在其位，不谋其政"不单指政事而言，还可做更宽泛的理解：留下时光，专心致志，成就自己，成就自己所在的位置当做的事情，最终成就自己充满欢喜的人生。

**子曰：“师挚之始，《关雎》之乱，洋洋乎盈耳哉！”**

**[文义]**

孔子赞叹说：“鲁国乐师挚演奏音乐，从序章到终章的《关雎》，真是洋洋大观，久久萦绕在我的耳间啊！”

**子曰：“狂而不直，侗而不愿，悾悾而不信，吾不知之矣。”**

**[文义]**

孔子说：“性情疏狂却又不直率大方，不学无术却又不谨慎厚道，天资愚笨却又不老实诚信，这样的人，我不知道他还有什么优点了。”

**[朱注]**

侗，无知貌。愿，谨厚也。悾悾，无能貌。吾不知之者，甚绝之之辞，亦不屑之教诲也。

**子曰：“学如不及，犹恐失之。”**

**[文义]**

孔子说：“学习要汲汲以求，仿佛永远赶不上一样，还要担心可能会随时失去。”

**[评唱]**

学习是人生最重要的一件事情，要有适度的紧迫感，才能最终有所成就。

**子曰：“巍巍乎！舜、禹之有天下也而不与焉。”**

**[文义]**

孔子赞叹说："舜、禹真是伟大而崇高啊！他们虽然身为天子，富有天下，但却漠然视之，仿佛和自己无关一样。"

**子曰："大哉尧之为君也！巍巍乎！唯天为大，唯尧则之。荡荡乎！民无能名焉。巍巍乎！其有成功也。焕乎！其有文章！"**

**[文义]**

孔子赞叹说："作为君主，尧真是伟大啊！天道至高，唯有尧能加以效法。他的恩德仁义，真是浩荡无边啊！人民都无法命名以称颂啊。他的丰功伟绩，如巍巍高山般壮观啊！他的礼乐制度，多么光辉灿烂啊！"

**[评唱]**

圣人取法于天，与天地合其德，其事迹就是"道"或"天道"在人世间的显现，不可以俗世的名称加以描述；就好比春风万里浩荡，万物皆借之生发，如果勉强命名，那就是"道"自身。人们只有仰视，才能看见天穹，面对圣人也要同样如此。尧以身作则，为后世确立了"道"在人世间的肉身形象。

**舜有臣五人而天下治。武王曰："予有乱臣十人。"孔子曰："才难，不其然乎？唐、虞之际，于斯为盛。有妇人焉，九人而已。三分天下有其二，以服事殷。周之德，其可谓至德也已矣。"**

**[文义]**

舜帝有五位贤臣，天下获得大治。武王说："我有十位善于治理的大臣。”孔子说：“人才难得，难道不是吗？在唐尧、虞舜交会之际，以及在武王时代，人才兴盛；但即使是在武王时代，如果除去协助处理内务的其妃邑姜，实际上也只有九位大臣在外奔走。由此再上溯到文王，当时天下三分之二都已归顺于文王，但文王还是谨遵臣道，服侍殷纣王。所以，周德堪称是至高的德性啊。”

**[评唱]**

孔子以“至德”来描述周朝的德性，可见他对周朝太王及以下的泰伯、文王、武王与周公的推崇。孔子在本篇中称颂泰伯时“三以天下让，民无得而称焉”的说法，正好揭示了“至德”的真实内涵：泰伯三让天下，行事完全符合天理天道，没有留下任何刻意的痕迹；老子言“上德无德，是以有德”（《老子·第三十八章》），亦是此意。文王“三分天下有其二”而依然服侍殷王，可见他并无半点私利私欲在身。孔子之所以以“为政以德”为核心的政治主张，正是因为他在历史的经验中，在尧、舜、禹、文王等圣王的行事中看到了这种政治的理念与经验基础。因此，“为政以德”的本质就是“为政以道”，而这正是我们在前面已经得出的结论。

**子曰：“禹，吾无间然矣。菲饮食而致孝乎鬼神，恶衣服而致美乎黻冕，卑宫室而尽力乎沟洫。禹，吾无间然矣。”**

**[文义]**

孔子说：“对于禹，我真是无可挑剔了。他自己饮食简单粗糙，但却以珍馐美味孝敬鬼神；自己穿着俭朴，但祭祀时穿戴的衣冠却务求华美；自己的宫室简陋，但却致力于修缮田间水渠。对于禹，我真是无可挑剔呀。”

**[评唱]**

这就是华夏文明中圣王的真实形象：从不考虑个人的利益，全身心投入于共同体的事务。而共同体的事务无外乎二种：确立精神秩序与物质秩序。前者是共同体维护自我意识的祭祀活动，后者是共同体维持自我存在的生产活动。

**[朱注]**

杨氏曰："薄于自奉，而所勤者民之事，所致饰者宗庙朝廷之礼，所谓有天下而不与也，夫何间然之有？"

# 子罕第九
## 信仰与文明

**子罕言利与命与仁。**

**[文义]**

孔子在日常教学中，对利、命以及仁很少进行专门的讨论。

**[评唱]**

本章有不同的解释。“仁”是儒学的核心观念，孔子反复言“仁”自不必说，《论语》中尚有不少涉及“利”和“命”的言论。那么本章为什么会记载孔子“罕言”？其实，“罕言”当解释为孔子很少抽象、专门地向门人讲述这些观念，而不是不谈。这正是孔子的教育方法。

孔子罕言“利”，一方面因为利是人情之所欲，人们多有切身的体会；另一方面是因为求利无法成就君子人格，言利不具有教育意义。孔子罕言“命”，是因为命理深奥玄微，不欲门人好高骛远，而荒废日常人事。孔子罕言“仁”，是因为仁为万善之本，在于人的存养与实践，非言语所能道尽。

孔子虽然很少专门去谈论这些观念，但却会在具体的行事上对它们加以具体的讨论。如果有门人弟子问起这些话题，孔子更会因材施教，给予恰如其分的解释，以让受教者获得真切的理解。正因如此，孔门弟子们在夫子因各种因缘而谈论起利、命以及仁时，都会谨记在心。这可能正是《论语》对孔子论利、命以及仁的言谈多有记载的原因。

**[朱注]**

程子曰："计利则害义，命之理微，仁之道大，皆夫子所罕言也。"

**达巷党人曰："大哉孔子！博学而无所成名。"子闻之，谓门弟子曰："吾何执？执御乎，执射乎？吾执御矣。"**

**[文义]**

达巷地方的一个人曾赞叹说："孔子真伟大啊！他如此博学，以至于任何一个称号都无法描述他。"孔子听到后，对门人弟子们说："是啊，我确实无所成名，没有专执一艺、专学一科。若要成名，我会专执哪一艺呢？是驾车呢，还是射箭呢？驾车比射箭容易，那我还是驾车吧！"

**[评唱]**

儒家礼、乐、射、御、书、数六艺中，以"御"即为尊者驾车为最卑下。孔子听到人们私下的赞美，非常谦逊地只谈自己"无所成名"而绕过"博学"的问题；并且说如要成名，也选择人们观念中较为卑下的"御"来加以执守。"谦尊而光，卑而不可逾：君子之终也。"（《周易·谦卦第十五》）孔子的伟大，其实不在于凡俗之人眼中的"博学"和"成名"与否的问题；凡俗的人们看到的还只是表象。孔子委婉拒绝世人的美誉，只愿以"执御"为目标，其用意在于启发门人弟子深思：贵贱在己不在人，成仁由己不由人，一切都取决于自己的心志和努力。由自不由他，这就是儒学思想体系中的"自由"的本义。

**子曰："麻冕，礼也；今也纯，俭，吾从众。拜下，礼也；今拜乎上，泰也；虽违众，吾从下。"**

**[文义]**

孔子说："君子要戴麻布制作的黑色帽子，这是从前的礼制；如今大家戴黑丝制作的帽子，更为俭朴一些，我跟随大家。从前人臣要在堂下拜见君主，如今在堂上拜，显得有些倨傲；虽然和众人不同，我还是选择在堂下拜。"

**[朱注]**

程子曰："君子处世，事之无害于义者，从俗可也；害于义，则不可从也。"

**子绝四：毋意、毋必、毋固、毋我。**

**[文义]**

孔子完全消除了四种心态：无臆测、无期必、无固执、无私己。

**[评唱]**

孔子日常待人行事时，内心廓然大公，物来顺应。他不以自己的意思揣度对方，不期待事情必须要如何如何，不固执己见，没有私己、替自己考虑之意。孔子行止皆呈现天理之流行，而无一丝一毫人欲夹杂其中，故可"绝四"，这也是孔子浩瀚而纯朴的心灵的显现。

四者若一言以蔽之，或许就是"毋我"——破除"我"这一"自我意识"对自己行事的操控。大乘佛教的经典《金刚经》中有著名的破除四相之说，即"无我相，无人相，无众生相，无寿者相"，首先就要人们破除对"自我"的执着，应该说有着同样的认知。"相"是指表象，佛学认为它是虚像，所谓“凡所有相，皆是虚妄”。按照现代社会学的认知，这个“自我”自身是一种社会过程“建构”的结果，并没有本质不变的一个叫“自我”的硬核。所以，对于“自我”的重新认知，就是对“自我”重新造就的过程。孔子“毋我”，就是将“自我”的建构过程最大限度地等同于自然造化，让自己的行事符合天道天理，实现人之所以为人的“天命”——成就人格的完善，实现欢喜的人生。

**子畏于匡。曰：“文王既没，文不在兹乎？天之将丧斯文也，后死者不得与于斯文也；天之未丧斯文也，匡人其如予何？”**

**[文义]**

孔子在匡地遭匡人围困，门人弟子忧惧不已。孔子说：“文王已殁，道不就在这里吗？天如有意消灭此道，那么文王之后的人就不会获得这种道；如果天无意消灭此道，那匡人还能奈我何呢？”

**[评唱]**

本章的说法，显现了孔子在危急时刻油然而生的信仰和力量；若非平日念兹在兹致力于兹，恐无此慷慨激昂的浩然之气。人在道在，道在人在，而天道永在；借投身于恒在的“道”自身当中，儒家个体有限的生命获得了超越历史境遇的永恒意识。

由儒家建构的华夏世界的这种认知与心理结构，以及由此在后世形成的文化积累，构成了宽泛意义上的“宗教信仰”——儒家只是在最小的意义上保留了作为超验存在的“天”，借此为此时此地此世的生活提供最终的保护。但这种“天命”的保护有一个前提，即俗语所云“尽人事以听天命”。在未克尽人事之前，在未穷尽人有限的理智和力量之前，“天命”并不显现。所以，俗世中人们所言的“听天由命”，多近乎自暴自弃；只有对天、对命、对道有真切的感知，才能在终极时刻获得“天命”的辅助。

儒家的这种信仰，在不同的情境中有不同的显现。比如，在战国乱世的孟子那里，表现为“如欲平治天下，当今之世，舍我其谁也”（《孟子·公孙丑下》）的英雄气概与进取性格。现代新儒家梁漱溟（1893—1988）也曾有过明确的自觉。1939 年，梁漱溟曾去华北华东的抗日战场，出入敌后长达八个月，其间无论形势如何，都表现得“若无其事”。1941 年底，香港陷落；第二年初，他在成功离港脱险后，在家书（《香港脱险寄宽恕两儿》）中表达了“我的安危自有天命”的强烈信念。他这样写道：“孔孟之学，现在晦塞不明。或许有人能明白其旨趣，却无人能深见其系基于人类生命的认识而来，并为之先建立他的心理学，而后乃阐明其伦理思想。此事唯我能做。又必于人类生命有认识，乃有眼光可以判明中国文化在人类文化史上的位置，而指证其得失。此除我外，当世亦无人能做”；“我若死，天地将为之变色，历史将为之改辙，那是不可想象的，万不会有的事”（《梁漱溟全集·第六卷》）。梁漱溟对自己危机时刻心事的坦露，堪称孔子以来的儒学信仰的纯正表现。

**[朱注]**

道之显者谓之文，盖礼乐制度之谓。不曰道而曰文，亦谦辞也。

**大宰问于子贡曰：“夫子圣者与，何其多能也？”子贡曰：“固天纵之将圣，又多能也。”子闻之，曰：“大宰知我乎？吾少也贱，故多能鄙事。君子多乎哉？不多也。”牢曰：“子云：‘吾不试，故艺。’”**

**[文义]**

当时有个太宰，他问子贡道：“夫子是圣人吧，为何如此多才多能呢？”子贡回答说：“这是天纵夫子，使他成为圣人，又让他几乎无所不能啊。”孔子听到后，说道：“那太宰知道我能做很多事情，但他真了解我吗？其实，我年少时身居贫贱，所以学会了做很多事情。但君子之道，以多能为贵吗？不，君子以求仁成圣为正道，不以多能为贵啊。”孔子的弟子牢也说过：“夫子曾言：‘当时我未曾出仕做官，所以学习了各种技艺。’”

**[评唱]**

孔子“吾少也贱，故多能鄙事”一语，后人多作孔子“自谦”解，其实也是子贡“天纵之将圣”的结果——人们但见孔子“多能”的结果，而不见孔子自我奋斗、勇猛精进的过程。这个过程与人富贵贫贱的境遇并无直接关联；若说有，那就是孟子的这一段著名说法：“天将降大任于是人也，必先苦其心志，劳其筋骨，饿其体肤，空乏其身，行拂乱其所为，所以动心忍性，曾益其所不能。”（《孟子·告子下》）——孟子此言，可视为对子贡“天纵之将圣”与孔子自言“多能鄙事”这一隔空对话的重新理解和提升，成为激发华夏世界的人们奋发进取的不朽名言。

**子曰：“吾有知乎哉？无知也。有鄙夫问于我，空空如也。我叩其两端而竭焉。”**

**[文义]**

孔子说：“人们认为我无所不知，真是这样吗？知识无穷无尽，我不可能无所不知啊。如果有一粗浅无知、内心空空的人来询问我，我只是就他的问题从深与浅、精与粗等两个不同的方向去叩问他、启发他，让他自己能有领悟和认识而已。这并不是说我无所不知啊。”

**[评唱]**

在日常的教育中，孔子给人以“有知”、无所不知的印象，殊不知，这只是夫子启发式教育的一种显现，所谓“循循善诱”是也。在这个过程中，夫子表面上传递的是知识，但究其实，夫子的教育目标在于能力开发，让受教者获得独自认知自己和这个世界的能力。俗语云“授人以鱼不如授人以渔”，说的就是这个道理。另外，单就“知”自身而言，孔子坦言自己“无知”，也不仅仅是谦辞，而是因为孔子非常清楚，自己拥有的知识仅仅是沧海一粟，尚有无穷的未知领域等待探索与学习。所以，孔子承认自己“无知”，这恰恰又是他“有知”的明证：孔子对人类最重要的事物有着深刻的洞察和认知。

苏格拉底的弟子色诺芬（Xenophon，约前 430—约前 355）在回忆其师的教育方法时说，为了让其门人更善于推理，“他总是从已取得一致同意的论点逐步前进，认为这是讨论问题的一个可靠的方法；因此，每当他发表言论的时候，在我所知道的人中，他是最容易获得听众同意的人”（《回忆苏格拉底》）。苏格拉底与人探讨问题时的前提就是“无知”，然后就着对方的“已知”不停地反复考察下去，直到接近认知的极限；这也就是孔子“扣其两端而竭焉”的方法。在这个过程中，即使对方“空空如也”，最终也会在苏格拉底的导引下逐渐认识到事物的本质；而更重要的是，受教者会掌握认识这个世界的方法，养成探索真理的心灵习惯。孔子、苏格拉底等伟大的哲人被视为“人类的导师”，自然名副其实。

子曰：“凤鸟不至，河不出图，吾已矣夫！”

**[文义]**

孔子说："凤鸟终不来，黄河不现图；时无圣王，我就此停止此前的追求吧！"

**[评唱]**

凤鸟与河图分别是舜帝、文王治世时显现的祥瑞；传说中还有一种作为祥瑞的灵兽，那就是麒麟。《公羊传·哀公》在解释"十有四年春，西狩获麟"这一条历史记录时，说这一条的主旨就在于"记异"——麒麟"仁兽也"，但"非中国之兽也"，"有王者则至，无王者则不至"，故孔子有"吾道穷矣"的感叹。孔子引述这些现象，表明现在已决然见不到圣王出现的迹象，也意识到了自己到底无法得君行道，借助开明君王的力量实现自己教化天下的政治理想，故言"吾道穷矣"。

但这并不意味着孔子就此放弃了自己救世的理念。毋宁说，"吾已矣夫"的感叹正意味着孔子要进行"路线转换"——孔子晚年修订《诗》《书》《礼》《乐》等承载文明的典籍，依据鲁国留下来的历史资料撰写《春秋》，其实是为华夏世界创制"宪章"，为华夏世界留下了绝大的功业。"是亦为政，奚其为为政？"（《论语·为政第二》）——当时的人们称孔子为"圣人"，后世人们尊崇孔子为"万世师表""至圣先师"乃至"素王"，都是实至名归。华夏世界的读书人对"政"、对为政的具体的"道"，其实有着源远流长的认知和理解。

**[朱注]**

凤，灵鸟，舜时来仪，文王时鸣于岐山。河图，河中龙马负图，伏羲时出，皆圣王之瑞也。

**子见齐衰者、冕衣裳者与瞽者，见之，虽少，必作；过之必趋。**

**[文义]**

孔子看到身穿丧服者、朝廷礼服者以及目盲者，或者他们来拜见孔子时，即使他们是年轻人，孔子也会站起来；在经过他们身旁时，孔子一定会快步急行，以免打扰他们各自的行程。

**[评唱]**

此章为孔门弟子对圣人日常举止的观察与描述，我们可注意体会究竟什么是圣人气象。

**颜渊喟然叹曰："仰之弥高，钻之弥坚。瞻之在前，忽焉在后。夫子循循然善诱人，博我以文，约我以礼，欲罢不能。既竭吾才，如有所立卓尔。虽欲从之，末由也已。"**

**[文义]**

颜渊喟然感叹道："我仰望夫子的人格，历阶而上，希望接近夫子，但却愈见其高远而终不可及；我专研夫子之道，但却愈发觉得无法穿透，无法深入理解。夫子之道仿佛就在我的面前，但等我追寻时，又忽然在我身后一般。当夫子教育我时，循循善诱，引导我去追寻高妙莫测的大道。夫子让我广博地学习先王的文章制度，学习天文地理知识，又用礼仪来检束我的身心；于是，我体验到了追求道的愉悦，乐在其中，欲罢不能。夫子帮助我发挥出了全部的天资，我仿佛看到了夫子卓然所立的境地。于是我想再跟上夫子，可已经没有路了。"

**[评唱]**

孔门弟子每个人都有自己眼中的夫子，正所谓"仁者见之谓之仁，知者见之谓之知"（《周易·系辞上》）。本章为孔门第一高徒颜回眼中的夫子形象。通过颜渊的眼睛，我们看到的正是夫子集美、大、圣、神——“充实之谓美，充实而有光辉之谓大，大而化之之谓圣，圣而不可知之之谓神”（《孟子·尽心下》）——于一身的整全人格与气象。以颜回的高才，却“虽欲从之，末由也矣”，正是孔子对“圣而不可知之”气象的最佳表述。这种圣人气象，如果用一个字来表现，那就是“道”。“道之为物，惟恍惟惚。惚兮恍兮，其中有象；恍兮惚兮，其中有物”（《老子·第二十一章》）——这是老子对“道”的描述。对照看来，颜回在孔子身上看到的正是“道”的化身。

日本著名作家井上靖（1907—1991）于晚年病重中创作了传记作品《孔子》一书，出版后在日本引起巨大的轰动，据说半年内销售就达 80 万册，甚至还有中国学者自述，他读完作品后“对一个遥远的往昔产生了家园之感”。究其原因，就在于作者将“道”的形象刻画了出来——在井上靖的笔下，孔子就是“天道”与“人道”的化身，“为了改变混乱的人世，为了减少一个不幸的人”而栖栖遑遑，四处奔波，在历史世界中时刻展现着一颗浩瀚、纯洁、慈爱、悲悯的心灵。《孔子》一书虽然以一位跟随孔子周游列国的蔡国遗民“蔫姜”为叙述者，但最终再现的毋宁说就是颜回眼中的孔子形象。日本读者经由井上靖的《孔子》，真真切切地走进了孔子的心灵世界，应该看到了华夏精神世界的原风景。

本章尚需再次留意孔子的教学方法。根据前面的一条记录，孔子面对“鄙夫”时，自言用“叩其两端而竭焉”的方法进行教育。在本章中，孔子面对的是门下有着最高天分的颜回，而颜回将其方法表述为“夫子循循然善诱人”。在这两条记录中，我们其实可见孔子“吾道一以贯之”（《论语·里仁第四》）的教育方法。这是一种根据受教育者的具体情况，进行的对话式的启发式教育，目的是引学生自己去认识、理解、体认到事物的道理，让他们获得能力的开发与德性的养成。

最后我们还要重复一遍此前的一个说法：如同天穹需要仰视才能见到一样，圣人也需要仰视才能看到。

**子疾病，子路使门人为臣。病间，曰："久矣哉，由之行诈也！无臣而为有臣，吾谁欺？欺天乎？且予与其死于臣之手也，无宁死于二三子之手乎！且予纵不得大葬，予死于道路乎？"**

**[文义]**

孔子病重，其势甚急，子路派自己的门人去做孔子的家臣，以备不测。孔子病情稍微缓和后，说道："这么长时间了，子路一直在进行欺诈呀！如果是士大夫，自然应该有家臣，但我已经去职，不应该有家臣了；没有家臣而装作有，我这是要欺骗谁呢？欺骗上天吗？而且，我与其死在家臣身边，还不如死在你们身边啊！再退一步说，我即使得不到士大夫那样的厚葬，难道还会死在大路上吗？"

**[评唱]**

孔子病重，子路未加熟虑就让自己的门人充当孔子的家臣，准备按照士大夫的葬礼来料理后事，可以说是出自一片赤诚，但遭到了孔子的严厉批评：有违礼制。但更重要的是，孔子借此表明了自己的心事：诸弟子在自己的心中不异于可以养生送死的亲人。这种真实的情感，才是礼制的根本来源。听到孔子这么说，子路应该会感受到莫大的安慰吧。

**[朱注]**

子路欲以家臣治其丧，其意实尊圣人，而未知所以尊也。

**子贡曰："有美玉于斯，韫椟而藏诸？求善贾而沽诸？"子曰："沽之哉，沽之哉！我待贾者也。"**

**[文义]**

子贡问道："如今有一块美玉，我们是藏到匣子中呢，还是寻求一个好的价钱将其卖掉呢？"子贡认为孔子有道但却不出仕，所以设喻而问其中的道理。孔子明白其意，回答说："当然要卖了，必须要卖呀！我只是在等待出高价的人呢。"

**[评唱]**

师徒二人并不直接讨论"有道不仕"的是非问题，而是围绕一个设喻展开。子贡直接了当地问：美玉是要藏起来，还是要卖掉？孔子干脆利落地回答：卖掉！此章可见孔子希望得君以有为于天下的仁者情怀与行动热情。在柏拉图的笔下，哲学家对政治的危险性多有认知，所以提出了"哲人王"的命题（《理想国》），试图以哲学驾驭政治。在孔子这里，"哲人王"不是命题，而是实践自身。无论是出于"知行合一"（《传习录》）的认识论，还是出于"舍我其谁"（《孟子·公孙丑下》）的使命意识，孔子均不掩饰自己的政治热情。儒家"内圣外王"的心智结构，绝非虚言。

**[朱注]**

范氏曰："君子未尝不欲仕也，又恶不由其道。士之待礼，犹玉之待贾也。若伊尹之耕于野，伯夷、太公之居于海滨，世无成汤、文王，则终焉而已，必不枉道以从人，衒玉而求售也。"

**子欲居九夷。或曰："陋，如之何？"子曰："君子居之，何陋之有！"**

**[文义]**

孔子想到九夷去居住。有人说："那里有些偏远，条件简陋，你怎么办啊？"孔子说："君子居住，哪里有什么简陋的呢！"

**[评唱]**

读此章，我们容易联想到唐代文学家刘禹锡（772—842）的名文《陋室铭》。该文文辞简约而丰美，节奏明快而悠扬，读之朗朗上口，这里抄录如下："山不在高，有仙则名。水不在深，有龙则灵。斯是陋室，惟吾德馨。苔痕上阶绿，草色入帘青。谈笑有鸿儒，往来无白丁。可以调素琴，阅金经。无丝竹之乱耳，无案牍之劳形。南阳诸葛庐，西蜀子云亭。孔子曰：何陋之有？"此文实为儒家心灵世界的写照。

前人认为本章流露出孔子有"化夷为夏"的事功用意，或者认为"孔子不见用而大发牢骚"，其实都是过度解读——前者有意高推圣境，后者则以凡俗人们的眼光看问题，都有失孔子心灵高洁的美意和本意。

**子曰："吾自卫反鲁，然后乐正，雅、颂各得其所。"**

**[文义]**

孔子说："我从卫国返回到鲁国后，根据周游列国时广泛考订的礼乐制度，对鲁国的音乐进行了调整，使其回归到了正位；诗篇与音乐中的'雅'和'颂'，都得到了它们本来应该有的位置。"

**子曰："出则事公卿，入则事父兄，丧事不敢不勉，不为酒困，何有于我哉？"**

**[文义]**

孔子说："在外就服务公卿，居家就侍奉父兄，办理丧事时不敢不尽心，飨宴时不为酒所困扰，我又能做到哪些呢？"

**[评唱]**

在旁人看来，这句话自然是孔子的谦虚之语，但却又有深意存焉——孔子现身说法，强调这些日常人伦事务对于个体安身立命的作用。张岱在理解本章时，曾引述李贽（1527—1602）的一则说法："常人以为易者，圣人以为难，此其所以为圣人。"（《四书遇》）这个说法抓住了此章的大义。人心容易为高远、玄妙的事物所遥夺，许多宗教正是利用了人性的这一特征，频频以超自然的"神迹""神力"等故事来吸引民众，将其导入信仰领域。儒家则不然，开口闭口无非是人可以把捉、驾驭的日常事物，让人性在自然的状况中得到生发与完善。正是在这个意义上，我们看到了儒家与诸多世界宗教的伦理观念不同，对人性的自足性抱有极高的信念。

**子在川上曰："逝者如斯夫！不舍昼夜。"**

**[文义]**

孔子在川上浩然感叹道："流逝而去者，不分白昼与黑夜，就像这水一样啊！"

**[评唱]**

《论语》记载的孔子言论中多有若天籁之音者，非有绝大智慧与力量而不可发，本章即是一例。现代新儒家唐君毅（1909—1978）有"心灵九境"之说——从具体的人生经验的境界开始，有大力量者可依次上升，直至最高的绝对主体境界，其名曰"天德流行境"或"尽性立命境”（《生命存在与心灵境界》），这是对儒家境界进行理性分析而得出的看法；孔子在川上的这一感喟，可以说正是“天德流行境”的表象，是孔子心灵与宇宙秩序合一的自然显现。这是一种超越了理性思维的整全的生命意识，它生生不息，若滔滔江水，无所来兮无所终，通向悠远、普遍、静穆、永恒、无限的宇宙，生命由此获得了最整全的实现和自由。凡俗的人们于日常生活中时常默念或吟诵此句，当有收获心灵大欢喜的功效。

此章中的“水”是中国古典思想中常用的意象。比如，老子“上善若水”（《老子·第八章》）的譬喻，水以谦卑、低下、柔和、洁净、灵动、资生万物而成为至善、成为“道”的喻体。法国哲学家朱利安（Francois Jullien，1951—）对此有精当的阐述，这里引述如下：“道使我们回归事物的无分别底蕴。然而，因为水是无限的柔软、流动，它既无形亦无突出，不断流动而不干涸，水指引我们道的道路，它使我们上溯无分别之境……在所有成形的事物中，水是最不成形的：它不会僵化在任何被决定的面向上，也不会停留在任一个特定地方。事物中最不能被叫作事物的事物——最活跃，最轻盈。”（《功效：在中国与西方思维之间》）孔子临川有感而发，源自他真实的体认——若非对道有直观体验者，当不会有如此浩瀚、深沉而宁静的感喟。

另外，《中庸》有“致中和，天地位焉，万物育焉”一句，亦是同理，气象和规模亦相同。但本章中孔子这句话为抒情，韵味深远无穷——在抒情中流露出永恒的真理，我们借助日常生活的一些体验，瞬间就会感悟到孔子的心灵境界。而《中庸》中的这一句相当于说理，是哲学命题的阐述，需要人们运用理智去分析和理解。现代人倾向于通过后者，去把握宇宙与生命的本体。这是人类精神发展的一种结果，本无可厚非，但我们不应忘记，人自身有着生命的直觉，能够明心见性，直接领悟到超越生活表象的生命的本来意涵。现代生活方式对人自身的这种本能有各种压抑效果，日益导致哲学家们所说的“存在的忘却”。

**[朱注]**

天地之化，往者过，来者续，无一息之停，乃道体之本然也。

程子曰：“此道体也。天运而不已，日往则月来，寒往则暑来，水流而不息，物生而不穷，皆与道为体，运乎昼夜，未尝已也。是以君子法之，自强不息。及其至也，纯亦不已焉。”

**子曰：“吾未见好德如好色者也。”**

**[文义]**

孔子说：“我还从未见到爱好德就像爱好美色一样的人呢。”

**[评唱]**

俗语云：爱美之心人皆有之。不是这样吗？喜好美色——包括一切美好的事物——乃是出于人性的本能，是普遍的人性。孔子此言，并非仅仅是感叹时人“薄于德而厚于色”，而是有意将“好德”与“好色”这两种看似相隔遥远的人性并置在一起。有德者常常给人以“道貌岸然”的高于生活的形象，而“好色”则是市井生活最为绚烂的色调。通过将二者并置在一起，孔子有意赋予“好德”以一种日常性——“好德”本应该如同“好色”一样，为人性的自然，但人们却逐渐忘却了自己本真的属性。孔子此言，或让人回忆起自己追求美好生活的天赋本能，不再视进德为畏途。本章还记录在《论语·卫灵公第十五》当中。

**子曰：“譬如为山，未成一篑，止，吾止也；譬如平地，虽覆一篑，进，吾往也。”**

**［文义］**

孔子说："比如堆土造山，还差一筐，如果停下来了，那是我自己停下来的；再比如在平地上虽然只是堆了一筐土，想堆成山还遥遥无期，但只要继续堆积，那我就是在向着目标前进啊。"

**［评唱］**

"天行健，君子以自强不息"（《周易·乾卦第一》）——生命不息，奋斗不止，这是儒学的真精神；君子无他，但能时刻自强而已。学习与事业的成效最终在于日积月累，脚踏实地，且要坚毅不拔；一切均由己不由人，最终要在时光中实现成己成物，"赞天地之化育"（《中庸》）。此种自强与有恒的精神，正是"学"自身的实践过程。

对于学习的效验，华夏世界的先哲们为后世留下了各种精彩的、鼓舞人心的论述与故事。比如，荀子留给后世的第一句话就是"学不可以已"；接着，他又不厌其烦，反复申言这一意思，留下了脍炙人口的说法："积土成山，风雨兴焉；积水成渊，蛟龙生焉；积善成德，而神明自得，圣心备焉。故不积跬步，无以至千里；不积小流，无以成江海。骐骥一跃，不能十步；驽马十驾，功在不舍。锲而舍之，朽木不折；锲而不舍，金石可镂。"（《荀子·劝学》）同样，庄子（约前 369—约前 286）在其著作开篇就留下了诸如"水之积也不厚，则其负大舟也无力""风之积也不厚，则其负大翼也无力"（《庄子·逍遥游》）等说法，强调积累与力量的关系。再比如，"精卫填海""铁杵磨针"的故事，如今即使六岁儿童也知其寓意。

道理浅显易懂，但问题并未得到解决；人们只有将道理付诸实践后，道理才能转化为自家的东西。唐代大诗人白居易（772—846）某日去礼谒鸟窠道林禅师（735—833），询问"如何是佛法大意"。道林禅师回答说："诸恶莫作，众善奉行。"白居易闻言，说道：这句话三岁小儿也会说啊。只听禅师回应道：“三岁孩儿虽道得，八十老人行不得。”据说白居易顿时醒悟，马上作礼（《景德传灯录·卷第四》）。本章道理浅显明白，但又有多少人途中止步，最终功亏一篑？

**[朱注]**

《书》曰：“为山九仞，功亏一篑。”夫子之言，盖出于此。

盖学者自强不息，则积少成多；中道而止，则前功尽弃。其止其往，皆在我而不在人也。

**子曰：“语之而不惰者，其回也与！”子谓颜渊，曰：“惜乎！吾见其进也，未见其止也。”**

**[文义]**

孔子说：“在听我讲学时能不懈怠的，大概就只有颜回了！”颜回殁后，孔子曾感叹说：“真是可惜啊！我只看见他勇往直前，从未见他停下来啊！”

**[评唱]**

从本章中，我们再次见到了颜回极高的天分。在听夫子教诲时，颜回与孔门其他弟子在形式上并无不同，但心灵成效上却迥然有异——颜回从夫子的言谈中接收的是天道、天理的讯息，时时刻刻都能体认到“道”自身周流不息、化育万物的功能。这是一种来自宇宙自身的能量，颜回能将自身投入其中，感受到了天道的绝大力量，并能将其导向自身的心灵世界，因而在学习与实践过程中绝无一丝一毫的懈怠和倦色。

**子曰：“苗而不秀者有矣夫，秀而不实者有矣夫。”**

**[文义]**

孔子说："有的谷物长成了苗，但有未能长出穗的；有的虽然也能长出穗，但最终未能结出果实的。"

**[评唱]**

人们学习或做事，要有始有终，善始善终。但现实中，做事"三分钟热度""三天打鱼两天晒网""虎头蛇尾"的人可谓多矣。

**[朱注]**

谷之始生曰苗，吐华曰秀，成谷曰实。盖学而不至于成，有如此者，是以君子贵自勉也。

**子曰："后生可畏，焉知来者之不如今也？四十、五十而无闻焉，斯亦不足畏也已。"**

**[文义]**

孔子说："年轻人精力旺盛，如果能致力于学习，其势值得敬畏，又怎么知道他们将来不如现在的人呢？但如果不能自勉，到了四五十岁还没有值得称述的名声，那就不值得敬畏了。"

**[评唱]**

孔子尝自述："吾十有五而志于学，三十而立，四十而不惑，五十而知天命，六十而耳顺，七十而从心所欲，不逾矩。"（《论语·为政第二》）据孔子的人生经验来说，四十、五十岁的人大致应该是在"不惑""知天命"的人生阶段。但这时倘若还没有可让人称述的言行或事功，那他今后的人生道路多半也可想而知，恐怕难以留下让人敬畏的行迹与功业。当然，人群中总有"大器晚成"（《老子·第四十一章》）者，民间流传"姜太公八十遇周文王""百里奚七十遇秦穆公"

而成就伟业的故事，非常励志。但我们不要忘了，姜太公和百里奚都是“十有五而志于学”的大器，且相遇明君前已经各自确立了美誉令闻。对于绝大多数人而言，在年富力强的时刻未能奋发向上、勇猛精进，等到四十、五十时身体机能开始衰退，能有所建树者当属凤毛麟角。孔子一则以“后生可畏”来正向激励，一则以“四十、五十而无闻焉，斯亦不足畏”来反向加以警醒，可见他对弟子们的一片爱护之心。

**子曰：“法语之言，能无从乎？改之为贵。巽与之言，能无说乎？绎之为贵。说而不绎，从而不改，吾末如之何也已矣。”**

**［文义］**

孔子说：“别人以直言进行规劝，让人肃然起敬，闻者能不听从吗？但能加以改正，才是可贵的。别人婉言相劝，情深意切，闻者内心能不喜悦吗？但要自己琢磨出他的言外之意才好。如果只顾着自己高兴，而不去在自家心灵上反思一番，只是唯唯诺诺地听从，而不在行动上加以改正，这样的人我也无可奈何了。”

**［朱注］**

法语者，正言之也。巽言者，婉而导之也。绎，寻其绪也。

**子曰：“主忠信。毋友不如己者；过，则勿惮改。”**

**［文义］**

孔子说：“要以忠信为行事原则。一个人如果不忠不信，不如自己，那就不要与他结交；如果自己有了过错，要勇于改正。”

**子曰："三军可夺帅也，匹夫不可夺志也。"**

**[文义]**

孔子说："国家的三军虽众虽勇，但其主帅的位置还是可以夺取的；一介匹夫如果能立志坚定，那他的志向就是无人能夺取。"

**[评唱]**

读本章能联想到孟子的"浩然之气"才好。一介匹夫与大国三军的主帅本来完全无法相提并论，但在一定的条件下，主帅可能更为脆弱而匹夫可能更为勇猛。这个条件就是立志。孔子此言能让人感到澎湃的力量，后世孟子那句"虽千万人，吾往矣"（《孟子·公孙丑上》）有着同样的气概。对于孟子而言，这种"志"之所以不可夺，原因就在于它有一种至大至刚的"浩然之气"的支持。

**子曰："衣敝缊袍，与衣狐貉者立而不耻者，其由也与！'不忮不求，何用不臧？'"子路终身诵之。子曰："是道也，何足以臧？"**

**[文义]**

孔子说："一个身穿破旧长袍的人和一个身着裘皮大衣的人站在一起时，他能不感到羞耻，这个人当是子路吧！《诗·邶风·雄雉》有言：'不嫉妒不贪求，做什么不都好吗？'"子路终身吟诵这句诗。孔子说："这句诗只是说了一个人理应做的事，怎么值得你如此称颂呢？"

**[评唱]**

凡俗的人们通常对富贵汲汲以求，当他们与身着狐貉大氅的富贵者同列时，内心或油然滋生几分自惭形秽的意思。只有心有所主，志向超拔于俗世，才能在富贵面前做到不动心。子路勇气过人，意志坚定，故能不为外物动摇。

子路获得夫子的称许，自然非常高兴，不禁沾沾自喜，以“不忮不求，何用不臧”为自己的座右铭，吟诵不已。孔子见子路有骄矜之意，就以“何足以臧”来破除他的守成之心，激励他更进一步。其实，一个人能做到“不忮不求”，行事自有高格，若霁月光风，是人性自然美的天然显现，已经“出于其类，拔乎其萃”（《孟子·公孙丑上》）。但如果执着于此一善一美，心灵世界将为此一善一美所束缚，逐渐僵化凝滞。老子言：“天下皆知美之为美，斯恶已；皆知善之为善，斯不善已”（《老子·第二章》），其意与孔子同。

**子曰：“岁寒，然后知松柏之后凋也。”**

**[文义]**

孔子说：“春夏和暖时，万物繁茂，皆欣欣向荣；但只有到了岁暮寒冷之时，才知道松柏依然挺拔如常，不会随其他草木凋零。”

**[评唱]**

本章是孔子对理想人格的描绘，其实也是他自身精神的写照。孔子一生屡遭患难，他曾自述道：“吾再逐于鲁，伐树于宋，削迹于卫，穷于商周，围于陈蔡之间”——他两次被鲁国驱逐出境，宋国人连孔子休息时坐于其下的大树也砍掉了，卫国人更是决绝，将孔子包括足迹在内的一切痕迹抹平；他曾在商周陷入困境，又曾被围困于陈蔡两国之间。围于陈蔡时，曾“七日不火食，藜羹不糁”——连续七天不曾烧火做饭，只靠一点藜菜汤充饥，里面连米屑都看不到。但即便如此，孔子却“弦歌于室”，“左据槁木，右击槁枝”，唱起了神农时代的民歌。

孔子的内心非但平静如水，还乐在其中，心灵世界的欢喜一如既往。面对门人的不解，孔子回答说："内省而不穷于道，临难而不失其德。天寒既至，霜雪既降，吾是以知松柏之茂也。陈蔡之隘，于丘其幸乎！"

这些描述见于《庄子》中的《山木》及《让王》二篇，可见孔子屡遭困厄构成了一个重要的思想事件，当时的人们一再谈论。对孔子而言，困境正是他检验自己所学的契机，也是他借此重新整理、确认自己人格的一环。松柏成为后世华夏世界坚毅不拔精神的象征，或许正是孔子将其自身的人格透射到其中的结果。"内省而不穷于道，临难而不失其德"，这就是人格完成的显现。

**[朱注]**

范氏曰："小人之在治世，或与君子无异。惟临利害、遇事变，然后君子之所守可见也。"

**子曰："知者不惑，仁者不忧，勇者不惧。"**

**[文义]**

孔子说："智者能洞悉大千世界万事万物的道理，自然没有疑惑；仁者的行为皆符合天道，没有个人私欲，自然不会患得患失；勇者正气浩然，以道义为行为准则，遇事自然不会畏惧。"

**[评唱]**

朱子解释的"仁者不忧"是就仁者的理性而言，它尚有"乐以忘忧"（《论语·述而第七》）的感性一面。不惑，不忧，不惧，这是心灵自然完美的状态。

**[朱注]**

明足以烛理，故不惑；理足以胜私，故不忧；气足以配道义，故不惧。

**子曰：“可与共学，未可与适道；可与适道，未可与立；可与立，未可与权。”**

**[文义]**

孔子说：“有些人可以同他一起学习，但无法一起去求道；有些人可以同他去追求大道，但无法矢志不渝地共同坚守下去；有些人可以同他一起坚守大道，但无法一起权衡轻重，将事情办好。”

**[评唱]**

注意，此章给出了“学”“道”“立”“权”四者的等级次序——通过学习，人们可以知道人生的当行之路在何方；而学有所成者，就会形成自己坚定的志向与观念，但这还不是终点，还需要在现实的事务中检验自己是否能恰当地运用自己的所学，以解决现实问题。张居正解释道：“夫道以通权为极，学者固不容以躐等而进。而学必至于能权，然后可以裁制万变而为学之成也。”（《四书直解》）现代社会是一个价值、观念多元化的社会，但在每一个价值或观念的内部，又容易滋生出形形色色的教条主义；这些观念的持有者以抽象的原则为处理事务的指导原则，每每将教条视为绝对律令，结果非但于事无补，还会造成害人害己的结果。究其实，都是学养不足所致。“学必至于能权”，学以致用，知行合一，最终达成“内圣外王”，这才是儒家“学”的思想一以贯之的原则。

**[朱注]**

程子曰：“可与共学，知所以求之也。可与适道，知所往也。可与立者，笃志固执而不变也。权，称锤也，所以称物而知轻重者也。

可与权，谓能权轻重，使合义也。”

洪氏曰：“《易》九卦，终于《巽》以行权。权者，圣人之大用。未能立而言权，犹人未能立而欲行，鲜不仆矣。”

**“唐棣之华，偏其反而。岂不尔思？室是远而。”子曰：“未之思也，夫何远之有？”**

**[文义]**

曾经有这样一句诗：“棠棣之花，舞姿摇曳。我如何不思念你啊，只因为居处远隔。”孔子说：“看来诗人还是没有真正思念，思念又哪里有远近之说啊？”

**[评唱]**

这四句诗未收录于孔子删定的《诗》当中，为古逸诗，诗歌背景、歌颂的对象均不清楚。单就这四句而言，此诗与现存《诗经》中的诗歌似乎并无区别。睹物怀人，为凡俗人情所必有，但因现实条件所阻隔，思念也只能转化为心灵上的波澜或涟漪。孔子以“未思”解释此诗，旨在激发诗人更进一步，由此而引申出诗歌的深意：人心本虚灵不昧，光明湛然，如果真是发自肺腑的思念，自然就可跨越时空，达到彼此会意，所谓“身无彩凤双飞翼，心有灵犀一点通”（李商隐《无题》）。这种真实情感的自然流露，或者经酝酿后的艺术再现，就成为真正的诗歌。

此诗前两句起兴，极好，随即引申出“岂不尔思”的“本事”，但接下来一句“室是远而”就无力量和真心可言了，读起来让人感到隔了一层，因此也不动人。作为对比，同样是“岂不尔思”，《关雎》“求之不得，寤寐思服；悠哉悠哉，辗转反侧”就极为自然流畅，是纯情的天然流露，若行云流水，是人所不能无的情感与体验。再比如《河广》："谁谓河广，一苇杭之。谁谓宋远，跂予望之。"——谁说黄河太宽广？一只苇筏就可渡航；谁说宋国太遥远？踮起脚尖就能望见。也就是说，在诗人真挚而热烈的感情当中，距离遥远乃至山海阻隔的客观条件完全构不成问题；"一苇杭之""跂予望之"固然为文学的想象，但却是情感的真实，故能感人，能动人。能感人能动人，让读者发生心理上的移情效应，诗歌就完成了自身存在的最高目的。

# 乡党第十

## 生活美学：让生命绚烂的技术

**孔子于乡党，恂恂如也，似不能言者；其在宗庙朝廷，便便言，唯谨尔。**

**［文义］**

夫子身处父兄宗族所在的家乡时，谦卑恭逊，仿佛不会言谈一样；至于在宗庙祭祀或朝廷议事时，非常雄辩，必明辨细节与是非，只是非常谨慎。

**［评唱］**

本篇为孔子门人对孔子日常动作举止、饮食交游等的详细记录，朱子在本篇题解中引述尹氏的一段说法，是理解本篇的关键："甚矣孔门诸子之嗜学也！于圣人之容色言动，无不谨书而备录之，以贻后世。今读其书，即其事，宛然如圣人之在目也。虽然，圣人岂拘拘而为之者哉？盖盛德之至，动容周旋，自中乎礼耳。学者欲潜心于圣人，宜于此求焉。"——圣人出入进退皆合乎"礼"，乃是自然而然，而不是刻意为之。现代人或许会觉得遵循礼仪的生活繁琐枯燥，但事实并非如此；人们但知"礼"能约束人，而不知"礼"更能成就人。从根本上说，"礼"就是人们让自己的生命绚烂的技术，就是日常生活的美学与艺术。反复阅读、体味本篇所记录的圣人日常的举止，当有所心得。

**朝，与下大夫言，侃侃如也；与上大夫言，訚訚如也。君在，踧踖如也，与与如也。君召使摈，色勃如也，足躩如也。揖所与立，左右手，衣前后襜如也。趋进，翼如也。宾退，必复命曰："宾不顾矣。"**

**[文义]**

孔子在朝廷上与下大夫交谈时，谈笑风生，但不失刚正率直；与上大夫交谈时，和颜悦色，但不失中正争辩。国君在时，孔子看上去谨小慎微，仿佛不安一样，实则威仪适中，不卑不亢。国君命孔子招待宾客时，孔子必会呈现对宾客的敬重之意，快步出迎，但步履端正。他向左右同列的宾客作揖时，礼服也前后随之摆动，但整齐不乱。迎宾客进入厅堂时，他在前引导，如鸟儿舒展双翼飞翔一样，若行云流水。送走宾客后，一定回复国君说："宾客已经走远，不再回头了。"

**入公门，鞠躬如也，如不容。立不中门，行不履阈。过位，色勃如也，足躩如也，其言似不足者。摄齐升堂，鞠躬如也，屏气似不息者。出，降一等，逞颜色，怡怡如也；没阶，趋进，翼如也；复其位，踧踖如也。**

**[文义]**

孔子进入朝廷的公门时，必收敛身心，肃然起敬，仿佛不容自己随意一样。他不站在国君出入的大门中间，不踩踏门槛。经过国君平日闲坐的位置时，容色为之一变，步履端庄，仿佛不能言语一样；提衣襟上堂觐见时，再一次收敛身心，毕恭毕敬，略加屏气，仿佛未呼吸一样。退堂出来后，下降一个台阶，孔子的容色舒展开来，呈现出和悦之色。下完台阶后，他疾步离开，如鸟儿展翅飞翔一样。再次经过国君的座位时，孔子还会呈现恭敬谨慎的容色。

**[评唱]**

本章记载孔子在朝廷上的动作举止与容貌。现代有人认为孔子在君王面前的行为“太过分”，显得过于“卑屈”而“不雅观”，这其实是现代人因对礼仪有隔阂而出现的误解——优美、庄重、典雅的举止与仪式毕竟已经远离了人们的日常生活，以至于人们面对“优美”、面对“典雅”自身时感到非常陌生，甚至成为嘲讽的对象。这是传统丧失后的必然结果。

孔子曾言，“礼失而求诸野”（《汉书·艺文志》）。其实，今天很多学者都认为，同属儒家文化圈的日本与韩国，就保留了非常多的华夏世界的礼制和仪式。十九世纪末二十世纪初中日两国开始广泛交往时，初到日本的一些知识分子甚至产生了错觉——感觉自己见到了华夏的“古昔世界”。比如，被誉为“文化怪杰”的辜鸿铭（1857—1928）、文学家周作人（1885—1967）以及现代新儒家梁漱溟（1893—1988）都有过类似的体验。今天日本皇室每当婚丧嫁娶，或者涉及皇室参与的公共事务，都会按照一套礼仪典范进行，其中就包含了许多古代华夏世界的元素。我们如果参照日本皇室的仪典，观察其中人物的举止和容貌，对本章所记述的孔子的举止容貌或许会产生重新的认识和理解。

关于礼乐与生活的关系，梁漱溟曾这样写道：“礼乐——周旋进退，音乐、诗歌，似属文貌之事，却由外而内大有助于人的生活真切踏实有力。试举其荦荦大者例如：社会人生有时要气氛严整肃敛，有时又要雍容和乐，趣味盎然，有时要发扬蹈厉，有时又要沉着静穆，如是种种不同，而通常最需要的心情则是谦敬慈和，假如没有与这些要求相应或相副或相称的礼乐，那便都不能实现其事，而落在苟且浮泛应付了事。”（《梁漱溟全集·第四卷》）礼乐本自人心，经过天生睿智聪明的圣人制作成为制度或习惯后，对于一般人而言就具有了导引的作用。因此，礼乐是从外部辅助人们，避免生活“苟且浮泛”的必由之路。

**执圭，鞠躬如也，如不胜。上如揖，下如授。勃如战色，足蹜蹜如有循。享礼，有容色。私觌，愉愉如也。**

**[文义]**

孔子奉命赴其他国家办理外交，手持国君的信物玉圭时，容貌恭敬，曲身而行，仿佛因沉重而无法直身一样。执圭的高度与胸齐平，不高过作揖时的高度，不低于收受物品时的高度。面容庄重，战战兢兢，举步紧凑，双脚仿佛不离地面一样。觐见礼仪结束后，孔子给国君进献礼物；这时，孔子的容貌舒展开来。等到以私礼拜见国君时，孔子的容貌就愈加舒畅愉悦。

**君子不以绀緅饰，红紫不以为亵服。当暑，袗絺绤，必表而出之。缁衣羔裘，素衣麑裘，黄衣狐裘。亵裘长，短右袂。必有寝衣，长一身有半。狐貉之厚以居。去丧，无所不佩。非帷裳，必杀之。羔裘玄冠不以吊。吉月，必朝服而朝。**

**[文义]**

孔子不用深青色和绛紫色装饰衣领与袖口，因为这些颜色用于斋戒和丧祭的服饰；孔子闲居时穿的衣服，不用红紫色，以示与朝服的颜色进行区隔。在暑热的夏季，孔子在室内身着葛布单衣，外出时必加上外罩。在冬季，孔子贴身穿裘皮保暖；羔羊裘则配以黑色的外衣，鹿皮则配以白色的外衣，狐裘则配以黄色的外衣。平日起居时穿着的裘衣，比外出时的裘衣要长一些，而右袖则剪短一些，以便于使用右手。就寝时必穿寝衣，长约大半身。冬季以狐貉的皮毛为坐垫。除参加丧事以及守丧的时间外，该佩戴的玉饰一定佩戴。朝祭用的礼服，下身衣装用整幅的帷裳制成；除此之外，不用帷裳，而是斜裁后加以缝合。吊丧时，不穿戴黑色的羔裘和帽子。每月初一，必穿着朝服觐见国君。

**[评唱]**

服饰为礼制的一部分，包含着社会性的内容，但又不限于此。从本章来看，孔子的服饰集功能、审美、实用于一体，而在总体上给人以美的形象。

**齐，必有明衣，布。齐必变食，居必迁坐。**

**[文义]**

在祭祀前进行斋戒时，孔子必准备洁净的浴衣，它是用布制成的；斋戒时必改变平时的饮食和居所，不在平日起居处坐卧。

**[评唱]**

古礼，斋戒时必沐浴更衣，节制自己感官上的享乐，以示对祭祀对象的敬畏情意。在传统礼制多数丧失的今天，人们只有在参加一些重要的活动时，或许会提前收敛身心，并能注重自己的装束和仪表。

**食不厌精，脍不厌细。食饐而餲，鱼馁而肉败，不食；色恶，不食；**

臭恶，不食；失饪，不食；不时，不食；割不正，不食；不得其酱，不食。肉虽多，不使胜食气。唯酒无量，不及乱。沽酒市脯，不食。不撤姜食，不多食。祭于公，不宿肉。祭肉不出三日，出三日不食之矣。食不语，寝不言。虽疏食菜羹，必祭，必齐如也。席不正，不坐。

**[文义]**

孔子日用饮食，于饭则不厌其精，于肉则不厌其细，因为饭菜精细，能够滋养人，反之则有害于健康。饭菜若变味、腐烂，当然不吃。饭菜颜色不正、气味不好、烹调时间不够或过度、肉切割得凌乱、没有配备肉酱等等，这些食物都不吃。肉类食品即使很多，也不多吃，以免伤害食气，影响消化。饮酒时不事先限量，以气氛和乐、不乱心志为准。集市上买的酒和肉干，不够干净，不食用。姜能去秽恶，所以每餐必备，但也不多吃。协助公家祭祀时获得的胙肉，归来后随即赐予他人，不在家隔夜；自己家里的祭肉则在三日内分赐他人或食用。如果过了三日，就不食用了。进餐而口中有食物时不说话，就寝前不说话。即使是粗饭菜汤，进餐前也必行祭礼，必如同斋戒一般，以示对神明的敬意。坐席如果没有摆正，不坐。

**[评唱]**

今天的世界上许多民族在开始吃饭前，依然会有双手合十，俯首致意说“我开始享用了”的习惯，这其实就是“虽疏食菜羹，必祭，必齐如也”这一古代祭祀礼仪的现代遗留与表现。在华夏世界的先民的认识当中，每餐能够吃上可口的饭菜，这是拜各种主管风雨雷电、大地丰产的神灵所赐，因此要向它们合掌俯首致意。

乡人饮酒，杖者出，斯出矣。乡人傩，朝服而立于阼阶。问人于他邦，

**再拜而送之。康子馈药，拜而受之。曰："丘未达，不敢尝。"**

**[文义]**

孔子与乡人飨宴饮酒时，等持杖的老者离席后，自己也随即跟着离席。乡人举行驱鬼、疫病的傩戏时，孔子必身着朝服，站立于主阶上，以示诚敬。孔子派遣使者到他邦问候所交之人时，必对使者再拜而送之，以示郑重和热情。鲁国大夫季康子以药馈赠孔子，孔子再拜而接受下来，并说道："我还不知道这药是何物，请恕我不敬，我就不品尝了。"

**厩焚。子退朝，曰："伤人乎？"不问马。**

**[文义]**

马圈着火了，孔子退朝得知情况后，当即问道："有没有人受伤？"孔子没有问马的情况。

**[评唱]**

此章文义浅明，人们往往随意读过。其实，孔子在仓促间第一时刻询问"人"——多是地位卑微的下人——正是孔子之"仁"的外在体现，是儒学人道主义的自然表达。儒学人道主义，即"仁"，是真正将人自身视为目的的观念。非但物质财产从属于"人"这个最高目的，社会、团体、国家的存在也都要以"人"自身为目的。令人遗憾的是，以牺牲人自身——无论是其肉体的健康还是灵魂的自由——为代价的观念、政策、团体等等，自古以来层出不穷。因此，判断一个文明的高低，可以去观察它在何种程度上将人视为最高目的而非工具，在何种程度上将社会资源整合起来，为每一个人的发展和完善、为每一个个体实现其自身的自然完美提供帮助。

君赐食，必正席先尝之；君赐腥，必熟而荐之；君赐生，必畜之。侍食于君，君祭，先饭。疾，君视之，东首，加朝服，拖绅。君命召，不俟驾行矣。

**［文义］**

国君赐赠食物，孔子必摆正席位后先品尝一下；国君赐赠生肉，必烹熟后先献祭给祖考；国君赐赠活物家畜，必先蓄养起来。侍奉国君进餐时，国君祭祀完毕，孔子先于国君进食，以尽为君先尝食之礼。生病时，国君前来探视，孔子会头朝东躺卧，身上披盖朝服，外加上朝时的大带。国君召唤时，孔子不等车马备好，就立刻徒步先行了。

**［评唱］**

本章再次记录了孔子面对国君时的各种行为举止。显然，孔子是基于各种情境中“礼”的正当性而一一对应，而不是因为对方是“君王”，才有各种表达“敬意”的行为。在君子这里，“礼”的规范性先于权力的约束性。

入太庙，每事问。（重出）

朋友死，无所归。曰：“于我殡。”朋友之馈，虽车马，非祭肉，不拜。

**［文义］**

朋友死去，没有人料理后事。孔子说：“我来为他殡殓吧。”朋友有馈赠，即使贵重如车马，如果不是祭祀时用的肉，则不拜，而是径直接受下来。

**[朱注]**

朋友有通财之义，故虽车马之重不拜。祭肉则拜者，敬其祖考，同于己亲也。

**寝不尸，居不容。见齐衰者，虽狎，必变。见冕者与瞽者，虽亵，必以貌。凶服者式之，式负版者。有盛馔，必变色而作。迅雷风烈，必变。升车，必正立，执绥。车中不内顾，不疾言，不亲指。**

**[文义]**

孔子睡眠时不直挺挺地仰卧，平时居家时，不过分修饰仪容。看到身着祭服者，即使是自己很熟悉的人，也必改变容色，以示庄重。看见头戴礼帽者或盲人时，亦即无论是看到尊贵者还是卑贱者时，即使自己是在闲居，也必改变容色，以示敬重。孔子乘车时若遇身着丧服者，必手扶车前横木，以示哀悼；看到背负邦国图籍者，致以同样之礼。参加飨宴时，看到宴席丰盛，必改变容色，并起立以向主人示敬。遇到迅雷暴风，必为之动容，以向天地表示敬畏之意。孔子要上车时，必先站正后，才手持绳索蹬车。在车中时，不回头看，不遽然开口说话，不用手指指指点点。

**色斯举矣，翔而后集。曰："山梁雌雉，时哉时哉！"子路共之，三嗅而作。**

**[文义]**

鸟见人颜色稍微不善，即径行飞去，盘旋观察，然后再选择栖止的树木。孔子见此情形，说道："看那山梁上的雌雉，饮啄皆得其时，多么逍遥自在啊！”子路闻言，拱手向雌雉致意；雌雉仿佛会解其意，鸣叫三声后，展翅而飞。

**[评唱]**

本篇对于孔子日常行为的记述，在记述者看来事事皆符合礼仪，但后世的读者恐怕有许多不理解的地方。首要的疑问或许就是：礼仪这么重要吗？本章对山雉行为的描写，实际上大有深意——动物尚且能从人的举止中领悟人的意思，何况作为集天地之灵气而成的人呢？礼是华夏世界的圣人取法天地、人情而制定的一套规范；荀子言“礼者，养也”（《荀子·礼论》），道出了礼在人们培养性情人格上的本质作用。本篇所记述的孔子的动作举止容貌，无时无刻不在向他人、向世界传递一种讯息；由于孔子举止皆出于至诚，处在现场的人自然会感受到孔子的“圣德”。

钱穆对此章的评论甚佳，他写道：“此章实千古妙文……孔子一生，车辙马迹环于中国，行止久速，无不得乎时中，而终老死于阙里。其处乡党，言行卧起，饮食衣着，一切以礼自守，可谓谨慎之至，不苟且、不鲁莽之至。……然犹疑若琐屑而拘泥。得此一章，画龙点睛，竟体灵活，真可谓神而化之也。”（《论语新解》）

**[朱注]**

言鸟见人之颜色不善，则飞去，回翔审视而后下止。人之见几而作，审择所处，亦当如此。

## 先进第十一
## 理想：拯救还是逍遥？

**子曰："先进于礼乐，野人也；后进于礼乐，君子也。如用之，则吾从先进。"**

**[文义]**

孔子说："对于礼乐，先前的人们不事浮华而尚简素，可在今天看来，却仿佛如朴素的乡人一样；如今的人们注重礼乐的形式与文采，确实有君子风范。但今天的人们容易流于形式而徒有其表；因此，如果用礼乐来救治人心的浇薄，我会遵从前人的作法。"

**[评唱]**

礼乐贵在得其实，但形式亦不可缺，也就是要文质彬彬，两得其宜；但就人情来看，得其实质者少，而为外表虚饰所吸引者多，故孔子有此教诲。"人而不仁，如礼何？人而不仁，如乐何？"（《论语·八佾第三》）——如果没有了内容的实质，礼乐的形式就失去了存在的意义。

**[朱注]**

程子曰："先进于礼乐，文质得宜，今反谓之质朴，而以为野人。后进之于礼乐，文过其质，今反谓之彬彬，而以为君子。盖周末文胜，故时人之言如此，不自知其过于文也。”

**子曰：“从我于陈、蔡者，皆不及门也。”德行：颜渊，闵子骞，冉伯牛，仲弓。言语：宰我，子贡。政事：冉有，季路。文学：子游，子夏。**

**[文义]**

孔子有一天回忆说：“在陈、蔡有难时跟随我的弟子，如今都不在门下了。”在德行上表现出色的有颜渊、闵子骞、冉伯牛和仲弓；擅长于语言和口才的有宰我和子贡；在政治事务上展现出卓越才华的是冉有和季路；精通诗书礼乐、文献制度的是子游和子夏。

**[评唱]**

楚昭王欲聘用孔子主持国政，孔子前往途中经过陈、蔡二国时，二国大夫欲阻断孔子去路，曾发兵围困。本章当是孔子晚年对这一段往事的追忆，语调平淡，但韵味悠长，极具静默之美，为夫子真情的天然流露。李泽厚对此评论说：“对时间的回顾，可使过去、现在、未来合成一体，古今交织，感慨良多，由此而可以励志，自强不息。”（《论语今读》）——过去、现在以及未来合为一体，其实就是一种超越时空的意识，这应该是孔子的幸福时刻。

因此，本章虽看似平淡无奇，却为整部《论语》增添了浓厚的诗意。这种诗意，当然也就是孔子自身的诗意，我们在此不妨借用三句我们熟悉的诗歌，来接近一下此时孔子的心境。其一，“天若有情天亦老”（李贺《金铜仙人辞汉歌》），这句诗的本意是说天若有情，会因感伤人世的兴亡盛衰而衰老；但如果在孔子这里，我们或许可以这样理解：天有其情，人有其情，人如果将自己的情感与天融合为一，那么即使历经千秋万代、人间沧桑，天与人也将依然故我，而且会愈发美好、永恒。其二，“此情可待成追忆，只是当时已惘然”（李商隐《锦瑟》），这是诗人将过往的经历进行美的升华后，得到的超越时间的永恒情感；孔子是否有惘然的感慨呢？其三，“人生有情泪沾臆，江水江花岂终极”（杜甫《哀江头》），诗人情感浑厚沉郁，将自己有限的生命融化于滔滔的江水浪花中，而实质上却指向了一种超越个体生命的永恒事物；孔子此时若读到这一情深意长的诗句，心灵应该会为之共鸣吧。

**子曰：“回也非助我者也，于吾言无所不说。”**

**[文义]**

孔子说：“门下弟子问辩，很多时候对我深有启发，让我获益，真是所谓的教学相长啊。可是，颜回却不是这样，他对我的话无不默识心通，没有不感到欢喜的。”

**[评唱]**

颜回与孔子心有灵犀，心意相通；颜回对孔子所言“无所不说”，孔子对弟子的表现当然也会感到由衷的喜悦，师生二人当“相视而笑，莫逆于心”（《庄子·大宗师》）。所以，所谓的“孔颜之乐”就是天道天理在人心灵上的显现。佛经中常记载有佛家弟子在听过佛法后“皆大欢喜，信受奉行”的字样，以示佛法的效验。对照来看，孔门弟子听到孔子教诲时，似乎只有颜回能做到“欢喜奉行”，而其他诸弟子或者只有“欢喜”，或者只有“奉行”；每个人总会有所收获，但也有所不足。

**子曰：“孝哉闵子骞！人不间于其父母昆弟之言。”**

**[文义]**

孔子说："闵子骞真是孝啊！他的父母兄弟都说他孝顺，而外人对此也毫无微辞，可见其孝真是实至名归。"

**南容三复白圭，孔子以其兄之子妻之。**

**[文义]**

《诗·大雅·抑》有言："白圭之玷，尚可磨也；斯言之玷，不可为也。"——白玉上的污点，还可以磨去；言辞上的污点，就不好办了。南容一日之内数次唱诵此篇，以此为座右铭。孔子将自己的侄女嫁给了他。

**季康子问："弟子孰为好学？"孔子对曰："有颜回者好学，不幸短命死矣，今也则亡。"**

**[文义]**

季康子问："弟子中哪些人好学呢？"孔子回答说："有一位名叫颜回，他很好学，可惜不幸短命死矣，现在没有哪个人能称得上好学了。"

**[评唱]**

鲁哀公曾问过孔子同样的问题，孔子给出的回答几乎相同（《论语·雍也第六》）。由此亦可见，孔门诸弟子已经在社会上建立了"好学"的名声，是一个名副其实的"学"派。

**颜渊死，颜路请子之车以为之椁。子曰："才不才，亦各言其子也。**

**鲤也死，有棺而无椁，吾不徒行以为之椁。以吾从大夫之后，不可徒行也。”**

**[文义]**

颜渊不幸亡故，他的父亲颜路想要孔子的车，将其卖掉，为颜渊买棺外面的椁。孔子说：“不管是否有才能，从父亲的角度看都是自己的儿子。从前我儿子孔鲤殁时，也只有里面的棺，而没有外面的椁，我未曾卖掉车徒步行走，来给他置办椁。因为我现在身为大夫，上朝出行等有规矩在，不能徒步而行。”

**[评唱]**

孔子的回答有情有理，颜路当无话可说。人们在日常生活的行事中，要避免因情深而伤理，亦不可因理正而伤情。

**颜渊死。子曰：“噫！天丧予！天丧予！”**

**[文义]**

颜渊不幸亡故。孔子叹息道：“唉！这是上天要亡我呀！这是上天要亡我呀！”

**颜渊死，子哭之恸。从者曰：“子恸矣！”曰：“有恸乎？非夫人之为恸而谁为？”**

**[文义]**

孔子为颜渊之死恸哭，极度哀伤。跟随的人说：“夫子您过于哀伤了！”孔子说：“我有过于哀伤吗？如果不是为这个人哀伤，那还能为谁呢？”

**颜渊死，门人欲厚葬之。子曰：“不可。”门人厚葬之，子曰：“回也视予犹父也，予不得视犹子也。非我也，夫二三子也！”**

**[文义]**

门人想要厚葬颜渊。孔子说：“不可以。”门人未听，还是厚葬了颜渊。孔子感叹道：“颜回啊，你一直把我当父亲一般看待，可我却未能做到把你视为儿子啊。这不能怪我啊，都是你的那些同学们做的主啊！”

**[评唱]**

颜回家贫，于理不应厚葬。门人弟子知道孔子对颜回情深意长，欲厚葬以宽慰夫子。殊不知，孔子在内心实际上将颜回视为己子，于情于礼皆不主厚葬。但门人自作主张，孔子也未深加责备，只是对于葬礼未能与孔鲤同样规格办理，不无遗憾，所以感叹说“予不得视犹子也”。本章的记述，尽显孔子内心的情深与光明。

**季路问事鬼神。子曰：“未能事人，焉能事鬼？”曰：“敢问死。”曰：“未知生，焉知死？”**

**[文义]**

子路问如何办理与鬼神相关的事宜。孔子说：“人尚未能侍奉，哪里能侍奉鬼呢？”子路又开口道：“那我能否问一下有关死的事情？”孔子回答说：“生为何事还不知道，怎么可能知道死呢？”

**[评唱]**

表面上孔子并未直接回答子路的疑惑，但按照程子的说法，实际上却是“深告之”；后引朱子和程子的解释，将其中的道理说得非常清楚。有学者认为孔子对“死”避而不谈，不感兴趣，其实完全是误解。

人类学中有所谓的“死亡禁忌”一说——人们很忌讳谈论“死”，因为“死”对被视为理所当然的日常生活提出了一种“最恐怖的威胁”（《现实的社会构建》）；人类的理性通过小心翼翼地将这个话题屏蔽掉，维持了自我意识的稳定。子路的提问突破了禁忌，将一种对自我意识的终极威胁的“死”的话题置于自我意识的前台。孔子以“未知生，焉知死”作答，似乎是回避了问题，但事实并非如此。孔子恰恰是直接将“死”的本质告诉了子路：死生本是一件事。这种对“死亡”的安置，现代学者多用“世界观的理性化”来加以表述，即将人自我意识中的“恐惧”转换为可理解、可接受的生命体验。孔子的死生观，对儒家文化与华夏的心灵世界产生了深远的影响。

本章与“祭如在，祭神如神在”（《论语·八佾第三》）、“敬鬼神而远之”（《论语·雍也第六》）等章句共有着同样的主题。

**[朱注]**

问事鬼神，盖求所以奉祭祀之意。而死者人之所必有，不可不知，皆切问也。然非诚敬足以事人，则必不能事神；非原始而知所以生，则必不能反终而知所以死。盖幽明始终，初无二理，但学之有序，不可躐等，故夫子告之如此。

程子曰：“昼夜者，死生之道也。知生之道，则知死之道；尽事人之道，则尽事鬼之道。死生人鬼，一而二、二而一者也。或言夫子不告子路，不知此乃所以深告之也。”

**闵子侍侧，訚訚如也；子路，行行如也；冉有、子贡，侃侃如也。子乐。“若由也，不得其死然。”**

**[文义]**

孔门四君子侍立在夫子身旁，各有气象。闵子骞气象外和而内刚，子路则尽显刚强风貌，而冉有、子贡则一派和乐气象。孔子见诸弟子精神气质虽各有所偏，但均为天下英才，感到非常欣慰。只是子路有时刚猛过度，孔子不免担忧，于是告诫他说：“子路呀，我真是担心你不得正命而终啊。”

**[评唱]**

子路后来果然死于卫国因王位继承而发生的内乱。子路在最后的关头也有免遭罹难的机会，即洁身而去，但却以“食其食者不避其难”（《史记·仲尼弟子列传第七》）为由，慷慨赴死，未能得中正之道，果然应验了孔子“不得其死然”一语。后人或认为孔子一语成谶，其实这是孔子的“先知”。

**鲁人为长府，闵子骞曰：“仍旧贯，如之何？何必改作？”子曰：“夫人不言，言必有中。”**

**[文义]**

鲁国人想改造储藏财货的府库，闵子骞说：“一切按照旧制，怎么样？何必一定要改造呢？”孔子说：“闵子骞不说则已，一说就恰如其分，非常在理。”

**[评唱]**

改造府库，要花费纳税人的钱财，但政府收入有限，究竟是否应该花这笔钱呢？或者说，同样一笔钱，究竟应该用在什么地方？近代政治发展出精细的讨论、审议与问责制度，对公共开支进行严格的管理，以防止腐败和浪费的发生。政府能够节约开支，尤其不把钱用在自己的身上，这是为政者的美德。孔子或因此赞许闵子骞。

**[朱注]**

王氏曰："改作，劳民伤财。在于得已，则不如仍旧贯之善。"

**子曰："由之瑟奚为于丘之门？"门人不敬子路。子曰："由也升堂矣，未入于室也。"**

**[文义]**

子路鼓瑟时有杀伐之音流露出来，孔子希望他能警醒，意识到自己气质上的偏差，就说道："子路的瑟音，为什么会出现在我的门下呢？"门人以为孔子在批评子路，就不再敬重子路。孔子于是解释说："子路为学，已经进入了正大光明的境地，如同进入了房屋的厅堂一般；只是他还尚未能认识到那些精微深奥的地方，如同没有进入房间一样。你们怎可遽然轻视他呢？"

**[评唱]**

孔子言子路"不得其死然"，其鼓瑟时流露出的"杀伐之声"为一先兆，预示着子路可能因气质刚勇而取祸；而在为学上孔子认为子路未能做到"入室"，同样可能会导致他在事关出处进退的时刻出现致命的差错。二者叠加，孔子对子路的命运自然担忧起来。不过，孔子赞许子路已经"升堂"，造诣已经非同一般。孔子言其"不得其死然"，是依据天道而言；按照世间的一般看法，子路在卫乱时逆行进城，最终为诛杀奸臣而丧命，可谓是孤胆英雄；其学"已造乎正大高明之域"，并非虚言。

**[朱注]**

程子曰："言其声之不和，与已不同也。"《家语》云："子路鼓瑟，有北鄙杀伐之声。"盖其气质刚勇，而不足于中和，故其发于声者如此。

言子路之学，已造乎正大高明之域，特未深入精微之奥耳，未可以一事之失而遽忽之也。

**子贡问："师与商也孰贤？"子曰："师也过，商也不及。"曰："然则师愈与？"子曰："过犹不及。"**

**[文义]**

子贡问道："子张和子夏，他们二位谁更有贤才呢？"孔子说："子张才高义广，但每每失之过度；子夏笃信谨慎，每每失之不及。"子贡说："那这么说，子张更有贤才吧？"孔子回答说："不是，过度和不及是一样的。"

**[评唱]**

过犹不及，亚里士多德也有类似的说法："德性是两种恶即过度与不及的中间。"（《尼各马可伦理学》）

**季氏富于周公，而求也为之聚敛而附益之。子曰："非吾徒也。小子鸣鼓而攻之，可也。"**

**[文义]**

季氏只是鲁国的大夫，但却比辅弼周朝天子的周公更富有，可见其多有不义之财，而冉有却还在为其聚敛，增加其财富。孔子说："冉有身为季氏家臣，不知匡正其主公的失政与失德，反而为虎作伥，已经不再是我的门人了。你们可以击鼓声讨他。”

**[评唱]**

本章所说的“聚敛”，一方面包括制度上规定的税收，另一方面包括权力对民脂民膏的搜刮。儒学主张减轻赋税，实行惠民养民的仁政。孔子见冉有不能坚守自己的理念，大为光火，因为在制度不存在或不健全的地方，善政更依赖于为政者的德性和能力。现代政治除了制约权力、节制资本外，另一大议题就是如何制定税率。

**柴也愚，参也鲁，师也辟，由也喭。**

**[文义]**

高柴有些愚直，曾参有些驽钝，子张有些虚荣，子路有些鲁莽。

**[评唱]**

孔门弟子的这些缺点，毕竟是孔门弟子的缺点，一则瑕不掩瑜，再则他们对此多会有比较清醒的自我认知，并能尽力克服这些气质上的偏差。人若能意识到自己的不足，还能由此精进，就可谓善之善者也。

**[朱注]**

柴，孔子弟子，姓高，字子羔。愚者，知不足而厚有余。鲁，钝也。尹氏曰：“曾子之才鲁，故其学也确，所以能深造乎道也。”

**子曰：“回也其庶乎，屡空。赐不受命，而货殖焉，亿则屡中。”**

**[文义]**

孔子说：“颜回差不多近道了，只是他家境贫寒，屡屡陷于匮乏。

子贡不像颜回一样安贫乐道，而是去经商，能每每猜度到市场的行情。”

**子张问善人之道。子曰：“不践迹，亦不入于室。”**

**[文义]**

子张问“善人”遵循怎样的道。孔子说：“善人天生质美，有善无恶。他们不必遵循先贤的足迹就会走上正道，但因未致力于学习，做不到登堂入室，无法认识到道的精微奥义。”

**[评唱]**

一个人即使天性美善，动静语默皆与正道暗合，但如果不学习，他也无法再进一步，无法进入“随心所欲而不逾矩”的自由胜境。我们再次看到，“学习”是《论语》的第一义，是人生最重要的一件事情。

**[朱注]**

善人，质美而未学者也。

张子曰：“善人欲仁而未至于学者也。欲仁，故虽不践成法，亦不蹈于恶，有诸已也。由不学，故无自而入圣人之室也。”

**子曰：“论笃是与，君子者乎？色庄者乎？”**

**[文义]**

孔子说：“只因他言论笃实就赞许他，那他果真就是君子吗？或者，他只是一个假装正经的人？”

**[朱注]**

言不可以言貌取人也。

**子路问："闻斯行诸？"子曰："有父兄在，如之何其闻斯行之？"冉有问："闻斯行诸？"子曰："闻斯行之。"**

**公西华曰："由也问闻斯行诸，子曰'有父兄在'；求也问闻斯行诸，子曰'闻斯行之'。赤也惑，敢问。"子曰："求也退，故进之；由也兼人，故退之。"**

**[文义]**

子路问："听到之后马上就实行吗？"孔子说："闻义故当勇为，但有父兄在上，需要听一下他们的意见，岂能自己随意做主？"冉有问："听到之后马上就实行吗？"孔子回答说："对呀，听到之后马上就实行。"

公西华问孔子说："子路问'闻斯行诸'时，您给出了否定的回答，理由是'有父兄在'；冉有问同样的问题，您却给出了相反的回答，让他立刻实行。我感到非常疑惑，要向您请教。"孔子说："冉有有些文弱，遇事多逡巡畏缩，所以我要鼓励他勇往直前，当行则行；而子路性情有些刚猛，气势压人，所以我有意要抑制他一下。"

**[评唱]**

法无定法，因材施教。

**子畏于匡，颜渊后。子曰："吾以女为死矣！"曰："子在，回何敢死！"**

**[文义]**

孔子被围困于匡地，颜渊失散在后面，几经辗转，最终跟了上来。孔子再次见到颜渊，惊喜交集，说道："我还以为你已经死了呢！"

颜渊笑着回答道："您老人家还在，我哪敢死啊！"

**[评唱]**

孔门师徒在危机当中的一次对话，自然生动，皆为人情的自然流露，热烈、朴素、节制凝缩其中，亦可见对话者纯美的心灵状态。有人认为颜回的形象有些枯槁，其实绝非如此。师徒二人虽然有此对话，颜回最终还是"不幸短命"，让孔子悲痛欲绝。"仁者寿"（《论语·雍也第六》）——颜回因其仁德而不朽，不幸殒命或有多种原因，后人不好推测；但他是否将危机时刻"子在，回可敢死"一语常记在心中呢？我们不得而知。

**季子然问："仲由、冉求可谓大臣与？"子曰："吾以子为异之问，曾由与求之问。所谓大臣者，以道事君，不可则止。今由与求也，可谓具臣矣。"曰："然则从之者与？"子曰："弑父与君，亦不从也。"**

**[文义]**

季氏得子路、冉有为家臣，颇为得意。季氏的子弟季子然问孔子说："仲由、冉求可称得上是真正的大臣吧？"孔子回答说："我还以为你有别的问题呢，原来还是问他们二位啊。那我告诉你吧，所谓的大臣是用正道辅佐主君的人，而不是单纯服从主君命令、为其办事的那些小臣；自己以道事君，主君若不从，自己就应当洁身而退。现在的子路和冉有，也就算是备位充数的臣下吧。"季子然问道："他们二位既然不是大臣，那会完全顺从季氏吗？"孔子说："那也不是。如果是杀父弑君这样大逆不道的行为，他们是绝不会顺从的。"

**[评唱]**

具臣，谓备臣数而已。

**子路使子羔为费宰。子曰："贼夫人之子。"子路曰："有民人焉，有社稷焉。何必读书，然后为学？"子曰："是故恶夫佞者。"**

**[文义]**

子路为季氏总管时，曾举荐子羔出任费邑的总管。孔子说："子羔虽然质美，但为学尚浅；你让他担任政务，这是害他啊。"子路不服，说道："费邑中有人民需要治理，有神庙需要管理。治民事神，边做边学，就是为学了，何必一定要读书才能说是为学呢？"孔子闻子路狡辩，批评他说："这就是我厌恶口齿伶俐但不辨是非的人的原因！"

**[评唱]**

治民事神固然也是为学，但前提是学业已经有了根基，有了根本，明白了治民事神所要遵循的正道，能敬人敬事，否则可能就是慢神虐民了。面对孔子的批评，子路说学习不仅限于读书，这固然不错，但他其实是在用大道理来模糊真正的问题：子羔为学尚未形成比较稳固的基础，贸然办理政务可能害人害事。子路本来可以虚心请教孔子不同意的理由，但他却振振有词，用大道理去模糊问题的焦点，回答就变成了狡辩。孔子很不高兴，直接批评子路说：这就是我讨厌狡辩的原因。

**[朱注]**

治民事神固学者事，然必学之已成，然后可仕以行其学。若初未尝学，而使之即仕以为学，其不至于慢神而虐民者几希矣。子路之言，非其本意，但理屈辞穷，而取辨于口以御人耳。故夫子不斥其非，而特恶其佞也。

**子路、曾皙、冉有、公西华侍坐。子曰："以吾一日长乎尔，毋**

吾以也。居则曰：‘不吾知也！’如或知尔，则何以哉？”

子路率尔而对曰：“千乘之国，摄乎大国之间，加之以师旅，因之以饥馑，由也为之，比及三年，可使有勇，且知方也。”夫子哂之。

“求！尔何如？”对曰：“方六七十，如五六十，求也为之，比及三年，可使足民。如其礼乐，以俟君子。”

“赤！尔何如？”对曰：“非曰能之，愿学焉。宗庙之事，如会同，端章甫，愿为小相焉。”

“点！尔何如？”鼓瑟希，铿尔，舍瑟而作，对曰：“异乎三子者之撰。”子曰：“何伤乎？亦各言其志也。”曰：“暮春者，春服既成，冠者五六人，童子六七人，浴乎沂，风乎舞雩，咏而归。”夫子喟然叹曰：“吾与点也！”

三子者出，曾皙后。曾皙曰：“夫三子者之言何如？”子曰：“亦各言其志也已矣。”曰：“夫子何哂由也？”曰：“为国以礼，其言不让，是故哂之。”“唯求则非邦也与？”“安见方六七十如五六十而非邦也者？”“唯赤则非邦也与？”“宗庙会同，非诸侯而何？赤也为之小，孰能为之大？”

**［文义］**

某日，子路、曾点、冉有、公西华陪坐在孔子身边。孔子说：“平时你们总是抱怨说：‘别人不知道我啊！’现在假如有人知道了你们，想起用你们，你们各自说说，都能干些什么呀？我虽然年长你们若干，但不要介意，可以畅所欲言。”

子路闻言，率先开口道：“假如有一个拥有千辆战车的国家，它夹在大国之间，外有战争压迫，内有饥荒肆虐，但若让我来治理，只要三年，就能让人民都有勇气，勇敢面对这种内忧外患的挑战，而且他们还会懂得道义。”夫子对其微微一笑。

孔子接着问道：“冉有，你有什么志向啊？”冉有回答说：“治理有千辆兵车的大国，我不敢奢望。但方圆六七十里或者五六十里的小国，如果让我治理三年，就可以做到让百姓丰衣足食。至于对人民进行礼乐教化，我还要等待有能的君子来施行。”

孔子又问：“公西华，你怎么样呢？”公西华回答说：“对于礼乐，不能说自己已经能做到什么，但我愿意学习。比如，宗庙祭祀、邻国会盟等事情，我愿意身穿玄端礼服，头戴章甫礼冠，作为小司仪，参与办理这些事情。”

三子言毕，孔子转向曾皙，问道：“曾点，你又如何呀？”当时曾皙正在鼓瑟，听到夫子发问，就停了下来，铿锵的余音尚未停息。他放下瑟，站了起来，开口道：“我的志向和他们三位有些不同。”孔子说：“没事啊，各言其志而已。”曾皙于是说道：“我的志向是在暮春三月的季节，制备好新的春服，约上五六个成年人，带上六七个童子，一同到城郊的沂水洁面濯足，然后登上舞雩台乘凉，歌咏一番后回家。”孔子闻言，深深叹息道：“我赞成曾点的志向啊！”

三子退去，曾皙留在后面，问孔子说：“他们三个人的说法怎么样啊？”孔子回答说：“没有什么，也只是各言其志而已。”曾皙又问：“那您为什么要笑子路呢？”孔子说：“治国当以礼为重，他说话不谦让，所以笑他。”曾皙又问：“那冉有的志向不是要治国吧？”孔子说：“不，怎么能说方圆六七十里或五六十里的土地就不是国家呢？”曾皙接着又问：“那公西华的志向不是治国吧？”孔子回答说：“举办宗庙祭祀和诸侯会盟，这些不正是诸侯要办理的大事吗？公西华谦虚说他愿意做这些小事，但礼乐为治国根本，还有比它们更大的事吗？”

**[评唱]**

本章是继《论语·公冶长第五》中孔子和子路、颜渊一起谈论志向后，孔门师生再次一起交流志向的记录。儒家以天下国家为己任，关心共同体的事务，有着高度的理性主义与实用主义精神，但这并不是全部。在精神上，儒家还有着与道家近似的自然主义精神。事实上，儒家思想与道家思想本来就有着近乎相同的根源，现代学者多认为它们都源于《周易》（熊十力《原儒》）；二者后来虽然形式上走向对立，但在建构华夏心灵世界上却扮演着“互补”的角色。在本章的记录中，子路、冉有、公西华三位表达的是儒家的正统思想：救民济世，或者说就是“拯救”，所以孔子对他们都加以赞许，这也是孔子教育成功的标志（《传习录》）。但孔子听到曾晳的志向时却“喟然”感叹，说自己和曾晳才是志同道合。那么，我们应该如何理解孔子的志向？

首先要注意的是，“浴”是一种通过洁身袯除污秽的习俗，而“舞雩”则是祭天祷雨的场所。曾晳描绘的“浴乎沂，风乎舞雩”的情境，最初应当是一种原始巫术的仪式，相当于现代学者所言的“萨满教”的一种祭礼，有着浓厚的宗教痕迹。有学者认为，“儒”最初的身份就是官方的“萨满”，即巫术仪式的执行者，他们被视为具有沟通人神关系的超凡能力；在当时人们的眼中，他们是通晓天文地理、能够呼风唤雨的术士。在孔子生活的周朝末年，“萨满”这种职业虽然已经近于消失，但探求此世精神与永恒自然秩序之间的关系，依然是儒家心灵的构成性要素。孔子向弟子询问的是现世功业方面的理想，是他自身念兹在兹的关怀所在，而子路等三人的回答也未让孔子失望。本章的戏剧性在于，曾晳给出了一个完全出乎意料的回答。这个回答可能瞬间触发了孔子心灵深处的另外一种关怀，让他怦然为之心动，于是自然就发出了“吾与点也”的感叹。

朱子在与门生讨论时，曾注意到这种对话的偶然性效果——“曾点之志，如凤凰翔于千仞之上”。与这种“天理流行”般的高远境界相比，子路等三人的“功名事业”反倒显得“都不是了”。也就是说，机缘凑泊，曾皙将平日所见的高远情境瞬间呈现了出来。朱子于是评论说：“曾皙不可学。他是偶然见得如此，夫子也是一时被他说得恁地也快活人，故与之。”（《朱子语类·卷第四十》）那么，究竟是什么让孔子感到了心动？

其实，曾皙的志向或者说他所设想的理想生活，不再是治国与礼教，而是一种审美的灵性生活——心胸舒朗、开阔、宁静，但又活泼泼的，生意盎然；或者说就是和“拯救”相对的“逍遥”。从后世的角度来看，曾皙的理想接近道家设想的生活，“儒道互补”观念在这里得到了根据。不过，如果不考虑这些学派的标签，我们就会注意到，人们在内心深处都有着对那种原始而纯朴、自然而自由的生活的憧憬与向往，这或许正是人们心灵自身的属性，是人性的本能。但在凡俗的世间生活中，这种本能会遭到各种因素的压抑与遮蔽，追求灵性生活的人们不得不寻求替代性的价值体系的庇护。

众所周知，在世界各大文明当中，宗教与艺术在人们心灵的救济中都扮演着极为活跃的角色。在华夏世界的精神结构中，面对人世的沉沦，如果说儒家选择的是“拯救”，那么道家选择的就是“逍遥”。有人说中国艺术的精神就是道家的精神，自然有其道理。

不过，事情还有另外一面。曾皙的志向反映了儒家终极意义上的精神追求，但儒家深知这种生活的可贵之处又恰恰在于它的“非日常性”；再进一步说，这种生活的日常性依赖于优良的政治秩序的支持，依赖于人们的主体性活动，因为人们归根结底无法脱离社会而存在。于是，在子路等离去后，孔子与曾皙的对话再次回到了政治事务上。

孔子对子路等三人的理想做了现实主义的评论，而对于曾皙“浴乎沂，风乎舞雩”的理想并未多谈，因为周文疲敝、礼崩乐坏的现实状况，让有志于天下的孔子忧心忡忡。有学者认为“曾皙之狂而志舞雩”，其实是“忿世为巫”（章太炎《国故论衡》），这种说法也不无道理。

反复阅读此章，我们就会感受到心泉不禁活泼泼地涌动起来。我们感受到的是儒者对生活、对生命的热情。这或许就是我们现代人的心灵与古典再次重逢后，获得的由衷喜悦吧。

**[朱注]**

曾点之学，盖有以见夫人欲尽处，天理流行，随处充满，无少欠阙，故其动静之际，从容如此。而其言志，则又不过即其所居之位，乐其日用之常，初无舍己为人之意。而其胸次悠然，直与天地万物上下同流，各得其所之妙，隐然自见于言外。

# 颜渊第十二

## 为自身立法：实现自我的道路

**颜渊问仁。子曰："克己复礼为仁。一日克己复礼，天下归仁焉。为仁由己，而由人乎哉？"颜渊曰："请问其目？"子曰："非礼勿视，非礼勿听，非礼勿言，非礼勿动。"颜渊曰："回虽不敏，请事斯语矣。"**

**[文义]**

颜渊问仁。孔子回答说："克制自己的贪欲，遵循礼制行事，这就是仁。一旦每个人都做到了克己，社会确立了礼制，那全天下的人就都会归向于仁政。求仁为仁完全是自己的事情，和别人有什么关系呢？"颜渊心领神会，继续问道："那请问具体应该怎么做呢？"孔子回答说："克己复礼，就是视必以礼，听必以礼，言必以礼，动必以礼。"颜渊闻言，立刻说道："我虽然天资不够明敏，但请让我实践您的这些说法吧。"

**[评唱]**

本章在整部《论语》中非常有名，孔子首次对"仁"做出了正面的界定——既是对"仁"内容的界定，又是对"仁"方法的界定。克服自己的贪欲，让日常行事符合天理正道，这就是"仁"本真的状态与显现。按照朱子的解释，"仁"是人心的全部德性，可称为"全德"

或“至善”。孔子在其他场合中谈到的“仁”，可以理解为这种“全德”在具体情境中的显现和表达。

“克己复礼”的内涵可以从如下两个方面加以理解。第一，朱子将“己”解释为“身之私欲”，这既是他对道家思想的吸收，又体现了他对生命本质的洞察；因此，孔子的“克己”在宋代新儒学那里就表达为“明天理，灭人欲”，就是天理与天道得以恢复的“复礼”过程，所谓“克得那一分人欲去，便复得这一分天理来；克得那二分己去，便复得这二分礼来”（《朱子语类·卷第四十一》）。第二，依据《大学》的阐述，“克己”可以看作是“明明德”的“内圣”过程，它必然会导出“新民”这一“外王”实践，所以“复礼”还包括在社会层面上确立基于礼的政治秩序，是对主体政治意志的激发。因此，“克己复礼”就是“内圣外王”这一儒家政治哲学的核心观念的另一种表达。

凡俗的人们谈到“克己复礼”、谈到“天理人欲”之辩时，会觉得自己的自由受到了限制，会认为儒学是束缚人性的过时教条，因而会产生“反抗心理”乃至“厌恶感”。对于感情与思维粗糙的人而言，诚然如此，因为他们自己可能不知道，他们自己界定的“自由”其实是放纵，无非是“人欲”的自我放飞而已。追求这种自由的结果就是自我的迷失，是心灵世界的荒芜与沉沦。“自我”若已经不在，“自由”岂不更是无从谈起？敏锐而精细的心灵自然注意到了这一点，所以他们必欲摆脱这种心灵的无明状态而追求真正的自由。于是，“克己复礼”必然是内在于人的日常生活当中才有意义，这就是孔子给出的具体实践方法：以“礼”来约束自己的视、听、言、动。

还要注意，此章是孔子和颜渊之间的对话。颜渊才学在孔门最高，因此我们在理解“克己复礼”时，就要考虑到要在最高意义上揭示它的含义——如果借用德国哲学家康德（Immanud Kant，1724—

1804）的说法，那就是孔子实际上提出了“人为自身立法”的律令，因而也彰显着孔子对人能实现自我完美的深刻洞察与信念。这种立法，在内部就是确立“仁”的价值观念体系，在外部就是确立“礼”的约束机制。现代意义上的“法治”，只有从属于“仁”与“礼”的体系，才能发挥维持健康的社会与心灵秩序的功能。

因此，在我们所知的伦理观念中，儒学可以说对人性极为友善，它不依赖外在的人格神的律令（即所谓的“道德他律”），不要求人们放弃俗世的生活；它对人的唯一要求就是“克己复礼”，其真实含义就是要求人过上自律、自在、自强、自由、自然的生活，也就是过上一种散发着人性光辉的生活。

**[朱注]**

仁者，本心之全德。克，胜也。己，谓身之私欲也。复，反也。礼者，天理之节文也。为仁者，所以全其心之德也。盖心之全德，莫非天理，而亦不能不坏于人欲。故为仁者必有以胜私欲而复于礼，则事皆天理，而本心之德复全于我矣。归，犹与也。又言一日克己复礼，则天下之人皆与其仁，极言其效之甚速而至大也。又言为仁由己而非他人所能预，又见其机之在我而无难也。日日克之，不以为难，则私欲净尽，天理流行，而仁不可胜用矣。程子曰：“非礼处便是私意。既是私意，如何得仁？须是克尽己私，皆归于礼，方始是仁。”又曰：“克己复礼，则事事皆仁，故曰天下归仁。”

**仲弓问仁。子曰：“出门如见大宾，使民如承大祭。己所不欲，勿施于人。在邦无怨，在家无怨。”仲弓曰：“雍虽不敏，请事斯语矣。”**

**[文义]**

冉雍问仁。孔子回答说:“为仁之要在于存心,以敬持己,以恕待人。比如,人见到贵重宾客时既然会油然起敬,那他出门时就要以这种敬意来约束自己,而不管是否遇到宾客;同样,参与祭祀鬼神的大祭时,人皆会肃然起敬,不敢怠慢,那在上位者就要以这种事神的敬意来治理民众。以恕待人,就是能推己及人,自己不愿意的,不要施加给他人。无论是在邦国内还是家族内,自己都毫无怨言。”冉雍回答说:“我虽然天资不够明敏,但请让我实践您的这些说法吧。”

**[评唱]**

本章“己所不欲,勿施于人”为至理名言,是放之四海而皆准的道德黄金律。人世间的很多争执纷扰,本质上就是各种私利私欲之间的“战争”:人们为了满足自己的私欲,而将他人视为工具手段。所以,“己所不欲,勿施于人”是正确处理自我和他人关系的底线,我们可称其为儒家的第一条黄金律;儒家当然不满足于这样的底线,所以还提出了第二条黄金律:“己欲立而立人,己欲达而达人”(《论语·雍也第六》)。这两条可以说就是“仁”自身的原则。这个原则表现在历史上圣人圣王的身上,对于人类文明将发挥着永恒的导引作用。

**司马牛问仁。子曰:“仁者,其言也讱。”曰:“其言也讱,斯谓之仁已乎?”子曰:“为之难,言之得无讱乎?”**

**[文义]**

孔子的弟子司马牛问仁。孔子回答说:“仁者,他说话措辞就像有所忍一样,不急躁,不随意发言。”司马牛不解,于是又问道:“不轻率随意说话,这可以说就是仁了吗?”孔子回答说:“仁者时刻约束、检点自己的内心，说话必须虑及后果。言行一致，这做起来很难，说话的时候能不谨慎吗？”

**[评唱]**

说话的方式其实也是人内心状态的呈现。程子和门人之间有这样一段对话：“人语言紧急，莫是气不定否？曰：此亦当习，习到言语自然缓时，便是气质变也。学至气质变，方是有功。”（《近思录·卷五》）学习就是改变气质的过程。

**[朱注]**

夫子以牛多言而躁，故告之以此也。使其于此而谨之，则所以为仁之方，不外是矣。

**司马牛问君子。子曰：“君子不忧不惧。”曰：“不忧不惧，斯谓之君子已乎？”子曰：“内省不疚，夫何忧何惧？”**

**[文义]**

司马牛又问如何是君子。孔子说：“君子不忧愁不恐惧。”司马牛接着问：“仅仅做到不忧不惧，就可以说是君子了吗？”孔子回答说：“不忧不惧，绝非易事。人心日夜与外物相接，各种利害关系足以让其心动，不免忧愁、畏缩、恐惧。只有那些修身正心的君子，内心光明磊落，举止符合天道礼法，不为外事外物所束缚、烦扰，才能做到不忧不惧。”

**[评唱]**

孔子会根据弟子天资禀性的不同，对同一问题给出形式上不同的回答，这就是因材施教。孔子的教育方针一以贯之，教育的内容也一以贯之，那就是导引弟子“为仁”，去领悟仁、实践仁。比如，司马牛为人“多言而躁”，孔子就以“仁者，其言也讱”来启发、警醒、导引他临事时能深思熟虑，涵养内心，修己为仁。再比如说关于君子，史载司马牛因其兄桓魋在宋国作乱，心有忧惧，所以孔子就用“不忧不惧”一语来描述君子的心灵状态，以此开导司马牛要以正道审视自己的内心。

孔子的回答虽然在形式上各异，但在内容上都有着普遍性的一面。比如，“不忧不惧”既是针对司马牛这一具体的人物的教育方法，又是孔子描述“君子”时的普遍原则。《论语·宪问第十四》中有孔子这样的自述：“君子道者三，我无能焉：仁者不忧，知者不惑，勇者不惧。”孔子针对不同弟子谈论的“仁”，既是“仁”这一天道在特定个体身上的显现，又是通向“仁”这一生命圆满状态的具体道路。

**司马牛忧曰：“人皆有兄弟，我独亡。”子夏曰：“商闻之矣：死生有命，富贵在天。君子敬而无失，与人恭而有礼。四海之内，皆兄弟也。君子何患乎无兄弟也？”**

**[文义]**

司马牛因其兄桓魋作乱，忧心忡忡地说：“别人都有兄弟，我可能会失去兄长，那就只有我没有了。”子夏回答说：“我曾听说过‘死生有命，富贵在天’的说法。人是否有兄弟，同样由命和天决定。君子如果能做到以敬持己，待人以恭，举止皆符合礼节，那全天下的人都会彼此和睦，就如同兄弟一般。君子何必担忧自己没有兄弟呢？”

**[评唱]**

本章子夏有陈义过高之嫌，所以朱子叮嘱学者不可“以辞害意”。显然，“兄弟”的关系在于亲情，在于血缘，而血缘关系除了生物学意义上的自然关系外，又取决于家庭生活内伦理关系的建构。也正因此，不同文化中，人们的兄弟情谊不尽相同。子夏宽慰司马牛的“四海之内，皆兄弟也”一语，其实正是以后天的伦理关系来吸收、统摄先天的血缘关系，将人们的观念从家庭内部的私人领域提升到共同体的公共空间当中。这种逻辑再推而广之，就是墨家“兼爱”——不分血缘关系的亲疏而爱所有的人——的思想。从亲亲之爱到“兼爱”，这里面需要特殊的机缘和心理能量，宗教往往会提供这样一种情境。儒家扎根于家庭内部的血缘关系，但最终要人上升到“仁”的普遍慈爱、慈悲的大境界，而不是以解除亲缘关系的方式，让人“跳跃”到有着宗教气息的“兼爱”境界中。

**子张问明。子曰：“浸润之谮，肤受之愬，不行焉，可谓明也已矣。浸润之谮，肤受之愬，不行焉，可谓远也已矣。”**

**[文义]**

子张问什么是明。孔子回答说：“有些中伤、诋毁他人的谗言、谮言，会像水浸润物体一样，无声无息；有些申诉自己冤屈的人，言辞声情并茂，扑面而来，让人感同身受。这些谎言、诬告如果在一个人那里行不通，就可以说他是明白人了。同样，这些谎言、诬告如果在一个人那里行不通，就可以说他卓然有远见，不会被眼下的表面现象所蒙蔽了。”

**子贡问政。子曰：“足食，足兵，民信之矣。”子贡曰：“必不得已而去，于斯三者何先？”曰：“去兵。”子贡曰：“必不得已而去，于斯二者何先？”曰：“去食。自古皆有死，民无信不立。”**

**[文义]**

子贡问为政的方法。孔子回答说："要有充足的粮食，要有充分的武备，然后自然就会得到人民的信任了。"子贡又问："假如迫不得已，三者无法求全，那在足食、足兵、民信三者中可以先去掉哪一个呢？"孔子说："去掉武备，因为百姓无粮食无法生存。"子贡接着问："假如迫不得已，二者无法兼得，那在粮食和民信中先去掉哪一个呢？"孔子说："去掉粮食。自古及今，人必有一死；粮食不充足，人民未必会饿死，但如果人民不信任为政者，国家自身就无法存在了。"

**[评唱]**

此章表明了孔子对统治的"正当性"（legitimacy）的看法：统治的正当性最终来源于人民的支持。孟子言"民事不可缓也"（《孟子·滕文公上》），说的是同一意思：没有人民的政治，必定无法持之久远。为政者做到富民强兵，人民的生命与财产得到了保护和保障，政府自然会获得人民的信任与拥护。倘若因各种条件限制而无法做到兼顾，那也要坚决守住底线，即不要失去人民的信任。人民若不信任为政者，就不会再遵从国家的礼乐政刑，社会会陷入混乱无序的状态，这意味着作为秩序提供者的国家自身已经失败。朱子的门人曾问："'民无信不立'，是民自不立，是国不可立？"朱子答曰："是民自不立。民不立，则国亦不能以立矣。"（《朱子语类·卷第四十二》）——失去民心民意的支持，为政者就失去了统治的正当性，国将不国，为政当然就无从谈起了。

亚里士多德在《政治学》中谈到城邦赖以存在的条件时，列举了六项："粮食供应为第一要务"；其次是"工艺，因为人类的日常生活不能没有许多工具"；第三是"武备"；第四是"财产"；第五是"祭祀"；第六是"裁决政事、听断私讼的职能"。亚里士多德并未被问及“必不得已而去”的问题，但他在谈到第五项时追加了“就其品德而言，应该放在第一位”的说明，谈到第六项时认为它“实为城邦最重大的要务”。如果与孔子所言的三要素比较，可以说第五项和第六项就大致相当于“民信”，它们关系到教化和正义的问题。

现代政治普遍建立在“人民主权”的基础上，这一原则最为脍炙人口的表达是“民有，民治，民享”。不过，这个原则还有一个更为重要的前提，那就是“民信”——如果人民不信任这一正当化的原则，有效的政治秩序就无法建立起来。所以，现代政治普遍采用的诸如普通选举、公开辩论、多元协商等技术手段，目的就是要让人民以一定的方式参与到政治生活当中来，从而让人民保持对政府的信任。不过，从人民的角度来说，对为政者的信任如果不能换回包括“足食”在内的体面且自由的生活，为政者单凭统治技术——比如意识形态宣传和权力控制——也无法长久维持人民的信任，国家自然无法长治久安。这些道理不言而喻，子贡学殖坚厚，富有干才，当然能心领神会。

**[朱注]**

民无食必死，然死者人之所必不免。无信则虽生而无以自立，不若死之为安。故宁死而不失信于民，使民亦宁死而不失信于我也。

**棘子成曰：“君子质而已矣，何以文为？”子贡曰：“惜乎，夫子之说君子也！驷不及舌。文犹质也，质犹文也。虎豹之鞟犹犬羊之鞟。”**

**[文义]**

卫国大夫棘子成问道：“君子只要有实质就可以了，何必还要学那些礼仪文采，对自己加以文饰呢？”子贡回答说：“您如此谈论君子，真是可惜啊！您这一失言，即使有四匹快马也追不上了。我认为，文就相当于质，质就相当于文。虎豹之皮如果去掉它们的毛，那就跟犬羊之皮没有两样了。”

**[评唱]**

君子有美质在身，固然好，但仍需要用文采礼仪将其呈现出来。其实，人性当中有一个向美而生的维度。在日常生活中，人们往往也是通过外在的文采礼仪，也就是通过“文”来认识他人，形成对他人包括“质”在内的综合判断。俗语有“人在衣服马在鞍”的说法，这不仅仅是说衣服对于人而言有装饰作用，让人看上去更得体，更有美感；这句话还意味着，人如何选择衣物自身，还是他个人内在审美观的外在呈现。所以，子贡说“文犹质也，质犹文也”，而且孔子自身也有“文质彬彬，然后君子”（《论语·雍也第六》）的说法。

另外，由于文采礼仪诉诸人们的感官能力，容易为民众所喜欢，在教化过程中往往会扮演重要的角色。儒家对婚丧嫁娶等的仪式非常看重，就有这种教育的意图在其中。我们此前曾提过，德国社会学家埃利亚斯在探讨近代西欧的文明化过程时，注意到宫廷礼仪对民众往往有着巨大的魅力，人们很愿意模仿宫廷贵族的言谈举止服饰等，认为这是社会走向文明化的一种机制（《文明的进程》）。

**哀公问于有若曰：“年饥，用不足，如之何？”有若对曰：“盍彻乎？”曰：“二，吾犹不足，如之何其彻也？”对曰：“百姓足，君孰与不足？百姓不足，君孰与足？”**

**[文义]**

鲁哀公问有若说：“年岁饥荒，国用不足，怎么办呢？”有若回答说：“收取赋税时，为何不施行十分取一分的‘彻法’呢？”鲁哀公说："如今十分取二分，我都感觉不够，怎么能用'彻法'呢？"有若回答说："如果百姓收成充足，您跟谁比不足呢？如果百姓不足，您跟谁比说自己充足呢？"

**[评唱]**

财税制度自古以来就是为政的关键一环，直接涉及国家的行政能力与社会正义。政府如何制定税率，如何开支，表面上是具体的技术问题，实际上却关乎为政者与政府存在正当性的根本问题。在"富国"与"富民"的目标上，儒家坚定地选择了后者；儒家始终站在人民的立场上，反对重税，反对横征暴敛。

**子张问崇德、辨惑。子曰："主忠信，徙义，崇德也。爱之欲其生，恶之欲其死；既欲其生又欲其死，是惑也。'诚不以富，亦祗以异。'"**

**[文义]**

子张问如何理解尊崇德性、辨明迷惑。孔子回答说："为学要确立根本，做到尽心而不自欺、诚实而无虚妄，这就是说要以忠信为主；行事要以义为目标，改善自己的言行，以符合正理；如此德性日进，就是尊崇德性。喜爱一个人就想让他长生，而厌恶他时又想让他早死，既想让他长生又想让他早死，如此喜怒无常，都源于自己的私欲，这可以说是糊涂混乱的典型了。《诗·小雅·我行其野》有言：'诚不以富，亦祗以异。'就是说，这种做法对自己没有好处，只是让人感到很奇特而已。"

**齐景公问政于孔子。孔子对曰："君君，臣臣，父父，子子。"公曰："善哉！信如君不君，臣不臣，父不父，子不子，虽有粟，吾得而食诸？"**

**[文义]**

齐景公问为政的方法。孔子回答说："君要行君道，臣要行臣道，父要行父道，子要行子道。"齐景公闻言，有契于心，赞叹道："善哉此言！确实，如果君不行君道，臣不行臣道，父不行父道，子不行子道，那即使有米粟，我能安心食用吗？"

**[评唱]**

君要有个君样，臣要有个臣样，这就是"君使臣以礼，臣事君以忠"（《论语·八佾第三》）；以此类推，我们每个人都应该遵循自己当行的正道，都要恪守用以自律的天然法则，都要履行"在其位谋其政"的义务，不可尸位素餐，更不可恣意放肆。齐景公年轻时曾励精图治，在著名政治家晏子的辅佐下，齐国大治。丰富的政治经验使得齐景公很容易理解孔子的说法，所以当他听闻孔子的教诲后，给出了一个非常切己的回答。不过，他到底德行有所亏欠，不能"闻斯行诸"（《论语·先进第十一》），只是"说而不绎，从而不改"（《论语·子罕第九》），也就是不能立刻改过迁善；到了晚年，他开始贪图享乐，变得昏聩起来。结果，在临终前他做出的废长立幼的致命决策，开启了他身后国家遭到篡夺的祸乱。

二十世纪的人们在很长时间内将"君君，臣臣，父父，子子"理解为封建道德，这其实是非常偏执的认识。如果稍微抽象一下，我们就看到了这一说法的普遍意义：它要求我们遵循一定的规范行动。社会学有一种叫"功能主义"（functionalism）的理论，它的大意是说，人们必然都生活在特定的社会秩序与社会系统当中，需要按照系统分配角色行事，以将系统维持下去；人们遵循规则与规范行事，是社会系统自身的需求，也就是满足社会系统正常运作的"功能"。当然，我们每个个体都有一定的自主性，与社会系统会发生一定的紧张关系。

当紧张关系达到一定程度时，社会系统可能就会发生一定的变革，以取得新的平衡。不过，这个调适过程，同样要求我们遵循一定的规范进行。

**[朱注]**

此人道之大经，政事之根本也。是时景公失政，而大夫陈氏厚施于国，景公又多内嬖，而不立太子，其君臣父子之间，皆失其道，故夫子告之以此。

**子曰："片言可以折狱者，其由也与？"子路无宿诺。**

**[文义]**

孔子说："仅凭当事者一方的言辞就能审断案件，明辨是非，恐怕只有子路能做到吧！"子路一旦许诺他人，务求即刻实践，从不拖延。

**[评唱]**

子路平日言必信，行必果，已经取得了人们的信任，所以即使凭借单方的言辞审理诉讼，当事者也会信服。这就是信任的力量，它显然来源于子路高尚、伟岸的人格。

**子曰："听讼，吾犹人也。必也使无讼乎。"**

**[文义]**

孔子说："听案断案，我与他人无异。若一定要说有不同，那就是我希望能没有诉讼发生吧。"

**[评唱]**

孔子言"必也使无讼"，不希望有诉讼出现，就是要先对民众进行教化，让民众行事遵从礼制，遵纪守法，减少争执诉讼的发生。社会学家认为，社会生活由一系列规制构成，其中的各种禁制规则——对人们某些行为的禁止——是对人们行为样式的一种人为划分，有特定的任意属性，所以他们认为人类社会永远无法避免争执，永远无法彻底消除犯罪事件。“必也使无讼”一语，表达的是仁者的慈悲心肠，是孔子纯然的仁心仁德的自然流露。亚里士多德说：“我们宁愿城邦没有罪人，没有恶行，而法官无法警戒，无从实现他的正义。”（《政治学》）这句话同样是仁者心灵的表达。本章的含义还可参见本书后面《大学》篇中的相应解释。

**子张问政。子曰：“居之无倦，行之以忠。”**

**[文义]**

子张问为政的方法。孔子回答说：“为政者须存养民教民之心，要有仁心，而且始终不会懈怠；这种仁心要体现在行动上，要尽心竭力实现自己的仁心。”

**[朱注]**

居，谓存诸心。行，谓发于事。以忠，谓表里如一。

程子曰：“子张少仁。无诚心爱民，则必倦而不尽心，故告之以此。”

**子曰：“博学于文，约之以礼，亦可以弗畔矣夫。”（重出）**

**子曰：“君子成人之美，不成人之恶；小人反是。”**

**[文义]**

孔子说："君子看见他人行好事，就会加以鼓励或帮助，希望他能成就美善；君子看见他人做不好的事情，则加以劝诫，希望他能弃恶从善。小人的行事原则正好相反。"

**[评唱]**

君子小人之别，在对待他人善恶上显露无疑；张居正解释说："盖小人之心，有恶而无善，故见人之恶，即喜其与己同，惟恐其不党于己也；见人之善，即恶其与己异，惟恐其或胜于己也，其用心之相反如此。"（《四书直解》）小人见不得人有善言善行，因为善言善行自身就是对他们行为方式的否定；小人如果获得权力，位居高位，一定会败坏共同体的品质。亚里士多德在《政治学》中讨论各种政体的品性时，认为"贵族政体"是最善的政体，原因就在于统治者有"最好"的道德品质，他们所作所为都旨在"成人之美"。

**[朱注]**

君子小人，所存既有厚薄之殊，而其所好又有善恶之异，故其用心不同如此。

**季康子问政于孔子。孔子对曰："政者，正也。子帅以正，孰敢不正？"**

**[文义]**

季康子向孔子求教为政的方法。孔子回答说："政，就是正道的意思。你如果自己能行正道，行事堂堂正正，那其他人谁敢不走正道呢？"

**[评唱]**

我们还可以将"政者，正也"中的"正"进一步解释为"正义"——

政治的原则就是要以“正义”的方式谋求“正义”的实现。为政者若不正，政治与法律都会导向不正的结果。孟子言：“上有好者，下必有甚焉者矣。”（《孟子·滕文公上》）荀子言：“楚庄王好细腰，故朝有饿人。故曰：闻修身，未尝闻为国也。”（《荀子·君道》）说的都是这个道理。

**季康子患盗，问于孔子。孔子对曰：“苟子之不欲，虽赏之不窃。”**

**[文义]**

季康子为盗贼四起而苦恼，求教于孔子。孔子回答说：“如果你自己不呈现出贪欲，那即使悬赏让他们偷窃，他们也不会听从。”

**[评唱]**

季康子为政时，总将问题推给人民；他问政的目的，无非就是想找到控制人民的方法。孔子目光如炬，自然明白季康子为政的根本问题所在，所以一上来就扭转季康子的认知，让他从自身上找原因——统治者负有全部的责任，人民是无辜无谬无责任的。这其实也就是近代以来人们津津乐道的“人民主权”与“人民正义”的思想。

**季康子问政于孔子曰：“如杀无道以就有道，何如？”孔子对曰：“子为政，焉用杀？子欲善而民善矣。君子之德风，小人之德草，草上之风必偃。”**

**[文义]**

季康子向孔子请教为政的方法，问道：“如果将那些无道为恶的人杀了，成就那些有道行善的人，怎么样？”孔子回答说：“你是在为政啊，怎么能想到用杀人的方法呢？如果你自身想要善道善行，人民就会走向善道。在上位者好比是风，在下位者就如同是草，风吹到草上，草必然会随风倒下。”

**[评唱]**

以上三章为季康子问为政的原理和具体方法，孔子以“正”字进行了一以贯之的回答。“政者，正也”，这个“正”字因此包含了现代意义上的政治和法律原则。现代国家治理的原则是法治，要求国民上下都在法律的框架内行事。这一点虽然没有疑问，但还要注意的是，法律仅仅是底线；“法律未禁止的就是合法的”，当事者往往有很大的自由裁量权（discretionary power），因此他们的行为会反过来深刻影响着人们对法治的理解，甚至影响法治的成败。法律有待执行，政事有待办理，于是就出现了“为政”问题。“子欲善而民善矣”需要在“为政”的情境中加以理解——为政者“欲善”，那么就会首先确立一套导向善的礼乐刑政制度，然后为政者再以身作则，为政治行动确立道德标准，如此人民就可以逐渐走向善的道路，而不是说为政者但有善意就万事大吉。无论法律还是政治，当事者若离开一个“正”字，必然走向败坏与最终的失败。

**子张问：“士何如斯可谓之达矣？”子曰：“何哉尔所谓达者？”子张对曰：“在邦必闻，在家必闻。”子曰：“是闻也，非达也。夫达也者，质直而好义，察言而观色，虑以下人。在邦必达，在家必达。夫闻也者，色取仁而行违，居之不疑。在邦必闻，在家必闻。”**

**[文义]**

子张问：“士君子如何做可称得上是达呢？”孔子反问道：“你

所谓的达，是什么意思呀？”子张回答说：“我所说的达就是声名远播，在邦国则闻名于邦国内，在家族则闻名于家族内。”孔子说：“那你所说的是闻名，不是达。所谓的达，就是品质正直，行事务求符合天然的正理；他观察别人的言辞和容色，来检验自己的得失；他还时刻谦让，甘居人下。这样，他无论是在邦国内，还是在家族当中，行事都符合正道，上下都发自内心地称道他，这就是练达。你所说的闻名，只是在外表上装作仁义的样子，行动上背仁弃义，自己却不知反省，还真以为自己是实至名归了。不过，这种假模假式、沽名钓誉之徒，无论是在邦内还是家族中，倒也的确会闻名。”

**[评唱]**

远近闻名可能是源于伪善，未必是好事，而为人通达练达，则是经过了事情的磨炼与考验。为人正直、仁义、谦让，这些才是“闻达”的实质内涵。

**樊迟从游于舞雩之下。曰：“敢问崇德、修慝、辨惑。”子曰：“善哉问！先事后得，非崇德与？攻其恶，无攻人之恶，非修慝与？一朝之忿，忘其身，以及其亲，非惑与？”**

**[文义]**

樊迟跟随孔子闲游于舞雩之下时，问道：“请问什么是崇德、修慝、辨惑呢？”孔子回答说：“问得好啊！崇德，就是日进其德；一个人若能力行其事，行其事而不计其功，则必有所得于心，这不就是崇德吗？慝为内心隐匿的恶，自己有时也不知道；如果能专心消除自己的过失，而无暇去攻击别人的过失，假以时日，内心隐匿的恶就会得到克制，这不就是修慝吗？如果因一时的激愤而与人争斗，让自己陷于危险境地，将自己的身心乃至双亲抛于脑后，这不就是糊涂迷惑吗？”

**樊迟问仁。子曰：“爱人。”问知，子曰：“知人。”樊迟未达，子曰：“举直错诸枉，能使枉者直。”樊迟退，见子夏，曰：“乡也吾见于夫子而问知，子曰‘举直错诸枉，能使枉者直’，何谓也？”子夏曰：“富哉言乎！舜有天下，选于众，举皋陶，不仁者远矣。汤有天下，选于众，举伊尹，不仁者远矣。”**

**[文义]**

樊迟问什么是仁。孔子回答说：“仁者爱人。”樊迟又问什么是智，孔子回答说：“智者知人。”樊迟未能明白，孔子就解释说：“举用正直的人，让他居于那些行事不正的人之上，就能让不正的人变得正直。”樊迟退去后，见到子夏，就问道：“我刚刚问夫子什么是智，夫子告诉我说‘举直错诸枉，能使枉者直’，这句话到底是什么意思呢？”子夏回答说：“夫子的说法含义多么丰富啊！我给你举一个例子吧。从前舜治理天下时，于人群中举用了皋陶，那些不仁的人受其感化而逐渐归于仁，就仿佛他们走开了一样。汤治理天下时，于人群中举用了伊尹，那些不仁的人也是逐渐归于仁，同样好像自己远离了一样。”

**[评唱]**

孔子论“仁”，其实就是论“人”，所以后世儒家直接说“仁者人也”（《中庸》）；而从“仁”到“人”的一个关键显现，就是“爱”。董仲舒言：“仁之法在爱人，不在爱我；义之法在正我，不在正人。”（《春秋繁露·仁义法第二十九》）又，朱子言：“仁是爱之理，爱是仁之用。未发时，只唤做仁，仁却无形影；既发后，方唤做爱，爱却有形影。”（《朱子语类·卷第二十》）这是朱子基于理性分析给出的说法。“仁者人也”，人既是“仁”的内容，又是“仁”自我实现的中介——在现实生活当中，“仁”要通过“人”的具体行动将自身加以实现，将自身显现出来；其他德性同样如此。樊迟问仁，夫子因材施教，于是就给出了“爱人”这样一种非常具体的实践方法。

孔子论仁，固然是周文疲敝时刻重振秩序的努力，但同时又是对新文明新秩序的定义，也就是对上面提到的“人”的重新定义——儒家为重建秩序而讲礼乐刑政、天命鬼神，但都以“人”为本位。本章言仁者“爱人”，就是以“爱”来同时定义“仁”和“人”。秩序的重建要求主体的行动，不能只知“爱人”而不知具体的方法。因此，孔子“举直错诸枉，能使枉者直”就不仅仅是为政的“智慧”，更是为政者“爱人”的首要方法。樊迟“问仁”的记录，还可见于《论语·雍也第六》。

子贡问友。子曰：“忠告而善道之，不可则止，无自辱焉。”

**[文义]**

子贡问交友的方法。孔子回答说：“如果看见朋友有过错，须坦诚以告，并善加开导与规劝；如果他还不听从，那就不要再多言了，以免自取其辱。”

曾子曰：“君子以文会友，以友辅仁。”

**[文义]**

曾子说：“君子以讲习《诗》《书》等六艺的方式交友；通过结交朋友，相互切磋学问，见贤思齐，辅助自己修德进仁。”

**[评唱]**

人们交友多出于群居的快乐，而每忘行事的正道。故群居终日而无所用心者多矣，而彼此反目成仇者更是屡见不鲜，皆是自取其辱也。

## 子路第十三
## 和谐的条件

**子路问政。子曰："先之劳之。"请益，曰："无倦。"**

**[文义]**

子路问为政的方法。孔子回答说："自己率先实行，亲劳亲为，做出表率，教民勤劳。"子路请夫子继续垂教，孔子说："亲劳亲为，不要倦怠就可以了。"

**[评唱]**

为政的效果与为政者本人的行事原则息息相关。比如，若要人民的行为符合礼义，为政者自己的行为就必须符合礼义；若要人民遵纪守法，为政者就要首先遵纪守法，放弃特权。为政者在今天被称为"领导""领袖"，要"以身作则"，正是儒家为政伦理观念的现代表达。

**[朱注]**

苏氏曰："凡民之行，以身先之，则不令而行。凡民之事，以身劳之，则虽勤不怨。"

**仲弓为季氏宰，问政。子曰："先有司，赦小过，举贤才。"曰："焉知贤才而举之？"曰："举尔所知。尔所不知，人其舍诸？"**

**[文义]**

冉雍出任季氏的总管，问为政的方法。孔子说：“首先要管理好下面的官员，宽宥、赦免他们小的过失，还要选用优秀的人才。”冉雍说：“我还有一点疑惑：我如何能知道人才而举用他们呢？”孔子说：“举用你自己知道的就可以了。人们见你举贤用能，自然会向你推荐；你所不知道的，其他人还会舍弃吗？”

**[评唱]**

如何选用优秀的人才，从来是为政的重要问题，历代欲有为的君王为此也常常煞费苦心。《战国策》记载，燕昭王即位后欲招贤纳士，一个叫郭隗的谋士给他出了一个主意。郭隗先讲了一个故事，说古代有一个国君，以千金求千里马而三年不得。王宫中的的一个近侍说要试试，结果他用五百金买了一副千里马的骨头回来。国君大怒，但那人回答说，死马尚且花五百金购买，何况活马呢？现在全天下都知道您出高价买马，千里马很快就要来了。结果不出所料，不到一年就有好几匹千里马送了过来。

郭隗于是建议说：“今王诚欲致士，先从隗始；隗且见事，况贤于隗者乎？岂远千里哉？”——现在大王您如果真想网罗人才，那就从我郭隗开始吧；像我这样没有什么才能的人都能得到重用，那些比我优秀百倍的人自然会不远千里，来为您效力。燕昭王于是拜郭隗为师，礼敬有加。果然，“士争凑燕”，一批人才从列国赶来，其中就包括杰出的军事家乐毅。乐毅后来统帅秦、楚、三晋联军，几乎将强大的齐国消灭，创造了以弱胜强的范例。郭隗给燕昭王提出招贤的策略，其实就是“举尔所知”。

**子路曰：“卫君待子而为政，子将奚先？”子曰：“必也正名乎！”**

子路曰：“有是哉，子之迂也！奚其正？”

子曰：“野哉由也！君子于其所不知，盖阙如也。名不正，则言不顺；言不顺，则事不成；事不成，则礼乐不兴；礼乐不兴，则刑罚不中；刑罚不中，则民无所措手足。故君子名之必可言也，言之必可行也。君子于其言，无所苟而已矣。”

**[文义]**

子路向孔子请教道：“如果卫国国君有意等待夫子来主持国政，那您先从哪里着手呢？”孔子说：“那必须首先纠正君臣父子的名分吧！”子路闻言，说道：“有人说您迂腐，看来真是这样啊！他们父子之间的称谓，无非小节而已，为何要优先摆正啊？”

孔子说：“子路，你可真是粗野浅薄啊！君子对于他不知道的事情，要暂且存疑，存而不论。那我跟你说吧。如果名义不正，那语言就不顺当，政策政令就不会顺畅发出；政策政令不顺畅，事情就办不成；事情不成，那靠什么兴礼乐？礼乐不兴，那刑罚就不会中正，必有乖张。刑罚不中，不符合公平正义的原则，那人民就不知道如何行事了。所以，君子对于名称、名义、名分，说出来就要符合正理，说出来就一定可以实行。君子对于自己说的话，务求名实相副，而不能有任何苟且随意。”

**[评唱]**

本章的卫君指卫灵公的孙子卫出公。此前，灵公曾指定蒯聩为世子，将来继承君位，但蒯聩耻其母南子淫乱，涉嫌谋杀南子，于是灵公将其放逐到了晋国。灵公殁后，南子立蒯聩的儿子辄为国君。随后，蒯聩欲返回卫国，辄拒绝接受，事事以灵公为父，名分非常混乱。这就是本章子路和孔子对话的背景。抛开具体的历史事件不谈，本章提出了儒家非常重视的“正名”思想，荀子对其进行演绎而成《正名》一篇。“正名”包括遵循约定俗成的名称、创制新的名词、辨析名实或名分是否相符、重视概念与逻辑的关系等一系列思想。所以，我们可以认为“正名”的本质就是为事物确立恰当的秩序，从而构成了政治与社会秩序建构的一部分。

现代哲学有“以言行事”（illocutionary act）一说，又有所谓的“语言学转向”（the linguistic turn）一说，意在从语言的角度重新认识人们的观念与行动方式。儒学的“正名”思想，其实就有着对“语言”与“行事”“语言”与客观“现实”关系的深刻认知。按照今天的看法，卫国政治乱象的本质是蒯聩与其子辄的权力之争，其根源又是礼制的崩坏，并没有好的解决方法。孔子“必也正名乎”的说法，就是要正本清源，通过重建制度，建构一种新的现实，从而为权力的规范运行提供轨道和规则。

**樊迟请学稼。子曰："吾不如老农。"请学为圃，曰："吾不如老圃。"樊迟出，子曰："小人哉，樊须也！上好礼，则民莫敢不敬；上好义，则民莫敢不服；上好信，则民莫敢不用情。夫如是，则四方之民襁负其子而至矣，焉用稼？"**

**［文义］**

樊迟向孔子请教如何播种五谷的农事，孔子回答说："我比不上专事稼穑的老农。"于是，樊迟又说要改学种植蔬菜，孔子说："我比不上专门治园的老圃。"樊迟退下后，孔子说："樊迟见识真是狭小啊！在上位的君子如果好礼，事事符合礼制，那人民就会敬重他；他如果好义，事事符合正理，那人民就会服从他；他如果好信，事事言而有信，那人民就会以实情相待，不会欺骗他。这样一来，那四面八方的人民就会抱着孩子前来定居生活，怎么会用到稼穑呢？”

**[评唱]**

此章“小人”是指在社会分工意义上居于下位的人，与处于教化或统治位置的君子相对而言。作为职业，“老农”“老圃”所代表的农事不可或缺，孔子“焉用稼”的看法绝无轻视农业生产的意思；况且“术业有专攻”（韩愈《师说》），孔子在种谷种菜上可能确实不如老农老圃更专业，所以对樊迟的请求也是据实以对。樊迟欲在孔子门下学稼穑，就跟想在老农老圃那里学习治国方策一样，属于不安分守己，心思不定，甚至异想天开。

在共同体生活当中，稼穑等农事固然重要，会为社会生活提供最基本的物质基础，但孔子所致力建构的理想的政治体系与教化体系，则事关群体生活的命运，需要投入更多的知识和智慧。儒学的政治思想就是共同体生活的顶层设计，相当于为国家社会立法。如果国家法治完备，教化昌明，那么工业农业生产、商业关系等自然会顺利运转。我们要在这个意义上理解“士农工商”的次序关系，理解本章孔子“焉用稼”的真正含义。

**子曰：“诵《诗》三百，授之以政，不达；使于四方，不能专对；虽多，亦奚以为？”**

**[文义]**

孔子说：“记诵了《诗》三百首的诗歌，让他处理一些政务，却不能做到通达，把事情办理明白；让他出使外国，却不能独自应对。虽然记诵得很多，又有什么用呢？”

**[评唱]**

在孔子生活的春秋时代，《诗经》里面的诗歌广为流布，因其内容涉及人情政事，各国的士大夫出使朝聘、燕享会盟时，均借唱诵诗以表达自己的观点，可以说《诗经》中的诗句是一种通用的外交语言。这种引《诗经》来表达立场的事例，见于《左传》《国语》等历史著作当中，而西汉时代的著名学者韩婴则进一步撰写《韩诗外传》，专门“引诗以证事”，将“诗”和“事”完全打成了一片。这种情况意味着《诗经》是当时学者的基础知识——人们必须对《诗经》高度熟悉，这种文体的广为流布才有可能。

从本章来看，孔子传授弟子《诗经》时，有着明确的学以致用的经世意图。程子“穷经将以致用”一语，正是对孔门教育方法和主旨的概括：通过“穷经”或“博学”获得对世界的认识，然后将这些知识与认知用于政治实践当中。

**[朱注]**

《诗》本人情，该物理，可以验风俗之盛衰，见政治之得失，其言温厚和平，长于风谕，故诵之者，必达于政而能言也。

程子曰：“穷经将以致用也。世之诵《诗》者，果能从政而专对乎？然则其所学者，章句之末耳，此学者之大患也。”

**子曰：“其身正，不令而行；其身不正，虽令不从。”**

**[文义]**

孔子说：“在上位者如果能做到身正，那无须发布政令，在下位者与百姓也会遵从；如果他不能做到身正，那即使以政令导引、约束或禁止，也有不听从他的。”

**[评唱]**

“政者，正也”（《论语·颜渊第十二》），这是儒家政治哲学最重要的含义。

**子曰：“鲁、卫之政，兄弟也。”**

**[文义]**

孔子说：“看鲁国和卫国的政情，两国不愧是兄弟关系啊。”

**[朱注]**

鲁，周公之后。卫，康叔之后。本兄弟之国，而是时衰乱，政亦相似，故孔子叹之。

**子谓卫公子荆善居室。“始有，曰：‘苟合矣。’少有，曰：‘苟完矣。’富有，曰：‘苟美矣。’”**

**[文义]**

孔子在谈到卫国公子荆时，称述他善于治理居家用度。孔子说：“当他刚开始有些财物时，他说‘差不多够了’；等到稍微多一些时，他说‘差不多完备了’；再到更丰富一些时，他说‘差不多完美了’。”

**[评唱]**

尼采尝言：“对于奢华的爱好植根于人的灵魂深处，他的灵魂在放纵和奢侈的海洋中找到了自己的故乡。”（《曙光》）对于哲学家而言，奢华几乎就是心灵堕落的同义词。卫国公子荆生活俭朴平淡从容，不以外物累其心，所以孔子很赞赏他。现今“极简主义”观念正在捕获一部分人的心灵，人们开始崇尚简单、朴素、自然的生活，这或许正是现代人在为心灵寻找故乡吧。

**[朱注]**

杨氏曰："务为全美则累物，而骄吝之心生。公子荆皆曰苟而已，则不以外物为心，其欲易足故也。"

**子适卫，冉有仆。子曰："庶矣哉！"冉有曰："既庶矣，又何加焉？"曰："富之。"曰："既富矣，又何加焉？"曰："教之。"**

**[文义]**

孔子到卫国时，冉有驾车。孔子说："卫国真是人口众多啊！"冉有于是问道："人口既然已经充足了，那接下来还要为他们做些什么呢？"孔子回答说："要使得他们富足。"冉有接着问："如果他们已经丰衣足食了，那还要做些什么呢？"孔子回答说："要教化他们，让他们知道礼义廉耻。"

**[评唱]**

富民，让人民富裕起来，这是儒家的核心政治主张，孟子更是将其视为"王道之始"（《孟子·梁惠王上》）。因此，政治与政策的首要事务就是要为"富民"创造各种有利的条件，同时除去不利的条件。物质为人民所必需，富民的目的是让人民在物质上过上体面的、自由的生活。但富民只是政治的目标之一，接下来还要引导人民过上合乎正义的、优美的生活，这时候礼乐教化就要出场了。"不学《礼》，无以立"（《论语·季氏第十六》）；"不知礼，无以立也"（《论语·尧曰第二十》）。礼乐教化是对人性的导引，导引人民实现各自人格的挺立，导引人民走向各自的幸福与圆满状态。在儒家眼中，君主是实现他们仁政理念的中介，而仁者必然爱人，因此"富之"与"教之"自然是仁政的核心要务。

反过来说，为政者的政策不能导致“富之”的效果，不能让人民富裕起来，人民就会“用脚投票”，自发地迁移到更适合生活的地方；而人口数量的减少会直接影响到政府的财政能力，最终会导致政府的破产。所以，“富之”事实上又是政治的内在性要求。“教之”同样如此。如果说前者是为政治提供物质系统，那么后者则是提供观念的操作系统。子贡问政时，孔子曾有“自古皆有死，民无信不立”（《论语·颜渊第十二》）的说法，着眼点正是“教之”在政治哲学上的意义。

子曰：“苟有用我者，期月而已可也，三年有成。”

**［文义］**

孔子说：“如果有国君让我为政，我用一年时间就能做到治理就绪，三年就能收到成效。”

子曰：“‘善人为邦百年，亦可以胜残去杀矣。’诚哉是言也！”

**［文义］**

孔子说：“古人云：‘善人相继治国百年，人民受到仁政德治的感化，不再有残暴的行为，也就不必动用刑罚杀戮了。’这句话真是千真万确啊！”

子曰：“如有王者，必世而后仁。”

**[文义]**

孔子说："如果有圣王兴起，那也必定需要用一世三十年的时间，才能让天下尽行仁道。"

**[评唱]**

圣人尚需大约相当于一代人的三十年时间，才能让仁心仁德深入人心，由此可见，普通的为政者若要教化民众、移风易俗，培育整个社会的美德，更需要持之以恒。前面提到孔子自言"三年有成"，是说自己施政三年就可以取得政治上的成效，比如为社会确立基本的礼乐制度、让人民实现基本富足的小康生活，等等，但要使整个社会达到"仁"的文明水准，至少需要三十年的时间。

**[朱注]**

王者，谓圣人受命而兴也。

或问："三年、必世，迟速不同，何也？"程子曰："三年有成，谓法度纪纲有成而化行也。渐民以仁，摩民以义，使之浃于肌肤，沦于骨髓，而礼乐可兴，所谓仁也。此非积久，何以能致？"

**子曰："苟正其身矣，于从政乎何有？不能正其身，如正人何？"**

**[文义]**

孔子说："一个人如果能做到身正，那从政对他来说还有什么困难呢？如果自己不能做到身正，怎么可能正人呢？"

**冉子退朝。子曰："何晏也？"对曰："有政。"子曰："其事也。如有政，虽不吾以，吾其与闻之。"**

**[文义]**

冉有从季氏私家的朝堂退下返回。孔子问："今天为什么这么晚呀？"冉有说："有国政需要讨论。"孔子说："应该说是季氏的私事吧。如果事关鲁国的国政，我虽然已经不是大夫，但还是会听说的。"

**[评唱]**

孔子订正冉有的说法，其实意在提醒冉有，要将季氏的私事与国家的政务区分看来，并暗示了自己对季氏僭权的不满。

**定公问："一言而可以兴邦，有诸？"孔子对曰："言不可以若是其几也。人之言曰：'为君难，为臣不易。'如知为君之难也，不几乎一言而兴邦乎？"曰："一言而丧邦，有诸？"孔子对曰："言不可以若是其几也。人之言曰：'予无乐乎为君，唯其言而莫予违也。'如其善而莫之违也，不亦善乎？如不善而莫之违也，不几乎一言而丧邦乎？"**

**[文义]**

鲁定公问孔子道："一句话就可以做到国家振兴，有这回事吗？"孔子回答说："不能这样期待，认为语言会有这么大的成效啊。有人曾说：'为君难，为臣也不容易。'如果国君真能知道做国君是件难事，他就会兢兢业业，励精图治。这就几乎相当于一言兴邦了吧。"定公又问："一句话就可以导致国家丧亡，也有这回事吗？"孔子回答说："不能这样期待，认为语言会有这么大的成效啊。有人曾说：'我不是愿意做国君，只是我为国君时无人敢违背我的话。'如果他为政贤明，臣下无人违背，这不也是好事吗？但如果他为政昏聩，没人敢违背他的话，那不就相当于一言丧邦了吗？"

**[评唱]**

为政者处于高位，一言一行有足够的势能，足以对在下位者和百姓造成重大的影响，甚至造成“兴邦”或“丧邦”的结果。此章“言”还可以理解为“政策”与“政令”；一项好的政策可起到富民富国的成效，而一项坏的政策，从长期看可能深刻影响社会结构，败坏世道人心，从而导致国家衰弱乃至灭亡。这样的事例，古今中外，屡见不鲜。

**叶公问政。子曰：“近者说，远者来。”**

**[文义]**

楚国大夫叶公问为政的方法。孔子说：“为政之道在于得民心，能让近处的人民高兴，能让远处的人民望风而来。”

**[评唱]**

民心向背为评价为政效果的标准，此章正是针对效果而言。本章也可以理解为今天人们所言的“用脚投票”——人民通过加入或退出某个共同体，来表达自己对更好的生活的选择。观察主要移民的来源地区和目的国家，可大致察知当时各国内政治理上的效果。

**子夏为莒父宰，问政。子曰：“无欲速，无见小利。欲速则不达，见小利则大事不成。”**

**[文义]**

子夏担任鲁国城邑莒父的总管，向孔子询问为政的方法。孔子说：“为政切忌急功近利，不要贪图小利。须知欲速则不达，贪图小利，眼光格局就会受限制，就不可能办成大事了。”

**叶公语孔子曰："吾党有直躬者，其父攘羊，而子证之。"孔子曰："吾党之直者异于是。父为子隐，子为父隐，直在其中矣。"**

**[文义]**

叶公对孔子说："我们乡里有一位行事正直的人，其父曾盗窃羊，他虽然身为人子，但出来作证了。"孔子说："我们乡里行事正直的人，可跟他不一样。儿子若有过，父亲为他隐瞒，而父亲若有过，儿子为他隐瞒，正直就在其中了。"

**[评唱]**

本章的对话常常以"父子相隐"的问题出现在人们的日常生活当中。父子相隐，源自血缘与家庭内部的自然关系，是儒学孝悌原理的应用，所以朱子认为是"天理人情之至"，而行事正直与否则更依赖于共同体的约定与习俗。前者可视为正直的第一原理，后者可视为正直的第二原理。当二者发生冲突时，需以不破坏第一原理为判断正直与否的前提。若用法律说法，践行父子相隐为"自然法"（natural law），而要求父子相证就是"实定法"（positive law）；前者人们自然遵守，而后者则需要法律加以规定并强制执行。父子相隐的"直"，是自然法意义上的正直，它既不影响当事者为人的正直，也不影响社会正义的维护；相反，如果父子相证，结果或符合法律上规定的正直，但却违背了自然法，最终会导致整个政治、法律与社会体系丧失道德基础，社会将面临分崩离析的危险。

当然，华夏世界中也有为人称道的"大义灭亲"的说法。《左传·隐公四年》记载，卫国大夫石碏的儿子石厚与卫国公子州吁合谋，弑杀了卫桓公；随后，石碏设计，将二人拘捕于陈国；紧接着，石碏派遣家臣到陈国，将石厚斩杀。作者赞叹道："大义灭亲，其是之谓乎！"

或许自此事件后，“大义灭亲”成为一条新的道德伦理，有人据此认为它与“父为子隐，子为父隐”矛盾。其实，伦理观念或法律条文，都有一个适用的语境；仔细辨别二者的语境，我们就会发现两种观念并不矛盾。“大义灭亲”，就字面意义而言，非有“大义”而不可“灭亲”，在实践中有极其苛刻的条件要求。石碏诛杀其子石厚，除了他参与州吁的弑君大罪外，还有为民除害的目的——州吁为人暴虐无道，夺取君位后穷兵黩武，百姓怨声载道，而石厚为虎作伥。因此，石碏的“大义”可以说是建立在人民正义的基础上，他的“大义灭亲”自然会获得后世的称颂。

面对叶公的问题，孔子给出了“吾党之直者异于是”的回答，也就是给出了另外一种正直的判断标准，而没有就叶公的事例进行进一步的评论；这里面的一个关键点就是“吾党”：孔子在这里为自然法和实定法的平衡预留了一定的空间。“父为子隐，子为父隐”是自然法的基本原则，但涉及到具体的案件时，则必然会出现法律的解释与适用问题。叶公提到的这个案件，因为缺乏进行判断的细节，所以孔子强调了“吾党”的原则，也就是说，孔子在给出了一般性的正直律原则的同时，事实上也考虑到了法律适用时的具体情境问题。上引石碏“大义灭亲”的事例表明，所谓的“父子相隐”并不是绝对的原则。

现代国家的刑事诉讼法和民事诉讼法中，都规定有当事人的近亲属不得出任检察官、审判员等，以避免影响审理的公正性。显然，这种安排意味着立法者已经充分意识到了“父子相隐”这一基于人性的自然法原则可能干扰案件的公正审理。叶公这个事例可能引发的困境，毋宁说在刑事诉讼法中“窝藏、包庇罪”条款的规定上会明显表现出来。尤其是，当法律没有规定近亲属作为证人的回避制度时，当事者就要在“父子相隐”的自然法原则与实定法规定的法律义务之间，进行权衡并做出决断。

**[朱注]**

父子相隐，天理人情之至也。故不求为直，而直在其中。

**樊迟问仁。子曰：“居处恭，执事敬，与人忠。虽之夷狄，不可弃也。”**

**[文义]**

樊迟问为仁的方法。孔子说：“为仁具体说来就是三件事：当他闲居独处时，要做到恭，即不散漫放肆；当他做事时，要做到敬，即兢兢业业不懈怠；当他与人交往时，要做到忠，即实心实意，不自欺欺人。即使到了偏远落后的边疆地区，这三件事也要坚守而不能放弃。”

**[评唱]**

此章是樊迟第三次向孔子问仁；前两次孔子的回答是“仁者先难而后获，可谓仁矣”（《论语·雍也第六》）和“爱人”（《论语·颜渊第十二》）。孔子依据对话的情境，三次给出了不同的回答。此章实际提出了为仁者时“存心”的方法。日常生活中固然当如此，即便身处患难，也能坚守此心，所谓“造次必于是，颠沛必于是”（《论语·里仁第四》）。另外，“虽之夷狄，不可弃也”一语，表明了这些方法的普遍性，它们不因语言、文化、种族、宗教等的不同而发生变化。儒学是一种普遍主义，就表现在其观念与方法的普遍适用上。

**[朱注]**

恭主容，敬主事。恭见于外，敬主乎中。

子贡问曰：“何如斯可谓之士矣？”子曰：“行己有耻，使于四方不辱君命，可谓士矣。”曰：“敢问其次。”曰：“宗族称孝焉，

**乡党称弟焉。”曰：“敢问其次。”曰：“言必信，行必果，硁硁然小人哉！抑亦可以为次矣。”曰：“今之从政者何如？”子曰：“噫！斗筲之人，何足算也！”**

**[文义]**

子贡问道：“如何做才能称得上是士呢？”孔子说：“首先，立身处世要有羞耻意识，不做违背正义的事情；其次，还要有干事的才能，奉命出使外国时能进退有据，不让使命受辱。能做到这些，他可以说就是士了。”子贡又问：“那次一等的标准是什么呢？”孔子回答说：“善事其亲，宗族都称赞他；善事其长，邻里都称赞他。也就是说，如果他能做到孝悌，也可说是士。”子贡继续问道：“那再退一步，还有什么判断士的标准吗？”孔子回答说：“虽然见识与器量浅狭，不知大义如何，但出言必求信实，行事必求结果，且对此固执坚定，如硁硁然坚硬的石头一样，这可以算是再次一等的标准吧。”子贡又问：“那当今的为政者如何呢？”孔子回答道：“哦，你说那些人呀！他们不过有斗升的小才，气量狭小浅陋，哪里能称得上是士呢！”

**[评唱]**

人但凡能“言必信，行必果”，虽不知大义所在，但其行为尚有可观之处，能避免无耻，故可视为第三等的士的标准。当时的为政者或许有点小才华、小聪明，但见识浅薄狭隘，在行为操守上更是多有无耻的记录，堪称无德无行，故孔子说他们“何足算也”，轻蔑之情溢于言表，决不以任何意义上的“士”称呼他们。其实，在华夏世界的政治观念中，“士”有着高度的规范含义，而不是一般意义上有官位的“士大夫”，也不是今天一般意义上的“读书人”或“知识分子”。“士不可以不弘毅，任重而道远”（《论语·泰伯第八》），这是曾子对“士”

提出的规范；“行己有耻”，时刻遵循正道而行，有高度的自省意识，这是孔子的“士”的标准。

**[朱注]**

果，必行也。硁，小石之坚确者。小人，言其识量之浅狭也。

筲，竹器，容斗二升。

**子曰：“不得中行而与之，必也狂狷乎！狂者进取，狷者有所不为也。”**

**[文义]**

孔子说：“如果没有能行中正之道的人，那我一定会和狂狷的人在一起吧！狂者志向远大，虽然不够笃实，但能奋力进取；狷者有所不为，虽然不够通达，但能洁身自好。狂者和狷者若能再进一步，即可得中道而行。”

**[评唱]**

狂者和狷者为华夏世界中的两种文化人格，其教化作用仅次于得中道而行的圣贤。凡俗的人们多是不得中道而行的人，孔子只赞赏其中的狂者和狷者，认为前者有锐意进取的向上意志，后者有有所不为的底线意识；这些气质略加修正变化，他们就会成为有着教化万民能力的君子。

**[朱注]**

行，道也。狂者，志极高而行不掩。狷者，知未及而守有余。盖圣人本欲得中道之人而教之，然既不可得，而徒得谨厚之人，则未必能自振拔而有为也。故不若得此狂狷之人，犹可因其志节，而激厉裁抑之以进于道，非与其终于此而已也。

**子曰："南人有言曰：'人而无恒，不可以作巫医。'善夫！""不恒其德，或承之羞。"子曰："不占而已矣。"**

**[文义]**

孔子说："南国人常言：'人而无恒，不可以作巫医。'这句话说得真对啊！""《易》上有占辞：'人若无恒德，其行为可能遭致耻辱。'"孔子说："此言是正理，人们只是没有加以玩味而已。"

**[评唱]**

持之有恒，专注于自己的事业，这是儒家极为重视的方法。有人认为"巫医"虽然是卑贱的工作，但若"无恒"也做不好，所以人要有恒。其实，巫与医同样需要广泛而精深的知识。在儒学的观念中，一个人若无恒心，做事反复无常，那鬼神必因其不诚而不为所动，其巫术自然不会有效验；同样，他的医术也必因其三心二意而不能精专。一个人专业是否能精专、学识是否深厚，与其是否能心无旁骛地将自身投入到自己的学业事业当中息息相关。南国人这句话的意思，就是要一个人敬事敬业，而不是朝秦暮楚、心猿意马。

**[朱注]**

巫，所以交鬼神。医，所以寄死生。

**子曰："君子和而不同，小人同而不和。"**

**[文义]**

孔子说："君子行事以和谐为原则，不随意求同；小人表面上也求同存异，其实常与人发生冲突。"

**[评唱]**

从内在修养上看，君子与他人交往时，内心坦坦荡荡，尽是天理的本然流露；君子与天理相和，所以言语行动处处显现出春风般的温和气象。小人与他人交往时，也往往表现出求同存异的形象，但这多出于满足自己私利私欲的阿谀逢迎，时刻偏离天理的本然，所以无法与他人、与自身和谐相处，心灵处于躁动不安的无明状态。

君子的“和而不同”与小人的“同而不和”，在共同体生活中有着截然不同的功用。据史载，周幽王的太史史伯曾与郑桓公谈论朝政，认为周王朝“必弊”，也就是必然会衰落，理由之一就是“去和而取同”——排斥与自己不同的意见，只采纳与自己相同的看法。史伯这样论述说：“夫和实生物，同则不继。以他平他谓之和，故能丰长而物归之。若以同裨同，尽乃弃矣。”（《国语·郑语》）意思是说，和谐才能生发万物，单调一致则无法维持下去。把不同的东西加以协调平衡，这就是“和”；而用相同的东西互相补足，这种东西用尽就完了。

史伯的这番说法，其实是一篇出色的“和谐论”。“和”或“和谐”的前提是承认多样性，承认多元，尊重包括人们价值观在内的世间万事万物的差异；各种多样性要素相互作用，会产生新的事物，或者维持事物的持续存在，这就是“和实生物”。反过来说，如果只是一味求同，推崇一种声音与唯一的观念，那么无论如何增加这种“同”的事物，都不会产生和谐的整体，还会最终消耗殆尽。这就如同生态体系一样，只有多样的种群共生，才能维护生态体系的平衡，让各种生物都能找到生存发展的空间。君子的“和而不同”，就是真正的“和谐”。

在具体的政治实践中，华夏世界的政治家们很早就注意到了“和实生物”的价值。比如，周厉王暴虐无道，为防止国人对他的抱怨和批评，大开杀戒，“国人莫敢言，道路以目”；厉王听不到怨言，沾沾自喜。周召公说，你这只是堵住了国人的嘴而已，可是“防民之口，甚于防川。川壅而溃，伤人必多，民亦如之。是故为川者决之使导，为民者宣之使言”；“民之有口，犹土之有山川也”（《国语·周语上》）——堵住人民的嘴巴，比堵塞河流还要可怕；河流决堤会伤人，人民被剥夺言论自由同样如此。因此，为政者只能让人民畅所欲言，就如同治理江河，只能疏通河床，使之畅通一样。

再比如，《左传》中还记载有这样一个著名的对话。子产主政郑国时，一些郑国人聚集于“乡校”中，对政府多有议论和批评，于是有人建议子产“毁乡校”，将其关闭。子产回答说：“其所善者，吾则行之；其所恶者，吾则改之。是吾师也，若之何毁之？我闻忠善以损怨，不闻作威以防怨。岂不遽止？然犹防川：大决所犯，伤人必多，吾不克救也；不如小决使道，不如吾闻而药之也。”孔子听到这些说法后，赞叹说：“以是观之，人谓子产不仁，吾不信也。”（《左传·襄公三十一年》）孔子从子产的言论中读出“仁”，可谓是对“和实生物”这种真正的“和谐”机制和精神的最高赞叹。

**[朱注]**

和者，无乖戾之心。同者，有阿比之意。

**子贡问曰：“乡人皆好之，何如？”子曰：“未可也。”“乡人皆恶之，何如？”子曰：“未可也。不如乡人之善者好之，其不善者恶之。”**

**[文义]**

子贡问道：“同乡的人都喜好他，这个人怎么样？”孔子说：“还不可以说他就是贤人。”子贡又问：“那反过来说，同乡的人都厌恶他，这个人怎么样？”孔子说：“还不可说他就是恶人。不如按照这个标准来判断：乡里的善人都喜好他，乡里的不善之人都厌恶他，那他一定是贤人。”

**[评唱]**

儒者“同己不与，异己不非”（《孔子家语·儒行解》）——儒者不从自己的关系上赞同或攻击他人，所以儒者能“特立独行有如此者”，能卓尔不群。一个人得到“善者好之”固然好，但未若得到“不善者恶之”，后者几乎立刻坐实了这个人的贤能。因为嫉妒、排挤、构陷那些或有才华或志行高洁的人，这几乎是“不善者”的标准动作，古今皆然。

**子曰：“君子易事而难说也，说之不以道不说也；及其使人也器之。小人难事而易说也，说之虽不以道说也；及其使人也求备焉。”**

**[文义]**

孔子说：“有君子人格的人，容易为他做事，但想取悦他却难——不以正道取悦他，他不会高兴；而等到君子用人时，他会根据一个人的才能，量才使用，让人各尽其能，所以容易为他做事。有小人人格的人，难以为其做事，但容易取悦他——虽然不以正道取悦他，他仍然高兴；而等到他使用人时，却求全责备，百般挑剔，让人无所适从，所以难以为他做事。”

**[评唱]**

小人无真正的本领在身。其在上位时不知“事”当如何办理，非但外行指挥内行，往往还求全责备，甚至百般刁难下属；及其在下位时，时刻想取悦在上位者，善于左右逢迎，借以谋取个人私利。那些平时在上级面前每每阿谀逢迎，在下属面前动辄声色俱厉的人，就是小人。君子有道在身，行事正好相反。

**子曰："君子泰而不骄，小人骄而不泰。"**

**[文义]**

孔子说："君子心灵宁静平和，不心高气傲，而是安闲从容；小人为物欲所束缚，骄奢淫逸，肆无忌惮，所以绝无片刻的安闲从容。"

**[朱注]**

君子循理，故安舒而不矜肆。小人逞欲，故反是。

**子曰："刚毅木讷，近仁。"**

**[文义]**

孔子说："刚强，坚韧，质朴，迟钝，这四种气质接近仁。"

**[评唱]**

刚毅的人不会轻易屈从于自己的私欲，不会轻易被外物所诱惑；而木讷的人，心思自然不易向外发散，不会飘忽不定，不容易为外物所左右。相反，资质懦弱、心思不定的人，或者那些伶牙俐齿的人，几乎无法坚守自己的内心，结果成为动物性欲望的俘虏。与这些人相比，"刚毅木讷"的人更接近人之所以为"人"的天然本质，所以更接近"仁"。

**子路问曰："何如斯可谓之士矣？"子曰："切切偲偲，怡怡如也，可谓士矣。朋友切切偲偲，兄弟怡怡。"**

**[文义]**

子路问道："如何做才能称得上是士呢？"孔子说："就与人交往而言，如果能做到告诫人时情意恳切，详加劝勉，并能和颜悦色，这个人就可称得上是士了。朋友以义合，所以要以诚相待，详加劝勉；而兄弟以人伦维系，要能和颜悦色，以体现自然的亲情。"

**子曰："善人教民七年，亦可以即戎矣。"**

**[文义]**

孔子说："善人以仁义礼智、忠义孝悌教化民众七年，必有所成，这时让他们上战场也无妨了。"

**子曰："以不教民战，是谓弃之。"**

**[文义]**

孔子说："如果平素不如此对民众进行教化，而骤然驱使他们走向战场，那就等同于抛弃他们了。"

**[评唱]**

儒家思想以其和平主义闻名，《论语》中也多有所记载，比如，"子之所慎：齐，战，疾"（《论语·述而第七》，这一条记载表明孔子平日对"战争"非常慎重，但万不得已而不得不动用武力时，孔子也不回避征战。但孔子赞同的"征战"毕竟是仁者的战争，而不是相反。以上二章谈"善人教民"，谈"以不教民战"，正是仁者在为可能发生的正义战争而准备。顺便要指出的是，儒家的和平主义和反战思想，最终在《孟子》中得到了完全的呈现。

## 宪问第十四
## 事功：政治伦理学的困境

**宪问耻。子曰："邦有道，穀；邦无道，穀，耻也。""克、伐、怨、欲不行焉，可以为仁矣？"子曰："可以为难矣，仁则吾不知也。"**

**[文义]**

原宪问什么是耻。孔子说："国家有道，政治清明而不能有所作为，只是空吃着俸禄，这就是耻；国家无道，政治昏暗而不能拯救，或者不能洁身而退，而是继续吃着俸禄，这同样是耻。"原宪又问道："好胜、自矜、怨恨、贪欲，如果身上没有这些缺点，那可以称为仁吗？"孔子说："可以说是难能可贵，但能否说是仁，我就不知道啦。"

**[评唱]**

孔子的弟子原宪为人"狷介"，人品高洁，安贫乐道，有所不为，对"耻"自然有极高的自觉意识和体悟。据记载，原宪曾居于"环堵之室，茨以蒿莱，蓬户瓮牖，揉桑而为枢，上漏下湿，匡坐而弦歌"；简单地说就是家徒四壁，编草为门，破瓮为窗，屋顶漏雨，但却能正坐诵诗，且以琴瑟和之，乐在其中，气象不减颜回。有一天，子贡"乘肥马，衣轻裘"来见他，结果"轩车不容巷"，高大的马车差点没通过小巷子；见到原宪后，他开口就问：你的生活怎么这么困难啊？这句话让原宪很不高兴，于是回应说："若夫希世而行，比周而友，学以为人，教以为己，仁义之匿，车马之饰，衣裘之丽，宪不忍为之也。"（《韩诗外传·卷一》）他的意思是说，迎合世俗社会，交游、自修、教化都是出于一己之私，行事上背离仁义，讲究车马排场和服饰华丽，这是我原宪不肯去做的。子贡本意或许只是探望朋友，对这些道理也不是不懂，但原宪的这一番话怼得他哑口无言，让他非常尴尬。我们由此也可见原宪虽安贫乐道，但内心仍有棱角，远不如颜回浑厚。

所以，他向夫子请教何谓耻，当有进一步检点自己得失的愿望。孔子当然明白，于是就其气质可能出现的偏差，给出了"邦有道"和"邦无道"两种状况下的"耻"的问题。对于原宪所代表的狷介类型的人格而言，当然会以"邦无道"时继续领取俸禄为耻辱，但在"邦有道"时若没有积极的作为，领取俸禄同样是耻辱。"邦有道，贫且贱焉，耻也；邦无道，富且贵焉，耻也。"（《论语·泰伯第八》）——贫贱或富贵自身不是"有耻"或"无耻"的标准，而是要看行为是否符合正道正义："不义而富且贵，于我如浮云。"（《论语·述而第七》）君子爱财，取之有道，原宪对子贡进行的那番含沙射影的说法，只能让子贡感到尴尬。

狷介类型的人多有政治洁癖，俗称"不粘锅"，即便国家整体上政治清明，他们也可能不愿意投身于注定是不洁白的政治现实当中，而无所作为。他们虽然维护了自我认同的完整，行事上逻辑一致，给人以高洁的形象，但对于政治共同体而言无疑是一种损失。德国社会学家马克斯·韦伯（Max Weber，1864—1920）曾比喻说，政治是用力而缓慢穿透硬木板的工作，为政者需要政治热情，需要"为政治而生"的信念支撑才能有所作为（《学术与政治》）。孔子对"邦有道"情况下"耻"的描述，正是要激发人格上有操守、有自律的人的政治热情，让他们能发挥更积极的作用。

虽然如此，作为伟大的教育家，孔子并不会直接告诉弟子们应该出仕还是隐退，而是希望弟子们既能从自己内在的热情出发，又能遵循天理道义的原则，经过权衡后决定自己的行动。对于政治实践中的这种难题，韦伯曾提出有名的“信念伦理”（Gesinnungsethik）与“责任伦理”（Verantwortungsethik）的区分方法。韦伯主张说，真正有志于政治事务的人，在遵循自己内心的信念行动的同时，要认识到社会自身的不完美与凡俗的人们自身的缺陷，要意识到自己对他人负有的责任，因为出自自身纯洁的意念的行动，可能会引发恶的后果。反过来说，如果对自身的政治责任有更高的自觉，那么在开始行动前就要重新审视一下自己的道德确信，以在必要的时刻做出让步。本章可视为孔子进行的正直伦理教育。

**[朱注]**

穀，禄也。

宪之狷介，其于邦无道穀之可耻，固知之矣；至于邦有道穀之可耻，则未必知也。故夫子因其问而并言之，以广其志，使知所以自勉，而进于有为也。

**子曰：“士而怀居，不足以为士矣。”**

**[文义]**

孔子说：“身为士却贪恋居室的舒适，那他就称不上是士了。”

**[评唱]**

“君子怀德，小人怀土”（《论语·里仁第四》），“士而怀居”就是“小人怀土”，私其身于一家，不复有天下国家之志，与小人无异也。

**子曰：“邦有道，危言危行；邦无道，危行言孙。”**

**[文义]**

孔子说：“国家有道，言辞要呈现高远的志向，以激励自己锐意进取，行为上要呈现高洁的风范，这就是‘危言危行’；国家无道，行为依然要保持高洁，以为乱世提供精神的灯塔，但言辞要谦卑，以避免群小的嫉恨与迫害。”

**[评唱]**

本章同样是教诲君子，在政治生活中，要在信念和行动之间做出谨慎的权衡。

**[朱注]**

危，高峻也。孙，卑顺也。

**子曰：“有德者必有言，有言者不必有德。仁者必有勇，勇者不必有仁。”**

**[文义]**

孔子说：“有德者对道有真切实在的体认，所以言辞也必然符合正道；反过来说，有言者可能只是善于语言上的技巧和矫饰，未必真正有得于心。仁者无私，故能见义勇为；反过来说，勇者可能只是血气之勇，他未必真有仁义在心。”

**[评唱]**

本章形式上说“德”是“言”的标准，“仁”是“勇”的标准，但推而广之，“仁”与“德”可以说是判断一切人间事务的标准。

**［朱注］**

有德者，和顺积中，英华发外。能言者，或便佞口给而已。仁者，心无私累，见义必为。勇者，或血气之强而已。

**南宫适问于孔子曰："羿善射，奡荡舟，俱不得其死然；禹、稷躬稼而有天下。"夫子不答。南宫适出，子曰："君子哉若人！尚德哉若人！"**

**［文义］**

古代有穷国的国君羿善于射箭，灭夏后，为其臣寒浞所杀；寒浞的儿子奡力气大，能在陆地上行舟，后来也被杀害。南宫适问孔子说："从前，羿善于射箭，奡能陆地荡舟，但都死于非命；大禹治水，受尧的禅让而有天下，稷亲自播种五谷，传至周武王后获得天下。"孔子没有回应。等到他退下去后，孔子赞叹道："这个人真是君子啊！这个人真是尚德啊！"

**［评唱］**

形式上，南宫适只说出了人们周知的一些历史事实，而没有进一步发挥，但他内心应该有所得，认识到了"德"才是判断政治和历史的最终标准。孔子相信弟子有这样的认识，所以也没有多言。等到他离开后，孔子愈发觉得南宫适此言难得，所以不禁对其大加赞美。

**子曰："君子而不仁者有矣夫，未有小人而仁者也。"**

**［文义］**

孔子说："君子有志于仁，念兹在兹，但偶尔或因懈怠而不仁；

小人的心灵为欲望所汩没，纵然偶尔天理萌动，内心闪现出一丝善念，但也随之湮灭，旋即又陷入无明状态，所以说小人无仁。”

**[朱注]**

谢氏曰:“君子志于仁矣,然毫忽之间,心不在焉,则未免为不仁也。”

**子曰：“爱之，能勿劳乎？忠焉，能勿诲乎？”**

**[文义]**

孔子说：“爱护其人，能不勉励他勤于劳作吗？忠于其人，能不以正道对他进行教诲吗？”

**[评唱]**

人们谈及爱时，每每以骄纵姑息为爱，殊不知此为盲目的溺爱，结果往往是害了他；人们谈及忠时，往往以顺承不违为忠，殊不知此为盲目的愚忠，结果往往也是害了他。

**子曰：“为命，裨谌草创之，世叔讨论之，行人子羽修饰之，东里子产润色之。”**

**[文义]**

孔子说：“从前，郑国制定行政命令时，先由大夫裨谌起草，接着世叔加进来进行讨论，然后负责出使的子羽对文辞加以增删，最后再由子产对辞藻加以润色。”

**[朱注]**

裨谌以下四人，皆郑大夫。

郑国之为辞命，必更此四贤之手而成，详审精密，各尽所长。是以应对诸侯，鲜有败事。

**或问子产。子曰："惠人也。"问子西。曰："彼哉！彼哉！"问管仲。曰："人也。夺伯氏骈邑三百，饭疏食，没齿无怨言。"**

**[文义]**

有人问郑国子产这个人如何，孔子说："他是一个宅心仁厚、能施恩惠于人民的惠人。"他又问子产的同宗兄弟子西如何，孔子说："他呀！他呀，没有什么值得称颂的。"那人又接着问管仲如何，孔子回答说："他算是个堂堂正正的人物。他为相时，桓公削夺了大夫伯氏的封地三百户，将其转封给他，伯氏虽然由此粗茶淡饭，但至死对管仲都毫无怨言。"

**[评唱]**

管仲是春秋时代齐国的著名政治家，孔子多次以他为事例，对弟子进行政治教育。政治家以事功为取向，在实践中能呈现其干才的高低，但从理想的规范的角度来看，政治家亦必有其所失之处。孔子就曾有"管仲之器小哉"（《论语·八佾第三》）的评论，对其失礼的一系列行为进行了批评。在此章中，伯氏封地被削，最容易引发怨恨，但他却终身无怨，可见管仲在为政人格上的挺立，故孔子以"人"称许他。

对于子产，孔子曾评价他说："有君子之道四焉：其行己也恭，其事上也敬，其养民也惠，其使民也义。"（《论语·公冶长第五》）孔子以"惠"称赞子产，本章更是将其称为"惠人"，而对于管仲，虽然也是赞誉有加，但也只以"人也"评价他——管仲算是个堂堂正正的人物，但在处理百姓日常事务上并无突出的"惠"的实绩可言。其实，管仲辅佐齐桓公尊王攘夷，九合诸侯，一匡天下，其政治才华主要表现在外交领域中，所以孔子也是在这个大格局上评价管仲“如其仁”（本篇）。而子产为政三年，就有民谣唱诵道：“我有子弟，子产诲之；我有田畴，子产殖之”（《左传·襄公三十年》），足见其为政三年就取得了成效，获得了百姓的支持，也就获得了“惠”乃至“仁”的本义。

**[朱注]**

伯氏，齐大夫。

盖桓公夺伯氏之邑以与管仲，伯氏自知己罪，而心服管仲之功，故穷约以终身而无怨言。

**子曰：“贫而无怨难，富而无骄易。”**

**[文义]**

孔子说：“贫者多怨天尤人，富者多骄奢淫逸；但前者做到无怨比较难，而后者做到无骄相对容易。”

**[评唱]**

贫为逆境，人多不堪其忧，难免心生抱怨，而“富为顺境，但稍知义理，而守其常分者，便可以自制，故富而无骄，犹为人之所易”（《四书直解》）。“富而无骄易”，所以孔子才对富者进一步提出了“富而好礼”（《论语·学而第一》）的要求。

**子曰：“孟公绰为赵、魏老则优，不可以为滕、薛大夫。”**

**[文义]**

孔子说：“鲁国大夫孟公绰廉静寡欲，而才干不足；如果担任晋国赵、魏二家的家老，也就是家臣之长，当然是绰绰有余，但却无法担任即使像滕、薛这样的小国的大夫，因为大夫的责任更加重大。”

**子路问成人。子曰：“若臧武仲之知、公绰之不欲、卞庄子之勇、冉求之艺，文之以礼乐，亦可以为成人矣。”曰：“今之成人者何必然？见利思义，见危授命，久要不忘平生之言，亦可以为成人矣。”**

**[文义]**

子路问如何能成为一个真正自我实现的人。孔子说：“如果有臧武仲那样的智慧，有孟公绰那样的寡欲，有卞庄子那样的勇气，有冉求那样的才艺，再用礼乐加以节制、调教身心，那他就可以说是真正成人了。”孔子接着说道：“不过，现今所谓的成人，也不必尽如此。一个人若能做到见利思义，见危授命，也就是临财不苟得，临难不苟免，平日与人有约定，时日长久也不忘记，这也可以算是成人了。”

**[评唱]**

成人，字面含义就是成为一个真正的人。成为一个真正的人，就是内有所守、外有所方，必然在仁、义、礼、智、信上都有所成就，也就是能将天赋的这些品性加以实现。这样的人行为自然美、自然善，而其中的集大成者，就成为华夏世界中有着圣神一般品格的存在。现代社会单以人的自然年龄为判断成人与否的标准，仅仅是出于法律适用问题的考量。在儒家观念中，如何成人是关乎个体幸福与群体文明维系的根本问题。有人虽然在法律上超过了成人的标准，但在观念与行事上，可能还未成年，甚至不如幼童，也就是今人所言的“巨婴”。

**[朱注]**

成人，犹言全人。武仲，鲁大夫，名纥。庄子，鲁卞邑大夫。

授命，言不爱其生，持以与人也。久要，旧约也。

**子问公叔文子于公明贾曰："信乎？夫子不言、不笑、不取乎？"公明贾对曰："以告者过也。夫子时然后言，人不厌其言；乐然后笑，人不厌其笑；义然后取，人不厌其取。"子曰："其然，岂其然乎？"**

**［文义］**

孔子向公明贾询问卫国大夫公孙文子的情况时，说道："这是真的吗？听说你们夫子平日不说话，不嬉笑，丝毫不取于人，这是真的吗？"公明贾回答说："这是传话的人说错了。我们夫子是在该说的时候说，从不妄言，所以别人不厌烦他说话；在该笑的时候笑，从不苟笑，所以别人不厌烦他笑；在符合道义的时候才取，从不妄取，所以别人不厌烦他取。"孔子说："原来是这样，难道他真能做到这样吗？"

**［朱注］**

然此言也，非礼义充溢于中、得时措之宜者不能。文子虽贤，疑未及此，但君子与人为善，不欲正言其非也。故曰"其然岂其然乎"，盖疑之也。

**子曰："臧武仲以防求为后于鲁，虽曰不要君，吾不信也。"**

**［文义］**

孔子说"臧武仲得罪于鲁国君，出奔于邾；他从邾返回到自己的封地防后，请鲁君立其子嗣继承封地。他回到自己的封地后如此要求，虽然说不是要挟君主，但我不相信。"

**子曰："晋文公谲而不正，齐桓公正而不谲。"**

**[文义]**

孔子说："晋文公多用阴谋诡计，行事不由正道，而齐桓公则光明正大，不使阴谋诡计。"

**[评唱]**

齐桓公、晋文公虽然都是霸主，都建立了功业，但双方在心术和行事原则上却不同。本章当有上下文的语境，孔子就事论事，而不是对二者功业进行整体评价。

**子路曰："桓公杀公子纠，召忽死之，管仲不死。"曰："未仁乎？"子曰："桓公九合诸侯不以兵车，管仲之力也。如其仁，如其仁！"**

**[文义]**

子路说："齐桓公即位后迫使鲁君杀害了其弟公子纠，同时请侍奉公子纠的召忽和管仲回国任职。召忽追随公子纠自杀，但管仲没有殉死，而是请求被押解回齐。回到齐国后，桓公当即解开管仲身上的绳索，用其为相。"子路接着说："如此看来，管仲是仁者吧？"孔子回答说："桓公多次主持诸侯会盟，缔造了和平，但都未借助兵车军队，这全靠管仲的力量。这就是管仲的仁，这就是管仲的仁啊！"

**[朱注]**

如其仁，言谁如其仁者，又再言以深许之。盖管仲虽未得为仁人，而其利泽及人，则有仁之功矣。

**子贡曰："管仲非仁者与？桓公杀公子纠，不能死，又相之。"子曰：**

“管仲相桓公，霸诸侯，一匡天下，民到于今受其赐。微管仲，吾其被发左衽矣。岂若匹夫匹妇之为谅也，自经于沟渎而莫之知也。”

**［文义］**

子贡说：“管仲不算是仁者吧？桓公杀害了公子纠，他非但未能为君殉节，反而还辅佐桓公。”孔子说：“管仲辅佐桓公，称霸诸侯，平正天下，人民至今还享受着他带来的恩惠。如果没有管仲，现在可能是异族统治，我们得按照他们的习俗，散着头发，衣襟左开吧。管仲有如此大功，哪里像那些匹夫匹妇一般，只知道守着狭隘的信念，自缢于沟渎当中，而不为后世所知呢？”

**［评唱］**

孔子不轻易以“仁”称许具体人物，但此时却罕见地以“仁”称许管仲，其实依据的是“仁”的政治标准——管仲不为公子纠死难，于当时流俗的道德观念来看，自然有瑕疵；但若以其后来的行事来看，管仲能尊王攘夷，重新确立和平的政治秩序，功业可谓巨大。正是在这个大的政治格局上，孔子看到了管仲行为导致的“仁”的结果。在这个意义上，说管仲是一个真正的政治家也不为过；而作为真正的政治家，他要按照政治固有的伦理行动，而不是普通百姓的愚忠观念。历史上的那些大政治家、大英雄，如果仔细看来，他们难免在个人行为或操守上有瑕疵，但他们往往创造了影响文明进程的事业。政治伦理学要求行动者对自身的伦理信念和政治责任时刻进行审慎的思考和权衡。

围绕管仲功业的高低问题，后世儒家多有争论。比如，孟子的评价就与孔子颇为不同。他说，“功烈，如彼其卑也”（《孟子·公孙丑上》）——考虑到管仲获得了桓公那么高的信任，执政时间那么长，他取得的功业就算不上什么了。孟子认为，以管仲所处的形势，他实现王道本应该是易如反掌，但却以霸业告终，那就是他缺乏“仁”的志向与动机的结果。南宋时代，朱子和当时的思想家、文学家陈亮（1143—1194）围绕这些问题，展开过有名的“王霸之辩”。陈亮有强烈的事功志向，主张“义利双行，王霸并用”，而朱子则批评他“追点功利之铁以成道义之金”。陈亮的观点符合政治伦理学的要求，但朱子对管仲追求“利”的批评，也获得了历史自身的支持——管仲如果能提高自己的为政标准，在国内确立基于“仁”的统治秩序，而不是按照功利主义原则行事，那么他的事业也不会在他殁后不久就被毁掉（田浩《功利主义儒家》）。

其实，这种争论涉及对事实的评价问题，自然没有结果。有意思的是，虽然朱子在理论上反对陈亮“义利双行，王霸并用”的现实主义策略，但事实上又赞同孔子对管仲的评价，认为管仲有“仁之事功”。在与门人的讨论中，有人问，管仲之心既不仁，为何取得“仁者之功”呢？朱子其实面临着一个非常棘手的问题：“仁者之功”只有“仁者”才能做出来吗？朱子通过举出汉高祖、唐太宗的事例，只能给出否定的回答。但这并不意味着他输掉了与陈亮的辩论；朱子可以继续主张说，如果汉高祖、唐太宗是“仁者”，那他们就会取得更高的功业。这就再次回到了孟子的判断。

朱子和门人之间的下面一则对话或许更富有意味。有人说，假如子路、子贡直接问“管仲仁乎”，而不是以否定性的“未仁”“非仁”评价，那孔子应该会有不同的回答。朱子听后，“良久曰：‘此说却当’”（《朱子语类·卷第四十四》）。也就是说，如果弟子直接问管仲是否是“仁人”，孔子会给出否定的回答。朱子之所以要思考“良久”，其实正是他面临着“信念伦理”和“责任伦理”的难题；他要做出审慎的权衡。

子贡从具体的行事角度论管仲是否“仁”，孔子就从同一平面上给出了“如其仁”的评价，这是评价历史人物时要注意的地方。陆九渊在论及如何评价历史人物时，有一段非常中允的说法，这里抄录如下：“铢铢而称之，至石必缪；寸寸而度之，至丈必差；石称丈量，径而寡失，此可谓论人之法。且如其人，大概论之，在于为国、为民、为道义，此则君子人矣。大概论之，在于为私己、为权势，而非忠于国、徇于义者，则是小人矣。若铢称寸量，校其一二节目而违其大纲，则小人或得为欺，君子反被猜忌，邪正贤否，未免倒置矣。”（《陆九渊集》）简单地说，如果只是盯着那些大政治家、大英雄行事上的一些小的亏欠，结果可能就会出现本末倒置的认识。

**公叔文子之臣大夫僎，与文子同升诸公。子闻之，曰：“可以为‘文’矣。”**

**[文义]**

公叔文子的家臣大夫僎有贤才，公叔文子向卫君举荐，使其与自己同列于公朝之上。孔子听闻这件事，说道：“他殁后获得谥号‘文’字，可以说名副其实啊。”

**[朱注]**

洪氏曰：“家臣之贱而引之使与己并，有三善焉：知人，一也；忘己，二也；事君，三也。”

**子言卫灵公之无道也。康子曰：“夫如是，奚而不丧？”孔子曰：“仲叔圉治宾客，祝鮀治宗庙，王孙贾治军旅，夫如是，奚其丧？”**

**[文义]**

孔子曾经谈到卫灵公的昏聩无道。季康子于是请教说：“如果是这样，为何他能保住国君的位置，没有中途丧亡呢？”孔子回答说：“卫灵公虽然无道，但他能用对三个人：仲叔圉掌管对外的宾客礼仪，祝鮀掌管内部的宗庙祭祀，王孙贾掌管军队。能如此用人，怎么会途中就丧亡呢？”

**[评唱]**

古今中外，聪明能干的君王极少，多数极为平庸，与众人无异同，因此如何用人，就成为为政者的大事。张岱在评论本章时，引述了当时的一句俗语，这样写道：“‘贫家勤扫地，丑妇净梳头’，也救得一半，则人才之关系于国家也如此。”（《四书遇》）传统中国的举贤和科举考试，就是为政者选拔人才的制度。

**子曰：“其言之不怍，则为之也难。”**

**[文义]**

孔子说：“一个人若大言不惭，那他做起事来就困难重重了。”

**[朱注]**

大言不惭，则无必为之志，而不自度其能否矣。欲践其言，岂不难哉？

**陈成子弑简公。孔子沐浴而朝，告于哀公曰：“陈恒弑其君，请讨之。”公曰：“告夫三子。”孔子曰：“以吾从大夫之后，不敢不告也，君曰‘告夫三子’者！”之三子告，不可。孔子曰：“以吾从大夫之后，不敢不告也。”**

**[文义]**

齐国大夫陈成子弑杀了齐简公。孔子斋戒沐浴后，上朝报告鲁哀公说："陈恒弑杀其君，请出兵讨伐。"当时鲁国由孟孙、叔孙、季孙三家掌权，哀公不能自专，于是哀公回答说："将事情告知三家，听听他们的意见吧。"孔子退下来后说："因为我忝列大夫中间，所以这等大事不敢不告诉国君，国君竟然说'将事情告知三家'！"孔子将提议一一告诉了三家，三家都说不可。孔子说："因为我忝列大夫中间，不敢不报告啊。"

**[评唱]**

孔子知道当时鲁国由三家专权，哀公无法做主，也知道三家必不出兵讨伐，但仍然将讨伐乱臣贼子的"大义"先告知国君，然后一一告知三家，其用意显然在于给哀公示警，同时暗示三家不可造次。另外，本章记录孔子主动要求动用武力进行征伐，可见"弑君"关系到政治的大义，而不是一家一姓的兴亡。

**子路问事君。子曰："勿欺也，而犯之。"**

**[文义]**

子路问如何事君。孔子说："不能欺骗他，但又能对其犯颜谏诤。"

**[评唱]**

孔子对于弟子的疑问，每每因材施教，回答都有针对性；但对于以正直和勇气著称的子路而言，"勿欺也，而犯之"显然不是问题，那孔子为何有这样的回答？想来，欺上瞒下，阿谀奉承，这些堕落的行为或许在当时的官场已经广泛流行，夫子深有感慨，故有此一说吧。

**子曰："君子上达，小人下达。"**

**［文义］**

孔子说："君子心存天理，心志清明，天天向上；小人物欲横流，心志无明，日渐沉沦。"

**［评唱］**

谚语云："从善如登，从恶如崩。"（《国语·周语下》）君子上达，选择的是克服人的动物性欲望的逆自然之路，故需要精神力量加以支持，而收获则是美善和欢喜的人生。相反，小人在动物性的欲望中浑浑噩噩度日，全然不知生而为人的尊贵之处就在于克服此种欲望的束缚，进入自由、美善与欢喜的心灵境界。

**［朱注］**

君子循天理，故日进乎高明；小人殉人欲，故日究乎污下。

**子曰："古之学者为己，今之学者为人。"**

**［文义］**

孔子说："古代学者学习的目的是成就自我，现代学者学习的目的是取悦他人。"

**［评唱］**

前者为君子，后者为小人；"君子之学也，以美其身；小人之学也，以为禽犊。"（《荀子·劝学》）古之学者为己，实现上天赋予人的全部潜能；今之学者为人，将自己的存在寄托于他人的评价与外物的得失上，其目的在于获得"禽犊"，即获得物质上的回馈。后者必然是一个丧己、物化乃至沉沦的过程。

**[朱注]**

程子曰："为己，欲得之于己也。为人，欲见知于人也。"

**蘧伯玉使人于孔子。孔子与之坐而问焉，曰："夫子何为？"对曰："夫子欲寡其过而未能也。"使者出，子曰："使乎！使乎！"**

**[文义]**

卫国大夫蘧伯玉派遣使者看望孔子。孔子让使者入座后，问道："最近夫子在做什么呢？"使者回答说："我们夫子每日只是想着少犯一些过错，但还是未能做到。"使者离开后，孔子称许说："真是一位好使者啊！真是一位好使者啊！"

**[评唱]**

孔子对蘧伯玉的人格操守了然于心，才能如此赞叹其使者善于言辞。当然，孔子对使者的赞誉，其实也是对蘧伯玉自身的赞誉。

**子曰："不在其位，不谋其政。"（重出）**

**曾子曰："君子思不出其位。"**

**[文义]**

曾子说："君子思考事物，不超出他所处的位置。"

**子曰："君子耻其言而过其行。"**

**[文义]**

孔子说："君子若徒有虚言而无实际行动，就会感到羞耻。"

**[评唱]**

君子是有高度自我意识的人，所以有敏锐的羞耻感。"古者言之不出，耻躬之不逮也。"（《论语·里仁第四》）孔子以推尊"古者"的方式，反衬今人"言之不怍"、大言不惭以及由此而来的自我意识上的麻木。

**子曰："君子道者三，我无能焉：仁者不忧，知者不惑，勇者不惧。"子贡曰："夫子自道也。"**

**[文义]**

孔子说："君子日常践行的道路有三条，即仁、智、勇，我都还没有做到。仁者爱人而没有私心，所以没有忧愁；智者内心虚灵不昧，不为欲望遮蔽，所以没有困惑；勇者正气浩然，内心坦荡，所以临事不惧。"子贡听到后，感叹道："夫子其实是在说他自己呀。"

**[评唱]**

在旁人看来，孔子道全德备，于仁、智、勇三德皆登峰造极，但在孔子自己看来，"道"既广大无边又深奥精微，承认自己"无能焉"不仅仅是谦辞，而是因为自己有着对"道"的真切体认。子贡口中的"夫子自道"多解作"夫子自述"，其实还可以解释为"夫子以道自导"——夫子通过公开声明"我无能焉"，激励、导引自己继续践行正道。

**子贡方人。子曰："赐也贤乎哉？夫我则不暇。"**

**[文义]**

子贡讥评他人。孔子说："赐啊，你就那么贤明吗？我可没有闲暇评论人家。"

**[评唱]**

唯有真正的贤者，才有余力评价他人的短长；孔子说自己"不暇"，说自己没有工夫谈论他人，实则警示子贡，若专务"方人"，就会忘记自修进德的本分。人们在日常生活中对他人多有议论、抱怨、苛责，多于事无补，徒然浪费光阴与精力；若能将这些时间和精力用于读书做事，不断提振自我，勇猛精进，假以时日，当有所成。换个角度说，我们与他人交往时，要能认识到他人的长处，取长补短，所谓"三人行，必有我师焉。择其善者而从之，其不善者而改之"（《论语·述而第七》）。同理，对于世界上其他民族，我们也要专注于学习、吸收他们的长处，如此才可能发展进步。华夏文明能历经数千年而不绝，正与其取长补短、兼收并蓄的底层思维逻辑有关。

**子曰："不患人之不己知，患其不能也。"**

**[文义]**

孔子说："不担心别人不知道自己，而要担心自己没有相应的能力。"

**[评唱]**

君子"遁世不见知而不悔"（《中庸》）、"遁世无闷"（《周易·乾卦第一》）。君子之学为己，为自己真正有所得，为成就自身生命的完美；小人之学为人，汲汲于获得他人的承认与评价，行事的原则无非就是满足自己的私利私欲。

子曰："不逆诈，不亿不信，抑亦先觉者，是贤乎！"

**[文义]**

孔子说："不事先猜测他人会欺诈自己，不事先估计他人会不相信自己，而是要内心坦坦荡荡，以诚待人；虽然如此，他人若欲欺诈我，或者不相信我，我能立刻觉察出来，这可以说是贤明啦！"

**[评唱]**

君子"不逆诈，不亿不信"的待人原则，可与"子绝四：毋意、毋必、毋固、毋我"（《论语·子罕第九》）同时看。要言之，孔子要君子以坦坦荡荡、清清白白的心灵面对混浊的世界，否则这个世界就将陷入尔虞我诈的状态；这种状态的极致情形，就是"人人彼此为敌"或者说"一切人反对一切人"的战争状态（a war of all against all）——即英国著名政治哲学家霍布斯（Thomas Hobbes，1588—1679）在其名著《利维坦》中设想的自然状态。孔子教人以"不逆诈，不亿不信"的清澈心境面对浊世，饱含救世情怀。《大学》有言："小人闲居为不善，无所不至，见君子而后厌然，掩其不善而著其善。"这一脍炙人口的说法实际上说明了社会为什么没有彻底沉沦、没有陷入霍布斯设想的恐怖的自然状态——君子的存在打破了社会沉沦的螺旋。君子坦荡荡，他们自身是社会的清流，对社会起着天然的净化作用。小人在君子面前"掩其不善而著其善"，就是这种净化作用发挥效力的时刻。

**[朱注]**

逆，未至而迎之也。

诈，谓人欺己。不信，谓人疑己。抑，反语辞。言虽不逆不亿，而于人之情伪，自然先觉，乃为贤也。

**微生亩谓孔子曰："丘何为是栖栖者与？无乃为佞乎？"孔子曰："非敢为佞也，疾固也。"**

**[文义]**

当时有一位名叫微生亩的隐士，他对孔子说："你孔丘为何栖栖遑遑，周游列国啊？难道是想逞口舌之利，获取功名利禄吗？"孔子回答说："我哪里敢逞口舌之利，只是厌恶有些人固执己见啊。"

**[评唱]**

孔子一生忙忙碌碌，时人或多不解，而后世多有知音。唐明皇李隆基曾作《经鲁祭孔子而叹之》，诗云："夫子何为者，栖栖一代中。地犹鄹氏邑，宅即鲁王宫。叹凤嗟身否，伤麟怨道穷。今看两楹奠，当与梦时同。"首联化自此章，颔联言物是人非、世间变迁，颈联言孔子终身不遇、壮志难酬，尾联言孔子获得了后世的承认和敬仰。从这首诗来看，唐明皇强于很多的后世评论家，因为他至少以其后见之明，看到了孔子最终的成就，可以说是孔子的"半个知音"。不过，明皇在颈联中用"嗟""怨"这样的字眼，说明他对孔子心灵世界的理解并未超出世俗的范围——"求仁而得仁，又何怨？"（《论语·述而第七》），孔子对于自己的事业自然无怨无悔。所以，我们只能说唐明皇只是孔子的"半个知音"。

**子曰："骥不称其力，称其德也。"**

**[文义]**

孔子说："人们称赞马中的良马，即骥，并不是称赞它能有日行千里的力气，而是称赞骥的性情出类拔萃，称赞它的德性啊。"

**[评唱]**

德才兼备者往往为人群中极少数人，而对于这样的人，人们又往往愿意称颂其德而非其才；由此可见，相比于才，德更为稀缺。

**或曰："以德报怨，何如？"子曰："何以报德？以直报怨，以德报德。"**

**[文义]**

有人问道："以恩德酬报怨恨，怎么样？"孔子回答说："那如何回报恩德呢？应该以正直的态度和做法处理自己与他人之间的怨恨；不因自己的私心私利而加重或减轻应对的方式，这就是以直报怨。而对于他人的恩德，自己必须以恩德加以回报。"

**[评唱]**

如何应对"怨"，人类的精神导师们提出了几种方案，试看以下几种说法：老子言"报怨以德"（《老子·第六十三章》）；耶稣言："有人打你的右脸，连左脸也转过来由他打；有人想要告你，要拿你的里衣，连外衣也由他拿去；有人强逼你走一里路，你就同他走二里；有求你的，就给他；有向你借贷的，不可推辞。"（《圣经·新约·马太福音》）而唐代和尚寒山与拾得的问对，更是广为流传。寒山问拾得："世间有人谤我、欺我、辱我、笑我、轻我、贱我、恶我、骗我，如何处治乎？"拾得回答："只是忍他、让他、由他、避他、耐他、敬他、不要理他，再待几年，你且看他。"显然，宗教性伦理观念，无论是博爱、宽容还是忍让，多与人们的日常观念有紧张关系。尼采曾这样写道："如果我们以德报怨，消弭人与人之间的差异，那么情形就会大为好转。"（《权力意志》）尼采在其著作中一直在对宗教尤其是基督教道德进行不遗余力的批判，他的上述说法，显然“不怀好意”。

对照来看，孔子“以直报怨，以德报德”的态度，更符合人们在日常生活中的义理人情，也是人们日用而不知的实践。

**[朱注]**

于其所怨者，爱憎取舍，一以至公而无私，所谓直也。

**子曰：“莫我知也夫！”子贡曰：“何为其莫知子也？”子曰：“不怨天，不尤人，下学而上达。知我者其天乎！”**

**[文义]**

某日，孔子感叹说：“大概没有人理解我吧！”子贡闻言，问道：“您说没有人理解您，是什么意思？”孔子回答说：“大道不行，我当然知道；但我既不埋怨上天，也不责怪他人；我只是在下面的层面上，也就是在日常生活当中不断反省自修，着实用功，循序渐进，逐渐上升到上面的道的层面。人们多不明白这其中的道理，或许只有上天知道我吧！”

**[评唱]**

孔子为实现自己的理想，一生栖栖遑遑，漂泊不安，“累累若丧家之犬”（《史记·孔子世家第十七》），因而在世俗人们的眼中，孔子内心可能会心生怨恨，或者牢骚满腹。此章可能是孔子针对世人的这种看法有感而发。其实，孔子以求道行道为己任，下学上达，求仁得仁。由于有着对“道”与“天”的真切体认，行事与天地合德，实现了天人合一，所以孔子才自然而然地感叹说“知我者其天乎”。“精神还仗精神觅”（汪藻《赠丹青僧了本》），对“道”没有一定程度的认知和体认，自然无法明白孔子的心境。所以，凡俗的人们不可简单以己意揣度孔子的心境，需要保持谦卑和敬畏。

上不怨天，下不尤人；无忧无惑无惧，这又是心灵宁静的呈现，也是人生获得至福的自然表达。那凡俗的人们如何能走上这条通向至福的道路？孔子的回答简易而平实：下学而上达。在日常的生活、学习、工作等各个领域当中，能时刻学习、践行君子的正道，内心自然就会获得净化，精神获得提振，最终会体验到心灵的无限纯净、辽阔以及无比的欢喜。

**[朱注]**

不得于天而不怨天，不合于人而不尤人，但知下学而自然上达。此但自言其反己自修，循序渐进耳，无以甚异于人而致其知也，然深味其语意，则见其中自有人不及知而天独知之之妙。

（程子）曰："学者须守下学上达之语，乃学之要。盖凡下学人事，便是上达天理。然习而不察，则亦不能以上达矣。"

**公伯寮愬子路于季孙。子服景伯以告，曰："夫子固有惑志于公伯寮，吾力犹能肆诸市朝。"子曰："道之将行也与，命也；道之将废也与，命也。公伯寮其如命何？"**

**[文义]**

鲁国人公伯寮向季孙进谗，图谋陷害子路。大夫子服景伯将此情形告诉了孔子，说道："季孙因为公伯寮的谗言，已经对子路产生了怀疑；但我有能力向季孙说明此事，并让季孙诛杀公伯寮，让他陈尸于闹市。"孔子说："不可。大道将行，这是命；大道将废，这也是命。他一个公伯寮，又怎会影响命呢？"

**[评唱]**

孔子虽欲匡正朝纲，但非正道不行。面对公伯寮向季氏进谗诋毁子路的策略，子服景伯针锋相对，意欲以同样的手段将其除掉。但这并不是正道，于大局是否有益更是无人能知。常言道，“尽人事以听天命”，但须知“尽人事”有其自然法则，只有行事符合正道、符合“义”，才有“听天命”可言。

其实，“命”与“义”是支撑华夏心灵世界的两种观念与规范。庄子曾借孔子的名义说，“天下有大戒二：其一命也，其一义也”（《庄子·人间世》），正意味着二者缺一不可。钱穆又进一步解释说：“人道之不可违者为义，天道之不可争者为命。命不可知，君子惟当以义安命。凡义所不可，即以为命所不有。故不得于命，犹不失吾义。常人于智力所无可奈何处始谓之命，故必尽智力以争。君子则一准于义，虽力有可争，智有可图，而义所不可，即斯谓之命。”（《论语新解》）对于芸芸众生而言，天命因为高深玄远可不必知，而义理人情因其卑近则不可不知，而后者是通向前者的道路。

**子曰：“贤者辟世，其次辟地，其次辟色，其次辟言。”子曰：“作者七人矣。”**

**[文义]**

孔子说：“天下无道时，贤者首先会躲避污浊的社会，归隐山林；其次，贤者会避开混乱的国家；再次，贤者会因上位者礼貌衰减、面色难看而躲避离去；再其次，贤者会因不好的言论环境而躲避离去。”孔子说：“选择隐遁的人，已经有七位了。”

**[评唱]**

儒家以博爱、慈悲为怀，积极用世，但也同时准备了退出机制，也就是本章所言的贤者的四种“辟”的选择。“既明且哲，以保其身”（《诗·大雅·烝民》），这是儒家政治哲学中非常重要的一个原则。

**[朱注]**

程子曰：“四者虽以大小次第言之，然非有优劣也。所遇不同耳。”

**子路宿于石门。晨门曰：“奚自？”子路曰：“自孔氏。”曰：“是知其不可而为之者与？”**

**[文义]**

子路夜宿于石门。掌管城门的人问道：“你来自哪里？”子路回答说：“我从孔氏门下来。”掌管城门的人闻言，说道：“就是那位知其不可而为之的孔子吧？”

**[评唱]**

孔子意欲有为于世，在当时的贤者看来不可行，甚至孔子自身也“知其不可”，知道大道难行，但与其他人不同的是，孔子深知天命所在，并不因此而废人事。“大厦如倾要梁栋，万牛回首丘山重”（杜甫《古柏行》），孔子因其才大而难为世用，但反而成就了华夏世界最为光辉的人格。钱穆言：“晨门一言而圣心一生若揭，封人一言而天心千古不爽。”（《论语新解》）掌管城门的小吏有意无意道出的“知其不可而为之”一语，其实是对孔子仁爱、慈悲心灵本质的刻画。另外，此语尚有几丝悲壮气息隐约其中，孔子的英雄主义人格由此跃然纸上。

**子击磬于卫。有荷蒉而过孔氏之门者，曰：“有心哉！击磬乎！”**

**既而曰："鄙哉！硁硁乎！莫己知也，斯己而已矣。深则厉，浅则揭。"子曰："果哉！末之难矣。"**

**[文义]**

孔子在卫国时，某日击磬作乐。这时，有一位背着草器的隐士经过，听到孔子击磬声后说道："这位击磬者，有心事啊！"随即，他又说道："这声音硁硁然有坚定固执的意思，真是粗鄙啊！天下没有人知道自己，只有自己知道自己而已。既然如此，那就应该顺应潮流。如《诗·邶风·匏有苦叶》中所言：水深时就踩着石头过河，水浅时就提起衣裳过河。"孔子闻言，感叹道："此人真是果断忘世啊！我无法反驳他了。"

**[评唱]**

天下无道时，相时而动，或见机而作，或洁身而退，这是贤者的基本行为规范，孔子也每每赞誉这种品性。但"知其不可而为之"，试图以一己之力力挽狂澜，这需要有大爱愿、大勇气、大智慧与大力量，而这也正是儒家文化所孕育出的独特的心智结构，并作为精神源泉支撑华夏文明的绵延不绝与生生不息。

本章的对话在《论语》中极富特色：对话的双方并未直接见面。首先，"荷蒉"者偶然听到孔子"击磬"的乐音，随即根据乐音对孔子进行了评论；当这些评论传达到孔子的耳中后，孔子又间接做出了回应，对话于是完成。这显然是一种高端对话，或者说心灵对话——它以音乐为媒介，要以双方精通音乐为前提，而文字只是对蕴藏于音乐中的"心"的解读，这就是所谓的"感通"原理。《孔子家语·六本》记载有孔子对击钟的评论："夫钟之音，怒而击之则武，忧而击之则悲。其志变者，声亦随之。故志诚感之，通于金石，而况人乎？"——人的心志如果得到了真切的感发，会和金石乐器的声音相通。因此，本章的对话也从侧面反映了孔子的“志诚”。这种“诚”使得孔子一举手一投足都足以为后世立法，垂范后昆。

孔子曾经对弟子们说：“吾无行而不与二三子者，是丘也。”（《论语·述而第七》）就本章来说，孔子“击磬”同样是在向弟子们垂教；但能否从孔子的言行中接收到那些富有价值的消息，则有赖于听者是否有心。

**子张曰：“《书》云：‘高宗谅阴，三年不言。’何谓也？”子曰：“何必高宗，古之人皆然。君薨，百官总己以听于冢宰三年。”**

**[文义]**

子张问道：“《尚书》上说：‘商王高宗武丁居丧时，三年不曾言语。’这句话是什么意思？”孔子回答说：“何必只说高宗呢，古人都是这样。先王驾崩后，朝廷百官坚守各自的岗位，然后听命于太宰，所以国君三年可不必发号施令，也就是所谓的‘三年不言’了。”

**子曰：“上好礼，则民易使也。”**

**[文义]**

孔子说：“在上位者如能好礼，按照规章制度与规范行事，那么百姓就会同样好礼，既不会犯上作乱，也不会彼此欺诈，而会乐于听从为政者的指挥，乐于为邦国效力了。”

**[评唱]**

本章“易使”的含义如果从反方向上看，就会一目了然：如果在上位者不知守礼，贪污腐败，恣意妄为，那百姓非但不会轻易服从指挥，还会揭竿而起，公然违抗。换言之，“上好礼”，百姓未必听从指挥，但要远远胜过“上不好礼”的情形。退一步而言，如果“上不好礼”，动用强权逼迫百姓，百姓或许不敢反抗，或许只能忍气吞声，但政治的正当性会迅速流失，政权会变得外强中干，最终必然会土崩瓦解。这种逻辑在现代社会中同样在发挥着作用。

**子路问君子。子曰：“修己以敬。”曰：“如斯而已乎？”曰：“修己以安人。”曰：“如斯而已乎？”曰：“修己以安百姓。修己以安百姓，尧、舜其犹病诸！”**

**[文义]**

子路问如何才能成为君子。孔子回答说：“用严肃、郑重、庄敬的态度存心养性，自我省察，也就是修己以敬，就可成为君子。”子路问说：“如此就可以了吗？”孔子回答说：“继续修己，让周围的人生活安乐从容。”子路仍觉得不足，就继续问道：“如此就可以了吗？”孔子回答说：“继续修己，让天下的百姓生活安乐从容。修己以安百姓，即使是尧、舜，仍觉得自己做得不够完满啊！”

**[评唱]**

“敬”在《论语》中多次出现，是孔子极为重视的一个概念。朱子在解释“道千乘之国：敬事而信，节用而爱人，使民以时”（《论语·学而第一》）一章时，将“敬”训为“主一无适之谓”，即心有所守，专一而不放逸。相对于仁、智、勇这三种君子的内在德性，“敬”是君子修身进德的一个极其重要的实践方法。无论是对人对事还是对己，“敬”就是心无旁骛，专注于将自己投入到对象当中，按照事理的本然行事。“君子敬以直内，义以方外”（《周易·坤卦第二》）——

君子以恭敬不苟促进内心的正直，以行事符合其宜来端正外在的形象。宋代新儒家屡屡引述这一说法，足见“敬”在儒学思想体系中的地位。

孔子“修己以安百姓”的说法，可理解为对儒家“内圣外王”的核心政治理想与行动方案的表达，而“修己以安人”可以说是这种政治实践在小范围内的起点。当涉及更大的政治共同体时，“安百姓”就有大量的工作需要做，礼乐刑政要悉数上场，对君子而言必然是“任重而道远”（《论语·泰伯第八》），不可不努力奋斗。现代社会更是政治、法律、道德、宗教等多种体系相互叠加、相互作用的复合系统，缺乏其中的任何一种可能都无法做到“安百姓”，因而对“君子”或“为政者”的“修己”提出了更宽、更高的要求。孔子言“尧、舜其犹病诸”，正是以此表达“君子”既要志向高远，又要脚踏实地——“安百姓”为至高的目标；退而求其次要“安人”，要让自己身边的人能安心、放心；再退一步，要能做到“敬以直内”，让自己的行为符合君子的基本操守。

在前面的篇章中，我们知道子贡非常善于问问题；从本章看，子路也很善于刨根问底，将对话深入下去。

**原壤夷俟。子曰：“幼而不孙弟，长而无述焉，老而不死，是为贼！”以杖叩其胫。**

**［文义］**

孔子的老朋友原壤在等待孔子到来时，蹲踞在那里，懒散傲慢邋遢，毫无礼法，不知检点。孔子见状说道：“你在年幼时不知谦逊孝悌的礼仪，成年后无一善状可陈，如今又老而不死，言行举止败常乱俗，真是祸害人的贼啊！”说完，就用手杖轻叩其小腿，让他赶快站起来，不要蹲踞。

**[评唱]**

孔子对这位故旧非常严厉，非但在言辞上深恶痛责，还以手杖“叩其胫”，以示惩戒。但凡蹉跎岁月，悠游度日，不知修己进德日新者，都可在原壤身上看到或多或少自己未来的影子，读者不可不警醒。

**阙党童子将命。或问之曰：“益者与？”子曰：“吾见其居于位也，见其与先生并行也。非求益者也，欲速成者也。”**

**[文义]**

孔子的乡里阙党有一童子，代长者传音报信。有人看到后问孔子道：“这对童子而言，会有所进益吗？”孔子回答说：“我看见他大模大样地坐在长者的位置上，而没有按照礼坐在旁边；我也看到他与长者并行，而不是循礼跟随在后。我看他不是学有进益，而是急于求成啊。”

**[评唱]**

教育的最终目的是心性的涵养，智力的开发内在于这个心性涵养的过程当中；拔苗助长、急于求成，无疑会妨碍对心性的涵养。现代教育有着明确的功利主义目标，但求人能有一、二实际的功用即可，皆是“欲速成者也”。这一教育形式与手段本质上是近代工业文明的内在要求，固然有其合理的一面，但不能无弊。现代社会的古典教育、人文教育，实质上发挥着纠正现代工业主义教育之偏的作用。

# 卫灵公第十五

## 华夏世界的贵族精神

**卫灵公问陈于孔子。孔子对曰："俎豆之事，则尝闻之矣；军旅之事，未之学也。"明日遂行。在陈绝粮，从者病，莫能兴。子路愠见曰："君子亦有穷乎？"子曰："君子固穷，小人穷斯滥矣。"**

**［文义］**

卫灵公向孔子询问有关列阵行军的事宜。孔子回答说："祭祀时如何陈设俎、豆等礼器的事情，我曾经有所耳闻；军旅的事情，我未曾学过。"第二日，孔子就离开了卫国。到了陈国后，粮食断绝，跟随者都因饥劳而病，无法站立起来。子路来见孔子，面带愠色，说道："君子难道也有陷于穷困窘境的时候吗？"孔子回答说："穷通得丧，并非人力全能把握。君子当然有穷困时，但君子于穷困中能固守其志，以义命自安；小人则相反，一旦处于穷困当中，就会变得更加放肆，胡作非为了。"

**［评唱］**

"岁寒，然后知松柏之后凋也"（《论语·子罕第九》），危机时刻往往是让人显现"自我"，让人遭遇"存在"自身的时刻；人的心灵也往往会在这个时刻发生转换或跃迁，进入更高的层级。现实生活中，很多人正是在遭遇生活的某种危机时，特殊的机缘让他们心灵跃迁至宗教信仰的层面；借助宗教上某种绝对者的力量，他们实现了对自己所面临的危机的克服。

孔子对于遭到围困一事，并不感到意外；物来顺应，甚至弦歌依旧，泰然处之，这是德性带来的大力量。“天之未丧斯文”（《论语·子罕第九》），这是孔子从作为宗教意义上的绝对者的“天”那里获得的讯息。子路虽然自负有勇气，但毕竟修养不足，未能成就一种基于德性的大力量。面对困境，他一筹莫展，在孔子面前也毫不掩饰自己不高兴的神色，其实这正是他人格的生动表达。经过这一次危机，经过孔子的教诲，子路的气质或许会有所变化。

**[朱注]**

陈，谓军师行伍之列。俎豆，礼器。

**子曰：“赐也，女以予为多学而识之者与？”对曰：“然，非与？”曰：“非也，予一以贯之。”**

**[文义]**

孔子说：“子贡啊，你以为我是广泛学习，然后一一认识其中的道理的吗？”子贡回答说：“是啊，难道不是这样吗？”孔子回答说：“不是啊，我有一个一以贯之的东西在里面。”

**[评唱]**

孔子曾直接教诲曾参说“吾道一以贯之”（《论语·里仁第四》），曾参认为孔子这个“一以贯之”的“道”就是“忠恕”。这是曾子基于自身的实践获得的认识，意思是说孔子在万事万物上都能推己及人。本章中的“一以贯之”，可以理解为“明德”或“明心”，因为心本来虚灵不昧，涵摄万事万物之理；通过明心，不使其为物欲所蒙蔽，不使其昏沉无明，就能自然恰当地应对事物，识别万事万物固有的道理，而无需一一学习。曾子事事落到实处，由内而外，自己悟出了孔子“一以贯之”的“道”；子贡博闻强识，需要向内用力，找寻到自己“一以贯之”的纲领。子贡聪颖，故孔子有此提醒。

**[朱注]**

子贡之学，多而能识矣。夫子欲其知所本也，故问以发之。

**子曰：“由！知德者鲜矣。”**

**[文义]**

孔子说：“子路！我来告诉你吧，知道什么是德的人很少啊。”

**[评唱]**

德者，得也。人若不是生而知之，那就要经过一番修行历练，才能激活仁、义、礼、智、信、温、良、恭、俭、让这些本来天赋于人、预先安置于人们心灵中的属性，并能或多或少将其转化为滋养心灵的源泉与支持行动的能量。这是一个内心由昏暗无明到得到点亮的过程。心灵得到了光亮，就是对“德”的获得，也就是孔子此处所言的“知德”。

**[朱注]**

德，谓义理之得于己者。非己有之，不能知其意味之实也。

**子曰：“无为而治者其舜也与！夫何为哉？恭己正南面而已矣。”**

**[文义]**

孔子说：“不待有所作为而天下大治，说的就是舜吧。他做了什么呢？他不过是恭恭敬敬地处于天子之位而已啊。”

**[评唱]**

孔子所言的“无为而治”有一个前提，那就是民众得到为政者圣德的感化，自发尊崇礼仪制度，形成自然的文明秩序。这是儒家版的“无为而治”，是为政的至善状态，只有在圣人治下才能实现。“为政以德，譬如北辰，居其所而众星共之”（《论语·为政第二》）以及“君子笃恭而天下平”（《中庸》）所言为同一事。不过，圣人以下的为政者若想达到天下大治，自然少不了积极有为的政治活动与伴随其中的辛劳。儒家的政治观念，注重理想主义与现实主义的结合与平衡。

提到“无为而治”，我们更容易想到老子的政治哲学思想，它来源于另外一种思路，或者说源于对现实的另外一种认知。老子所着眼的政治现实是，为政者中罕有圣人，贤者鲜少，多是平凡之人，乃至是庸人；这些人不修己德，不知节制与审慎的美德，专恃政治权力发号施令，名目繁多，欲令天下从己。殊不知，他们的“己”还处于蒙昧、昏聩、无明的状态，为动物性的欲望所蒙蔽；在他们的治下，百姓多数时刻苦不堪言，全无自由安全与尊严可言，为政者也因此要时刻面对百姓的揭竿而起，惴惴不安。所以，老子教诲为政者，当自身德行不全时，行“无为”之事才是为政的根本——让人民自由地去生活，他们会自发地形成社会秩序。

老子有言：“我无为而民自化，我好静而民自正，我无事而民自富，我无欲而民自朴。”（《老子·第五十七章》）老子认为民众有“自化”“自正”“自富”“自朴”的能力，这一方面体现了老子对政治权力压迫属性的敏感，因而试图阻止它进入民众的生活领域，防止民众的自由和尊严遭受侵害；另一方面，这些主张也说出了老子的政治理想主义，即老子认为民众有自我发展、自我教化并自然形成公正社会与政治秩序的能力。

不过，问题依然没有得到解决。自人们开始共同生活之时起，民众这种自我发展的能力必然会生产出人伦关系与政治秩序，后者对于人群而言具有强制性与约束力。如何面对人的这种自然、自由的活动与其结果之间的矛盾和冲突？儒家正是在这里开始了他们的哲学思考和政治实践活动。换言之，“无为而治”是政治的起点，同时是政治要达成的终点；但在起点和终点之间，有一条需要人来走的路。儒家思想关注的就是这条道路，也就是“人道”。

**[朱注]**

无为而治者，圣人德盛而民化，不待其有所作为也。独称舜者，绍尧之后，而又得人以任众职，故尤不见其有为之迹也。恭己者，圣人敬德之容。既无所为，则人之所见如此而已。

**子张问行。子曰：“言忠信，行笃敬，虽蛮貊之邦行矣；言不忠信，行不笃敬，虽州里行乎哉？立则见其参于前也；在舆则见其倚于衡也，夫然后行。”子张书诸绅。**

**[文义]**

子张问孔子，如何做才能事事通达无碍。孔子回答说：“言语上要忠实守信，行为上要笃厚恭敬，诚实而不虚伪，即使到了偏僻的蛮貊之邦、化外之地，这些做法也通行无碍。反过来说，言辞虚伪不实，行为乖张懈怠，那即使是在本州本乡内部，也行不通吧？忠信笃敬，站立时它们仿佛出现在自己面前一样，乘车时它们仿佛靠在车前的横木上一样。如此念兹在兹，须臾不离，才能通行四方。”子张闻言，将其记录在自己的衣带上，以此为自己的座右铭。

**[评唱]**

子张问如何是“行”，大致相当于问什么是“达”，即什么是通达、行得通。孔子给出了一个根本的回答：“行”不外乎是“言行”，而“言行”通行的标准不外乎是诚实、忠厚、严肃、认真，也就是为人的根本原则。这些为人的根本原则把持住了，那么做事、与人交往时事事通达可行，就顺理成章了。所以说，“君子务本，本立而道生”（《论语·学而第一》）。

**子曰：“直哉史鱼！邦有道如矢，邦无道如矢。君子哉蘧伯玉！邦有道则仕，邦无道则可卷而怀之。”**

**[文义]**

某日，孔子感叹说：“史鱼真是为人正直啊！国家有道时，他直言直语；国家无道时，他依然直言直语，就像那射出去的箭一般笔直。蘧伯玉真是君子啊！国家有道时，他积极参与政事，为国家服务；国家无道时，他就卷而怀之，收拾起行囊，飘然隐去。”

**[评唱]**

史鱼和蘧伯玉均为卫国的大夫。孔子对他们分别许以“直”与“君子”，均为赞誉，可见出处进退的抉择乃是“君子”教育的重要部分，也是判断一个人人格的重要依据。这些行为在广义上都属于政治伦理学。

**子曰：“可与言而不与之言，失人；不可与言而与之言，失言。知者不失人亦不失言。”**

**[文义]**

孔子说：“与人言谈，要考虑对方的见识深浅。比如，对方造诣精深，自己却未能与其深言，就会错失一个可与之交流的贤人；对方见识浅陋，自己却说得深刻，这就是失言，浪费口舌而已。智者有识人之明，既不失人，又不失言。”

**子曰：“志士仁人无求生以害仁，有杀身以成仁。”**

**[文义]**

孔子说：“志向高远，品行高洁，坚守仁义，这样的志士仁人不会为了求得生存而做出违背仁德之事；相反，他们临难不苟且偷生，常舍身而成就仁德。”

**[评唱]**

仁具有某种宗教性的力量，所以有“杀身以成仁”者。《孟子·告子上》中有“生，亦我所欲也；义，亦我所欲也，二者不可得兼，舍生而取义者也”的著名的说法，可以说正是对这一条语录的发挥。

**子贡问为仁。子曰：“工欲善其事，必先利其器。居是邦也，事其大夫之贤者，友其士之仁者。”**

**[文义]**

子贡问如何求仁。孔子说：“工匠如果想要将工作做得完美，一定要先磨砺工具，使其锋利。为仁之道同样如此：你在一个国家中居住，就要为大夫中的那些贤者做事，要与该国士人当中的那些仁者为友，借以提振自我，以友辅仁。”

**颜渊问为邦。子曰："行夏之时，乘殷之辂，服周之冕，乐则《韶》《舞》；放郑声，远佞人。郑声淫，佞人殆。"**

**[文义]**

颜渊问治国的纲领。孔子回答说："为邦治国、创制礼法，要善于吸收借鉴先人的文明，善于斟酌损益。举例来说，历法要用夏朝历法，木车要用商朝样式，礼帽要按照周朝礼制，音乐要取法舜帝时代的《韶》乐和武王时代的《武》乐；要禁绝郑国的音乐，放逐便佞的人。郑国的音乐过于放纵，便佞的人只会阿谀奉承，都会造成政治的不安定。"

**[评唱]**

颜渊的内在修为足以治天下，所以孔子只是就外在制度上略加提示，以明"内圣外王"的要义。孔子推崇周朝礼制，曾有"周监于二代，郁郁乎文哉！吾从周"（《论语·八佾第三》）的说法，但从本章来看，孔子主张在政治实践中不能抱残守缺、墨守成规，而是要博采众长、兼收并蓄。华夏文明的成就蔚为大观，历久弥新，与这种开放、包容的思维模式息息相关。

在本章中，我们还可再次看到孔子注重音乐的功能——"声音之道与政通"（《礼记·乐记》），音乐在民众的教化中扮演着极为重要的角色，所以孔子提出"放郑声"这一非常具体的政策。

另外值得留意的是，本章中孔子提出的"远佞人"的说法，一直为后世有为的政治家所铭记与实践，而在大约二千年后的欧洲，还得到了呼应。法国启蒙思想家卢梭（Jean-Jacques Rousseau，1712—1778）指出："在国君制之下，走运的人则每每不过是些卑鄙的诽谤者、卑鄙的骗子和卑鄙的阴谋家；使他们能在朝廷里爬上高位的那点小聪明，当他们一旦爬了上去之后，就只能向公众暴露他们的不称职。"（《社会契约论》）卢梭笔下的这些卑鄙的人，就是“佞人”，他们阿谀奉承，到处钻营，一旦掌握了权力，整个共同体都要为其私利私欲付出致命的代价。君主制固然为“佞人”当道提供了丰厚的土壤，共和制也无法完全将他们摒除在外。“远佞人”可以说是所有政体都面临的任务。

**[朱注]**

颜子王佐之才，故问治天下之道。曰为邦者，谦辞。

**子曰：“人无远虑，必有近忧。”**

**[文义]**

孔子说：“人如果没有长远的考虑，就一定会有眼前的忧愁。”

**[评唱]**

一个人如果没有“远虑”，没有对未来情形的考虑和打算，不做长远的计划与准备，他的目光就会为当下事物所吸引，势必苟且于眼前的安逸。而心灵一旦为当下的欲望所束缚，就必然会患得患失，这就是“近忧”。现代人多生活在某种焦虑状态当中，原因就在于心灵失去了对辽阔、空灵与无限的想念与追求。再进一步说，“人无远虑”这种精神状态自身，就是眼下要担忧的事情。“是故君子安而不忘危，存而不忘亡，治而不忘乱，是以身安而国家可保也。”（《周易·系辞下》）孟子将这种忧患意识进一步提炼，提出了“生于忧患而死于安乐”（《孟子·告子下》）的著名说法。

**子曰：“已矣乎！吾未见好德如好色者也。”**

**[文义]**

孔子某日感叹道："算了吧！我还未见到好德如好美色这样的人呢。"

**[评唱]**

本章是《论语》中第二次记录这一说法，此次为孔子的感叹。"好色"，爱好包括美色在内的一切美好事物，是人的天然本性；我们如果称其为人的自然本性，那"好德"则可称为人的社会本性。不过，这个社会本性同样是人的"自然本性"——"德"为具有高度灵性的人类所固有，所独有，舍弃了德，也就不能称其为人。因此，就整全的人格及其心智结构而言，"好色"只是"好德"中天然纯朴的那一部分。一个人如果能够将这种不言自明、毫无虚妄的"好色"之心加以扩充和推广，去喜好人之为人的本质属性，即"好德"，将天赋的德性与潜能悉数呈现出来，那就可以说是"好德如好色"了。本章文义还可参见《论语·子罕第九》篇中的解说。

**子曰："臧文仲其窃位者与！知柳下惠之贤而不与立也。"**

**[文义]**

臧文仲在鲁国为政，某日孔子评论说："臧文仲算是窃取官位的人吧。他明知柳下惠是贤人，却不向国君举荐，让他和自己同时站在朝堂上。"

**[评唱]**

德不配位与不忠于职守，以及今天人们所说的缺乏专业素养与职业精神，都属于"窃位"。孔子以一个语气浓重、语义严厉的"窃"字，将政治的公共性强烈地突显了出来。政治不是一家一姓的政治，而是人民的政治，是所有人的政治。君王与大臣是这种政治的主要代理人，所以是儒家政治教育的主要对象。

**[朱注]**

窃位，言不称其位而有愧于心，如盗得而阴据之也。

与立，谓与之并立于朝。

**子曰："躬自厚而薄责于人，则远怨矣。"**

**[文义]**

孔子说："对自己督责严格，对他人则多加包容，不求全责备，这样怨恨就少了。"

**[评唱]**

今人多言"严于律己，宽以待人"，在道理上相同。

**子曰："不曰'如之何如之何'者，吾末如之何也已矣。"**

**[文义]**

孔子说："一个平时不想着'怎么办、怎么办'的人，也就是一个不想着自己要时刻进行思考的人，我对他也没有什么办法了。"

**[评唱]**

孔子教育弟子时"不愤不启，不悱不发"（《论语·述而第七》），也就是等待弟子主动思考"如之何"的问题，然后再加以接引，让弟子能自己对所学有真切的感知。

**[朱注]**

如之何如之何者，熟思而审处之辞也。不如是而妄行，虽圣人亦无如之何矣。

子曰："群居终日，言不及义，好行小慧，难矣哉！"

**[文义]**

孔子说："终日聚集在一起，言谈全不涉及道义，喜欢卖弄小聪明，这样的人难以走上修德的正道啊！"

子曰："君子义以为质，礼以行之，孙以出之，信以成之。君子哉！"

**[文义]**

孔子说："君子行事以义为根本的原则，时时守礼，刻刻谦逊，以诚实守信的方式将事情做好。这样做真是君子啊！"

**[朱注]**

义者制事之本，故以为质干。而行之必有节文，出之必以退逊，成之必在诚实，乃君子之道也。

子曰："君子病无能焉，不病人之不己知也。"

**[文义]**

孔子说："君子只忧虑自己没有才能，不担心别人不知道自己。"

子曰："君子疾没世而名不称焉。"

**[文义]**

孔子说："君子非常忧惧自己殁后，没有好的名声流传于世。"

**[评唱]**

王阳明有言："实不称名，生犹可补，没则无及矣。"（《传习录》）君子固然不求名，但如果没有为身后留下一个好的名声，那意味着自己终生一无所成，徒然与草木同朽。儒家有著名的"三不朽"原则："太上有立德，其次有立功，其次有立言，虽久不废，此之谓不朽。"（《左传·襄公二十四年》）——立德、立功、立言，君子但凡成就其中一二，自己的名声就会在后世流传，就会使得自己的生命超越历史而进入永恒的世界。这是华夏世界的"不朽"观念，孔子就是"三不朽"的典范。我们今天阅读孔子留下来的说法，实质上就是接受孔子进行的一场跨越历史时空的教导，以及与孔子进行一场真切的对话。

**[朱注]**

范氏曰："君子学以为己，不求人知。然没世而名不称焉，则无为善之实可知矣。"

**子曰："君子求诸己，小人求诸人。"**

**[文义]**

孔子说："君子总是严格要求自己，小人总要求别人如何如何。"

**[评唱]**

君子事事点检自己，时时内省，惟恐过失在于自己，而小人不知点检自身，事事皆责备、推诿他人。君子为政，会建立一种责任制度体系，每个人都有明确的责任意识和使命意识；小人为政，必将推卸责任，即使是设计优良的制度也无法顺畅运行。小人无法做到"求诸己"，还因为他已经丧失了“己”，没有人格意义上的自我可言，行事完全为动物性的欲望所支配。

**[朱注]**

谢氏曰：“君子无不反求诸己，小人反是。此君子小人所以分也。”

**子曰：“君子矜而不争，群而不党。”**

**[文义]**

孔子说：“君子与人交往时，态度矜持庄敬，举止合乎礼法，不与人争名夺利；君子行事遵循道义，所以他与人交往时会合群友善，而不会曲意逢迎乃至结党营私。”

**[朱注]**

庄以持己曰矜。然无乖戾之心，故不争。和以处众曰群。然无阿比之意，故不党。

**子曰：“君子不以言举人，不以人废言。”**

**[文义]**

孔子说：“君子不会仅依据一个人的言辞就举荐他，也不会仅仅因为其行为有缺陷就不理会他的言辞。”

**[评唱]**

有言者未必有德，所以要听其言，观其行；反过来说，不能因为一个人在行为上有瑕疵，或者这个人与自己的立场不同，就连同他的言辞也一并否认。《论语》中有多处涉及如何评价他人的问题，可一并参看。

**子贡问曰："有一言而可以终身行之者乎？"子曰："其恕乎！己所不欲，勿施于人。"**

**[文义]**

子贡问道："有没有一个字，可以终身持守奉行呢？"孔子回答说："那应该是恕吧！推己及人为恕，所以己所不欲，勿施于人。"

**[评唱]**

"己所不欲，勿施于人"（《论语·颜渊第十二》），孔子在回答仲弓什么是仁时，曾有如此回答。在自己和他人的关系上，儒学推己及人的"恕"可以说是至高的行事规范；"己欲立而立人，己欲达而达人"（《论语·雍也第六》），就是这种"恕"原则的积极表达。

**子曰："吾之于人也，谁毁谁誉？如有所誉者，其有所试矣。斯民也，三代之所以直道而行也。"**

**[文义]**

孔子说："我对于他人的为人，哪有损毁，又哪有过誉的呢？损毁他人的声誉不可有，而赞颂他人的为人，却是扬善抑恶的一种方法。所以，我如果对一个人加以赞誉，那是因为他的名誉已经在人民当中广为传播，已然名副其实。这样的人民，就是让古时夏商周三代圣王能行正道的人民啊。"

**[评唱]**

三代能行正道，自然是圣人功业的呈现，但圣人的功业最终也要由人民来加以检验。所以，检验一个为政者声誉的唯一方法，就是去观察他在人民当中是否有声望，是否获得了人民的支持。从三代到当下，人民的这种角色并未发生变化。孔子对他人的赞誉，并不是出于个人的偏好，而是严格遵循了正道，就是一种“正道而行”的立场。

**[朱注]**

毁者，称人之恶而损其真。誉者，扬人之善而过其实。夫子无是也。然或有所誉者，则必尝有以试之，而知其将然矣。

**子曰：“吾犹及史之阙文也，有马者借人乘之。今亡矣夫！”**

**[文义]**

孔子说：“从前，我还看到了史书上有空缺的文字，看到有马的人借与他人乘用。如今，这些诚实的做法、热情的风俗都没有了！”

**[评唱]**

“史阙文”，即空着不写，是因为见闻不及，考据不足，此足见作者求真求实的精神；“马借人”，足见有马者的慷慨热情。孔子生于周道衰微之际，之所以念念不忘恢复周道，是因为他曾经见到过周道真实的美好，希望人们过上纯真、善良、美好、欢喜的生活。这正是孔子周游列国，欲有为于天下的热情所在。如今有很多人提倡传统文化，或许也是因为他们看到了美好生活的某种真实面貌，才意欲有所作为吧。

**[朱注]**

杨氏曰：“史阙文、马借人，此二事孔子犹及见之。今亡矣夫，悼时之益偷也。”

**子曰：“巧言乱德，小不忍则乱大谋。”**

**[文义]**

孔子说："花言巧语会败坏人的品德；小的地方不知道忍让，就会扰乱大的谋略。"

**[评唱]**

我们在第一篇中就曾读到"巧言令色，鲜矣仁"(《论语·学而第一》)的教诲，本章孔子言"巧言乱德"，可见孔子对语言的败坏极为重视。如果说花言巧语是个体意义上的语言败坏，足以败坏个人的品德，那么虚假的意识形态宣传就是群体意义上的语言败坏，足以败坏共同体的秩序。

**子曰："众恶之，必察焉；众好之，必察焉。"**

**[文义]**

孔子说："在用人或评价人的时候，如果众口一词，都说他不好，那自己必须仔细审查一下；反过来说，众口一词，都说他好，那自己也必须仔细审查一番。"

**[评唱]**

我们在前面多次讲过，如何识人用人是为政者的必修课。"特立独行"是儒家推崇的君子行事原则（《孔子家语·儒行解》），君子往往为其所处的人群所不解，甚至可能遭致他们的厌恶；而媚俗者致力于取悦他人，骗取他人信任，众人可能为其所蒙蔽，都说他好。孰好孰坏，自然需要独立的判断标准。子贡曾问及如何识别贤人的问题，孔子有"不如乡人之善者好之，其不善者恶之"（《论语·子路第十三》）的简易方法。

子曰："人能弘道，非道弘人。"

**[文义]**

孔子说："人能够让道发扬光大，而道自身并不会自动让人变得弘大，不会让人的天赋自动实现。"

**[评唱]**

儒家对人的主体性抱有至高的信任；孔子"仁远乎哉？我欲仁，斯仁至矣"（《论语·述而第七》），朱子"人外无道，道外无人"的说法都是至理。不过，"道"在现象上毕竟显现为一种外在的、超越的、客观的存在，而事实上将"道"视为绝对、视为无限、视为永恒，又是敏感、脆弱、无所依凭的人类心灵的内在要求。人要通过自己的努力与"道"建立关联，获得"道"对自己生命的援助与导引，从而获得终极的慰藉，而"道"自身也在这个过程中显现了出来。

张子说："人则可以管摄于道，道则管摄人……人则可以推弘于道，道则何情，岂能弘人也？"（《张载集》）人要在道中将自身的天赋属性完全加以实现，这就是"人能弘道"，而不是消极等待"道"的降临与拯救。"人能弘道"，坚定地朝向道走去，就是人拯救自身心灵的方法。

**[朱注]**

弘，廓而大之也。人外无道，道外无人。然人心有觉，而道体无为；故人能大其道，道不能大其人也。

子曰："过而不改，是谓过矣。"

**［文义］**

孔子说："犯了过错而不改正，那就真是过错了。"

**［评唱］**

孔子谆谆教诲，一片赤诚，跃然纸上。卫灵公荒淫无道，滥杀无辜，大夫士季好言好语相劝："人谁无过，过而能改，善莫大焉。"（《左传·宣公二年》）人非圣贤，孰能无过？这是人性的普遍现实情况，而过错往往给人以深刻、切实的教训，每每成为人幡然醒悟的绝佳良机，所以"过而能改，善莫大焉"首先就是一个事实，而不仅仅是鼓励人改过迁善的说法。孔门弟子中颜回能做到"不贰过"（《论语·雍也第六》），即过而能改，不重复犯错误；孔子特意提及颜回的这一优点，足见"不贰过"是儒学极其重要的方法论。

**［朱注］**

过而能改，则复于无过。惟不改则其过遂成，而将不及改矣。

**子曰："吾尝终日不食，终夜不寝，以思，无益，不如学也。"**

**［文义］**

孔子说："我曾经有整日不吃、整夜不睡而持续进行思索的经历，但没有获得什么收益，还不如踏踏实实地学习，必有所收获。"

**［评唱］**

"学而不思则罔，思而不学则殆"（《论语·为政第二》），学习与思考并行，将相得益彰，否则就是精神的空转，陷入观念或语言的游戏当中。

**子曰："君子谋道不谋食。耕也，馁在其中矣；学也，禄在其中矣。**

**君子忧道不忧贫。”**

**[文义]**

孔子说：“君子只考虑如何践行大道，而不谋划如何获得俸禄。亲自耕作，如果遭遇荒年，可能也会因粮食歉收而饥饿；君子为学，本为谋道，但如果学有所成，能为国家和社会服务，自然也就会获得俸禄。所以，君子只担忧如何修道以成德，而不担忧生活是否贫困。”

**[评唱]**

一个人的财富状况，非但取决于个人的努力，还取决于时代与社会的境况，后者多超过个体的把握范围，那就是人们常言的“境遇”或“命运”问题。但“道”则完全取决于个体的心志与修为，个体可以把握。“学也，禄在其中矣”，这是非常实在的说法；退一步而言，只要“道”在，人就能感受到生活的意义，乐在其中，“贫”自身就不会成为生活的主要问题，故曰“君子忧道不忧贫”。

**[朱注]**

尹氏曰：“君子治其本而不恤其末，岂以在外者为忧乐哉？”

**子曰：“知及之，仁不能守之，虽得之，必失之；知及之，仁能守之，不庄以莅之，则民不敬；知及之，仁能守之，庄以莅之，动之不以礼，未善也。”**

**[文义]**

孔子说：“一位为政的君子知道修己治人的正道，但有私欲夹杂其中，仁德不足以让他坚守，结果必然会偏离正道；他知道正道，其仁德又足以让他坚守，但如果不能以端庄、郑重的态度面对百姓，那百姓就不会有敬意；他知道正道，其仁德又足以让他坚守，他还能以端庄、郑重的态度面对百姓，只是在鼓舞教化百姓或者动用民力时，未能按照礼法来进行，这也称不上是尽善。”

**[评唱]**

人们通过学习，相对容易达到“知及之”的状态，也就是在知识上意识到什么是好的事物。然而，如果不能将这种认知与自己的心灵挂上钩，那知识将停留在知识的层面上，而和自己的人格与行事无关。对于为政者而言，不但要认识到正道与真理，还要以庄敬的态度、符合礼法的方式实践它们。亚里士多德说“政治学考察高尚与高贵的行为”，又说“政治学的目的不是知识而是行为”（《尼各马可伦理学》）；将这两句话合在一起，就近似于本章孔子对弟子进行的从“知及之”到“仁能守之”，再到“庄以临之”“动之以礼”的政治教育。

**子曰：“君子不可小知，而可大受也；小人不可大受，而可小知也。”**

**[文义]**

孔子说：“君子不可以从小事上去评价他，却可以担当大任；小人在小事上可能有所成就，却无法担当大任。”

**[评唱]**

尺有所短，寸有所长；君子小人在小事上亦各有长短，但在面临大节大事时，则非大力君子而不可为。观君子的为人，亦必须有君子的眼光和修养方可。

**[朱注]**

此言观人之法。知，我知之也。受，彼所受也。盖君子于细事未必可观，而材德足以任重；小人虽器量浅狭，而未必无一长可取。

**子曰："民之于仁也，甚于水火。水火，吾见蹈而死者矣，未见蹈仁而死者也。"**

**[文义]**

孔子说："水和火为百姓日常生活所必须，而仁对于百姓而言，比水火还重要。况且，水和火虽然为生活所必须，但有时又有害；我见过赴汤蹈火而死的人，但却从未见到遵循仁道而死的人。"

**[评唱]**

水和火是人维持动物性的自然生命时的必需品，而"仁"则是人超越动物属性而成为"人"，以及由此实现神圣生命的必备条件。自然生命因得水火而生，亦可能因水火而终结；神圣生命因得仁而成，并因仁而永恒。

**子曰："当仁不让于师。"**

**[文义]**

孔子说："在遇到自己当行仁义之际，就应该勇往直前，即使面对自己的师长也不必谦让。"

**[朱注]**

当仁，以仁为己任也。虽师亦无所逊，言当勇往而必为也。盖仁者，人所自有而自为之，非有争也，何逊之有？

**子曰："君子贞而不谅。"**

**[文义]**

孔子说：“君子要坚守正道，不要偏执、拘泥于小的信念或信用而不知变通。”

**[朱注]**

贞，正而固也。谅，则不择是非而必于信。

**子曰：“事君，敬其事而后其食。”**

**[文义]**

孔子说:“为君王工作,要专心职守,兢兢业业,而不应先考虑俸禄。”

**子曰：“有教无类。”**

**[文义]**

孔子说：“对所有人都进行同样的教育，不对人进行分类。”

**[评唱]**

孔子尝言:“自行束脩以上,吾未尝无诲焉。”(《论语·述而第七》)但凡遵循礼仪来学，孔子都对其加以教育。孔子之前，教育为贵族垄断和专享，按照身份类别进行，所以孔子开创的“有教无类”这一不以贵贱、贫富进行取舍的教育方法，后世学者普遍认为具有革命意义；这是一种真正普遍的平等主义教育，为现代教育的通行原则。

朱子言“君子有教，则人皆可以复于善”，揭示了孔子对教育与人性关系的认知——通过教育消弭人们在贵贱、贫富、智愚上的天然差距，这些分类标准也就不再有意义了。当然，朱子只是就教育的潜能而言，而非教育的结果。日本江户时代的大儒伊藤仁斋（1627—

1705）这样评论道："此言天下唯有教之可贵，而无类之可言。教法之功甚大，而世类之美恶，在所不论。盖人性本善，虽其类之不美者，然有学以充焉，则皆可以化而入于善矣。此所以孔子为万世开学问也。至矣，大哉！"伊藤仁斋以追寻《论语》的"古意"为学术理想，但就此章而言，其实与朱子并无不同。

当代日本学者子安宣邦注意到人们对"教"的不同理解，认为孔子在本章中是要"提醒人们注意，社会性存在的优劣差别的再生产，是社会集团内部的教育本身造成的"（《孔子的学问》）。显然，这是从教育结果的角度进行的解释。教育内容与方法的不同，诚然会造成不同的"类别"，但这也意味着，如何确定教育的内容，采用怎样的教育方法，才是事关教育成败的关键。孔子将这一教育的基础置于普遍的"仁"观念之上，以协助所有人实现各自的天赋潜能，这应该是伊藤仁斋赞颂孔子"至矣，大哉"的原因。

**[朱注]**

人性皆善，而其类有善恶之殊者，气习之染也。故君子有教，则人皆可以复于善，而不当复论其类之恶矣。

**子曰："道不同，不相为谋。"**

**[文义]**

孔子说："彼此走的道路不同，内心坚守的道不同，那彼此就不必进行谋议了。"

**[评唱]**

道不同，不必通过谋议强行谋求一致，也做不到一致，这时候就需要另外一种机制来协调这种"不同"的问题。公共生活，或者说政治生活由此开始。良善的政治生活就是要确立一种机制，让人们都能实现各自追求的“正义”。

**子曰：“辞达而已矣。”**

**[文义]**

孔子说：“内政外交的各种文辞要以达意为核心，不以辞句工整富丽为目标。”

**师冕见，及阶，子曰：“阶也。”及席，子曰：“席也。”皆坐，子告之曰：“某在斯，某在斯。”师冕出。子张问曰：“与师言之道与？”子曰：“然，固相师之道也。”**

**[文义]**

乐师冕目盲，来见孔子。孔子出来迎接，走到台阶时，告诉乐师说：“这里是台阶。”行到坐席边时，告诉乐师说：“这里是坐席。”大家都坐好后，孔子向乐师介绍说：“某人在这里，某人在这里。”师冕离开后，子张请教道：“这是与盲人乐师说话的方法吗？”孔子回答说：“不错，这正是帮助盲人乐师的正确方法。”

**[评唱]**

“道不远人”（《中庸》），人们容易将“道”看高看远，实属好高骛远，殊不知“道”就在人们的日常生活当中，无非是人之所以成为人的当行之路。孔子为乐师引路，就是“道”在人间最为日常的呈现。

# 季氏第十六
## 敬与畏：面对世界的方法

季氏将伐颛臾，冉有、季路见于孔子，曰：“季氏将有事于颛臾。”

孔子曰：“求，无乃尔是过与？夫颛臾，昔者先王以为东蒙主，且在邦域之中矣，是社稷之臣也。何以伐为？”

冉有曰：“夫子欲之，吾二臣者皆不欲也。”

孔子曰：“求，周任有言曰：‘陈力就列，不能者止。’危而不持，颠而不扶，则将焉用彼相矣？且尔言过矣。虎兕出于柙，龟玉毁于椟中，是谁之过与？”

冉有曰：“今夫颛臾固而近于费，今不取，后世必为子孙忧。”

孔子曰：“求，君子疾夫舍曰欲之而必为之辞。丘也闻，有国有家者，不患寡而患不均，不患贫而患不安。盖均无贫，和无寡，安无倾。夫如是，故远人不服则修文德以来之，既来之，则安之。今由与求也相夫子，远人不服而不能来也，邦分崩离析而不能守也，而谋动干戈于邦内。吾恐季孙之忧不在颛臾，而在萧墙之内也。”

**[文义]**

鲁大夫季氏将要讨伐鲁国的附庸国颛臾，当时冉有、子路为季氏家臣，来见孔子，报告孔子说：“季氏将举兵讨伐颛臾。”

孔子说："冉有，这难道不是你的过错吗？那颛臾国，从前周天子封其为东蒙地区的主祭，而且已经在疆域范围内了，为国家的公臣，凭什么要讨伐它呢？"

冉有回答说："季氏想要据为己有，我们二位臣下都不想这么做啊。"

孔子说："冉有，周任曾经说道：'为人臣者，如果能展现自己的能力，就站立于朝堂之上，献言献策；如果不能，就当辞职隐去。'就好比盲人走路不稳，将要跌倒而不加以扶助，那还要辅助他的人干什么呢？而且，你的说法不对。虎兕这些猛兽本应该圈在笼子里，却逃了出来；盒子中的龟玉本应该完好无缺，却毁坏了。你说，这是谁的过错呢？"

冉有回答说："如今颛臾城郭坚固，还接近季氏的私人领地费城，季氏觉得现在如果不将其拿下，后世子孙会受其害。"

孔子闻言，说道："冉有，君子厌恶不直接说想要而一定要寻找冠冕堂皇的理由的行为。我也曾经听说过，无论是有国的诸侯，还是有家的大夫，不担心人民不足，而是担心没有公平正义；不担心财货匮乏、生活贫困，而是担心上下彼此离心离德、没有安全感。如果能做到公平公正，就没有贫穷了；做到上下和睦，人民就不会不足了；上下都生活安定，国家就不会倾覆了。做到这些后，如果远方的人不知向风慕义，还不知敬服，那就继续施力于内政，提高自己的文明和道德水准，让远人最终感佩而服从王化。如果远人已经到来，那就让他们能安享文明的生活。可是如今，你冉有和子路扶助季氏，远人不敬服，你们却不能让他们心甘情愿地归附；邦国四分五裂，不能为其守卫，却谋划着在邦国内再动干戈。我担心季氏的忧虑，不在那颛臾，而是在庭院围墙的内部啊。"

**[评唱]**

本章形式上是孔子对二位学生进行的严厉批评，但实质却是孔子在对弟子进行政治教育，集中表达了孔子的政治观念——或者说，本章就是儒家正义原则的表达。

在内政上，“有国有家者，不患寡而患不均，不患贫而患不安”一句在后世广为流传，其核心观念是一个“均”字。“均”在这里不是指“平均”“均分”，而是朱子所注的“各得其分”的意思，即为政者需要制定公平公正的社会政策，让人民都获得他们各自应该获得的那一份，也就是让人民实现各自的“正义”。这个“正义”实现了，人民就不会因为“贫”而对为政者不满，也就不会有“不安”的因素。因此，对于“有国有家”的为政者而言，“患不均”不是要“均贫富”，不是要搞“平均主义”，而是要担忧社会的不公正；社会不公正是致命的问题，久之必然会导致国家的分崩离析。

在对外关系上，孔子“远人不服则修文德以来之”一语，成为华夏世界秩序一个极为重要的原则：用自身的“文”与“德”而不是用“武”来展现自身的影响力，更不会无端侵犯他国，掠夺他人的土地、人民和财产。这是一种高度的文明意识，是世界秩序当中的正义原则，在历史上被称为“王道主义”。与此不同，近代殖民主义的世界秩序就是不义、野蛮的世界秩序，二十世纪发生的两次世界大战就是这种秩序的必然结果。第二次世界大战后，殖民主义虽然退出了历史舞台，但恃强凌弱的霸权主义并未完全根绝，世界秩序层面的文明还有待人们去努力追求。究其实，新文明的本质也不外乎儒学的“王道主义”理念。

**[朱注]**

寡，谓民少。贫，谓财乏。均，谓各得其分。安，谓上下相安。

**孔子曰："天下有道，则礼乐征伐自天子出；天下无道，则礼乐征伐自诸侯出。自诸侯出，盖十世希不失矣；自大夫出，五世希不失矣；陪臣执国命，三世希不失矣。天下有道，则政不在大夫；天下有道，则庶人不议。"**

**[文义]**

孔子说："天下如果有道，制作礼乐、发动征伐的大权自然在天子手中；天下如果无道，天子大权旁落，礼乐征伐就成了诸侯的权柄。这些大权如果由诸侯掌握，传递十代人而不失去的，就很少了；如果由大夫掌控，那传递五代而不失去的，就很少了；如果家臣执掌了国命，那政权很少有能延续三代的。天下如果有道，朝政清明，事关国命的大权就不在大夫手中；天下有道，政通人和，人民安居乐业，百姓就不会对朝政加以议论。"

**[评唱]**

此章具有"宪法"的属性。在传统君主制政体当中，君主是至高主权的象征，这个主权事关制度设计、立法、对外战争的权力。君主要在涉及法律制定、宣布战争等行为上做最后的"政治决断"，也就是最终的"拍板"；群臣虽然参与其中，但君主要承担最终的责任。在现代社会，人民通过授权的方式，通常将这个最高的"政治决断"权赋予立法机构，或者法律规定的其他国家机关。因此，天下有道，政治清明，人民就不会议论这些事关国家构成的宪法性的问题；反过来说，天下无道，秩序崩溃，人民就要出场进行议论，要成为创制造法的积极力量。这就是"天下有道，则庶人不议"这句话的政治哲学含义。

前代注释《论语》的诸家中，张岱似乎最明此章深意。他这样评论道：“此章备春秋之始终。‘礼乐征伐自天子出’，是春秋以前事；‘自诸侯出’，隐、桓、庄、闵之春秋也；‘自大夫出’，僖、文、宣、成之春秋也；‘陪臣执国命’，襄、昭、定、哀之春秋也。曰‘庶人不议’隐然有自伤作《春秋》之意，此章专为大夫专政而发……一部《春秋》大半在此。”（《四书遇》）后世之人仅仅依据孔门弟子未直接记载有关史书《春秋》的事项，就怀疑《春秋》非孔子所作，结论实属草率；由本章可见，孔子早已将《春秋》主旨寓于日常教学当中。

**[朱注]**

上无失政，则下无私议。非箝其口使不敢言也。

**孔子曰：“禄之去公室五世矣，政逮于大夫四世矣，故夫三桓之子孙微矣。”**

**[文义]**

孔子说：“鲁国自宣公开始大权旁落，无法收取赋税，历经成公、襄公、昭公、定公，已经有五代了。自从大夫季武子专政以来，历经悼子、平子、桓子，已经有四代了。现在已经到了仲孙、叔孙、季孙这桓公的三家子孙们衰败的时候了。”

**[评唱]**

读此章，可以仔细体会天道往复与历史法则的余音。

**孔子曰：“益者三友，损者三友。友直、友谅、友多闻，益矣；友便辟、友善柔、友便佞，损矣。”**

**[文义]**

孔子说："能增益自己的朋友，有三种；有损自己的朋友，也有三种。朋友正直无私、诚实可靠、见多识广，这是有益的益友；朋友装腔作势、优柔寡断、阿谀奉承，这是有害的损友。"

**[评唱]**

在人们的日常生活当中，交友非但对于维持人际关系必不可少，对自身的修学进德也非常重要，儒学对此有非常多的论述，可以称为"友道"。曾子"以友辅仁"（《论语·颜渊第十二》）的说法，就是这种"友道"的一种表达。

在古代罗马世界中，我们很容易注意到类似的"友道"。西塞罗曾这样写道："我倾向于认为，除智慧以外，友谊是不朽的神灵赋予人类最好的东西。有些人喜欢财富，有些人喜欢健康，有些人喜欢权力，有些人喜欢官职，许多人甚至喜欢感官的快乐。这最后一种是没有理性的兽类的理想；至于其他各种，我们可以说，它们也是脆弱无常的，它们主要是靠变幻莫测的命运而不是靠我们自己的精明强干。另外还有一些人，他们觉得德行是'最美好的东西'。这当然是一种崇高的见解。但是，他们所说的德行正是友谊的孕育与保护者；没有德行，友谊就不可能存在。"在另外一处，他写道："'友谊'（amicitia）这个拉丁词是从'爱'（amor）这个词派生出来的；而'爱'无疑是相互之间产生感情的原动力。"（《论友谊》）

这种关于"友"或"友谊"的普遍性认知，构成了人们普遍交往的人性基础。比如，晚明时期天主教耶稣会士来华时，就非常注重从"友"的角度与中国的士大夫进行交流；其中著名的意大利传教士利玛窦（Matteo Ricci，1552—1610），曾专门编辑并翻译了西方关于"友"的格言集，并以《交友论》（或《友论》）为名出版，大受中国士大夫的赞赏。

**孔子曰："益者三乐，损者三乐。乐节礼乐、乐道人之善、乐多贤友，益矣；乐骄乐、乐佚游、乐宴乐，损矣。"**

**[文义]**

孔子说："对人有增益的喜好有三种，对人有损害的喜好有三种。喜好以礼乐节制自身、喜好谈论他人的嘉言善行、喜好广交人品贤良的朋友，这些喜好就是有益的；喜好骄奢淫逸、喜好游手好闲、喜好宴饮戏谑，这些喜好就是有害的。"

**孔子曰："侍于君子有三愆：言未及之而言谓之躁，言及之而不言谓之隐，未见颜色而言谓之瞽。"**

**[文义]**

孔子说："侍立于君子身旁时有三种过失：如果君子还未谈，自己却先开口谈论，不知谦虚谨慎，这称为急躁；君子已经开始谈论，自己却闭口不言，不坦然以对，这称为隐匿；未注意观察君子的颜色变化，未察知君子意向所在，自己却口若悬河、旁若无人，这称为盲目。"

**孔子曰："君子有三戒：少之时，血气未定，戒之在色；及其壮也，血气方刚，戒之在斗；及其老也，血气既衰，戒之在得。"**

**[文义]**

孔子说："君子要心存三件值得戒慎的事情：年少时，血气未定，当戒慎于女色，否则可能有纵欲戕生的事情发生；等到壮年时，血气方刚，当戒慎于争斗，否则可能有好勇斗狠、伤身殒命的事情发生；等到老年时，血气既衰，当戒慎于贪得，否则就会患得患失，难享天年。”

**[评唱]**

儒学君子的“三戒”说，还可以与佛教“八戒”说以及基督教“十诫”说进行比较参看。

**孔子曰：“君子有三畏：畏天命，畏大人，畏圣人之言。小人不知天命而不畏也，狎大人，侮圣人之言。”**

**[文义]**

孔子说：“君子心存三种敬畏：敬畏天命，敬畏有德有位的大人，敬畏圣人留下来的教诲。小人为自身的欲望所束缚，不知何为天命，当然不知敬畏；对于大人不知尊重，经常怠慢轻视；对于圣人的教诲，他们经常加以侮蔑。”

**[评唱]**

君子的“畏”不是“畏惧”，而是“敬畏”，是在崇高、伟大事物面前一种谦卑、虔敬、严肃的态度。“天命”，朱子解为“天理”，清代学者刘宝楠（1791—1855）则进一步发挥说：“‘天命’兼德命、禄命言。知己之命原于天，则修其德命，而仁义之道无或失。安于禄命，而吉凶顺逆必修身以俟之。妄为希冀者非，委心任运者亦非也。且得位，则行义以达其道；不得位，亦必隐居以求其志。此方是天地生人，降厥德于我躬之意。故惟君子能知天命而畏之也。其畏之者，恐己之德有未至，无以成己成物，有负于天耳。”（《论语正义》）

君子敬畏“天命”，就是要尊崇神圣秩序，由此形成尽心竭力成就自己和万物的自我意识。“大人”，即天子诸侯等身居高位者，负有治理万民的职责；君子“敬畏大人”，就是对世俗秩序的尊重。“圣人”是有至德之人，君子敬畏“圣人之言”就是敬畏圣人的教化事业，可以说是对心灵秩序的谨慎，借以导引自己走向修学进德的正道。因此，君子内心保持“三畏”，就是对构成这个世界的三种秩序——神圣秩序、世俗秩序与心灵秩序——的敬重；后世学者所言的“道统”“政统”与“学统”，可以说是从这三种秩序中演化而来。

**[朱注]**

畏者，严惮之意也。天命者，天所赋之正理也。知其可畏，则其戒谨恐惧，自有不能已者。

不知天命，故不识义理，而无所忌惮如此。

**孔子曰："生而知之者上也，学而知之者次也；困而学之又其次也。困而不学，民斯为下矣。**

**[文义]**

孔子说：“有人不待学习就知道正道，这是天生睿智聪明，是最上等的资质；有人通过主动学习后会明白正道，这是次一等的资质；有人平时虽不学习，但在遭遇困境后，会从中明白正道，这是又次一等的资质。虽然身处困境，但却不知道通过学习改善境遇，这是人群中最下等的资质。”

**[评唱]**

孟子有言：“物之不齐，物之情也。”（《孟子·滕文公上》）儒家对人在才智性情上天生的差异，有清醒的认识。人群中的绝大多数人获得认知的方式，或是“学而知之”，或是“困而学之”。当然，“困而不学”的人也不少见；因为不学，他们就不知什么是好的生活方式，什么是有尊严的生活，最终浑浑噩噩地度过一生。这种“困而不学”，从本质上说就是生命意识的无明或者说沉睡状态。

**[朱注]**

困，谓有所不通。言人之气质不同，大约有此四等。

**孔子曰：“君子有九思：视思明，听思聪，色思温，貌思恭，言思忠，事思敬，疑思问，忿思难，见得思义。”**

**[文义]**

孔子说：“君子日常要思考九件事情：观察事物要看清楚，不为表象蒙蔽；听人言谈议论要兼听明辨，不为邪说蛊惑；面色要温和，不可乖戾；容貌要恭谨，不可懒散怠惰；出言要诚信，不可虚妄无实；做事要敬业，不可敷衍塞责；心中有疑要问辨，不可自欺欺人；与人发生纷争，要多加忍让，不可陷自身于危难；见有所得，要考虑是否符合道义，不可妄取。”

**[评唱]**

君子日常以“九思”点检自身的生活，其实就是完满人格开发的过程。此章言人要过上沉思、回首、灵性的生活。

**孔子曰：“见善如不及，见不善如探汤。吾见其人矣，吾闻其语矣。隐居以求其志，行义以达其道。吾闻其语矣，未见其人也。”**

**[文义]**

孔子说：“见人有善，仿佛自己无法相比一样，全力向他学习向善；

而看见别人的不善，仿佛手触碰到沸腾的水一样，要即刻远离，以免沾染自身。见贤思齐、好善恶恶，我见过这样的人，我也听到过他们在这样交谈。隐居以追求自己的志向，行义以推广自己的大道，我曾经听过有这样的说法，但还没有见过这样的人。”

**齐景公有马千驷，死之日，民无德而称焉；伯夷、叔齐饿于首阳之下，民到于今称之。其斯之谓与？**

**[文义]**

孔子说：“齐景公从前很富有，有四千匹马，但等到他死时，百姓无法称颂他，因为他没有什么功德留在世间；伯夷、叔齐饿死于首阳山下，百姓至今还称颂他们。这些说的就是人们所称颂的不是富贵而是美德的这个道理吧？”

**[朱注]**

胡氏曰：“程子以为第十二篇错简‘诚不以富，亦祇以异’，当在此章之首。今详文势，似当在此句之上。言人之所称，不在于富，而在于异也。”

**陈亢问于伯鱼曰：“子亦有异闻乎？”对曰：“未也。尝独立，鲤趋而过庭。曰：‘学《诗》乎？’对曰：‘未也。’‘不学《诗》，无以言。’鲤退而学《诗》。他日，又独立，鲤趋而过庭。曰：‘学《礼》乎？’对曰：‘未也。’‘不学《礼》，无以立。’鲤退而学《礼》。闻斯二者。”陈亢退而喜曰：“问一得三，闻《诗》，闻《礼》，又闻君子之远其子也。”**

**[文义]**

陈亢为孔子的弟子，伯鱼为孔子的儿子。有一天，陈亢问伯鱼说："你有没有从夫子那里听到一些独特的、与众不同的说法呢？"伯鱼回答说："没有啊。不过，父亲曾经有一次单独站在庭院中，我正要快步走过去时，父亲叫住我，问道：'今天学习《诗》了吗？'我回答说：'还没有。'父亲就跟我说：'不学《诗》，就无法进行恰当的表达。'我退下后开始学习《诗》。又有一天，父亲站在庭院当中，我在快步经过时，他又叫住我说：'今天学《礼》了吗？'我回答说：'还没有。'父亲就说：'不学《礼》，就无法做到举止得宜，无法立足社会。'我退下后开始学《礼》。我从父亲那里，只听到了这两句话。"陈亢事后高兴地说道："我今天真是问一得三啊：一闻学《诗》可以言，二闻学《礼》可以立，三闻君子教育其子，与教育他人无异，毫无偏私的意思。"

**[评唱]**

朱注甚明。陈亢以私意妄自揣测圣人心胸，非君子所为，但在听到伯鱼的说法后，心生喜悦之情，且能"问一得三"，获得新的认识；他如能就此用力，假以时日就能克服识量浅狭的气质。

**[朱注]**

亢以私意窥圣人，疑必阴厚其子。

**邦君之妻，君称之曰夫人，夫人自称曰小童；邦人称之曰君夫人，称诸异邦曰寡小君；异邦人称之亦曰君夫人。**

**[文义]**

邦君对自己的妻子，要称呼为"夫人"，妻子在邦君面前要自称为"小童”；国民要称呼她为“君夫人”，在异邦人面前要谦称为“寡小君”；异邦人称呼她时，也应该称为“君夫人”。

**[评唱]**

本章是孔子对国君妻子在各种情形中称谓的“正名”。孔子言“名不正，则言不顺；言不顺，则事不成”（《论语·子路第十三》），这是对“正名”思想的解释。“名”或“称谓”，并不仅仅是指代对象的说法，它还包含着被命名的事物所固有的属性，而这种属性又有着规范性，发挥着约束性的力量。儒家重视“名分”，就是重视人与事物的自然秩序，让人与事物都“各得其所”。孔子尝自述，“吾自卫反鲁，然后乐正，雅、颂各得其所”（《论语·子罕第九》），就是在礼乐秩序混乱的状况下，将诗篇和音乐中的“雅”和“颂”摆放到各自的位置上。

# 阳货第十七

## 天何言哉：超越语言的樊篱

阳货欲见孔子，孔子不见，归孔子豚。孔子时其亡也而往拜之，遇诸涂。谓孔子曰："来，予与尔言。"曰："怀其宝而迷其邦，可谓仁乎？"曰："不可。""好从事而亟失时，可谓知乎？"曰："不可！""日月逝矣，岁不我与！"孔子曰："诺，吾将仕矣。"

**[文义]**

季氏家臣阳货想拜见孔子，孔子避而不见。阳货以蒸猪为礼物，馈赠给孔子。孔子出于礼节，不得已要回访以致谢，于是趁阳货不在家时去拜访他，未料到在途中相遇。阳货走上前，对孔子说："来来，我们谈一谈吧。"他首先开口道："一个人有贤才，如同身怀珍宝一样，但他却坐视国家的混乱而不管，那他可以称为仁者吗？"孔子回答说："不可。"阳货继续说："一个人乐于救世，但却屡次错失时机，这个人可以称为智者吗？"孔子回答说："不可！"阳货又说道："日月流逝，光阴不再！您现在不出仕，更待何时？"孔子回答说："好，我会出仕的。"

**[评唱]**

孔子非不欲出仕，只是不愿意出仕于阳货。阳货问孔子的三个问题，道理上都非常中正，所以孔子也就未加辩驳，而是一一首肯；不过，阳货在孔子看来是“不可与言”（《论语·卫灵公第十五》）的人，所以孔子无意把话说明，不想浪费口舌，故以“吾将仕矣”答复。在阳货的大道理面前，孔子只是以寥寥数语敷衍过去，可见孔子对阳货的否定态度异常决绝。

**[朱注]**

阳货，季氏家臣，名虎。尝囚季桓子而专国政。

阳货之欲见孔子，虽其善意，然不过欲使助己为乱耳。故孔子不见者，义也。其往拜者，礼也。必时其亡而往者，欲其称也。遇诸涂而不避者，不终绝也。随问而对者，理之直也。对而不辩者，言之孙而亦无所诎也。

**子曰：“性相近也，习相远也。”**

**[文义]**

孔子说：“人的天然本性虽然有清浊、智愚的差异，大体上是相近的，但后天成长过程中形成的习气、习惯，却有巨大的不同。”

**[评唱]**

俗语言：习惯成自然，自然成本性。“性”为人的第一自然，在出生时并无显著的差异；“习”为人的第二自然，人在习性、习惯上常有显著的差异。本章也可以理解为，后天成长的不同会导致人和人之间出现显著的差异。这种差异经过人们道德意识的审视后，就成为不同程度的善与恶。为善还是为恶，是勇猛精进成为堂堂正正的人，还是萎靡不振停留在浑浑噩噩的动物状态，皆在于第二自然的形成过程。这是儒家强调教化的认识论上的根据。

**[朱注]**

此所谓性，兼气质而言者也。气质之性，固有美恶之不同矣。然以其初而言，则皆不甚相远也。但习于善则善，习于恶则恶，于是始相远耳。

程子曰："此言气质之性，非言性之本也。若言其本，则性即是理，理无不善，孟子之言性善是也，何相近之有哉？"

**子曰："唯上知与下愚不移。"**

**[文义]**

孔子说："只有最上的智者和最下的愚者，才无法改变。"

**[评唱]**

人的气质有清浊的分别。气质至清者，天资至为聪慧，就是人群中的上智者；气质至浊者，天资至为愚钝，就是人群中的下愚者。多数人的气质介于这两种类型之间。他们接受善的熏陶，就会迁移向善；接受恶的熏染，就会迁移向恶。不过，上智者无论如何都不会向下流于恶，而下愚者也很难向上迁于善。

**[朱注]**

此承上章而言。人之气质相近之中，又有美恶一定，而非习之所能移者。

**子之武城，闻弦歌之声。夫子莞尔而笑，曰："割鸡焉用牛刀？"子游对曰："昔者偃也闻诸夫子曰：'君子学道则爱人，小人学道则易使也。'"子曰："二三子，偃之言是也！前言戏之耳。"**

**[文义]**

子游担任鲁国武城总管时，教民以礼乐。有一天，孔子到武城后，听到城邑中的百姓奏琴瑟而歌，非常高兴，就微笑着说道："杀鸡，何须使用屠牛的大刀啊？"孔子的这个比喻意在说明，治国但需礼乐，不必使用严刑峻法。这是对子游的称许。子游一时未解，就回答说："我从前从您那里听说过一句话：'君子如果学道，就会去爱人；小人学道，就容易治理。'"孔子见子游误会，以为治理小城不需要礼乐之道，就顺着子游的话对门人说道："你们都听着，子游说得对啊！我刚刚是开玩笑呢。"

**[评唱]**

此章对话非常有趣，它说明即使在孔门师生对话的现场，人们也未必能达成即时的沟通。值得注意的是孔子的应答方式：当他意识到自己的意思没有得到有效传递后，当他听到子游做出堂堂正正的解释后，孔子并未对己意加以申辩，而是以肯定子游说法的方式表达自己的意思，同时以"戏言"一语，掩饰了子游的误解可能引发的尴尬。当然，孔子说自己"戏言"，多少承担了"戏言"自身可能造成的风险。孔子教育手段的高明，他对弟子的赞赏与爱护之意，跃然纸上。

**公山弗扰以费畔，召，子欲往。子路不说，曰："末之也已，何必公山氏之之也！"子曰："夫召我者而岂徒哉？如有用我者，吾其为东周乎！"**

**[文义]**

季氏家臣公山弗扰据守费城，发动叛乱，派人招聘孔子，希望共事。当时鲁国公室衰落，季氏僭政，孔子正谋求匡正朝纲，所以打算前去寻找机会。子路不明所以，大为不悦，说道："没有地方去就算了，何必要去公山氏那里呢！"孔子闻言，说道："他来招聘我，难道只是徒然走过场吗？如果我真能得到任用，我将在整个东部地区重建周朝的礼乐制度吧！"

**[评唱]**

子路性格直爽，行事果敢，在孔子面前也不掩本色；孔子困于陈蔡之时，子路也曾"愠见"孔子，满脸不高兴，向孔子提出了"君子亦有穷乎"的质问，孔子则给出了"君子固穷，小人穷斯滥矣"的著名回答（《论语·卫灵公第十五》）。子路在"子见南子"（《论语·雍也第六》）时，也对孔子表示不满。这一次面对子路的"愠见"，孔子应当是思绪起伏，将自己的内心世界油然吐露出来："如有用我者，吾其为东周乎！"孔子志向之高由此可见一斑。孔子欲有为于天下，这是子路所不具备的"大勇"，远远超出了一般人的理解范围。子路的"愠见"，愈发衬托出孔子的仁、智、勇的全德气象。

本章孔子"为东周"的说法，应该是孔子毕生志向之所在；后世强调儒学与政治体系关系的学派或学者，非常注意《论语》中类似的说法。这些学者通常推崇《公羊传》，认为孔子在《春秋》中微言大义，处处在表明自己对理想政治秩序的构想。同样，他们也非常重视董仲舒的《春秋繁露》，视其为政治哲学的体系性表达。在他们看来，孔子留下的诸如本章这样的一些说法表明，孔子认为自己已经获得了天命的眷顾，在天下无王的时代有代而为王的意思（蒋庆《公羊学引论》）。

本章尚需留意孔子对出仕为政持有的原则：孔子出仕，是欲有为于天下，而非出仕于特定的君王。明末清初的大儒黄宗羲（1610—1695）的一句话，其实继承的就是孔子出仕为政的原则："我之出而仕也，为天下，非为君也；为万民，非为一姓也。"（《明夷待访录·原臣》）

子张问仁于孔子。孔子曰："能行五者于天下为仁矣。"请问之，曰："恭、宽、信、敏、惠。恭则不侮，宽则得众，信则人任焉，敏则有功，惠则足以使人。"

**[文义]**

子张问孔子什么是仁。孔子回答说："能在天下实践五件事，可以说就是仁了。"子张继续请教，希望孔子明示，孔子回答说："这五件事就是恭敬、宽厚、信实、勤敏、慈爱。持己恭敬严肃，就不会遭致轻慢；待人宽容厚道，就会得到支持；行事信实可靠，就会得到任用；办事勤快敏捷，就会取得功绩；爱民惠民，百姓就乐于服从政令。"

佛肸召，子欲往。子路曰："昔者由也闻诸夫子曰：'亲于其身为不善者，君子不入也。'佛肸以中牟畔，子之往也，如之何？"子曰："然，有是言也。不曰坚乎，磨而不磷；不曰白乎，涅而不缁。吾岂匏瓜也哉？焉能系而不食？"

**[文义]**

晋国大夫赵简子的家臣佛肸占据中牟城，发动叛乱，派人招聘孔子，希望共事，孔子考虑前往。子路说："从前我从您那里听到过这样的说法：'若在上位者亲自做了不善的事情，那君子就会躲避他，不进入他所在的国家。'如今佛肸占据中牟叛乱，您却想着到他那里去，这是怎么回事啊？"孔子回答说："不错，我是有过这样的说法。不过，难道不是有一种真正的坚硬，如何打磨也不会变薄吗？难道不是有一种真正的洁白，如何熏染也不会变黑吗？况且，我岂能像那味道苦涩的匏瓜一样，只是挂在那里而无法食用呢？"

**[评唱]**

孔子的说法，都是从真切的体验中得来的至理，学者需要在生活实践中加以融会贯通方可，否则即成为只知其一不知其二的教条。子路奉孔子的说法为圭臬，固然可嘉，但倘若不知权变，不知这些教诲只是“道”在个别事件上的呈现，就无法理解圣人的思想，更难成就一番伟大的事业。“坚乎磨而不磷”“白乎涅而不缁”，这是夫子自道，更是夫子对“道”自身永恒属性的描述。

**[朱注]**

张敬夫曰：“子路昔者之所闻，君子守身之常法。夫子今日之所言，圣人体道之大权也。然夫子于公山、佛肸之召皆欲往者，以天下无不可变之人，无不可为之事也。其卒不往者，知其人之终不可变而事之终不可为耳。一则生物之仁，一则知人之智也。”

**子曰：“由也，女闻六言六蔽矣乎？”对曰：“未也。”“居！吾语女。好仁不好学，其蔽也愚；好知不好学，其蔽也荡；好信不好学，其蔽也贼；好直不好学，其蔽也绞；好勇不好学，其蔽也乱；好刚不好学，其蔽也狂。”**

**[文义]**

孔子有一天问子路说：“子路啊，你听说过六言六蔽吗？”子路马上起身回答说：“没有。”孔子说：“那好，你坐下来，我跟你说说。仁、智、信、直、勇、刚六个字代表了六种美德，就是‘六言’；但如果不好学，在行动上就会为其美名所遮蔽而产生各自的弊端，就是‘六蔽’。仁者爱人，但若不学习仁的道理而只是好仁，其弊端就是溺爱而不问是非，这就是‘愚’；智者博学深思，但若不学习智的道理而只是好智，其弊端就是好高骛远、心意驰骋、飘忽不定，这就是‘荡’；信是求真求实，但若不学习信的道理而只是好信，其弊端就是因坚持小信小义而害己害事，这就是‘贼’；直为正直率真，但若不学习直的道理而只是好直，其弊端就是尖刻伤人，这就是‘绞’；勇者无惧，但若不学习勇的道理，其弊端就是容易冲动造次、妄言妄为，这就是‘乱’；刚者坚定，但若不学习刚的道理，其弊端就是容易抵触世道，这就是‘狂’。”

**[评唱]**

未学之前，“六言”只是六言，我是我；学习之后，六言不是“六言”，而是由“我”实现的美德。“六言”自身的美好并不能自动转化为人们在实践中的美好，而是需要一个至关重要的中间环节，那就是学习。近代著名的法国数学家、思想家帕斯卡尔（Blaise Pascal，1623—1662）曾言：“人类真正的天性、真正的美好、真正的品德以及真正的宗教，都和知识无法分割。”（《思想录》）只有通过学习和实践，才能认知并接近美好的事物，自己的生命也在这个过程中得到升华。

**[朱注]**

六言皆美德，然徒好之而不学以明其理，则各有所蔽。

**子曰：“小子何莫学夫《诗》？《诗》可以兴，可以观，可以群，可以怨。迩之事父，远之事君。多识于鸟兽草木之名。”**

**[文义]**

孔子某日对弟子们说：“你们何不学《诗》呢？《诗》的作者们多用比兴的手法，就眼前的景物进行类比、联想，抒发各自的真情实感。所以学《诗》，你们自己的情感也会油然而生，被导向美善的事物，这就是‘可以兴’。你们还可以通过《诗》观察当时的历史、风土与人情，这就是‘可以观’。《诗》的作者们表达的喜怒哀乐、义理人情，皆天理人心所固有，你们通过学《诗》可以与作者产生共鸣，会明白如何在现实生活中处理自己与他人的关系，这就是‘可以群’。同样，《诗》的一些作者表达了对苦难的隐忍、对压迫的怨恨、对命运的叹息，但都有节制，知道如何宣发自己的情感，在逆境中保持心灵的宁静，这就是‘可以怨’。从近处来说，学《诗》会知道如何侍奉父亲；从远处来说，学《诗》会知道如何侍奉君王。学《诗》还会认识、记住很多鸟兽草木的名字。”

**[评唱]**

《诗》可以兴、观、群、怨，这是儒家主张诗教的依据，历来为人们所称颂。后世的人们尊《诗》为“诗经”，认为其中蕴含有永恒的常理，原因正在于《诗》的作者们以诗文来抒发情志，将人心所不可无的理性与情感以美的形式再现出来。《诗》表达的情感真实、朴素、优美、节制，这些正是文明教化的目标。借助《诗》而兴而观而群而怨，人们的心灵顿时就活泼起来，生动起来，人们于是就会获得和谐、完满的自我意识，心中会生大欢喜。这就是兴、观、群、怨的教化功效。

此外，孔子还说学《诗》尚有益于“多识于鸟兽草木之名”。这一句话的字面含义显白，但其中的道理究竟在哪里？其实，此言言浅而旨远，不亚于兴、观、群、怨。如果说后者的重心在于学《诗》的社会效果，那么前者的重心则是专就个体效果而言，其用意在于借助“鸟兽草木”的认知，进一步扩充人们的视野与心灵。人们对鸟兽草木有了更多的认识，自己心灵的边界就得到了拓宽。借用张子的说法，就是“大心”，而“大其心则能体天下之物”“其视天下无一物非我”

（《张载集》）。人们在自然万物的观察与凝视中，心灵会变得宽广、辽阔、宁静起来，会体悟到宇宙生生不息的意志与力量、静穆与永恒。

**[朱注]**

学《诗》之法，此章尽之。读是经者，所宜尽心也。

**子谓伯鱼曰："女为《周南》《召南》矣乎？人而不为《周南》《召南》，其犹正墙面而立也与！"**

**[文义]**

孔子对伯鱼说："你学习《周南》和《召南》了吗？一个人如果不学习《周南》与《召南》，那大概就相当于站立在墙前，无法继续前进吧！"

**[评唱]**

《诗经》的《周南》与《召南》共二十五篇，多歌咏日常生活中的喜怒哀乐，在义理上则表现为修身齐家，是君子学习的起点与礼教的基础。在现代意义上，"家庭"与"国家"（或者广义的"社会"）虽然同为人类群居的团体，但二者组织原理不同：前者出于血缘与生物本能，而后者出于契约与社会本能。现代的学者多会注意到"修身齐家"与"治国平天下"的不同，借以批评儒家的政治学说。这种看法在逻辑上显得比较严密，但未能注意到从"修身齐家"到"治国平天下"都要由人的实践去完成。一个人倘若无法恰当地处理他与家庭内部成员之间的关系，那就很难想象他能恰当处理与更大范围的人的关系。

**[朱注]**

《周南》《召南》，《诗》首篇名。所言皆修身齐家之事。正墙面而立，言即其至近之地，而一物无所见，一步不可行。

**子曰："礼云礼云，玉帛云乎哉？乐云乐云，钟鼓云乎哉？"**

**[文义]**

孔子说："人们口口声声说礼啊礼啊，难道仅仅是说作为礼物的玉帛吗？人们口口声声说乐啊乐啊，难道仅仅是说作为乐器的钟鼓吗？"

**[评唱]**

礼乐的根源在于天理人心，本质是天理人心在人们日常生活中的显现，有其深刻的存在意义上的根源；然而世道衰微之后，礼乐徒有其表，丧失了本来具有的教化功能，而仅仅表现为社交的工具手段。这种徒具形式的礼乐，已经演化为束缚、损害人们心灵自由的枷锁，人们的心灵在这种空洞的礼乐声中进一步物化与迷失。孔子提倡的礼教和音乐教育，正是要恢复人对其自身生命的感受性，是真正关于自由的教育。

**[朱注]**

敬而将之以玉帛，则为礼；和而发之以钟鼓，则为乐。遗其本而专事其末，则岂礼乐之谓哉？

**子曰："色厉而内荏，譬诸小人，其犹穿窬之盗也与？"**

**[文义]**

孔子说："外表威风凛然，内心胆小怯懦，这样的人如果用小人来比喻，就相当于穿墙跳墙的小偷吧？"

**子曰："乡愿，德之贼也。"**

**［文义］**

孔子说："乡村里的老好人，他们最能败坏德行。"

**［评唱］**

有德者为君子，无德者为小人。还有一类人可称为"乡愿"，他们貌似忠厚老实、廉洁方正，实际上无非是沽名钓誉、媚世伪善，最终与小人同流合污。他们的伪善会以假乱真，严重败坏人们的品德，所以孔子说他们是"德之贼也"。

**子曰："道听而涂说，德之弃也。"**

**［文义］**

孔子说："在道路上听到一句话，途中就信口开河，这是抛弃道德的行为。"

**［评唱］**

闻听几句话，就急于说与人听，仿佛自己很清楚一样，这相当于自弃其德，因为他们不知道自己要有真切的体会和心得，才能有所言谈。道听途说，相当于口耳之学，自欺欺人而已。

**子曰："鄙夫可与事君也与哉？其未得之也，患得之；既得之，患失之。苟患失之，无所不至矣。"**

**［文义］**

孔子说："能和那些粗鄙浅陋的人一起为政事君吗？当然不能。

他们行事全然为自己的欲望所支配，眼中只有官位和金钱，担忧自己得不到它们；等得到时，又担忧自己会失去。他们一旦担心会失去既得利益，就会不择手段地加以维护，无所不为，不知伊于胡底啊。”

**[评唱]**

此章“事君”还可做宽泛的理解，即“共事”：君子很难和那些粗鄙浅陋的“鄙夫”共事，但那些人在生活中、职场中又很常见，君子有时不得不与其共事。这时候，对“鄙夫”患得患失的心理，对他们可能无所不用其极的无底线思维方式，就要有充分的认知和准备。

**子曰:“古者民有三疾，今也或是之亡也。古之狂也肆，今之狂也荡;古之矜也廉，今之矜也忿戾；古之愚也直，今之愚也诈而已矣。”**

**[文义]**

孔子说：“古代人的气质在三个方面容易出现偏差而多少有失中正，今天有的人竟然连这些毛病也没有了。狂者志向高远、锐意进取，但古时的狂者容易偏于随意、不拘小节，而今天的狂者则是自我放纵、没有操守了。矜者洁身自好、有所不为，但古时的矜者容易棱角分明，让人难以接近，而今天的矜者却往往愤世嫉俗、行事乖戾。愚者天资驽钝、暗昧不明，但古时的愚者多率性而为、心无机巧，而如今的愚者竟然也每每有狡诈的行径了。”

**[朱注]**

气失其平则为疾，故气禀之偏者亦谓之疾。昔所谓疾，今亦无之，伤俗之益衰也。

**子曰：“巧言令色，鲜矣仁！”（重出）**

**子曰：“恶紫之夺朱也，恶郑声之乱雅乐也，恶利口之覆邦家者。”**

**[文义]**

孔子说：“我厌恶紫色夺取了红色的正色地位，厌恶郑国的乐曲败坏了雅正的音乐，厌恶能言善辩、伶牙俐齿的人混淆是非，让国家陷于倾覆的危险。”

**子曰：“予欲无言。”子贡曰：“子如不言，则小子何述焉？”子曰：“天何言哉？四时行焉，百物生焉。天何言哉！”**

**[文义]**

孔子说：“我不想再说了。”子贡问道：“夫子您如果不讲，那我们如何传述您的思想呢？”孔子回答说：“你抬头看看那天吧。天说过些什么吗？没有啊，我们只是看到了春秋代序、寒来暑往，花草树木、鸟兽鱼鳖等万物生于其中而已。天何曾有言啊！”

**[评唱]**

此章的对话含义深远。孔子“予欲无言”，是要告诉子贡语言表达自身的有限性；对于精微奥妙的事物，语言只能将它们的部分属性描绘出来，因而对“道”的把握不能只依赖语言。“道可道，非常道”（《老子·第一章》）；“道不可言，言而非也”（《庄子·知北游》）。“道”可以借助语言来表述，但一表述出来，它就不是“道”本身，而是“道”可以被语言表述、可以为人的理性所理解的部分。语言是人类理性表达的手段，依靠语言的理解就是“知解”。但人类还有异常发达的感性系统，可以感悟到事物更为深邃的属性，这就是我们常说的“悟性”；从悟性获得的认知和理解，就是“悟解”，或者说“体悟”。中国禅宗有“不立文字，教外别传”的法门，正是出于对语言逻辑、对理性认知有限性的洞察。今人看禅师的对话或禅师的“公案”“话头”时，总会觉得不可理喻，其实这正是禅宗的教学方法：只有突破“理”的局限、语言的樊笼，才会“开悟”或“证悟”，认识到事物的本质。

孔子“予欲无言”，是以“无言”或此刻的缄默来表述他所理解的“道”或者无限自身。子贡未解孔子的深意，对话于是继续进行。孔子并未直接回答子贡的问题，而是将话题进行了转换：“天何言哉？”——上天无言，但我们不都时时刻刻在感受它的存在和力量吗？孔子用“天”来比喻“道”，这是对“道”生生不息的形象表达，现代学者将其称为儒家的宇宙生成论。华夏世界的宇宙生成论，还有诸如“道生一，一生二，二生三，三生万物”（《老子·第四十二章》）、“易有太极，是生两仪，两仪生四象，四象生八卦”（《周易·系辞上》）等著名说法，它们或认为宇宙起源于“道”，或认为宇宙起源于“太极”。而在孔子这里，“天”就是万物的起源。孔子期待子贡能在天的行事中，体认到语言的有限性。

在希腊—罗马的传统中，也有这种天生万物的宇宙生成论思想。比如，卢克莱修（Titus Lucretius Carus，约前 99—约前 55）在他的哲学长诗《物性论》中就有这样的诗句：“我们都是由天的种子而来，万物共有同一个父亲，而那养育万物的大地母亲，当她从他取得湿润的雨滴的时候，就怀孕而生出它的雏类——闪亮的谷实，快乐的灌木和树林，并生育出人类和野兽的所有世代……”

现代的宗教学者们早已经注意到，世界各民族对“天”“天空”都有类似的认识，形成了人们宗教意识的普遍表达。西方有名的宗教学家伊利亚德（Mircea Eliade，1907—1986）曾这样写道：“毫无疑问，从远古时代开始，人们就从他们对天的经验中认识到神圣的超越和全能。天不需要神话想象或概念阐述就可以被视为一个神界”；“天‘象征’超越性、力量和亘古不变，仅仅因为它就是那样存在着。它正是因高渺、无限、不可移易、强大而存在”（《神圣的存在》）。人们将自我意识投向作为自然的“天”中，创造出一种永恒、绝对的存在，并反过来借助这种超越者的力量，对自身的生活做出重新的导引，让短暂的生命获得永恒的意义。

儒学取法于天的思维方式，可以称为华夏世界传统的“自然哲学”，近代以来的学者多用“关联思维”（correlative thinking）或“关联宇宙论”（correlative cosmology）来描述其底层逻辑，它不同于理性的“逻辑思维”方式。这种在自然现象与人类事务之间寻找并建立匹配关系的做法，在《周易》中得到了普遍的运用；而“天人感应”“阴阳”“五行”等具体学说，也都是建立在这种关联性认知模式上的理论。在与我们今天的生活依旧密切相关的中医医学中，这种思维方式得到了极为精致的阐述和运用；法国著名汉学家汪德迈（Léon Vandermeersch，1928—2021）甚至认为，医学才是中国自然科学的“王后”（《中国思想的两种理性》）。

那么，究竟应该如何看待这种关联性的认知模式？它是阻碍自然科学在中国发展起来的原因吗？以头脑睿智清明著称的德国思想家马克斯·韦伯就曾宣称，中国的这种“宇宙一体论”和宇宙起源论把世界变成了一座“魔术园”（《儒教与道教》）。随着人们对中国古代思想的逐步熟悉，西方学者对这一问题的认识也逐渐加深。英国汉学家葛瑞汉（Angus Charles Graham，1919—1991）的一段说法，能够让我们看到西方学者对这个问题的一些讨论情况。他这样写道：“当代西方《易》的运用者倾向于追随着荣格（Jung），通过诉求一个‘共识性’（synchronicity）的单因果原则来为中国占筮辩护，这个原则是‘把事件在时空中的巧合理解为并非纯粹偶然，即客观事件之间、观察者或观察者们的主观（心灵的）状态与事件之间存在某种特别的相互依赖性’。然而，我认为情况正好相反，通过无视共时性和接受作为纯粹偶然的占筮的结局，人们把这种偶然理解为《易》的自由关联功能。对偶然性的开放，使思想摆脱预先概念（preconceptions）的束缚，对于创造性思想来说是必不可少的。”（《论道者》）

**[朱注]**

学者多以言语观圣人，而不察其天理流行之实，有不待言而著者。是以徒得其言，而不得其所以言，故夫子发此以警之。

四时行，百物生，莫非天理发见流行之实，不待言而可见。圣人一动一静，莫非妙道精义之发，亦天而已，岂待言而显哉？此亦开示子贡之切，惜乎其终不喻也。

**孺悲欲见孔子，孔子辞以疾。将命者出户，取瑟而歌，使之闻之。**

**[文义]**

鲁国人孺悲想拜见孔子，孔子托病不见。替孺悲传命的使者刚出去，孔子就取瑟歌咏，让他能听到自己并无疾病。

**[评唱]**

这正是圣人所行的“不言之教”，再具体一点说就是“声教”，以音乐传达自己的意思。孔子不见孺悲，必有特殊的原因，但孔子又不欲直言，故以这种方式加以婉拒，期待受教者能自我警醒而终有所得。

**[朱注]**

程子曰：“此孟子所谓不屑之教诲，所以深教之也。”

宰我问："三年之丧，期已久矣！君子三年不为礼，礼必坏；三年不为乐，乐必崩。旧谷既没，新谷既升；钻燧改火，期可已矣。"

子曰："食夫稻，衣夫锦，于女安乎？"曰："安！""女安则为之！夫君子之居丧，食旨不甘，闻乐不乐，居处不安，故不为也。今女安，则为之！"

宰我出，子曰："予之不仁也！子生三年，然后免于父母之怀。夫三年之丧，天下之通丧也。予也有三年之爱于其父母乎！"

**[文义]**

宰我问道："现在有守丧三年的礼制，其实守丧一周年已经足够长久了。况且，如果君子三年不行其他礼制，礼制必然会废弛；三年不作乐，音乐必将从此消失。按照一年计算，正好旧粮吃完，新谷入仓；钻燧取火，春夏秋冬改换不同的取火木料，正好也是一年。所以，居丧一年就可以了。"

孔子回答说："居丧一年后就吃贵重的稻米，穿华丽的锦衣，你心安吗？"宰我回答说："我心安！"孔子闻言，说道："你既然心安，那你这么办就好了！君子在居丧期间，因为吃美味也不觉得可口，听音乐也不会高兴，按照平时起居总觉得心有所不安，所以不会锦衣玉食、作乐宴居。现在你既然觉得心安，那你就照你说的做吧。"

宰我退下后，孔子说道："宰予真是不仁之人啊！子女出生后三年，才能离开父母的怀抱；而且，三年的丧制是天下通行的礼制，从天子到庶人概莫能外。宰予难道没有从其父母那里得到三年的慈爱吗？"

**[评唱]**

宰予可能不知道守丧三年的本意，觉得这一礼制有问题，于是依据自己的见识主张改制，将守丧时间缩短为一年。宰予从维持共同体生活的角度进行论述，理由并非不成立，所以孔子并未从正面回应，而是提出了一个“礼”所依据的人心问题。孔子反问宰予：守丧一年后就过与平常一样的“食夫稻，衣夫锦”的生活，你觉得自己能心安理得吗？宰予回答说“心安”。如此一来，孔子只好说：“女安则为之！”就宰予自身而言，他已经做到了心安，孔子无法再说什么。不过，孔子不无遗憾之意，所以在宰予离开后，评价他“不仁”，情感不够充分细腻——子女以三年为丧期，正是为酬报父母的恩情；而且，“三年之丧”既然是天下普遍的礼制，说明它背后是有普遍的人心人情的基础。

不过，反过来说，也正因为礼制的背后是人心，对于宰予的改制言论，孔子也并未全然否定，而是交给了他个体良心的判断。其实，当制度失去了人心的基础后，自然就到了变革的时刻。孔子、宰予所处的时代，虽然正值礼乐衰微，但制度大体还在；孔子批评宰予，也有表明自身在制度变革上的渐进主义立场。

**[朱注]**

范氏曰：“丧虽止于三年，然贤者之情则无穷也。特以圣人为之中制而不敢过，故必俯而就之。非以三年之丧，为足以报其亲也。所谓三年然后免于父母之怀，特以责宰我之无恩，欲其有以跂而及之尔。”

子曰：“饱食终日，无所用心，难矣哉！不有博弈者乎？为之犹贤乎已。”

**[文义]**

孔子说：“每日吃饱喝足后，对于自己什么该做什么不该做，一概无所用心，这种人真是不可救药啊！不是还有人在掷骰子、下围棋的吗？这也比无所事事好啊。”

**[评唱]**

“饱食终日，无所用心”，这其实是一种动物性的生存方式，而“博弈者”虽是游戏取乐，毕竟在“用心”，有心思在活动，因而是一种符合人性的活动。其实，游戏本质上还是一种社会性的活动。荷兰历史学家赫伊津哈（Johan Huizinga，1872—1945）曾专门讨论“游戏”在人类文明化进程中所扮演的角色。他认为“游戏”和“严肃”之间的界限并不十分清晰，诸如“博弈”等游戏其实体现了古代社会文化中的“竞争原则”，它能把“个体或集体品质提升到更高地位”（《游戏的人》）。我们回忆一下孔子的这一说法：“君子无所争，必也射乎！揖让而升，下而饮。其争也君子”（《论语·八佾第三》）——君子不轻易与他人竞争什么，但射箭比赛是例外。因为如果遵循射箭的礼仪，这种活动就是君子人格养成的一种实践，结果当然有益于提高“个体或集体品质”。由此也可看出，孔子之所以对“博弈”评价不高，是因为它们在君子人格养成上的功效不明显。

**子路曰：“君子尚勇乎？”子曰：“君子义以为上。君子有勇而无义为乱，小人有勇而无义为盗。”**

**[文义]**

子路问孔子说：“君子崇尚武勇吗？”孔子回答说：“君子最为崇尚义。君子只有勇而没有义，不知如何行事才符合事理，就会胆大妄为，轻启衅端；小人如果只有勇而没有义，就将作奸犯科，化为强盗了。”

**[评唱]**

“勇”虽然是美德，但并非自足；孔子在和子路谈论“勇”时，总是用更上位的“仁”“德”和“智”来加以导引和约束，以使子路的“勇”能成为仁者的大勇。

**[朱注]**

尹氏曰：“义以为尚，则其勇也大矣。子路好勇，故夫子以此救其失也。”

子贡曰：“君子亦有恶乎？”子曰：“有恶：恶称人之恶者，恶居下流而讪上者，恶勇而无礼者，恶果敢而窒者。”曰：“赐也亦有恶乎？”“恶徼以为知者，恶不孙以为勇者，恶讦以为直者。”

**[文义]**

子贡问道：“君子也有他憎恶的事吗？”孔子回答说：“当然有啊。君子憎恶到处说人坏话的人，憎恶居于下位而诽谤居于上位者的人，憎恶仰仗勇猛但不知礼仪的人，憎恶行事果断但固执不通的人。”说完，孔子反问道：“子贡，你也有憎恶的事情吗？”子贡回答说：“我憎恶那些抄袭他人观点而自以为聪明的人，憎恶将不谦逊当做有勇气的人，憎恶揭发他人隐私而自以为正直的人。”

**[评唱]**

君子以“仁”为道，而仁者爱人，那君子对他人会有憎恶之情产生吗？当然有，孔子和子贡都各自举出了几种。其实，“唯仁人为能爱人，能恶人”（《大学》）；君子行事符合正道，对他人的“憎恶”也不偏不倚，不是出于私心的情感表现。

**子曰："唯女子与小人为难养也，近之则不孙，远之则怨。"**

**[文义]**

孔子说："侍妾和仆人往往不明礼义，不容易进行教养。与他们关系亲近时，他们不知恭逊谦让；与他们关系疏远时，他们会心生怨恨。"

**[评唱]**

朱子的解释为正解。此章言君子"齐家"一事；君子尤其要注意自己在家族或家庭等私人空间时的行为举止，即使在地位低下的人面前，也要以身作则，事事做出表率，进而处理好各种关系。

本章论及"女子"，很多现代读者望文生义，从现代"政治正确"（political correctness）的"女性主义"（feminism）角度进行解释。现代人应该如何阅读《论语》文本，我在本书前言中已经有所交代，这里再引述一位当代以色列学者的看法："我们应该努力在其本来的、直接的语境中理解它们，而不是用现代的观念去揣度古人——比如阶级斗争、人权、爱国主义、性别平等、民主等。那些思想家的写作目的是什么？他们的思想对当时的政治起伏有什么影响？其同时代人如何评价他们？回答这些问题，能够使我们避免将古代中国的思想家变成现代意识和学术游戏的工具。"（尤锐《展望永恒帝国》）

当然，我们并非不能用现代的概念和观念去阅读古代思想家的思想，但要有一个前提：我们不能将它们视为不证自明的真理，妄言古代思想家的是非得失。在古今中西思想之间建立一种相互参照、相互理解的认知框架，这才符合"知之为知之，不知为不知，是知也"（《论语·为政第二》）的真理精神。钱穆在其九十二岁高龄时出版的巨著《晚学盲言》正是这样一种典范，他揭示了诸如"自由""民主""平等""专制”“政府”“社会”等现代说法在儒学思想世界中的真实含义，从而不断导引我们去思考：什么是好的生活？以及，什么是适合我们的生活？

**[朱注]**

此小人，亦谓仆隶下人也。君子之于臣妾，庄以莅之，慈以畜之，则无二者之患矣。

**子曰：“年四十而见恶焉，其终也已。”**

**[文义]**

孔子说：“年纪到了四十岁，而犹有缺点为人所厌恶，恐怕他最终也就是这个样子了。”

**[评唱]**

一般人在四十岁前多精力充沛旺盛，若此前未能迁善改过，那此后即使洗心革面，可能也会因精力衰减而难有成就。子曰“后生可畏”，但“四十、五十而无闻焉，斯亦不足畏也已”（《论语·子罕第九》）——时不我待，岁不我与，人自当发愤忘食，勇猛精进。

**[朱注]**

四十，成德之时。见恶于人，则止于此而已，勉人及时迁善改过也。

# 微子第十八

## 隐士的世界

**微子去之，箕子为之奴，比干谏而死。孔子曰："殷有三仁焉。"**

**[文义]**

微子为纣王的庶兄，箕子、比干为纣王的叔父。纣王昏庸暴虐无道，微子洁身而去，箕子因进谏被囚禁为奴，比干因进谏被杀害。孔子说："那时候，殷朝有三位仁人啊。"

**[评唱]**

按照世间一般的看法，三位"仁人"都未有好报，于是有人会从功利主义的角度质疑"仁"。孔子困于陈蔡时，子路不悦，问孔子说："为善者，天报之以福。为不善者，天报之以祸。今夫子积德累仁，为善久矣，意者尚有遗行乎？奚居之隐也？"这是《韩诗外传》作者韩婴的记载，大意是说，善有善报，夫子您积德行仁这么长时间了，难道还做得不够吗？否则，为何现在如此穷困呢？孔子回答说："夫学者非为通也，为穷而不困，忧而志不衰，先知祸福之终始，而心无惑焉。"——君子学"仁"为"仁"，并非是为了自己通达于世，而是为了内心"无惑"，或者说为了"头脑的清明"。这是对《论语·卫灵公第十五》中孔子"君子固穷"回答的另外一种表述。善固有善报，只是此"善报"并不是世俗意义上的荣华富贵，而是心灵的宁静，以及超越世俗的、向永恒的皈依。比干虽然被杀，但因孔子许其以“仁”而融入华夏世界的精神人格当中。这是“仁”超越历史的意义与功效。

**柳下惠为士师，三黜。人曰：“子未可以去乎？”曰：“直道而事人，焉往而不三黜？枉道而事人，何必去父母之邦？”**

**［文义］**

柳下惠出任鲁国掌管刑狱的官职，屡次遭罢黜。有人对他说：“你难道就不能离开鲁国吗？”柳下惠回答说：“我被罢免，无非是因为我直道而行罢了；我以直道做事，到哪里不都一样，不都会一再遭到罢免吗？况且，假如我屈己从人，以不正直的方式做事，又何必离开父母之邦呢？”

**［评唱］**

柳下惠虽屡次被免官，但内心毫无怨言，因为他直道而行，问心无愧。柳下惠因行止遵循于“道”，在华夏的精神世界中获得了人格永恒的挺立。

**［朱注］**

柳下惠三黜不去，而其辞气雍容如此，可谓和矣。然其不能枉道之意，则有确乎其不可拔者。

**齐景公待孔子，曰：“若季氏，则吾不能；以季、孟之间待之。”曰：“吾老矣，不能用也。”孔子行。**

**[文义]**

孔子到齐国后，齐景公考虑给予孔子怎样的待遇时，说道："鲁有三卿，季氏最贵，鲁君待其之礼极为隆重，而孟氏为下卿。如果像鲁君待季氏那般对待孔子，我做不到；我当以低于季氏、高于孟氏的中间礼节来安排。"他又说道："可惜我已经衰老了，不能重用孔子了。"孔子闻言，就离开了齐国。

**齐人归女乐，季桓子受之。三日不朝，孔子行。**

**[文义]**

鲁定公时，孔子任司寇。齐国担心鲁国称霸，因设美人计，以八十人的女子乐团馈赠鲁国，以扰乱君心。当时大夫季桓子接受下来，与鲁定公再三观赏，荒废政事，三日不上朝。孔子将这一切看在眼中，于是就离开了。

**楚狂接舆歌而过孔子曰："凤兮凤兮，何德之衰？往者不可谏，来者犹可追。已而已而，今之从政者殆而！"孔子下，欲与之言。趋而辟之，不得与之言。**

**[文义]**

楚国狂士接舆唱着歌，经过孔子的车前。他说道："凤凰啊，凤凰啊，你本是灵鸟祥瑞，可现在竟然出现了，你不知道这世道是如何衰败吗？往事不可谏止，就让它过去吧，但未来犹有可挽回的地方，何不从此隐去？算了吧，算了吧，如今的从政者，都面临着很大的危险啊！"孔子闻言，连忙下车，想与接舆交流。但他疾步走开，避而不见，孔子未能和他交谈。

**[评唱]**

这位楚国狂士歌声有空灵、缥缈的意蕴，孔子突然听到，心灵可能为之一震，甚至会出现短暂的怅然之情，这或许是孔子想与他交流的原因。当然，“道不同，不相为谋”（《论语·卫灵公第十五》），孔子并不是想去说服对方。但这位狂士态度决绝，快步离开，对话未来得及展开，制造了“不相为谋”的事实。这是本章非常有意思的地方。

**[朱注]**

接舆，楚人，佯狂辟世。夫子时将适楚，故接舆歌而过其车前也。凤有道则见，无道则隐，接舆以比孔子，而讥其不能隐为德衰也。来者可追，言及今尚可隐去。

长沮、桀溺耦而耕，孔子过之，使子路问津焉。长沮曰：“夫执舆者为谁？”子路曰：“为孔丘。”曰：“是鲁孔丘与？”曰：“是也。”曰：“是知津矣。”问于桀溺，桀溺曰：“子为谁？”曰：“为仲由。”曰：“是鲁孔丘之徒与？”对曰：“然。”曰：“滔滔者天下皆是也，而谁以易之？且而与其从辟人之士也，岂若从辟世之士哉？”耰而不辍。

子路行以告。夫子怃然曰：“鸟兽不可与同群，吾非斯人之徒与而谁与？天下有道，丘不与易也。”

**[文义]**

孔子自楚国返回蔡国，子路御车而行，途中遇到隐士长沮、桀溺二人并肩耕作。孔子让子路去询问渡口所在。长沮问子路道：“那在车上执辔的人是谁？”子路回答说：“是孔丘。”长沮问道：“难道是那位鲁国的孔丘吗？”子路回答说：“正是。”长沮闻言，马上说道：“那他应该知道渡口的所在了。”子路见长沮不愿回答，就向桀溺询问。桀溺反问道：“你又是哪一位啊？”子路回答说：“我是仲由。”桀溺接着问：“那你是鲁国孔丘的弟子吧？”子路回答说：“正是。”桀溺于是说道：“你看那江水滔滔，天下的江水莫不如此，谁又能改变呢？孔丘东奔西走，表面上是寻求能赏识他的人，实际上却是在避人——到处躲避排斥、陷害他的人；你与其追随这样一位避人的人，何不追随那些彻底躲避乱世的隐士呢？”桀溺一边翻耕着土地，一边说，没有片刻停下来。

子路不得已，回来将情况告诉了孔子。孔子怅然叹息道：“人生于天地之间，不能与鸟兽同群；我不和这世上的人同群，共同生活，又能和谁在一起呢？如果天下有道，就不需要我来改变什么了。”

**[评唱]**

天下无道，是拯救还是逍遥？对这个问题的回答被认为是儒家与道家思想的根本分歧所在，选择“逍遥”的隐士多被视为道家思想的践行者。接舆、长沮、桀溺这些隐士的观点，或直接或间接地传给了孔子，孔子在这里提出了一个根本问题：“鸟兽不可与同群，吾非斯人之徒与而谁与？”这是涉及人的本性，即人超越于自然的“社会性”问题。荀子就竭力主张说，就先天禀赋上来说“人能群”，而就人后天的生活来说“人生不能无群”（《荀子·王制》），也就是说“人”的存在自身与共同体生活有着必然的关联。亚里士多德用“城邦生活”来描述人类这种“生来就有”的“合群的性情”，并给后世留下了如下有名的说法：“人类自然是趋向于城邦生活的动物”；“凡隔离而自外于城邦的人——或是为世俗所鄙弃而无法获得人类社会组合的便利，或因高傲自满而鄙弃世俗的组合的人——他如果不是一只野兽，那就是一位神祇”（《政治学》）。

意味深长的是，即使是在寻求个体逍遥与自由的庄子身上，人的这种社会属性也有间接的、非意图的表达。比如，《庄子·则阳》中这样写道：“旧国旧都，望之畅然；虽使丘陵草木之缗，入之者十九，犹之畅然。”庄子本意是通过诉诸人们对旧国旧都真切的怀恋之情，来比喻人们已然丧失的本性，但这个比喻成立的前提恰恰在于人们这个共通的情感——人们对于自己的祖国和故乡，即使在远处望见也会觉得心情畅然；即使从远处看不清楚，国都仿佛没入草丛十之八九，也依然感到心情舒畅。这种很容易引发读者共情的诗意表现，其实就是人的社会属性的显现。同样，《庄子·徐无鬼》有言：“去国数日，见其所知而喜；去国旬月，见所尝见于国中者喜；及期年也，见似人者而喜矣”，而那些流落到空谷里的人，看着“鼪鼬”出没于身边的荒草时，“闻人足音跫然而喜矣”。这就是说，人离开其所在的“群”越远，一种对于“群”本能的亲切感情就愈发清晰，到最后只要听到人的脚步声就会高兴起来，这是庄子意义的“鸟兽不可与同群”。这些寓言富有启发性的根本原因就在于人的社会本性；离开了人群，人性就会变得荒芜，就不能称其为人。

孔子的说法将隐士面临的根本困境表达了出来。自由与逍遥，当是内在于人类社会中的自由与逍遥；这种生活与生命状态除了需要个体心灵的解放外，还需要“群”这个生活共同体自身的维系。因此，儒家的自由与逍遥，最终就是在拯救中的逍遥，是与天下万物一体中的逍遥。虽说如此，作为救世的策略，隐退与避世也同样出现在儒家贤者的视野当中：“贤者辟世，其次辟地，其次辟色，其次辟言”；至于“知其不可而为之”（《论语·宪问第十四》）者，就是圣人的本色。隐者对此也非常清楚，所以长沮回答子路时，说孔子“是知津矣”，其实是一语双关——孔子知道自己走的路会通向何方。

这种深沉的救世情怀与心志，同样为另一位圣人，即墨子（约前468—前376）所共有。某次，墨子从鲁国到齐国，途中遇到旧友。友人对他说："今天下莫为义，子独自苦而为义，子不若已。"——如今世道衰败，无人行义，你又何必自讨苦吃，要不也算了吧。墨子回答说："今有人于此，有子十人，一人耕而九人处，则耕者不可以不益急矣。何故？则食者众而耕者寡也。今天下莫为义，则子如劝我者也，何故止我？"（《墨子·贵义》）——墨子为此设喻：有人有十个儿子，其中只有一个人在耕作，那这个儿子自然会有紧张感，会更努力耕作；他顺势对朋友说，天下无人行义，而我在行义，那你应该鼓励我啊，怎么反过来劝阻我呢？墨子即使以一己之力也要拯救天下的心志，与孔子可谓同出一辙。

**子路从而后，遇丈人，以杖荷蓧。子路问曰："子见夫子乎？"丈人曰："四体不勤，五谷不分，孰为夫子？"植其杖而芸，子路拱而立。止子路宿，杀鸡为黍而食之，见其二子焉。**

**明日，子路行以告，子曰："隐者也。"使子路反见之，至则行矣。子路曰："不仕无义。长幼之节不可废也，君臣之义如之何其废之？欲洁其身而乱大伦。君子之仕也，行其义也，道之不行已知之矣。"**

**[文义]**

孔子周游四方时，子路跟随，某日落在了后面，途中遇到了一位老人，用竹杖挑着竹器。子路走上前，问道："老人家，您看到我们夫子了吗？"老人回答道："不知道使用四肢勤劳耕作，不知道如何将五谷与杂草区分开来，谁是夫子啊？"说着，就将竹杖插在地上，开始除草。子路见老人谈吐不凡，敬意油然而生，连忙站在旁边拱手致意。老人见子路知音，就留子路夜宿其家，杀鸡做饭款待他，并让他的两个儿子出来见子路。

第二天，子路告辞，向前追上了孔子，并将昨日情形告诉了孔子。孔子说："这是一位隐士啊。"于是让子路返回去再见一次老人。等到子路到达时，已经不见了老人的踪影。子路想着孔子的心事，感叹道："不出仕就是不义啊。他让自己的儿子出来见我，说明他知道长幼的礼节不可荒废，那君臣之义又如何可以废除呢？隐居起来，这是要高洁其身，但却破坏了人世间更大的伦理关系啊。君子出仕，目的岂是那荣华富贵？不是，是要践行人之为人的道义啊！更何况，大道无法推行，君子已经知道了啊。"

**［评唱］**

孔子和隐士之间的"对话"，都是隔空进行，也就是通过中间人的传话进行的，所以本章最后子路的一段说法，朱子认为"子路述夫子之意如此"。值得留意的是，在这些"对话"文本中，孔子都表达了与隐士直接交流的意图，但隐士们选择了拒绝见面。双方的这种态度自身，无疑反映着各自的心灵世界。不管怎样，孔子"知其不可而为之"的心志，再次通过子路的转述表达了出来。"君臣之义"，实质上指向了个体与共同体的公共生活的关系。"不仕无义"旨在培育、激发个体的公共精神。所以，"君子之仕也，行其义也"，这不仅仅是个体的自由选择。以共同体生活不可或缺的"义"原则来建构成员的"主体性"，这种政治哲学就获得了超越时空的普遍性。

**［朱注］**

孔子使子路反见之，盖欲告之以君臣之义。而丈人意子路必将复来，故先去之以灭其迹，亦接舆之意也。

人之大伦有五：父子有亲，君臣有义，夫妇有别，长幼有序，朋友有信是也。

**逸民：伯夷、叔齐、虞仲、夷逸、朱张、柳下惠、少连。子曰："不降其志，不辱其身，伯夷、叔齐与！"谓："柳下惠、少连降志辱身矣，言中伦，行中虑，其斯而已矣。"谓："虞仲、夷逸隐居放言，身中清，废中权。我则异于是，无可无不可。"**

**[文义]**

古时的高洁隐逸之士有：伯夷、叔齐、虞仲、夷逸、朱张、柳下惠、少连。孔子评述说："立志高远而不肯降低，持身高洁而绝不受辱，这大概就是伯夷、叔齐吧。柳下惠、少连，都有被迫降低志向、遭受屈辱的经历，不过他们言谈合乎伦理，行事合乎人心所思虑；他们的事迹大致就是这样了。再说虞仲、夷逸，他们隐居起来，闭口不言；他们保持了身心的清洁，行为符合权衡。我则和他们都不同，对于我来说，无可无不可。"

**[评唱]**

圣人行止有常，当仕则仕，当止则止，惟道是从，故"无可无不可"。

**太师挚适齐，亚饭干适楚，三饭缭适蔡，四饭缺适秦，鼓方叔入于河，播鼗武入于汉，少师阳、击磬襄入于海。**

**[文义]**

鲁国的乐官太师挚去了齐国；国君进餐时负责作乐的亚饭干、三饭缭、四饭缺三人分别去了楚国、蔡国和秦国；负责击鼓的方叔隐居于黄河之滨，负责播鼗的武隐居于汉水之侧；辅佐太师的少师阳、负责击磬的襄隐居于海岛。

**周公谓鲁公曰："君子不施其亲，不使大臣怨乎不以。故旧无大故则不弃也，无求备于一人。"**

**［文义］**

周公对其子鲁公伯禽说："君子不要忽略他的亲族，不要让大臣抱怨自己没有得到重用。故交如果没有大恶就不要抛弃他们，不要对一个人求全责备。"

**周有八士：伯达、伯适、仲突、仲忽、叔夜、叔夏、季随、季騧。**

**［文义］**

周代曾有过兄弟八人皆为贤士的情形，他们是：伯达、伯适、仲突、仲忽、叔夜、叔夏、季随、季騧。

# 子张第十九

## 高山仰止：弟子的回忆

**子张曰：“士见危致命，见得思义，祭思敬，丧思哀，其可已矣。”**

**[文义]**

子张说：“身为士人，见到家国有危难时能勇于承担使命而不退缩，见到能取眼前利益时能思考道义而不妄取，祭祀时能尽其诚敬之意，居丧时能尽其哀戚之心，这就可以了。”

**子张曰：“执德不弘，信道不笃，焉能为有？焉能为亡？”**

**[文义]**

子张说：“一个人不能扩充、推广他的德性，对道的信仰不够深厚坚固，那怎能说他有德呢？又怎能说他不会失去道呢？”

**[朱注]**

有所得而守之太狭，则德孤；有所闻而信之不笃，则道废。焉能为有无，犹言不足为轻重。

**子夏之门人问交于子张。子张曰："子夏云何？"对曰："子夏曰：'可者与之，其不可者拒之。'"子张曰："异乎吾所闻：君子尊贤而容众，嘉善而矜不能。我之大贤与，于人何所不容？我之不贤与，人将拒我，如之何其拒人也？"**

**[文义]**

子夏的门人向子张请教交友之道。子张问："子夏是怎么说的呀？"门人回答说："子夏说：'能够有益于我的就与他结交，否则就拒绝。'"子张闻言，回答说："这和我平日的所闻大不相同。君子尊敬有贤德的人，但也包容平凡的众人；君子赞赏有善行的人，但同情那些一无所长的人。我如果非常贤明，那什么人能不包容呢？我如果不够贤明，那别人就会拒绝与我交往，我又用什么来拒绝别人呢？"

**[评唱]**

子夏的说法可能有具体语境，但门人单独提出来，作为一般原则就有偏差了，于是就有了子张的一席说法。子张的说法在批评子夏前述说法狭隘的意义上，显得更有胸襟，但如果将其抽离出语境，同样不能说没有偏差。所以，我们要学习二者的真精神，而不可以辞害意，拘泥于字面含义。

**[朱注]**

子夏之言迫狭，子张讥之是也。但其所言亦有过高之病。盖大贤虽无所不容，然大故亦所当绝；不贤固不可以拒人，然损友亦所当远。学者不可不察。

**子夏曰："虽小道必有可观者焉，致远恐泥，是以君子不为也。"**

**[文义]**

子夏说："即使是一些小的技术和手艺，也有道在其中，一定有可留心观察的地方，但如果想要由此走向更深远的境界，恐怕就行不通了，所以君子不走这些小道。"

**子夏曰："日知其所亡，月无忘其所能，可谓好学也已矣。"**

**[文义]**

子夏说："每天都能知道自己所不知道的东西，每月都不会忘记自己已经懂得的道理，并能加以实践，这就可以说是好学了。"

**[评唱]**

一个人能"日知其所亡"，每天都能收获新的认知，这就是"活到老学到老"的好学精神，是真正把学习视为人生最重要的一件事情的人。

**子夏曰："博学而笃志，切问而近思，仁在其中矣。"**

**[文义]**

子夏说："既能广泛地学习各种知识，又志向坚定，还能够就自己身上与身边的事情加以问辨和思考，这可以说就是学问的正道，而求仁的方法也就在其中了。"

**[朱注]**

四者皆学问思辨之事耳，未及乎力行而为仁也。然从事于此，则心不外驰，而所存自熟，故曰仁在其中矣。

苏氏曰："博学而志不笃，则大而无成；泛问远思，则劳而无功。"

**子夏曰："百工居肆以成其事，君子学以致其道。"**

**[文义]**

子夏说："各种工匠要在造物的现场百般砥砺，才能完成自己的工作；君子要通过潜心学习，才能获得自己的道。"

**[朱注]**

肆，谓官府造作之处。致，极也。工不居肆，则迁于异物而业不精。君子不学，则夺于外诱而志不笃。

**子夏曰："小人之过也必文。"**

**[文义]**

子夏说："小人犯了过错，一定千方百计地加以掩饰。"

**[朱注]**

小人惮于改过，而不惮于自欺，故必文以重其过。

**子夏曰："君子有三变：望之俨然，即之也温，听其言也厉。"**

**[文义]**

子夏说："君子看上去仿佛有三种不同的形象一般：远远望去，只见他气象庄严，让人心生敬畏；等到接近他，会发现他为人温良和蔼，容易亲近；再听到他开口说话，就会发现他言辞刚正有力。"

**[评唱]**

君子举止静默皆不失其常，皆出自天理的本然而无刻意的改变；从外部所见的君子的形象，则会因具体情境的不同而不同。

**子夏曰：“君子信而后劳其民，未信，则以为厉己也；信而后谏，未信，则以为谤己也。”**

**[文义]**

子夏说：“在上位的君子要先取信于民，才能让百姓出劳役；如果未取得百姓的信任，百姓就会认为他们是在压榨自己。同样，君子也要先获得在上位者的信任，然后再进谏；如果没有获得信任而贸然进谏，在上位者就会认为是诽谤自己。”

**[评唱]**

孔子言“民无信不立”（《论语·颜渊第十二》），子夏表述的是同样的意思。

**子夏曰：“大德不逾闲，小德出入可也。”**

**[文义]**

子夏说：“一个人若能在大的节操上符合道义，那他在日常生活中的一些细节上多少有些出入，可以说也无大碍。”

**[评唱]**

子夏此言当属于论人。君子在观察一个人时要观其大节，他在大的节操上无所欠缺，“大德不逾闲”即可，否则就会因求全责备而眼中无人；而对于自己，当谨守“君子慎独”的教诲，不可因大节不亏而放弃了对“小德”的要求。

**[朱注]**

言人能先立乎其大者，则小节虽或未尽合理，亦无害也。

子游曰："子夏之门人小子，当洒扫、应对、进退则可矣。抑末也，本之则无。如之何？"子夏闻之，曰："噫，言游过矣！君子之道，孰先传焉？孰后倦焉？譬诸草木，区以别矣。君子之道，焉可诬也？有始有卒者，其惟圣人乎！"

**[文义]**

子游说："子夏的门人学生，在洒扫房间、言辞应对、举止进退的小事上确实做得不错。但这些都属于细枝末节，他们还没有立下为学的根本。这怎么能行呢？"子夏听说后，说道："唉，子游此言差矣！君子的正道，要考虑哪些因为简单而要先教？哪些因为困难，会让学生倦怠，所以要往后推迟？这就好比草木，人们需要加以分门别类，区分对待。况且，君子的正道，怎么能如此加以歪曲呢？至于能做到有始有终、本末具备者，那大概只有圣人吧！"

**[评唱]**

无本固无末，无末亦无本，二者实际上是相辅相成。中国佛教禅宗有一则著名的公案，说的是赵州从谂（778—897）向其师南泉普愿和尚（748—834）询问什么是道。南泉答曰："平常心是道。"赵州不解，问道："不拟争知是道？"——在日常生活中怎么能理解道呢？南泉回答说："道不属知，不属不知。"道不是知识上、理智上的理解问题，而是实践自身，因此日常行止坐卧，吃饭、喝茶、砍柴、担水，道就在其中。南宋高僧无门慧开（1183—1260）对这一公案留下了著名的唱诵："春有百花秋有月，夏有凉风冬有雪。若无闲事挂心头，便是人间好时节。"（《无门关》）禅宗虽然走的是心灵救赎的逍遥道路，但对道的理解，显然从子夏到南泉，再到程子与无门和尚，有一脉相承之处。

**[朱注]**

程子曰："君子教人有序，先传以小者近者，而后教以大者远者。非先传以近小，而后不教以远大也。"又曰："洒扫应对，便是形而上者，理无大小故也。故君子只在慎独。"又曰："圣人之道，更无精粗。从洒扫应对，与精义入神贯通只一理。虽洒扫应对，只看所以然如何。"

又曰："自洒扫应对上，便可到圣人事。"

**子夏曰："仕而优则学，学而优则仕。"**

**[文义]**

子夏说："出仕从政若有余力，那就要继续学习；学有所成，且有余力，那就可以出仕从政。"

**[评唱]**

"学而优则仕"，从君子的角度来说，出仕为政是学以致用、行道济世的一个重要途径，自然无可厚非；从国家的角度来说，考察君子所学是选贤任能的一个重要手段，并逐渐演化为此后科举考试首重学习业绩的原则，与现代文官的选拔制度也一脉相承。要注意的是，出仕为政的前提不仅仅是有"学"在身，而且还要"学而优"，即要学有所成、有余力，才好从事政治事务。政治事务关系到人民的福祉与共同体的存续，非有人格在身，必将产生混乱。本章的另外一个要点是"仕而优则学"，从政为官而不忘学习，活到老学到老，持续提升自己的理论水平和实践能力。由于权力有着腐蚀人的本性，从政为官还能不断学习，非有大魄力、大担当者不可为也。华夏世界中的政治传统因有这个"学"的根基，才能做到因时损益、革故鼎新。

**[朱注]**

优，有余力也。仕与学理同而事异，故当其事者，必先有以尽其事，而后可及其余。然仕而学，则所以资其仕者益深；学而仕，则所以验其学者益广。

**子游曰："丧致乎哀而止。"**

**[文义]**

子游说："丧礼，能表达哀恸的心情就可以了。"

**子游曰："吾友张也，为难能也，然而未仁。"**

**[文义]**

子游说："我的朋友子张才高意广，难能可贵，但其为人有虚而不实之处，不能说他有仁德。"

**[朱注]**

子张行过高，而少诚实恻怛之意。

**曾子曰："堂堂乎张也，难与并为仁矣。"**

**[文义]**

曾子说："子张真是容貌堂堂啊，但他过于用心外表，修行涵养不足，很难和他一起走上为仁的大道。"

**曾子曰："吾闻诸夫子：人未有自致者也，必也亲丧乎！"**

**[文义]**

曾子说："我曾经从夫子那里听说过：人们在日常生活中很少有能尽心尽力做到极致的；如果一定要说有，那应该是他遭遇丧亲的时候吧！"

**[朱注]**

致，尽其极也。盖人之真情所不能自已者。

**曾子曰："吾闻诸夫子：孟庄子之孝也，其他可能也；其不改父之臣与父之政，是难能也。"**

**[文义]**

曾子说："我曾经从夫子那里听说过：鲁国大夫孟庄子多有孝行，很多人也都可以做到；唯有他不更换父亲的大臣，不改变父亲制定的政策，这种孝行才是难能可贵的。"

**[评唱]**

曾子的说法可参照"父在，观其志；父没，观其行；三年无改于父之道，可谓孝矣"（《论语·学而第一》）一章。孟庄子"不改父之臣与父之政"，应当是其父留下的旧臣与制度可以持续，不必标新立异，而不是说他死守旧制、不知变通。"周虽旧邦，其命惟新。"（《诗·大雅·文王》）与时俱进，同样是儒家政治哲学的基本原则。

**孟氏使阳肤为士师，问于曾子。曾子曰："上失其道，民散久矣。如得其情，则哀矜而勿喜！"**

**[文义]**

鲁国大夫孟氏让曾子的弟子阳肤掌管刑狱，负责审理案件，阳肤向曾子征求意见。曾子说："在上位的统治者昏聩腐败无道，礼崩乐坏，百姓离心离德，无从向善，不免作奸犯科，这种状态持续很久了。审判断案时如果查明了犯罪的真相，你不要为自己的高明而高兴，而是要同情、怜悯那些人，因为他们也是腐败政治的牺牲品啊！"

**[评唱]**

现代的犯罪社会学（criminal sociology）发展出一种新的观念，即将个体的犯罪行为归因于外部的环境，而不是在犯罪嫌疑人身上寻找犯罪的动机。这是一种人道观念，它试图通过改善外部环境的方式，减少犯罪的可能。其中，法律与习俗，或者说礼乐制度，有着明文禁止或者潜移默化的效果，所以为政者需要对其加以损益，以教育并导引个体走上正直的道路。为政者尤其要防止制度自身造成民众犯罪的后果；比如，在当今一些种族主义严重的国家，社会学家识别出了一种"制度性种族主义"（institutional racism），社会制度自身扮演着歧视特定种族的角色。因此，当有犯罪的悲剧发生时，即使最后真相大白，犯罪者遭到法律的制裁，人们也要"哀矜而勿喜"，要对导致犯罪的社会性的、制度性的因素进行反思，以减少乃至防止悲剧的再次发生。曾子此言与孔子"必也使无讼"（《论语·颜渊第十二》）旨意同，表明圣贤皆有着一颗慈爱、悲悯的心灵。

**子贡曰："纣之不善，不如是之甚也。是以君子恶居下流，天下之恶皆归焉。"**

**[文义]**

子贡说："商纣王恶名昭彰，但他的不善其实不如传闻的那般恶劣。所以，君子厌恶居于下流不善的地方，因为天下的不善都会流归到那里，也就是说各种坏事都会推到他的身上。"

**[评唱]**

孔门弟子中，子贡有杰出的政治才华，因此对政治人物的复杂性会有非常真切的认知。在政治的现场，为政者会因权力和利益的争夺，不可避免地会得到后人不同的评价。商纣王（即帝辛）据说天资聪慧，有文韬武略，但也有普通帝王的缺点，诸如刚愎自用、骄奢淫逸等。在后世的历史叙事中，商纣王逐渐被塑造为暴君的典型，人们将各种恶行统统都加到了他的头上；人们但凡提到为政者的昏庸、无道、暴虐时，都会拿纣王说事。子贡明白其中的道理，所以说"纣之不善，不如是之甚也"。不过，纣王获得如此恶名，其自身的不善难辞其咎，所以子贡警示君子不要居于下流不善的境地。

**子贡曰："君子之过也，如日月之食焉。过也人皆见之，更也人皆仰之。"**

**[文义]**

子贡说："君子的过失，就如同天上的日食和月食一般引人注目。君子有过失，人们都会看得到；等到他们改过迁善，人们会再次仰望他们。"

**[评唱]**

子贡的说法，相当于子夏"小人之过也必文"（本篇）一语与孔子"过而不改，是谓过矣"（《论语·卫灵公第十五》）的说法的综合，由此也可见子贡在内在修为上极有心得。

**卫公孙朝问于子贡曰："仲尼焉学？"子贡曰："文、武之道未坠于地，在人。贤者识其大者，不贤者识其小者，莫不有文、武之道焉。夫子焉不学？而亦何常师之有？"**

**［文义］**

卫国大夫公孙朝问子贡道："仲尼的学问，是从哪里学到的呢？"子贡回答说："文王与武王开创的文明正道，并未完全坠落到地上，还可见于往昔以及当下人们的身上。贤者知道广大精深的部分，不贤者知道表面细小的部分；他们所认识的道虽然有大小精粗之别，但都包含着文王、武王的正道。夫子在谁的身上学不到道呢？因而，夫子又哪里需要固定不变的老师呢？"

**［评唱］**

圣人以道为师，道所在之处即是师之所在，故圣人无常师。"三人行，必有我师焉。择其善者而从之，其不善者而改之"（《论语·述而第七》），正是圣人无常师的表达。

**叔孙武叔语大夫于朝曰："子贡贤于仲尼。"子服景伯以告子贡。子贡曰："譬之宫墙，赐之墙也及肩，窥见室家之好；夫子之墙数仞，不得其门而入，不见宗庙之美、百官之富。得其门者或寡矣，夫子之云不亦宜乎！"**

**［文义］**

鲁国大夫叔孙武叔在朝堂上说："我认为子贡比孔子要贤明。"

子服景伯将这句话告诉了子贡。子贡说："如果用宫墙打比方，那我端木赐的围墙高度刚刚达到肩膀，一个人站在墙外就能看见房屋里面的美好；可是，我们夫子的墙高达数丈，找不到大门进去，就根本看不到里面宗庙的壮美，看不到里面房屋样式的丰富多样。能找到夫子宫室大门的人或许就很少了，武叔先生那么说，不也是很正常吗！"

**[评唱]**

当时有人认为子贡贤于孔子，可见子贡晚年德业光辉，极乎高远。本章"宫墙"的比喻极为高明，足见子贡善于辞令。对于孔子与子贡二人的评价，张岱还有一个精彩的比喻："孔子是佛，子贡是菩萨；佛惟清净无为，而菩萨则神通广大。外道见其龙象光明，未免认是菩萨胜佛。武叔之见亦是如此。"（《四书遇》）

**叔孙武叔毁仲尼。子贡曰："无以为也，仲尼不可毁也。他人之贤者，丘陵也，犹可逾也；仲尼，日月也，无得而逾焉。人虽欲自绝，其何伤于日月乎？多见其不知量也。"**

**[文义]**

叔孙武叔诋毁孔子。子贡说："他根本做不到啊，仲尼是无法诋毁的。他人的贤能，好比是丘陵，高度有限，可以逾越；但仲尼的贤能，相当于高悬于宇宙中的日月，无人可以逾越。纵然有人诋毁日月、要自绝于日月，但对日月会有何损伤呢？只能看到他不知量力罢了。"

**[评唱]**

孔子殁后的二千五百余年中，欲自绝者不时出现，二十世纪尤多。然而，"仲尼，日月也"，子贡再次用比喻维护孔子的地位——夫子之道将如日月高悬，万古常明常新。历史也一再印证了子贡的说法：

“人虽欲自绝，其何伤于日月乎？”子贡若非对道有真实的认知和体验，当无法说出如此自信、豪迈的壮语。杜甫在赞颂初唐四杰的文学贡献、驳斥时人浅薄的议论时，有诗曰“尔曹身与名俱灭，不废江河万古流”（《戏为六绝句·其二》），可以说是化自本章子贡维护孔子的说法。

**陈子禽谓子贡曰：“子为恭也，仲尼岂贤于子乎？”子贡曰：“君子一言以为知，一言以为不知，言不可不慎也。夫子之不可及也，犹天之不可阶而升也。夫子之得邦家者，所谓立之斯立，道之斯行，绥之斯来，动之斯和。其生也荣，其死也哀。如之何其可及也？”**

**[文义]**

陈子禽对子贡说：“您是为了尊崇先师吧，难道说仲尼比您还贤明吗？”子贡回答道：“君子只需要听别人开口说一句话，就知道那个人是不是智者了，所以出言不可以不谨慎。我们夫子的高度不可到达，犹如不能踩着阶梯登上青天一样。假如我们夫子能得到一个国家来治理，可以说让人民安居，他们就会安居；引导人民走上正途，他们就会走上正途；安抚远方的人民，他们就会追随而来；鼓舞人民向善，他们就会欣然响应。在他在世时，人民对他由衷爱戴，尽显其荣耀；在他逝去时，人民极尽思慕哀伤。这样的夫子，我怎么能比得上呢？”

**[评唱]**

在本章中，子贡用“天之不可阶而升”作比喻，既表明了孔子功业的巍峨壮阔与影响的深远无穷，又说明了道自身的广大精深。司马迁“读孔氏书，想见其为人”，并引《诗·小雅·车辖》中“高山仰止，景行行止”（《史记·孔子世家第十七》）一语表达对孔子的尊崇，可见他对孔子之道也应该有独到的体认。后世有人云“天不生仲尼，万古如长夜”，不知者会认为这是后人在高推圣境，刻意夸大孔子的作用，但实际上就华夏世界的心灵而言，这一说法恰如其分——来自孔子的光芒照亮了人们的内心，华夏的心灵世界从此不再黑暗。

子贡对孔子的评价，《韩诗外传》中也有记载。齐景公问子贡，孔子是否贤明，子贡回答说，孔子是圣人；齐景公再问孔子圣明到何种程度，子贡回答说不知道。这让齐景公有些生气：你既然说孔子是圣人，现在又说不知道其圣如何，究竟是什么意思？子贡回答说：“臣终身戴天，不知天之高也；终身践地，不知地之厚也。若臣之事仲尼，譬犹渴操壶杓，就江海而饮之，腹满而去，又安知江海之深乎？”——我这一生都是头顶苍天，脚踏大地，但也不知道天有多高、地有多厚啊！平凡的人们虽然不知孔子到底有多圣明，但总会知道自己“不知天高地厚”。子贡以人人都明白的道理回答，齐景公当然不会是例外。但齐景公还是有些不服，怀疑子贡过誉了。子贡继续回答说：“臣誉仲尼，譬犹两手捧土而附泰山，其无益亦明矣。使臣不誉仲尼，譬犹两手杷泰山，无损亦明矣。”——用双手给泰山添土，或者用双手挖泰山，并不增加或减损泰山分毫，我对孔子的“誉”或者“不誉”又何足道哉！

近代以来，人们倾向于对孔子使用“思想家”或“哲学家”这样的称谓。比如，德国哲学家雅斯贝尔斯（Karl Theoder Jaspers，1883—1969）认为，孔子与苏格拉底、佛陀、耶稣一道，是真正的大哲学家，他们关心的是人的本性、真理、思维方式等基本问题（《大哲学家》）；再比如，中国哲学史家冯友兰（1895—1990）在其《中国哲学史》中、日本哲学家和辻哲郎（1889—1960）在其《孔子》一书中，都使用“人类的教师”这样的说法来评价孔子。这些称谓当属时代使然，但终不如传统的“圣人”说法更为整全。

从以上几章子贡对孔子的回忆和描述来看，子贡眼中的孔子与颜回眼中的孔子形象——“仰之弥高，钻之弥坚。瞻之在前，忽焉在后”（《论语·子罕第九》）——已经完全重合在一起。

孔子殁后，又过了二千余年，孔子形象再次得到了全面的再现，那就是我们曾提到的日本文学家井上靖创作的《孔子》一书。在井上靖的笔下，“蔫姜”的回忆沉静、温厚，夹杂着回想往事时固有的伤情，将孔子悲天悯人的心灵世界完全呈现了出来。井上靖的文笔生动感人，仿佛让人觉得他就是孔门的在世弟子。回忆中的蔫姜这样说道：“眺望乡里陆陆续续亮起灯火，应是人世有限的福分之一。无所谓贵贱，无所谓贫富，这是凡为世人皆可获致的宁静的福分，更无任何足可替代的欢悦。”这应该说是重病中的井上靖获得的福泽，他无疑在“回忆”自己追随孔子的往事中获得了心灵的平静与欢喜。

苏格拉底的弟子色诺芬创作了《回忆苏格拉底》，为我们理解伟大的“人类教师”提供了不可或缺的帮助，井上靖创作的《孔子》，或许也具有同样的意义。

**[朱注]**

程子曰：“此圣人之神化，上下与天地同流者也。”

谢氏曰：“观子贡称圣人语，乃知晚年进德，盖极于高远也。夫子之得邦家者，其鼓舞群动，捷于桴鼓影响。人虽见其变化，而莫窥其所以变化也。盖不离于圣，而有不可知者存焉，此殆难以思勉及也。”

# 尧曰第二十
## 最后的讯息

尧曰：“咨！尔舜，天之历数在尔躬，允执其中。四海困穷，天禄永终。”舜亦以命禹。

曰：“予小子履，敢用玄牡，敢昭告于皇皇后帝：有罪不敢赦，帝臣不蔽，简在帝心。朕躬有罪，无以万方；万方有罪，罪在朕躬。”

周有大赉，善人是富。“虽有周亲，不如仁人。百姓有过，在予一人。”

谨权量，审法度，修废官，四方之政行焉。兴灭国，继绝世，举逸民，天下之民归心焉。所重民：食、丧、祭。宽则得众，信则民任焉，敏则有功，公则说。

**[文义]**

尧在将帝位禅让给舜时，对他说道：“舜，你听好了！天命如今落在你的身上，你当继承帝位。你要记住，为政要信守中正的大道，公正无私。如果失政，让四海的人民陷入困厄穷苦的境地，上天赐予你的君位和荣耀，就会永久失去。”舜在将帝位禅让给禹时，同样将这几句话传达给了他。

商汤讨伐夏桀后，遭逢大旱；他在向上天祈雨时宣布说：“我商履，敢用黑色公牛为牺牲，敬献并昭告皇皇上天：夏王无道，得罪于天，我不敢赦免。天下贤人，都是上帝的大臣，我不敢遮蔽而不任用，请上天明鉴。如果是我有罪，我甘愿接受惩罚，请不要怪罪天下的百姓；天下的百姓如有罪，那是我统御无能、教化无方所致，罪责都在我的身上。”

武王克商建立周朝后，广施封赏，善人因此富贵起来。武王宣誓道："虽然有至亲，但不如有仁人在身旁。百姓如果有过错，那罪责都在我一个人的身上。”

孔子曾经说过，为政者要谨慎权衡、决策，审查先行法律制度是否合适，更新原有的官职，这样就能将政策推行于四方了。复兴已经灭亡的邦国，恢复子嗣断绝的世家，举用隐逸在野的贤人，这样天下百姓就会心悦诚服、归心于他了。要特别重视百姓的食、丧、祭三件事。在上位者如果为人宽厚仁慈，就会获得众人的支持；如果行事至诚无伪，百姓就会信任他；如果勤勉于政事公务，就会有功劳于天下；如果赏罚公平公正，人心就会悦服。

**[评唱]**

关于《论语》本篇的成因，尤其是本章的意图，后世学者多有论述。本章形式上历叙尧、舜、禹、汤以及武王为政的言论，最后出现的是孔子的言论，这其实就是在创建一个思想的谱系，创建一个“道统”。孔子被后世尊为无其位而有其实的“素王”，本章当是开此种观念的先河。《论语》的编纂者以《学而》篇开始，以《尧曰》篇结束，将儒家“内圣外王”的自我意识再次彰显了出来——首篇即提示“内圣”的根本方法，终篇则提示“外王”的最高成就。这应该是《论语》编纂者意图传递给后世的第一个讯息。

**[朱注]**

杨氏曰：“《论语》之书，皆圣人微言，而其徒传守之，以明斯道者也。故于终篇，具载尧、舜咨命之言，汤、武誓师之意，与夫施诸政事者，以明圣学之所传者，一于是而已，所以著明二十篇之大旨也。《孟子》于终篇，亦历叙尧、舜、汤、文、孔子相承之次，皆此意也。”

子张问于孔子曰："何如斯可以从政矣？"子曰："尊五美，屏四恶，斯可以从政矣。"

子张曰："何谓五美？"子曰："君子惠而不费，劳而不怨，欲而不贪，泰而不骄，威而不猛。"子张曰："何谓惠而不费？"子曰："因民之所利而利之，斯不亦惠而不费乎？择可劳而劳之，又谁怨？欲仁而得仁，又焉贪？君子无众寡，无小大，无敢慢，斯不亦泰而不骄乎？君子正其衣冠，尊其瞻视，俨然人望而畏之，斯不亦威而不猛乎？"

子张曰："何谓四恶？"子曰："不教而杀谓之虐；不戒视成谓之暴；慢令致期谓之贼；犹之与人也，出纳之吝谓之有司。"

**[文义]**

子张向孔子请教说："如何做才可以从事政务呢？"孔子回答说："做到尊崇五美，摒弃四恶，这样就可以从政了。"

子张问道："那什么是五美呢？"孔子回答说："君子施惠于民而不耗费财货，征用民力而民不抱怨，欲己有所得而不向外贪求，泰然自得而不骄横肆意，威仪庄严而不粗暴乖张。"子张又问："什么叫施惠于民而不耗费财货呢？"孔子回答说："顺应百姓自然求利的意愿，相信他们的能力，给予他们创造财富的自由，这不就是惠而不费吗？选择那些可以承担劳役的人，让他们为公共事业出力，谁还会抱怨呢？君子所欲，唯在于求仁，而为仁在己，谁又会说他贪婪呢？无论对于人多人少、事大事小，君子都不敢轻慢，既谨慎又从容，这不就是泰然而不骄横吗？君子衣冠整洁端庄，视线庄重，这样自然就会有威严的气象，人民自然也会心生敬畏，这不就是威而不猛吗？”

子张继续问道：“那四恶又是指什么呢？”孔子说：“平时对百姓不加教化，而专以刑杀对待，这叫虐；平时对下属不加训令戒饬，而突然责其成效，这叫暴；命令迟迟不下，随后却急于求成，过期则克以刑罚，这就叫贼；本来是要给予人的财物，但在分发时却悭吝迟疑，这就是吝，如此君子就与负责出纳的官员没有什么不同了。”

**[朱注]**

尹氏曰：“告问政者多矣，未有如此之备者也。故记之以继帝王之治，则夫子之为政可知也。”

**孔子曰：“不知命，无以为君子也；不知礼，无以立也；不知言，无以知人也。”**

**[文义]**

孔子说：“不知道世间万事万物背后有个天命在，就不知道事理的当然，就无法成为君子；不明白礼的根据在于天理人心，就不会遵守礼法，就无法堂堂正正地立足于人世间；不理解言辞是人心灵的表达，就会为表面言辞所蒙蔽，就无法认识一个人。”

**[评唱]**

华夏心灵世界中的“命”字，内涵既浅白又深奥，多有不可言说之玄妙意味；也正因为这种属性，这个观念成为君子心灵的最后寄托。“礼”实际出于天理人心，而不是世俗所理解的只是一套外在的、有约束力的行为规范；人民因为有了“礼”，才将自身从自然界抽离出来，开始成为人。“言”即语言，一方面是人类社会生活中最为重要的符号体系，极为复杂、丰富，另一方面又是人们行事时最重要的工具，可以说言即行也。“知言”就是能在复杂多变的语义中，识别出言者的行事逻辑，是一种集理性与悟性于一身的综合判断。

此章为《论语》二十篇最后一章，所留下的“命”“礼”与“言”的说法是《论语》的编者们留给华夏世界最后的讯息。

我曾经引述过《史记》和《礼记》中关于孔子最后时光的记载：孔子生病，见到子贡后，咏唱道：“太山坏乎！梁柱摧乎！哲人萎乎！”并对子贡说：“天下无道久矣，莫能宗予。”这或许是孔子本人留给人们最后的讯息。那么，我们该如何理解孔子最后的心境？综合看来，孔子对其一生的事业，坦然于心。“天下无道久矣，莫能宗予”，这既是对事实的陈述，又是其自我意识的流露：孔子欲成就周公的伟大事业。因此，孔子的咏唱或许当这样理解：泰山会崩塌吗？梁柱会折断吗？哲人会枯萎吗？——不，泰山不会崩塌，梁柱不会折断，哲人永不凋零！这一点其实已经为我们所知的后世所证明。

作为参考，我们最后再引述一则材料。在柏拉图晚年留下的一封书信中，有这样一番表白：“依据某种自然法则，最卑劣的人实际上不会有什么思想，而最优秀的人则会万世留名，不会留下什么未竟之业。我自己就是一个明证，人之将死会有某些预感，最高尚的灵魂通过直觉知道这是真理，而最卑鄙的灵魂则拒绝真理，神圣的人的直觉比其他人的直觉要有效得多。”（《柏拉图全集（第四卷）·书信》）孔门弟子以本章作为《论语》全书的最后一章，正与孔子最后的咏叹若合符节：“知命”对应“太山不坏”，“知礼”对应“梁柱不摧”，“知言”对应“哲人不萎”。所以，《论语》的编纂者以孔子“知命”“知礼”与“知言”的这一句话为最后一条语录，正是对孔子自身“万世留名”的预感与证明；孔子诚然没有留下什么未竟的事业。

**[朱注]**

程子曰："知命者，知有命而信之也。人不知命，则见害必避，见利必趋，何以为君子？"

# 大学中庸章句序说

儒学出现于春秋时期，随后逐渐上升为华夏世界的主流思想观念。在儒学的发展历程中，朱子《四书章句集注》具有里程碑的性质，孔子众多原创性的观念在其中得到了体系性的阐发和呈现。儒学的这一次发展，人们多将其表达为宋朝思想家群体“援佛入儒”与“援道入儒”的结果。通过消化、吸收佛教与道家的学说，新儒学被建构为一种无所不包的思想体系。

这种创造性集中展现在朱子对《大学》《中庸》的注释与解释上，这也是朱子将它们置于“四书”篇首的一个重要原因。这两篇本来辑录于儒家经典《礼记》当中，实为先秦儒家学者撰写的长篇论文。论文的作者并不明确，但宋代学者多认为《大学》是“孔氏之遗书”（程子），由曾子记述而成文（朱子），而《中庸》则被普遍视为孔子的孙子子思的作品。朱子认为“此篇乃孔门传授心法”，评价极高。不过，从思想史的角度来说，重要的不是作者与文本的关联，而是这些思想在儒学思想观念体系中的位置。

朱子尝自述，他对《大学》用功甚多，“平生精力尽在此书”，自然不是虚言。面对晚唐以来社会的全面混乱状态，人们需要重新为华夏世界确立自己的心灵秩序。而心灵秩序和宇宙秩序的关系正是朱子注释《大学》《中庸》两篇时的核心主题。至于人生智慧、道德伦理以及政治技艺，都从属于这个核心主题，附着于这个核心关切自身。经过朱子精深细致的考辨、论述与综合，“朱子学”或曰“理学”这一宏大的认知体系最终得以形成。钱穆称朱子对此二书的解释是“宋明两代道学之总体宣言”，可以说是真知灼见。

我们今天重读这两篇文献时，就要抓住心灵秩序和宇宙秩序关系这个根本问题。在个体的意义上，二者的关系事关我们自身的安身立命；而在群体的意义上，则关乎什么是正义秩序，以及如何实现的大问题。

# 大学章句

## 一 三纲领：走向人性的自然完美

**大学之道，在明明德，在亲民，在止于至善。**

**[文义]**

学问的正道，在于认识并实现自己光辉的天赋本性，并能推己及人，导引民众走上同样的明德大道，从而共同到达至善的境地，做到事事都符合天理的极致。

**[评唱]**

这是《大学》著名的“三纲领”，本章后面抄录的朱子的注释值得特别玩味，它构成了宋朝新儒学认知体系的基石，是新儒家群体世界观与方法论的经典表述。如同很多学者指出的一样，我们需要在事关宇宙——我们的意识所能投射到的全部空间——本质的“宇宙论”(cosmology)及其演化生成的“宇宙生成论”(cosmogony)的意义上，才能将新儒学的意义和功用全部呈现出来(牟复礼《中国思想之渊源》)。

儒学“三纲领”的起点是人性论。在《大学章句序》中，朱子这样表述道：“盖自天降生民，则既莫不与之以仁义礼智之性矣，然其气质之禀或不能齐，是以不能皆有以知其性之所有而全之也。一有聪明睿智能尽其性者出于其间，则天必命之以为亿兆之君师，使之治而教之，以复其性。”朱子的这个说法事实上涉及根本性的“人”的起源问题：朱子认为“生民”起源于天。现在，我们有必要提出几个具体的问题，以进一步分析新儒学的这个命题。首先，儒学认为“民”起源于“天降”，这与基督教创世说的“上帝造人”观念有何不同？其次，现代科学通常认为，人类起源于长期的自然进化过程，而儒学却认为来自“天降”，这是不是儒学缺乏科学观念的标志？再次，“天”以雨露均沾的方式赋予所有人以“仁义礼智之性”，这种认知在文明论上具有怎样的意义？

理解这些问题的线索在于朱子对“明德”纲领的解释。那什么是“明德”呢？汉代著名儒学思想家郑玄（127—200）将其解释为“至德”，字面的含义就是“至高的德性”；但这个说法只是同义反复，依然未回答什么是“德”的根本问题。直到朱子学出现，“明德”的整全含义才得到了揭示——“明德”是人从天获得的一种天然属性，它虚灵不昧，包罗万象，蕴含宇宙的全部讯息，可以应对宇宙间的一切事务。天降生民，皆有“明德”，有“仁义礼智”这些光明的本性，因此所有人在本性上必然都是自由的、完满的、高贵的、平等的。

然而，这只是就人的天然禀赋而言；要将自己的“明德”展现出来，还要依赖于“生民”自身的努力。人们无法自动实现自己的天赋属性，一则因为先天的禀赋有差异，一则因为后天成长环境的限制。在这个“明德”的过程中，人群中天生“聪明睿智”的人能帮助共同体的其他成员实现自己的“明德”，带领人民共同止于“至善”。所以，人群中的这些人自然就会成为共同体的领袖，他们通过制作礼乐刑政，导引人民日新其德，最终达到完满的生命状态。《大学》的“三纲领”由此获得了集宇宙论、认识论与方法论于一身的性格。朱子对本章的解释，就是对华夏世界先民与先贤的“宇宙论”最为凝练的总结与表达，我们由此可以看到华夏世界心灵秩序的原风景。

近代西方政治思想中有“人皆由造物主平等创造”的观念，并由此进一步发展出了人的自由与平等的新观念。这种宇宙论和人性论有着与儒学截然不同的预设，其中最重要的一点是，它预设了一个外在的、高高在上的、超越尘世的造物主“上帝”，由“上帝”来保证人民的自由与平等。如上面所述，儒学思想用“天降”来描述一种已经存在的现实——“民”诚然来自“天”的创造，但在地位上不低于天，在属性上不异于天；人最终的目的就是实现自己的全部天赋本性，实现“天人合一”。因此，可以说儒学的这种观念表达了对人性的最高善意与尊重——从原理上说，它不用超越于人世的观念导引人们的心灵，这就为华夏世界消除了在追求自由的道路上可能遇到的障碍。

新儒学的这种关于人的起源说，与现代科学提供的进化论表面上看似矛盾，但事实并非如此。“生民”二字，最初见于《诗·大雅·生民》。该篇为神话史诗，叙述了周人祖先后稷从诞生到创立功业的故事，其中有对后稷降生过程中种种神异的记载。张子读此篇时有如下说法：“天地之始，固未尝先有人也，则人固有化而生者矣，盖天地之气生之也。”（朱子《诗集传》）如果说进化论将人纳入到生物演进的链条上，那么“天降生民”说同样将人的起源归结为“天地之气”的演化和生成。不过，进化论自身无法提供“人”何以为“人”的本质问题——人与动物的本质区别何在？我们究竟能在哪一个特定的时刻，或者说在哪一个事件当中，能将人从此前生物进化的链条上抽取出来，而将其命名为“人”？要回答这个问题，只能等待“文化”的出场。“人之所以异于禽兽者几希”（《孟子·离娄下》）——在我们当下的道德意识中，并不是所有的自然人都是“人”，这就是观念在“人”的生成中所扮演的角色的明证。

朱子通过重新解释“明德”，提出了人之所以成为人的核心观念——人有着“虚灵不昧，以具众理而应万事”的禀赋和能力，而这种禀赋与能力就是“心”的本质和功能。儒学将这种禀赋称为“性”，也就是“仁义礼智之性”，而不仅仅是现代人常说的“理性”能力。“仁义礼智之性”虽然本质上是新儒学为“人”确立的规范性标准，但同时也是经验事实，它们明显地表现在天生“睿智聪明”的人的身上，而这些人往往也就是华夏世界的“圣人”。所以，儒学的人性论并不能简单地用理想主义一语来加以概括。毋宁说，儒学所谓的“理想主义”色彩正是其真正的“现实主义”的品性。

朱子在《大学章句序》中继续说，人虽然生而平等，皆从“天”获得了自己应该有的“明德”，但不能就此高枕无忧。事实上，人们自从降生在这个世界上，即“为气禀所拘，人欲所蔽，则有时而昏”——这是天生材质的“不齐”以及后天的成长与非分的欲望即“人欲”蒙蔽的结果，这种境况使得“明德”在不同的人的身上、在同一人的不同时刻，明暗不一，有时甚至遭到埋没而不见天日。但是，人的“本体”，即人从天所接受的“仁义礼智之性”却如同地下涌动的岩浆一般，从未曾冷却和僵化，总会沿着某个裂缝，冲出地表，见到光明。

于是，人成为人的条件就清晰了起来：人要“明”其“明德”，使自身的本性显示出来，成就人性的圆满。那么如何“明”此“明德”？这正是儒家学说的根本要义所在，需要徐徐展开；在这个意义上，我们可以说《论语》在本质上就是一部孔子导引其弟子“明明德”的记录。作为儒家思想的纲领性文件，《大学》接着给出了方法：新民，即朱子所言的“自明其明德，又当推以及人”。当二者达到“至善”的境地而又能加以保持时，人就实现了上天给予他的全部禀赋。

朱子释“至善”为“事理当然之极”，即事物和道理内在的固有的“善”

和“本质”。比如，一个立志做科学研究的人，就要努力达致对对象彻底的认识和理解，完全沉浸于对象的世界，并用人类的全部智慧去解析对象，从而获得新的认知、解释、发明与创造；这就是对于科学家而言的“至善”。同样，对于艺术家而言，他必须直观到事物的纯粹理念，并能将其生动地再现出来，传达给这个世界；这种纯粹的理念认知和表现，就是艺术家的“至善”。我们可以此类推，在生活的各个领域中找到“至善”的存在。

那么，“至善”的标准又在哪里？儒家先哲说，无需外求，它就存在于我们每个人的“心”中——按照王阳明的说法，“至善”就是“心之本体”，“心外无理，心外无事”，或者说“心即理”（《传习录》）。因此，达到“至善”的境地就是实现人全部的自然禀赋，实现人的心灵与宇宙秩序的合一。这就是“大学之道”，也是华夏世界的先哲所洞察到的最终的文明标准。

**[朱注]**

大学者，大人之学也。明，明之也。明德者，人之所得乎天，而虚灵不昧，以具众理而应万事者也。但为气禀所拘，人欲所蔽，则有时而昏；然其本体之明，则有未尝息者。故学者当因其所发而遂明之，以复其初也。新者，革其旧之谓也，言既自明其明德，又当推以及人，使之亦有以去其旧染之污也。止者，必至于是而不迁之意。至善，则事理当然之极也。言明明德、新民，皆当至于至善之地而不迁。盖必其有以尽夫天理之极，而无一毫人欲之私也。此三者，大学之纲领也。

**知止而后有定，定而后能静，静而后能安，安而后能虑，虑而后能得。物有本末，事有终始。知所先后，则近道矣。**

**[文义]**

知道了自己应该达到的至善目标，就会有坚定的志向；志向坚定了，内心就不再妄动；内心不妄动，就会专心致志，安于自身的处境；身心都得到了安定，就能对事物进行精详的思考；能进行精详的思考，就会真正有所收获。物有本有末，事有始有终。知道了事物的先后关系，就接近学问的正道了。

**[评唱]**

“知止”就是知道“止于至善”。在人们的一般观念中，“善”自身就是好的、可欲的，因为“善”在本质上就是人们所追求的终极目的：幸福。这是亚里士多德的教诲：“幸福是所有善事物中最值得欲求的、不可与其他善事物并列的东西”；“幸福是完善的和自足的，是所有活动的目的”。（《尼各马可伦理学》）没有人不以追求属于他自身的幸福为人生目的；然而，由于人性容易堕落、腐败的本质，无数人都在以错误的方式追求各自的满足。这种满足本质上是转瞬即逝的“快乐”，而他们还以为是真正的“幸福”。按照亚里士多德的讲法，“我们大家可以确认人所得幸福的分量，恰好应该相等于他的善德和明哲及他所作善行和所显智慧的分量。”（《政治学》）

为了避免人在追求各自幸福道路上的歧途，“天生睿智聪明”的人于是就走到了人群的前面，进行启蒙和教育。这就是“新民”，让人民摆脱日常没有节制的欲望的束缚，认识到自己的本性。只有过上这种基于自省与沉思的生活，人们才有可能获得属于自己的真正的幸福。

知道了人生的最高目的，人生有了明确的方向，这就是“有定”。人生目的明确了，内心便沉静了下来，心灵不再浮躁与漂泊，不再为变幻无常的外在事物所左右，这就是“能静”与“能安”。在这样的状态下，心灵的唯一活动就是思索事物的本然道理，这就是“能虑”——能对世间此岸与彼岸的事物会逐渐获得通透的认知、领悟和洞察。带着这种全新的认知重新导引自己的日常生活，就是走向至善、走向幸福的生活，而不再是寻求动物式的快乐的生活。这就是事物的本末次序。明白了其中的先后次序，就是“近道”，去道不远矣。

本章提及的定、静、安、虑、得五种“功夫”或“功效”中，“静”最为人们所乐道。诸葛亮有“非淡泊无以明志，非宁静无以致远”（《诫子书》）的格言，意蕴极为深刻。“静”不是没有内心的活动，而是因为有了明确的志向，心不再恐惧疑惑，因而“心不妄动”，是谓之“静”；“妄动者，只是无根而动”（王夫子《读四书大全说》）。老子对“静”的功效也有独自的体认：“致虚极，守静笃，万物并作，吾以观其复。夫物芸芸，各复归其根。归根曰静，是谓复命。”（《老子·第十六章》）——达到虚极、守静纯一的境地，我们就会发现万物都在秩序井然地发生、运行，会看到它们一再回归到各自的本然状态，会看到智慧与生命的新生。

宋明两代新儒家对“静”尤有体验，每每在静坐中获得诸如“光明内在”“忽见此心真体”等真切的体验；现代学者由于学问路数不同，多对此不明所以，所以多用“神秘主义”或“神悟的体验”来描述先哲们的这种心理感受。据记载，“伊川每见人静坐，便叹其善学”（《近思录》）。现代社会生活的固有属性往往导致人心躁动不安；普通人如能在“静”上用工夫，久之当会出现心灵宁静、心生喜悦的功效。

**[朱注]**

止者，所当止之地，即至善之所在也。知之，则志有定向。静，谓心不妄动。安，所处而安。虑，谓处事精详。得，谓得其所止。

明德为本，新民为末。知止为始，能得为终。

## 二
## 八条目：从心灵到世界的秩序建构

**古之欲明明德于天下者，先治其国。欲治其国者，先齐其家。欲齐其家者，先修其身。欲修其身者，先正其心。欲正其心者，先诚其意。欲诚其意者，先致其知。致知在格物。物格而后知至，知至而后意诚，意诚而后心正，心正而后身修，身修而后家齐，家齐而后国治，国治而后天下平。**

**[文义]**

古代想让天下归于明德正道的人，会先治理自己的国家；想先治理自己国家的人，会先整顿好家族与家庭内部的事务，即齐家；想齐家的人，会先修正自己的言行，即修身；想修身的人，会先端正自己的内心，即正心；想正心的人，会先让自己的意念落到实处，即诚意；想诚意的人，会先致力于获得知识，即致知；致知的关键在于考察推究事物的道理。这个次序反过来说，就是“物格而后知至，知至而后意诚，意诚而后心正，心正而后身修，身修而后家齐，家齐而后国治，国治而后天下平。”

**[评唱]**

本章所言的“欲明明德于天下”，就是要为个体与社会确立终极的秩序，其实不分古今，是所有生活共同体与政治社会的内在逻辑。德国哲学家雅斯贝尔斯有著名的“轴心时代”说法，他认为在公元前六世纪到二世纪的数百年时间中，人类文明实现了跳跃性的突破；伴随着人们自我意识的高度觉醒，人们为自己的生命确立了内外两种秩序。这个秩序在古代华夏世界、古代印度、古代希腊等地有不同的表达（《论历史的起源与目标》）。儒学形成于华夏世界的这一次文明觉醒与跳跃，因此，我们需要在华夏文明的自我意识的层面上理解“欲明明德于天下”的含义。从这个伟大的目标依次向近处递推，一种从个体心灵到“天下”这一最大的人类共同体秩序建构的原理，就得到了完全的揭示与阐述。这就是儒家著名的“八条目”。

想要天下大治者，无非两种人：君王与圣贤；而只有当二者合二为一时，一种理想的政治秩序才能得到实现。柏拉图在《理想国》中提出的由哲学家进行统治的“哲人王”形象，可以说就是柏拉图“欲明明德于天下”的政治理想蓝图。君王拥有权力，拥有力量，而圣贤对真理与道的认知和掌握有着不亚于，甚至高于现实政治权力的功用。在经验的历史世界中，圣贤的普遍主义的理想往往要借助君王的权力才能转化为现实。这个过程就是“教化”。

因此，“教化”就是“聪明睿智能尽其性者”的现实政治参与。天下之本在“国”，国之本在“家”，家之本在自己的“身”上，而自己的身由自己的“心”主宰。“心之所发便是意”（《传习录》）。平常的人们并不会时刻意识到“心”的作用，相反，他们对旋生旋灭的自我意识倒是随时会有真切的察觉——饥渴冷暖，喜怒哀乐，这些都是“意”，就是心的“发动”与功用。因此，要想“心正”，就要万分留意于这个忽明忽灭的自我意识，要让它们落到实处，落到具体的事物之上，而不是任其心猿意马。“意之所在便是物”（《传习录》），这就是要“诚意”的原因。而要“诚意”，首先要“致其知”，要“穷至事物之理”，要明白事物各自的本性、道理和规律，这就是“格物”。

如同“格物”的“物”包括事与物的双重含义一样，关于事物的“知”既指关于外在事物的客观“知识”，也指人们自我意识意义上的内在的“良知”，王阳明尤其主张“致知”，就是“致良知”。所以，我们如果将“良知”也视为人们心灵上的事物，是心灵固有的属性，那么，“致知在格物”就获得了整全的解释。不过，在人们的一般观念中，尤其是在近代科学主义观念的影响下，“良知”因其无法加以实证的特性而遭到了科学理性的排斥。然而，这种排斥的本质是回避问题，将人之所以成为人的根本问题悬置了起来——人们应该如何安放自己的灵魂呢？或者说，应该如何“安身立命”？和谐的自我意识究竟如何才能获得稳固的地基，而不是建立在流动、易碎、必然腐朽的材质之上？

所谓人的自我意识的和谐，就是自我和他者关系的和谐，最终表现为心灵秩序、社会秩序以及宇宙秩序的和谐。从探究事物的秩序（即“格物”）到生活世界的普遍主义秩序的建构（即“平天下”），这就是儒学“内圣外王”的本义。某种外在的社会秩序——包括构成它的具体政策以及法律——如果不符合人们的心灵本性，不符合决定事物本性的宇宙秩序，它必然无法持之久远，必然会衰败而速朽。从“青史几行名姓，北邙无数荒丘”到“风流王谢无踪迹，剩水残山似六朝”，再到“古今多少事，都付笑谈中”（杨慎《廿一史弹词》），历史上无数王朝、王侯将相的兴盛与没落，都在忠实地呈现着这种事物的规律。

近代以来，这种“欲明明德于天下”的普遍主义秩序表达为一种“新人”的权利与真理；十八世纪法国大革命以来逐步扩散到全球的“自由”与“平等”观念，就是这种“新人”的自我定义。随后，这些观念又被建构为所谓的“现代文明”与“现代人”的标准。然而，这种观念不能无弊。按照政治哲学家霍布斯的说法，这种“新人”抛弃了此前基督教世界中的“上帝爱”（amor Dei），抛弃了自身与代表超越真理的上帝的联系，即对上帝的爱与信仰，只剩下“自爱”（amor sui）。由于“人性被设定为不过是激情的存在，完全缺乏灵魂秩序的本源”，所谓的“现代人”就是“被自身的激情所驱使”的人。这是人自我意识的一次激进变化。

对于这种现代政治观念的陷阱与危险，政治哲学家沃格林（Eric Voegelin，1901—1985）进行了进一步的揭示——二十世纪历史上出现的自称普遍主义的政治秩序，就是这种自我独尊的心灵状态的自我实现，而极权主义是这种秩序登峰造极的表达。沃格林指出，这种极权主义国家在德意志第三帝国身上表现出了全部的特点：经济上的唯物主义、种族主义、败坏的心理学、科学主义和技术的冷酷无情，一言以蔽之，是一种“没有约束的现代性”（《新政治科学》）。心灵在现代的虚无中焦虑、漂泊与搁浅，这是现代自由观念的必然代价吗？沃格林认为，西方文明是一种有着深度分层的文明，在其制度中还有着“代表灵魂的真理”，有着守护心灵的势力存在。

那么，华夏传统世界“代表灵魂的真理”又是什么？或许华夏世界的先贤们意识到了这种孤独的灵魂的危险，在自我意识觉醒的第一时刻就为后世确立了一种从个体心灵到生活世界的秩序；而我们此刻讨论的新儒学，就可以视为这种自我意识的体系性表达——所有人在本性上都是自由、平等和具足的，而“天”的永恒性为这种心灵秩序以及由此而来的社会秩序，提供了深刻、稳定、终极的保障。

**[朱注]**

明明德于天下者，使天下之人皆有以明其明德也。心者，身之所主也。诚，实也。意者，心之所发也。实其心之所发，欲其一于善而无自欺也。致，推极也。知，犹识也。推极吾之知识，欲其所知无不尽也。格，至也。物，犹事也。穷至事物之理，欲其极处无不到也。此八者，大学之条目也。

**自天子以至于庶人，壹是皆以修身为本。其本乱而末治者否矣。其所厚者薄，而其所薄者厚，未之有也。**

**[文义]**

从天子到庶民，但凡为人，都要以修身为根本。根本紊乱，由它衍生出来的枝叶就不可能井然有序。如果厚薄不分，本末倒置，还想着齐家、治国、平天下，那是根本不可能实现的。

**[评唱]**

知道为人的根本，实现内在于人的全部天性，就是“知之至”，它属于人的最高智慧。然而，芸芸众生并不总是从这种实现完全人性、实现完美人生的角度去认识自我和世界，人们追求的无非是高贵、智慧、富有、健康而已。这些目标自身不错，但追求的方法往往南辕北辙。有人可能会从功利的角度去问：儒家有什么方法吗？当然有，那就是学习。“我欲贱而贵，愚而智，贫而富，可乎？曰：其唯学乎！”（《荀子·儒效》）为什么要学习、学习什么并如何学习，儒学“三纲领”与“八条目”就是对这些问题的回答；“修身”可视为对这些问题的一种极简主义的表达。

所以，儒学从根本上说是关于科学与心灵的教育，是真正让人们获得自身尊贵与精英意识的教育。至于今天人们所说的“品德教育”“政治教育”“审美教育”等等，都内在于儒学关于事物的教育当中；儒学教育就是“知本”与“返本”的教育，是心灵的教育。

从政治秩序的角度来说，此句尚有一极重要的讯息，即“天子”与“庶人”都要服从于一普遍的“修身”要求，从而使“修身”成为政治共同体的最高事务。人们多认为这种从个体到共同体的同构性属于儒学特有的认识论，其实并不尽然。亚里士多德在《政治学》中有这样的说法：“对个人和对集体而言，人生的终极目的都属相同；最优良的个人的目的就是最优良的政体的目的。”将本章与这个说法对照来看，可以说儒学强调的是“最优良的政体”如何实现的问题，而亚里士多德强调的是“最优良的政体”已经实现后的结果。

**《康诰》曰：“克明德。”《大甲》曰：“顾諟天之明命。”《帝典》曰：“克明峻德。”皆自明也。**

**[文义]**

《康诰》说：“（周文王）能够自明其德。”《大甲》说：“（成汤）时刻注视着上天的命令。”《帝典》说：“（帝尧）能自明其大德。”

**[评唱]**

这些说法的要害就在于一个“自”字；能明德与否，能否实现自然的完美，由自不由他。文王、成汤与尧三位圣人能做到，所有人都同样能做到，因为圣人在本性上与庶民无异，只是他们“天生睿智聪明”，先于我们洞悉到了自我与世界的真理，并且能实践真理。自明其德，这就是华夏世界心灵秩序中所预设的“自由”状态及其实现方法。

**汤之《盘铭》曰：“苟日新，日日新，又日新。”《康诰》曰：“作新民。”《诗》曰：“周虽旧邦，其命惟新。”是故君子无所不用其极。**

**[文义]**

成汤的《盘铭》刻有“苟日新，日日新，又日新”的说法；《尚书·康诰》中有“作新民”的说法；《诗·大雅·文王》中有“周虽旧邦，其命惟新”的诗句，它们说的是同一个意思：自新其德，也就是“明明德”。个体的“日新”是基础和出发点，国家的“惟新”是生活秩序的自我完善。周本是位于商王朝边陲的附庸小国，但文王能自明其德，又能推己及人，获得了治理天下的“天命”。因此，君子念兹在兹、时刻关注的就是自新其德，使其完满。

**《诗》云：“邦畿千里，惟民所止。”《诗》云：“缗蛮黄鸟，止于丘隅。”子曰：“于止，知其所止，可以人而不如鸟乎？”《诗》云：“穆穆文王，於缉熙敬止！”为人君，止于仁；为人臣，止于敬；为人子，止于孝；为人父，止于慈；与国人交，止于信。**

**[文义]**

《诗·商颂·玄鸟》有言：“国都方圆千里，都是百姓安居的地方。”《诗·小雅·绵蛮》有言：“鸟鸣喈喈，停留于山岭树林茂密之处。”孔子说：“黄鸟尚且知道停留在安全、舒适、惬意的地方，人怎么能不如鸟呢！人要立足于他自身的至善境地。”《诗·大雅·文王》有言：“文王穆穆深远，其德如光，对人对事，诚心诚意，无有不敬。”由此观之，君王的至善就是仁；人臣的至善就是敬；身为人子的至善就是孝；身为人父的至善就是慈；与他人交往时的至善就是信。

**《诗》云：“瞻彼淇澳，菉竹猗猗。有斐君子，如切如磋，如琢如磨。瑟兮僩兮，赫兮喧兮。有斐君子，终不可諠兮。”“如切如磋”**

者，道学也。“如琢如磨”者，自修也。“瑟兮僴兮”者，恂栗也。“赫兮喧兮”者，威仪也。“有斐君子，终不可諠兮”者，道盛德至善，民之不能忘也。《诗》云：“於戏，前王不忘！”君子贤其贤而亲其亲，小人乐其乐而利其利，此以没世不忘也。

**[文义]**

《诗·卫风·淇澳》有言：“看那淇水曲岸，绿竹茂美；看那文采斐然的君子，学问精湛，德性光辉，皆如切磋琢磨而来；他庄重、威严、美盛，让人爱慕，让人无法忘怀。”如切如磋，本意是制作骨器的方法，这里是指“学”，即反复学习、思考的过程；如琢如磨，是制作玉器的过程，这里指“自修”，是诚意正心、修身养性的过程，就仿佛制作玉器时要反复打磨，最终将玉的温润的天性呈现出来一样。“瑟兮僴兮”是说君子慎独，平时无半刻松懈、苟且，这种功夫在外面的呈现，就是“赫兮喧兮”的威仪与风貌。这样的君子自己实现了自己的天性，实现了“明德”而止于“至善”，人们在他的身上看到了自己的美好，自然不会忘记。《诗·周颂·烈文》有言：“呜呼！文王、武王让人思慕而无法忘怀啊！”君子尊贤敬亲，庶民安居乐业，怡然自得，天下大治，这就是人们对先王思慕不已的原因。

子曰：“听讼，吾犹人也。必也使无讼乎！”无情者不得尽其辞。大畏民志，此谓知本。此谓知本，此谓知之至也。

**[文义]**

孔子说“听案断案，我与他人无异；若一定要说有不同，那就是我希望能没有诉讼发生吧！”在听讼时，双方能据实以报，不以曲乱直，不以假乱真，不强词夺理。民众内心有所畏服，对是非曲直就能自然领悟，因此诉讼自然消弭于无形当中。这就是所谓的“知本”。

**[评唱]**

法律本于人心，形成于风俗，最后上升为共同体共同遵守的条规，是政治意志的表达。因此，当诉讼发生后再进行事后调解就已经落入了第二义；通过教化，通过新民，使民众认识到自己的本心，认识到“天理”（即“明德”）与“人欲”——非人正常的欲望而是贪欲——之别，让每个人的良知良能发动，人们的利益纷争自然就会减少；即使偶有纷争，简单的调解也就能解决问题。因此，“明德”为本，本立而道生，这就是真正的知识。

本章还有一个关键的观念，即“畏”。“大畏民志”，不是以“大人”（法官）的身份让民众感到“畏惧”，而是在真正的“大德”的面前，民众的敬畏之心会油然而生。这种“大”正是儒家“明德”的一种结果，但不是唯一。孟子曾经用美、大、圣、神四个字来描述君子的人格。孟子释“大”为“光辉”，这种光辉的人格自然会感染凡世之人，照亮他们晦暗的内心世界。而凡世之人在他们眼中的“神”面前，更会油然产生“敬畏”的常情。

所谓诚其意者，毋自欺也。如恶恶臭，如好好色，此之谓自谦。故君子必慎其独也。小人闲居为不善，无所不至，见君子而后厌然，掩其不善而著其善。人之视己，如见其肺肝然，则何益矣。此谓诚于中，形于外，故君子必慎其独也。曾子曰：“十目所视，十手所指，其严乎！”富润屋，德润身，心广体胖，故君子必诚其意。

**[文义]**

所谓的诚意，就是不要自欺。比如厌恶“恶臭”，喜好“好色”——厌恶难闻的味道，喜好美好的事物，自己会感到满足，这是人之常情，没有分毫的虚假。所以君子一定要慎独，即使独自一人时也非常慎重，不要自欺。小人平日多为不善之事，没有什么干不出来，非常嚣张，但他们见到君子后就会感到气馁，忙着掩饰自己不好的行为，突显自己良善的一面。可是，旁人看他，就仿佛能看到他的肺肝一样，掩饰又有什么用呢？这就是所谓的“诚于中，形于外”，内在的真实状况一定会在外表呈现出来，所以君子一定要慎独。曾子说：“有很多人在看着你，有很多手在指着你，这种监视多么严厉啊！”财富能让房屋生色，德性能让品行生色，心地宽广身体才能安泰，所以君子一定要诚意。

**[评唱]**

什么是“诚意”，不容易从正面描述，而从反面说不要“自欺”，就为“诚意”明确了标准，即不要自己欺骗自己。人们的动物本性导致自身趋乐避苦，追求快乐。儒学认为从这种本性中看到了积极的意义——这种油然而生的厌恶和喜好，就是“诚意”的一种表现；反过来说，如果一个人好“恶臭”而恶“好色”，那他就是在进行自我欺骗。人就应该如同这种“恶恶则如恶恶臭，好善则如好好色”一样，坦然面对自己内心的观念和意识，然后再辨别何为善何为不善，不可矫饰，不可自欺，只有这样才能获得真正的快乐。

人对自己诚实与否，在其“独”的时刻表现尤为真切。这个“独”并不单单是指独自一人的情况；在大庭广众当中，也有实实在在的“独”的时刻，也就是出现“己所独知”而别人不知的内心活动的时刻。人们的意识如同海上的风浪，有时起有时灭，片刻不停息。但这个意识更多的时刻只有自己一个人知道，这就是本章所言的“独”，它是一种心灵的状态。当这个心灵处于“自谦”，也就是出于平和、快乐、满足时，此时的“意”就是“诚意”。焦躁的灵魂、不安的灵魂、忙迫的灵魂、空虚的灵魂，这些必然都是自欺的灵魂。所以，人若立志成为君子，实现自己的天性完美，就必须谨慎、审慎、诚实地对待自己的意识，让其落到实处，这就是“诚意”。

现代人多言“自律”，认为它是“自由”的前提与基础，为现代性条件下人的美德；殊不知，本章论及的“慎独”乃是至高的“自律”——它不依赖于外在的、社会的道德规范；用王阳明的说法，它纯然是一个人生而为人的“良知良能”（《传习录》）自然发动的结果。顺便要指出的是，说它是“良知”而不说是康德所言的基于理性的“道德律令”，是因为后者尽管将一个彻底的主体性赋予了人自身，但正如叔本华( Arthur Schopenhaur，1788—1860 )所指出的那样，它其实“没有任何确实可靠的基础”，事实上是有条件的“假言命令”，而不是无条件的“定言命令”（《伦理学的两个基本问题》）。相反，“良知”首先表现为心的情感功能，而不是大脑的智力功能，它先验地内在于人自身，又能在经验中普遍观察到；“为善去恶”正是人们有意识地去恢复在俗世生活中遭到遮蔽的“良知”，从而走上实现人生圆满的道路。

再说“小人闲居为不善”。人们在闲居独处时是否为善，其实是区分小人君子的标准；是成为君子还是小人，最初的种子就在于内心活动的几微之处。有意思的是，“小人”见到“君子”——即能时刻日新而自明其德的人——时，就会收敛、掩饰他们的不善行为，而有意显示他们善的意图与行为。何以如此？是小人要在君子面前谋求特殊的利益吗？其实，小人“掩其不善而著其善”，乃是其本能的发动，是在其遭遇君子时刹那间的真情流露；因是其本性——所谓的“诚于中”——的发作，而不可以简单地用伪善或功利主义视之。小人的真实面目在接下来的瞬间就完全暴露了出来：君子小人的气质相接触时，清浊自然分明。“君子”显示出的气场就是天地的正气；人们常说人格魅力或力量，就是指人本性的力量。“善之当为与恶之当去”，这种人的本性因“君子”的在场而得到了激发。

**所谓修身在正其心者，身有所忿懥，则不得其正，有所恐惧，则不得其正，有所好乐，则不得其正，有所忧患，则不得其正。心不在焉，视而不见，听而不闻，食而不知其味。此谓修身在正其心。**

**[文义]**

修身的首要方法在于正心：心有所愤怒就不会端正，有所恐惧就不会端正，有所好乐就不会端正，有所忧患就不会端正。心不在这里，那即使看也看不出什么，即使听也听不明白什么，即使品尝也无法辨析滋味。这就是所谓的修身在于正心。

**[评唱]**

心如果有愤怒、恐惧、好恶、忧患，就会偏离中正的位置，进而会失去虚灵不昧的状态。内心失去了灵性，变得晦暗不明，对事物的判断就会失去中正，甚至完全意识不到正在发生什么，所谓“食而不知其味”是也。此时，一个人所认知的世界就是一个不正的世界，这个世界反过来继续影响他自身的观念与行为。长此以往，身将为外物所系，不再有人生的自由。哲学家尼采曾经写下这样的警句：“与怪兽作战者，可得注意，不要由此也变成怪兽。若往一个深渊里张望许久，则深渊亦朝你的内部张望。”（《善恶的彼岸》）由于“愤懥”“恐惧”“好乐”“忧患”又是人们常有的心灵状况，所以，“正其心”就是要在这些状况萌生之前、发生之中以及事后，随时检点用力，随时将其归于“正”；否则，我们的心灵就要因这些情绪而跌宕起伏，焦灼不安。这个过程就是“正心”。

**所谓齐其家在修其身者，人之其所亲爱而辟焉，之其所贱恶而辟焉，之其所畏敬而辟焉，之其所哀矜而辟焉，之其所敖惰而辟焉。故好而知其恶，恶而知其美者，天下鲜矣。故谚有之曰：“人莫知其子之恶，莫知其苗之硕。”此谓身不修，不可以齐其家。**

**[文义]**

齐家的根本方法在于修身，这是因为，人们对于自己亲近喜爱的人会产生偏向，对于自己鄙薄厌恶的人会产生偏见，对于自己畏惧尊敬的人会产生偏差，对于自己同情怜悯的人会产生偏袒，对于自己轻视怠慢的人会产生偏离。也就是说，人们对于他人的认知，会因为和自己的关系而出现偏差。所以，喜欢他但能知其缺点，厌恶他但知其优点，这样的人非常罕见。有一则谚语说：“人们都不知道自己孩子的缺点，认为自己的孩子就是好；人们都不知道自己的禾苗长得健硕，总是不满意。”所以，己身不修，对人对事自然会产生偏见，无法公平公正地对待每一个人，自然就无法齐家。

**所谓治国必先齐其家者，其家不可教而能教人者，无之。故君子不出家而成教于国。孝者，所以事君也；弟者，所以事长也；慈者，所以使众也。《康诰》曰：“如保赤子。”心诚求之，虽不中，不远矣。未有学养子而后嫁者也。**

**［文义］**

治国必先齐家，这是因为，一个人在家中都无法将关系理顺，却想着教化他人，这是办不到的。所以，治国君子若能做到齐家，实际上就为百姓树立了一种榜样，确立了一种好的内部秩序。比如，一个人若能善事其亲，即“孝”，他就会同样对待国君；善事兄长的“悌”的原则同样可用于对待年长者；而抚育爱护幼小的“慈”的道理，国君可用来对待百姓。《尚书·康诰》有言：“如保赤子。”它的意思就是说，君子治国，就应该如同母亲抚育刚出生的婴孩一般，小心呵护，处处为婴孩考虑。母亲一心一意地呵护、抚育眼前的婴孩，即便不能做到完美无缺，但也相差不远了。哪有女子先学会养育孩子，然后才出嫁呢。

**［评唱］**

为政者在家族与家庭内部建立的秩序，可以转化为相应的政治秩序。“孝弟也者，其为仁之本与！”（《论语·学而第一》）这是一种关联性的认知方式，要为治国建立一种基于自然人情的道德基础。“如保赤子”的比喻非常生动形象——母亲抚育婴孩，全然出自天然的母爱，并无一分其他目的；君子治国，道理相同，关键在于是否能诚心诚意爱护百姓。

一家仁，一国兴仁；一家让，一国兴让；一人贪戾，一国作乱：其机如此。此谓一言偾事，一人定国。尧、舜帅天下以仁，而民从之。桀、纣帅天下以暴，而民从之。其所令反其所好，而民不从。是故君子有诸己而后求诸人，无诸己而后非诸人。所藏乎身不恕，而能喻诸人者，未之有也。故治国在齐其家。

**［文义］**

治国的君子若在家庭内部实践仁爱，那国中上下都会实践仁爱；如果在家庭内部实践谦让，那国中上下也会彼此礼让和睦。反过来说，为政者如果放纵贪欲、行事暴戾，那么整个国家就会陷入混乱。这就是治乱兴衰的关键。一句话足以坏事，一个人足以安定国家，说的是同样的道理。尧、舜以仁义治理天下，百姓就跟随他们实践仁义。桀、纣以暴力控制天下，百姓就用暴力将他们推翻。政策法令违背了百姓对利益、对公平正义的正当要求，他们就不会服从。所以，治国君子若要实施教化，要教人为善去恶，他自身首先就要有此善在身；同样，他如果要求百姓弃恶从善，他自己首先就要无此恶在身。他自身若未能磨炼出人性的光辉，无法做到推己及人，那就无法让百姓受到感召而向善。这就是治国首先在于齐家的道理。

《诗》云："桃之夭夭，其叶蓁蓁。之子于归，宜其家人。"宜其家人，而后可以教国人。《诗》云："宜兄宜弟。"宜兄宜弟，而后可以教国人。《诗》云："其仪不忒，正是四国。"其为父子兄弟足法，而后民法之也。此谓治国在齐其家。

**［文义］**

《诗·周南·桃夭》有言："桃树枝条多么茂盛，它的叶子多么浓密；这个姑娘要出嫁了，祝愿其家庭和谐美满。"一家人做到了和乐相处，然后才能教化国人。《诗·小雅·蓼萧》有言："兄弟彼此友爱，以善相待。"治国君子能与自己的兄弟为善，才能以同样的方式教化国人。《诗·曹风·鸤鸠》有言："君子的行为礼仪无差错，可以教正全国。"为政者在父子兄弟关系上足以成为榜样，百姓才会遵照行事。这些诗句说的就是治国在于齐家的道理。

**所谓平天下在治其国者，上老老而民兴孝，上长长而民兴弟，上恤孤而民不倍，是以君子有絜矩之道也。所恶于上，毋以使下；所恶于下，毋以事上；所恶于前，毋以先后；所恶于后，毋以从前；所恶于右，毋以交于左；所恶于左，毋以交于右：此之谓絜矩之道。**

**[文义]**

平天下的前提在于治国，这是因为，在上位者如果能尊老爱幼、践行孝悌，那么在下位的百姓就会以同样的方式生活；在上位者若能抚恤孤独无助之人，那么百姓自然也不会违背慈爱的原则。所以，治国君子要有“絜矩之道”，也就是说，君子要认识到心同理同的道理，要以身作则，为他们确立一种美善人格与生活的标准。比如，自己不希望在上位者以某种方式对待自己，那自己就不能以同样的方式对待下属；同样，对于自己前后左右的所有人，这条原则都普遍适用，这就是所谓的“絜矩之道”。

**[评唱]**

治国君子若能以“絜矩之道”制定政策法律，实施教化，那么每个人都会有他应得的那一份，即各得“分愿”。东罗马拜占庭帝国皇帝查士丁尼（Iustinianus I，483—565）曾下令编纂《法学总论》，开篇即有对“正义”的如下定义：“正义是给予每个人他应得的部分的这种坚定而恒久的愿望。”就此而言，朱子所言的“彼我之间各得分愿”，其实就是每个人都实现了各自的“正义”；所谓的“平天下”，就是在天下、在人们所知的生活世界中实现正义秩序。“平天下”的政治哲学含义在朱子这里得到了恰如其分的揭示。

**[朱注]**

是以君子必当因其所同，推以度物，使彼我之间各得分愿，则上下四旁均齐方正，而天下平矣。

**《诗》云：“乐只君子，民之父母。”民之所好好之，民之所恶恶之，此之谓民之父母。《诗》云：“节彼南山，维石岩岩。赫赫师尹，民具尔瞻。”有国者不可以不慎，辟，则为天下僇矣。《诗》云：“殷之未丧师，克配上帝。仪监于殷，峻命不易。”道得众则得国，失众则失国。**

**[文义]**

《诗·小雅·南山有台》有言：“这位内心充满喜悦的君子啊，他可以说是百姓的父母。”治国君子的政策法令若能符合民心民情，好民之所好，恶民之所恶，他就可以称为民之父母。《诗·小雅·节南山》有言：“仰望那高高的南山，高山上巨石如磐；太师尹氏位高权重，百姓都在把你围观。”治国君子不可以不慎重对待百姓的好恶，不要阻止人民寻求自由的步伐，否则就会众叛亲离，为天下所抛弃。《诗·大雅·文王》记载有文王的说法：“当初殷朝没有丧失民心时，他们能符合上帝的意志，得到天意的眷顾；我们应当以殷朝的兴衰为借鉴，能够配上天命的要求。”这是说为政者若能获得民心，就获得了国家，反之就会失去国家。

**[评唱]**

建立并维护符合民心的政治秩序，这正是天命的要求。儒学经典中，有大量相关的论述，比如“天聪明，自我民聪明；天明畏，自我民明威”（《尚书·皋陶谟》）；“天视自我民视，天听自我民听”，“天矜于民，民之所欲，天必从之”（《尚书·泰誓》）；“天无心，心都在人之心”（《张载集》）——上天的视听，依赖于人民的视听；上天怜爱人民，人民想要的，上天一定听从；民心就是天命。这些论述将上天和人民关联了起来，为政者与政府的正当性最终就落到了人民的选择与判断。那么，人民爱好什么，又厌恶什么？这并不是难题，因为心同理同——每个人都在追求自由，追求幸福，追求属于他自己应得的那一份，即追求属于自己的正义。从财物的富足到公平正义，皆是人民的所好。为政者制定的政策法令如果旨在帮助人民实现其所好，就会获得支持与爱戴，这就如同父母与子女的关系一样。

# 三
# 明德与善治

是故君子先慎乎德。有德此有人，有人此有土，有土此有财，有财此有用。德者本也，财者末也。外本内末，争民施夺。是故财聚则民散，财散则民聚。是故言悖而出者，亦悖而入；货悖而入者，亦悖而出。

**[文义]**

所以君子治国，首先要修身明德。君子明德外显，百姓自然就会追随；百姓安居乐业，土地就会得到开发，社会财富就会得到积累，府库就会充盈。所以说，君子明德是根本，财富是末梢。本末倒置，为政者就会跟百姓争夺利益。如果财富都聚敛、把持在政府手中，国富民穷，那百姓就会离开，寻觅各自的乐土；相反，如果藏富于民，那么百姓就会从四面八方聚集而来。这就是说，政策政令如果不顺应民心，那百姓就会违抗；政府如果不以符合公平正义的方式聚敛了财富，那这些不义之财必然会失去。

**[评唱]**

此章言“德治”或“以德治国”——为政者要自修其德，成为庶民的榜样，秩序自然就在其中；因为“德”实为万人所共有，是一种公共价值，为政者背德，其实就是背叛政治共同体，必然引起共同体秩序与人心的大坏。“德治”不是靠道德教条实行统治、控制百姓，而是要为政者万事从普遍的人性出发，制定政策、法令、制度，这样才能实现善治。

**《康诰》曰：“惟命不于常。”道善则得之，不善则失之矣。《楚书》曰：“楚国无以为宝，惟善以为宝。”舅犯曰：“亡人无以为宝，仁亲以为宝。”**

**[文义]**

《尚书·康诰》有言：“天命无常。”它的意思是说，君子若能行善，就会得到天命的支持；若行不义，就会失去天命的眷顾。《国语·楚语下》曾记载楚国大夫王孙圉的说法：“我们楚国并不以那些金银珠宝为宝物，而只是以有德的君子为国宝。”子犯，即晋文公的母舅，在晋文公流亡时曾这样教他说：“流亡者没有什么值得当宝贝，只以仁义与亲情为宝。”

**《秦誓》曰：“若有一个臣，断断兮无他技，其心休休焉，其如有容焉。人之有技，若己有之；人之彦圣，其心好之，不啻若自其口出。寔能容之，以能保我子孙黎民，尚亦有利哉！人之有技，媢疾以恶之；人之彦圣，而违之俾不通，寔不能容，以不能保我子孙黎民，亦曰殆哉！”**

**[文义]**

据《尚书·秦誓》记载，秦穆公曾经说道：“我有一位臣下，为人诚挚，不显示自己的才能。他内心美善、平和、宽广，见他人有才能，仿佛是自己拥有一样；看到他人人品高洁，就会发自内心地喜欢，而不仅仅是说说而已。如果真能容纳这样的臣下，他就足以保护我的子孙和黎民百姓，没有比这更高的利益了。相反，这个臣下如果妒贤嫉能，对有才能的人百般刁难，使得他无法施展自己的才能，那么这种人不能容纳留用，因为他无法保护我的子孙和黎民百姓。有这样的臣下，真是危险啊！”

**唯仁人放流之，迸诸四夷，不与同中国。此谓唯仁人为能爱人，能恶人。见贤而不能举，举而不能先，命也；见不善而不能退，退而不能远，过也。好人之所恶，恶人之所好，是谓拂人之性，菑必逮夫身。是故君子有大道，必忠信以得之，骄泰以失之。**

**[文义]**

只有有仁德的君王会将这种臣下流放到远方，不容许他们在国中为害。这就是说，只有有仁德的人君才能真正爱黎民百姓，才能真正厌恶那些奸佞之臣。见到贤人不能任用，虽任用但不让他担当大任，这是怠慢；见到不善的官员不能辞退，或虽辞退而不能彻底远离，这是过错。百姓希望君王尊重人才、任用人才，而厌恶他任用奸猾之辈；这就是百姓的好恶。如果君王颠倒了这个好恶，那就是违背了人性，早晚必有灾殃。所以，君子忠于自己的职责，兢兢业业而无虚饰，就会保持国家；骄傲自大，懈怠浮夸，就会失去国家。这就是君子治国的大道。

**[评唱]**

仁人举止皆出自天道，在人们的理智世界中就表现为遵循“天理”；而“所谓天理也者，能悦诸心，能通天下之志之理也”（《张载集》）。

“天理”在共同体生活中的表达，就是“悦诸心”，符合民心民意，符合“人性”，而不是“拂人之性”。这是新儒家“存天理，灭人欲”伦理对为政者提出的具体要求。

本章“唯仁人为能爱人，能恶人”一句值得玩味。人世间充满爱恨情仇，人们自有苦乐在其中。诗人说：“世界微尘里，吾宁爱与憎。”（李商隐《北青萝》）这句话化自佛经中的说法：“人在世间直微尘耳，何必拘于爱憎而苦此心也”（《楞严经》），“我身本不有，憎爱何由生”（《圆觉经》）。这是诗人借助佛家观念来表达自己超脱的心灵境界。但对于凡俗的人们而言，有爱必有憎；世间没有了爱与憎，没有了爱恨情仇，就少了一种生命跃动的力量与意志。可是，爱与憎往往会成为心灵的包袱，让人陷入无明的状态。进一步说，爱与憎若不是由仁者发出，就不会有感染与洗涤人们心灵的力量，就不具有创造性，而只有旋生旋灭的激情，生命也只是在如梦幻泡影一般的生活中消耗着自身。正因如此，只有仁者才能有真正的爱、真正的憎。而且，仁者的爱与憎是一种大爱与大憎，有着真正能够感染人心的大力量。

**生财有大道，生之者众，食之者寡，为之者疾，用之者舒，则财恒足矣。仁者以财发身，不仁者以身发财。未有上好仁而下不好义者也，未有好义其事不终者也，未有府库财非其财者也。**

**[文义]**

财富物资来源有正道：从事生产创造的人要超过消费的人，政府等公共部门要精简，不要有冗员；从事生产的人能勤于工作，使用财物的人要量入而出，不铺张浪费，这样政府的收支就会有盈余。仁者会舍财以修养其身心，不仁者则以其身心为代价，追求财富。在上位者好仁，在下位者就不可能不好义；百姓好义，自然会尽心从事生产创造，为国家创造更多的财货。在这个“义”主导的生产与分配体制之下，个体的利益与国家的利益一致，人们会认为“府库财”也就是他们自己的财物。

**[评唱]**

这里实际上提出了经济生产与分配的原则，它们是“仁”与“义”精神在政策领域的具体落实。为政者的仁心仁德，会导引百姓以公平正义的方式从事生产与经营活动，这时候生产出来的财货物资就是所有人的财货物资，所谓“取之于民用之于民”也就是这个意思。

**孟献子曰：“畜马乘，不察于鸡豚；伐冰之家，不畜牛羊；百乘之家，不畜聚敛之臣。与其有聚敛之臣，宁有盗臣。”此谓国不以利为利，以义为利也。长国家而务财用者，必自小人矣。彼为善之，小人之使为国家，菑害并至。虽有善者，亦无如之何矣！此谓国不以利为利，以义为利也。**

**[文义]**

鲁国大夫孟献子说：“拥有车马的士大夫之家，就不要在鸡豚小事上用心了；在祭祀时可以用冰的那些卿大夫以上的人家，就不要蓄养牛羊了；战时能出兵车百辆以上的诸侯之家，就不要蓄养那些专门用于聚敛的臣下了。聚敛之臣专门与民争利，搜刮民脂民膏，因此他们还不如那些‘盗臣’——后者的坏处也只是止于偷盗府库而已，而前者却会让社会失去正义，最终分崩离析。所以说，与其有聚敛之臣，还不如有盗臣呢。”这就是说，国家不应该以财货为利益的所在，而要以仁义为根本的利益。君王治国时专门考虑如何获取财货，这一定是出自小人的意思。他如果认为这么做对，小人的做法是为了国家，那么灾难祸害就会纷纷到来。这时候即使有贤才，也无可奈何了。这就是说国家不能以利为利，而是要以义为利。

**[评唱]**

腐败的官员就是“聚敛之臣”，人们多会注意到他们贪污国家与社会的公共资产，而未注意到，他们真正的害处是会最终导致社会与人性的腐败堕落，导致有家者亡家、有国者亡国。因此，国家不能以“利”立国，也不能以“利”的原则来整合、治理社会。现代社会中通行市场原则，这在经济领域中理当如此；基于利益公平交换而谋求各自私利最大化的市场原则，也就是“义”在经济生活中的具体表达。但是，在事关教育、医疗、福利等民生领域中，利益至上的市场原则必须得到限制，因为这个原则会带来显著的社会不公，会伤害共同体成员彼此共同生活的情感。因此，国家的立国根基应该是“义”所体现的法律与道德原则，即公平正义；以“义”为原则，国家才能长治久安，人民才能安居乐业。

# 中庸章句

# 一 大道至简：从天命到人道之路

## 1. 中庸与中和

**天命之谓性，率性之谓道，修道之谓教。**

**[文义]**

上天赋予命定的东西叫作性，遵循本性而行的道路叫作道，依照正道进行的修正叫作教。

**[评唱]**

朱子在《中庸》开篇做出的解释，当与《大学》首章对“三纲领”的注释一同参看；二者阐述的其实是同一件事，即儒学的宇宙论与人性论。由此我们也可以看到《大学》与《中庸》两篇论文在儒家思想体系中的地位与分量。本章对儒家思想体系的三个关键词，即“性”“道”与“教”进行了定义。

“性”即本性，是存在于万事万物当中的普遍属性，无所不在。“天”以阴阳五行化生万物，而万物各得其物质形体，各得其精神品性，仿佛就是“天”所赋予、所命令的一样。这个“性”还可以用“理”来解释，这就是朱子著名的“性即理”命题。“理”，涵盖了今天人们所说的“理性”“理智”“道理”“理由”“逻辑”“法则”“规律”等诸种含义，就是天的属性，即“天理”自身。

“道”就是道路，也就是天地万物各自遵循的规则。这个“道”集天道与人道于一身。“夫道何所自出乎？皆出于人之性也。性何所自受乎？则受之于天也。”（王夫之《四书训义》）这是儒学的“道”；耶稣言“我就是道路、真理、生命”（《圣经·新约·约翰福音》），说的正是基督教的“道”。在儒学思想中，“道”就是每个人应当走的路，就是“人道”。人道来自天道，人当然就应该法天行事，这就是“率性之谓道”。

“教”是前述“道”观念的内在要求。天降生民，但人们的气质不齐，多数人在俗世生活中容易沾染不良习气，甚至腐化堕落。因此，人们的精神需要扶助和支持，以做到“明明德”，认识到自己生而为人的本来属性，从而获得各自人生真正的幸福与喜悦。华夏世界天生睿智聪明的圣人制作礼乐刑政，为人们的生活世界与心灵秩序立法，就是要用它们导引人的行事，对人们进行教育，让人们遵从正道而行。这就是“教”，或者说“教化”。

华夏世界政治思想的核心是“教化”；礼乐刑政四种系统并用，目的就是让人将自己的“人性”完全展现出来，实现人生的圆满。这四种系统依循宇宙秩序而设计，与宇宙秩序同构；在这些体系的导引、扶助与约束之下，每一个个体就会沿正道而行，让自己的行为最终和宇宙秩序相和谐。人们自然地追求自由、适意、平等，力求消除物质上的贫困、心灵上的恐惧、社会上的压迫。如果一个人因着先天“气禀”的限制，或者因后天“人欲”的迷惑，偏离了人当行的正道，这在儒家看来都不是圆满的人生。

天生睿智聪明的圣人，其实就是对宇宙秩序有着高度体认的人；

他们是智慧的，更是仁爱的、慈悲的，于是向凡俗的人们伸出了扶助之手。但这并不是圣人出于宗教目的与宗教情怀的“拯救”，而是他们天性发动的自然结果。圣人制作礼乐刑政，首先是他们自身“率性”与“修道”的方法和手段，而“教化”是这种制作的自然结果。用《大学》的话来说，“明明德”必然会导致“新民”，进而达到“至善”。因此，儒家“教化”观念与现代政法、教育手段的核心区别在于，前者最初就将“权力意志”排除在外；“教化”的主旨不在于控制他人，无论是在制度上还是在心灵上，而是导引人向自身本然的属性的回归。

现代新儒家熊十力借助哲学上的“本体”观念，对儒学的核心观念进行了统一命名，这里引述如下，以备参考：“本心即万化实体，而随义差别，则有多名。以其无声无臭，冲寂之至，则名为天。以其流行不息，则名为命。以其为万物所由之而成，则名为道。以其为吾人所以生之理，则名为性。以其主乎吾身，则谓之心。以其秩然备诸众理，则名为理。以其生生不容已，则名为仁；以其照体独立，则名为知。”（《读经示要》）

**[朱注]**

命，犹令也。性，即理也。天以阴阳五行化生万物，气以成形，而理亦赋焉，犹命令也。于是人物之生，因各得其所赋之理，以为健顺五常之德，所谓性也。率，循也。道，犹路也。人物各循其性之自然，则其日用事物之间，莫不各有当行之路，是则所谓道也。修，品节之也。性道虽同，而气禀或异，故不能无过不及之差，圣人因人物之所当行者而品节之，以为法于天下，则谓之教，若礼、乐、刑、政之属是也。盖人之所以为人，道之所以为道，圣人之所以为教，原其所自，无一不本于天而备于我。学者知之，则其于学知所用力而自不能已矣。

**道也者，不可须臾离也，可离非道也。是故君子戒慎乎其所不睹，恐惧乎其所不闻。莫见乎隐，莫显乎微，故君子慎其独也。**

**[文义]**

道是不可以片刻离开的，可离开的就不是道了。所以，君子在不为别人看见、听见时，也常怀对道的敬畏。一个人的全部品性，没有不显现在他隐蔽时刻的行为中的，没有不显现在他细微的行事上的。所以，君子要非常谨慎严肃地对待他独处的时刻。

**[评唱]**

因为“道”内在于人性，是每个人实现各自人生完美、灵魂完美的必由之路，所以人片刻不可离开“道”；这个“道”体现在人身上，就是那颗虚灵不昧的“心”。离开了“道”，人就会“丧心”——心灵会陷入无明的昏沉状态。所以，君子当“常存敬畏”之心，而不借助他人的耳闻目睹来约束自己。此心常存敬畏，就是防止“心”的丧失，时刻保持心灵的自然、和谐、完美的秩序。人在心灵上的任何活动，无论如何细微，自己最为清楚不过；同样，一个人的一举手一投足，一言一行，无论怎样隐蔽，都会映射出其内在的心灵状态。这就是君子必“慎独”的原因。

**[朱注]**

道者，日用事物当行之理，皆性之德而具于心，无物不有，无时不然，所以不可须臾离也。若其可离，则为外物而非道矣。是以君子之心常存敬畏，虽不见闻，亦不敢忽，所以存天理之本然，而不使离于须臾之顷也。

隐，暗处也。微，细事也。独者，人所不知而己所独知之地也。言幽暗之中，细微之事，迹虽未形而几则已动，人虽不知而己独知之，则是天下之事无有著见明显而过于此者。是以君子既常戒惧，而于此尤加谨焉，所以遏人欲于将萌，而不使其滋长于隐微之中，以至离道之远也。

**喜怒哀乐之未发，谓之中；发而皆中节，谓之和；中也者，天下之大本也；和也者，天下之达道也。致中和，天地位焉，万物育焉。**

**［文义］**

喜怒哀乐在未发生出来时，叫作中；发生出来后都符合节度，叫做和。中是天下万事万物的根本，和是天下万事万物必经的大道。努力达到中和的境界，天地就能各安其位，万物就能生长化育。

**［评唱］**

本章言心灵秩序与宇宙秩序的关系。就心灵秩序来说，“中”为心灵的本然秩序，“和”是其外在显现；就宇宙秩序来说，“中”是天下万事万物生成的根本，“和”是万事万物至善的存在状态。“致中和”，心灵达至中和境地，心灵秩序与宇宙秩序就实现了统一，天地万物欣欣向荣、生机勃勃。“致中和”，就会体悟到心灵即为宇宙万有的主宰，宇宙万有为心灵的显现，正所谓“宇宙便是吾心，吾心即是宇宙”（《陆九渊集》）。宇宙万事万物的存在状态，无非是人心灵状态的显现。

近代以来，无论是对宏观的宇宙世界还是微观的粒子世界，人们都有了全新的意识和认知。这当然是理性和科学发展的结果，但不要忘记，这种“结果”同时又是人探索宇宙奥秘的心智活动的结果——天生睿智聪明的人将自己的全副心灵投入到宇宙事物的探索当中，才有了各自的“发现”与“发明”。反过来说或许更恰当：科学家们的“发现”与“发明”，都是他们各自心智活动的结果，而这种结果又和宇宙秩序完全和谐一致。比如，牛顿（Isaac Newton，1643—1727）发现了万有引力定律，即任何两个有质量的物体之间都会有引力存在，它的大小可以用一个异常简洁的数学公式表达出来：$F=GMm/r^2$。人们随后依据这个定律，取得了一个惊人的成就：海王星的存在和它的位置得到了精确的“预言”。

然而，直到二十世纪伟大的科学家爱因斯坦（Albert Einstein，1879—1955）构造出广义相对论之前，人们对这种能精确计算的神秘的“引力”的本质究竟是什么知之甚少；人们对宇宙的认知止步于这些伟大的科学家的探索，而这个探索依然处在进行当中。二十世纪的另外一项伟大成就，即量子理论，进一步冲击了人们此前对物质的认识。量子理论研究的微观粒子世界，是同宇宙一样无声无息的世界。不同于我们对树木、星辰等事物的“真实”感受，亚原子层面的粒子的“真实”存在状态依赖于人的观察自身——我们观察或观测的这种活动自身，会决定粒子的存在状态。这就是在微观世界中“客观的实在”必须由“观察者创造的实在”来替代的原因。这不禁启发人们产生这样的认识：我们对宏观世界中的事物的“真实”感受，不同样依赖于我们自身的感觉吗？

在二十世纪的相对论和量子理论发展的过程中，数学工具发挥了核心的作用；那些天生睿智聪明的数学家以及物理学家往往凭借一支笔和一张纸，就做出了伟大的创造。关于数学知识，人们自古以来就有它是“发现”还是“发明”的争论。前者认为数学知识内在于大自然和宇宙，是实在的，而后者认为它内在于人的心灵，是人们心智建构的结果。古希腊人早在公元前六百多年就开始了对数学、自然与心灵关系的讨论。这个问题迄今并没有定论，但二十世纪的科学家们已经倾向于认为，数学知识同时具有“发现”和“发明”两种属性。比如美国数学哲学家克莱因(Morris Kline，1908—1992)曾经这样指出：“真实的世界不是我们未经质疑的感官所告诉我们的，也不是我们有限的知觉所能描述的，而是人类的数学理论告诉我们的。”他在讨论了十九世纪以来物理学的发展与数学知识的关系后，小心谨慎地写道：“宇宙的秩序可能就是我们的心智的秩序。我们不只是实在的观测者，而且是参与者。”（《数学与知识的探求》）在微观的粒子领域，人们的心智活动与物质世界已经浑然一体；从全体宇宙空间来看，我们自身何尝又不是一颗颗微粒子呢?

因此，如果说“天地位”“万物育”是宇宙秩序的本然完美状态，那它同样应该是人的心灵的状态；心灵达致“中和”，内在于人心灵的天赋的本性就会显现出来。再进一步说，人心灵达致“中和”，进入纯粹的认知状态，就会对宇宙的本然秩序获得认知，天地万物都得其正位，秩序井然，而自我也就会融入这个天地秩序当中，与其合一，这就是所谓的“天人合一”。非但如此，因为天人合一、物我合一，我的言行就会与事物的秩序合二为一。庄子言“天地与我并生，而万物与我为一”（《庄子·齐物论》），说的是同一道理。若以此心从事生产，就是生产万物；若以此心从事科学研究，就会有新事物的发明与创造。如此看来，前面引述过的陆九渊“宇宙便是吾心，吾心即是宇宙”这一说法，实为本质的洞察。人类史上那些伟大的科学家们的发现、发明与创造，其实就是心灵秩序与宇宙秩序融合的一种结果。

天生睿智聪明的人毕竟凤毛麟角，对于多数人而言，常常吟诵下面这句诗或不无裨益：“万物静观皆自得，四时佳兴与人同。”（程颢《秋日》）这其实就是普通人感受到天人合一、物我两忘的时刻。人们若能时常将自身的意识投射并融入万物与时间的流变当中，不凝滞于对虚妄的“我”的执着，心灵就会变得宁静而辽阔，不再有无谓的焦虑与烦恼。宋代新儒学提出的“存天理，灭人欲”六个字，实为儒学思想的精华，其含义需要在本章的意义上进行理解。

**[朱注]**

喜、怒、哀、乐，情也。其未发，则性也，无所偏倚，故谓之中。发皆中节，情之正也，无所乖戾，故谓之和。大本者，天命之性，天下之理皆由此出，道之体也。达道者，循性之谓，天下古今之所共由，道之用也。

致，推而极之也。位者，安其所也。育者，遂其生也。

盖天地万物本吾一体，吾之心正，则天地之心亦正矣，吾之气顺，则天地之气亦顺矣。故其效验至于如此。此学问之极功、圣人之能事，初非有待于外，而修道之教亦在其中矣。

**仲尼曰：“君子中庸，小人反中庸，君子之中庸也，君子而时中；小人之中庸也，小人而无忌惮也。”子曰：“中庸其至矣乎！民鲜能久矣！”**

**[文义]**

孔子说：“君子致力于中庸，小人的行为反中庸。君子的中庸，是时时刻刻的中庸，存在于日常生活当中，因为他们时刻‘慎独’，时刻保持不失不偏的心灵状态；小人之所以是反中庸的，是因为他们不知道存此向上的一念，不知节制、审慎的智慧，因此在待人接物时往往会随波逐流，乃至于肆无忌惮，最终戕害自己的灵性与肉身。”孔子曾感叹说：“中庸真是天理人情的极致，尽善尽美啊！可惜自从世道衰败以来，很久不见人民践行中庸之道了。”

**[评唱]**

在人们的日常生活中，那些非日常的、超凡的事物会引发他们额外的关注，让他们好奇乃至于沉浸其中。对于超凡事物的关心，实则源自人性普遍的宗教本能；而对于凡俗事物，人们往往视而不见、听而不闻。这种对于外在事物过度的关心或无动于衷的淡漠，最终都会演化成人们心灵的枷锁。孔子深刻洞察到了人们心灵活动的机微，所以用表达不偏不倚、恒常不变的“中庸”二字，来描述人自然完美的心灵状态。华夏世界的心灵不需要借助超自然的力量来加以安顿，人们的幸福归根到底掌握在各自的手中。

**[朱注]**

中庸者，不偏不倚、无过不及，而平常之理，乃天命所当然，精微之极致也。惟君子为能体之，小人反是。

盖中无定体，随时而在，是乃平常之理也。君子知其在我，故能戒谨不睹、恐惧不闻，而无时不中。小人不知有此，则肆欲妄行，而无所忌惮矣。

**子曰：“道之不行也，我知之矣：知者过之，愚者不及也。道之不明也，我知之矣：贤者过之，不肖者不及也。人莫不饮食也，鲜能知味也。”子曰：“道其不行矣夫！”**

**[文义]**

孔子说：“中庸之道为何很难实行，我知道了：聪明的人认为它过于平常，不值得追求，而愚钝的人还不知道什么是真正美善的生活。中庸之道为何无法发扬光大，我知道了：贤明的人认为它不值得实践，而不贤明的人还不知道它是什么。这就如同人们饮食一般，人们在日常生活中无不饮食，但由于饮食行为过于平常，人们很少会意识到怎样的滋味才更自然、更健康。”所以，孔子感叹道：“这个正道大概无法实行了吧！”

**子曰：“舜其大知也与！舜好问而好察迩言，隐恶而扬善，执其两端，用其中于民，其斯以为舜乎！”**

**[文义]**

孔子说：“我们曾有过践行中庸之道的榜样，那就是舜。舜真是拥有光辉智慧的人啊！为探寻事物的中正道理，他时刻内省，并乐于请教他人，对于他人浅近的说法也详加审查。他会隐去人们的过错，而去宣扬人们的良善一面。他深知过犹不及，所以在施政时能取其中道而用之于民。舜之所以为舜，就在于他能实践中庸之道吧！”

**子曰：“人皆曰予知，驱而纳诸罟擭陷阱之中，而莫之知辟也。人皆曰予知，择乎中庸，而不能期月守也。”子曰：“回之为人也，择乎中庸，得一善，则拳拳服膺而弗失之矣。”**

**[文义]**

孔子说：“提到中庸之道，人们都会说‘我知道，我知道！’其实，他们的心灵往往为贪欲所束缚和驱使，就如同禽兽为觅食而落入猎人布置的猎网陷阱中一样，不知躲避心灵中的危险事物，成为各自欲望的牺牲品。人们都说自己知道中庸的道理，但却不能坚持一个月，这和不知道其实并无不同。”孔子继续说：“但颜回不一样，他真正知晓了人生的中庸大道。他于日常生活当中，能时刻选择中道而行，每有领悟，就会牢记于心，不会让它再失去。”

**[评唱]**

“泰山不让土壤，故能成其大；河海不择细流，故能就其深”（李斯《谏逐客书》）。颜回每得一善而弗失之，故而成就了如高山一般静穆伟岸、如海洋一般宽广深沉的心灵。知行合一，知而不能行，其实不是真正的“知道”。知而能行，在行的过程中会加深自己的认知，更会在心灵与肉体上会获得喜悦，这就是大欢喜。对正道不知不行，仅仅由欲望牵引而行，这就如同禽兽为动物性的欲望驱使而落入陷阱一般，必然会将肉体与灵魂导向危险的境地。

**子曰:“天下国家可均也,爵禄可辞也,白刃可蹈也,中庸不可能也。”**

**[文义]**

孔子说：“实现天下国家的大治，此事至难，但有人可以做到；荣华富贵为人情所好，但有人能淡然辞去；白刃在前，让人望而生畏，但有人能勇而不惧。中庸却不一样，做到这些的人未必能践行中庸之道。”

**[评唱]**

提到中庸，人们多以其平淡无奇而报以不屑为之的态度，近代以来甚至成了不思进取的代称；殊不知，正如钱穆所言，“中庸者，即在乎择取众人之道以为道，非在乎超绝众人，而以难为能之道也”（《四书释义》）。孔子列举了三种智、仁、勇的难事，目的不是要反衬“中庸”之道的困难，而是要说明“中庸”之道的重要与意义。世人容易为历史上留名的王侯将相的事迹所吸引；其实，若能实现“中庸”，自身的功业当绝不在那些人之下，因为有这种美德的人将在更为宽广而持久的意义上，为政治共同体提供精神的坐标。孔子在前面赞美舜帝和颜回，意在突出“中庸”就是圣贤的正道。

**[朱注]**

三者亦知仁勇之事，天下之至难也，然不必其合于中庸，则质之近似者皆能以力为之。若中庸，则虽不必皆如三者之难，然非义精仁熟，而无一毫人欲之私者，不能及也。三者难而易，中庸易而难，此民之所以鲜能也。

**子路问强。子曰：“南方之强与？北方之强与？抑而强与？宽柔以教，不报无道，南方之强也，君子居之。衽金革，死而不厌，北方之强也，而强者居之。故君子和而不流，强哉矫！中立而不倚，强哉矫！国有道，不变塞焉，强哉矫！国无道，至死不变，强哉矫！”**

**[文义]**

子路好勇，于是他就问那到底什么是强。孔子说：“你问的是南方的强，还是北方的强，还是真正的强呢？用宽厚柔和的方式去教诲别人，对于他人的蛮横无道也能加以容忍，这种坚强一般人做不到，在君子的身上倒是多见，这就是南方的强。以刀枪和甲胄为枕席而休息，能坦然面对生死，这就是北方的强，强悍的人奉行这种强。但二者或有过之或有不及，不是真正的君子之强。君子以和为贵而不为他人所左右，多么强大啊！行事不偏不倚，多么强大啊！国家有道，不改变自己困厄未达时的操守；国家无道，终生不改变自己的操守。这才是强中的佼佼者，是真正的强大啊！”

**[评唱]**

子路问“强”，孔子因其所明，将问题导向君子的美德问题。“君子和而不同”（《论语·子路第十三》），这就是君子自身的强大。其实，现代社会学家早已经注意到，当一个人处于人群或团体当中时，他会受到来自周围要求他在行动上与众人保持一致的“同调压力”（pressure of uniformity），容易产生所谓的“同调行为”（conformity behavior），也就是容易放弃自己的判断和原则。这种行为稍微失去分寸，就会出现“小人同而不和”的现象。因此，“和而不流”意味着君子要抵抗来自群体的压力，保持不偏不倚的位置，这自然需要勇气。韩愈（768—824）尝言：“士之特立独行，适于义而已，不顾人之是非、皆豪杰之士，信道笃而自知明者也。”（《伯夷颂》）君子的“特立独行”，就是君子自尊、自由、自律、自足的心灵世界的外在呈现。

**子曰：“素隐行怪，后世有述焉，吾弗为之矣。君子遵道而行，半涂而废，吾弗能已矣。君子依乎中庸，遁世不见知而不悔，唯圣者能之。”**

**［文义］**

孔子说：“探索隐晦艰深的道理，行事怪异出格，也许能为后世传述，但我不会这么做。君子遵循正道而行，很多人却半途停下来，但我不会这么做。君子献身于中庸，即使仿佛避世一样不为世间所知道、所理解，也无怨无悔，只有圣人能做到这样。”

**［评唱］**

“素隐是假智，行怪是假仁，积其精神而使后世有述是假勇。”（蕅益《四书蕅益解》）世间有一种做学问的方式，使用各种看上去非常高深的概念术语，论述看似非常艰深的问题，其实自己对那些概念与问题并不清楚，没有心得，这就是一种“假智”。学习的目的是为了成就自身的自然完美，而世间汲汲于闻达者，只是以学习为获取名利的工具，重外轻内，将自己的心灵拱手让与世间流行的欲望，迷途而不知返，最终只是天地间一匆匆过客而已。

**君子之道，费而隐。夫妇之愚，可以与知焉，及其至也，虽圣人亦有所不知焉。夫妇之不肖，可以能行焉；及其至也，虽圣人亦有所不能焉。天地之大也，人犹有所憾。故君子语大，天下莫能载焉；语小，天下莫能破焉。《诗》云：“鸢飞戾天，鱼跃于渊。”言其上下察也。君子之道，造端乎夫妇，及其至也，察乎天地。**

**[文义]**

君子的中庸之道，既广大又精微。即使是匹夫匹妇中的愚钝者，也会明白其中的显白道理；但到了精微的地方，即使是睿智聪明的圣人也有所不知。匹夫匹妇虽不才，但在日常生活中也多能奉行；但到了精深极致的地方，即使圣人也无法全部践行。天高地厚，但人们还有所遗憾，还知道有更为广阔的宇宙有待探索。所以，君子谈到“大”时，范围就超过了天下万物，而将目光投向无垠的宇宙时空；而谈到“小”时，则会进入天下无人能再细分的微观世界。《诗·大雅·旱麓》有言：“苍鹰翱翔于蓝天，龙鱼跳跃于深渊。”这句诗说的就是君子要上下明察，致广大而尽精微。君子之道，开始于夫妇的日常生活；但达到高深的境地，就能明白天地万物的根本道理。

**子曰：“道不远人，人之为道而远人，不可以为道。《诗》云：‘伐柯伐柯，其则不远。’执柯以伐柯，睨而视之，犹以为远。故君子以人治人，改而止。忠恕违道不远，施诸己而不愿，亦勿施于人。君子**

之道四，丘未能一焉：所求乎子，以事父，未能也；所求乎臣，以事君，未能也；所求乎弟，以事兄，未能也；所求乎朋友，先施之，未能也。庸德之行，庸言之谨；有所不足，不敢不勉，有余，不敢尽；言顾行，行顾言，君子胡不慥慥尔！”

**[文义]**

孔子说：“中庸之道就在人们的日常生活当中，离开了人们的共同生活，追求那些高远难行的事情，那就失去了人生的正道。《诗·豳风·伐柯》有言：‘伐柯伐柯，其则不远。’意思是说，拿着斧头砍伐树枝做斧柄，如果眯起眼睛竖着看，就会觉得斧柄很长。所以为政者教化、治理社会，同样要遵循人性固有的道理，以其人之道还治其人之身，让人们自己实现自身天赋的本性。他们在日常生活中能改过自新就可以了，而不会对他们提出分外的要求。尽己之心为忠，推己及人为恕，己所不欲勿施于人——奉行忠恕，在人生的大道上就不会有大的偏差。君子要在四件事上着实用力，我自己也未能一以贯之，总有不足。其一，君子教育、期待孩子的是孝道，但反求诸己，自己在父母面前却未能首先做到；其二，为臣做事之道在于忠，但在上位者如此要求下属时，自己却未能首先做到；其三，人们希望自己的弟弟对自己恭敬，但自己未能首先恭敬对待自己的兄长；其四，人们希望自己的朋友对自己诚信，但自己未能首先奉行诚信之道。平常的道德，君子要在日常生活中积极贯彻实行；平常的言论，君子要谨慎奉行；若有不足的地方，就努力补足，若还有余力，则必要竭尽全力才好。君子言行要一致，以言导引、约束自己的行为，以自己的行为将自己的言谈落到实处。君子做到这些，是多么纯朴忠厚诚实啊！”

**[朱注]**

张子所谓“以责人之心责己则尽道”是也。

**君子素其位而行，不愿乎其外。素富贵，行乎富贵；素贫贱，行乎贫贱；素夷狄，行乎夷狄；素患难，行乎患难，君子无入而不自得焉。在上位不陵下，在下位不援上，正己而不求于人，则无怨。上不怨天，下不尤人。故君子居易以俟命，小人行险以徼幸。子曰：“射有似乎君子，失诸正鹄，反求诸其身。”**

**[文义]**

君子有平素固守的角色与准则，不贪求其余，不作分外妄想。身居富贵，就要奉行富贵的准则，富而好礼、乐善好施，导引文明的向上；身居贫贱，就要脚踏实地，自强自立，不自暴自弃；身居夷狄地区，那就既要入乡随俗，又要有内心的坚守；身处患难当中，就要直面苦难，克服困境。君子无论处于什么境况，都能自得其乐。君子居于上位时，不作威作福欺压在下之人；而自己居于下位时，不趋炎附势巴结在上之人。他时刻直道而行，独立自尊，无所求于人，故内心从无怨念。即使未得到天命眷顾，他也不怨恨苍天；即使在人间境遇坎坷，他也不责怪他人。所以，君子素位而行，不求分外的荣华，心安于各种境遇；小人动用机巧冒险，追求偶然的幸运，以满足自己的贪欲。孔子说：“射箭，与君子为人有相似的地方；如果没有射中靶心，他会反省自己为何未射中，而不会埋怨他人。”

**[评唱]**

人生境遇千差万别，顺流逆流往往交替而至，君子时时事事均能正道而行，所以内心时刻能保持着宁静，自由自在，不为外在事物所束缚。这就是君子的“无入而不自得”，就是君子人生的大自在、大自由、大欢喜。“君子坦荡荡，小人长戚戚”（《论语·述而第七》），此言是也。

**君子之道，辟如行远必自迩，辟如登高必自卑。《诗》曰：“妻子好合，如鼓瑟琴。兄弟既翕，和乐且耽。宜尔室家，乐尔妻帑。”子曰：“父母其顺矣乎！”**

**[文义]**

一个人要去远方时，一定要从近处、此处一步一步走过去；同理，他如果要登上高处，必须从底下一步一步攀登上去。君子之道就是这样，要从当下、眼下的一言一行开始，渐行渐远，才能有所成就。《诗·小雅·常棣》有言：“妻儿和顺，如同琴瑟奏鸣一样；兄弟和睦，其乐融融。祝愿你的家人、子孙永远快乐欢欣！”孔子唱诵此诗时，曾感慨道：“一个人能做到这些，那他的父母一定顺心如意吧！”

## 2. 鬼神与圣人

**子曰：“鬼神之为德，其盛矣乎！视之而弗见，听之而弗闻，体物而不可遗，使天下之人齐明盛服，以承祭祀。洋洋乎如在其上，如在其左右。《诗》曰：‘神之格思，不可度思！矧可射思！’夫微之显，诚之不可掩如此夫。”**

**［文义］**

孔子说："鬼神表现出的德行真是盛大啊！看它却看不见形象，听它却听不到声音，它体现在万物当中，没有任何遗漏。它能让天下的所有人都斋戒净心，穿上盛大的礼服，举行祭祀。它充盈在天地之间，仿佛就在人们的头上，仿佛就在人们的左右。《诗·大雅·抑》有言：'神明降临，神妙不可思议啊！我们怎么可以懈怠不恭敬呢！'从幽微到显现，精诚的效验不可掩盖，真就是这样啊。"

**［评唱］**

孔子很少从正面谈论"鬼神"，本章的说法值得留意。宋代的新儒家们对这个问题进行了深思精辨；典型的观点就是朱注所引张子的说法，即"鬼神"是阴阳两种"气"的固有功能。阴阳二气统称"气"，为华夏世界古典宇宙论的"物质"基础——包括人在内的整个宇宙，皆由气构成，鬼神自然不例外。鬼神无形无声，宇宙森罗万象，都是气的"功用"，或者说是阴阳二气演化的结果。

在凡俗人们的眼中，这种结果如此奇妙，如此不可思议，以至于他们难免会设想一种超越性的存在，用以解释宇宙的奥妙。基督教世界中的"创世"神话就是典型，它预设了一个全知全能的"上帝"角色，以上帝不可思议的意志来解释此世的不可思议。与此相对，华夏世界预设的宇宙的本源就是"气"，它与现代物理学中的"物质"观念类似，是整个宇宙的基础。如前所述，大千世界虽然千奇百怪，但无非都是"气"的运行和作用而已；"天神""地祇""人鬼"在本质上并无分别，皆是"气"的化生，又相互创生。不过，"气"在关键的地方与"物质"迥然不同——这种"气"会与人们的心灵世界发生联系，具有特定的灵性，能满足人们心灵的需求。

对于自然造化的神妙莫测，人们在日常生活中并不总是从原理层面上去解释，而是采用了“共生”的实践方法。“祭祀”就是人类为此发明的一种仪式和活动。世界各地的人们在举行名目繁多的祭祀时，通常都会在饮食和服装上做出特定的规定，这就是“齐明盛服”，它会让人们产生虔敬、超越俗世的心境。而在祭祀现场燃烧的香料——比如焄蒿——产生的香气，音乐的奏鸣，祭文的诵读，它们共同形成了一种“场”，人们置身其中会肃然起敬，心生庄严，仿佛祭祀的事物“如在其上，如在其左右”一般。儒家“祭如在，祭神如神在”（《论语·八佾第三》）的祭祀观念，可以说就是一种“共生”观念的实践。

人们举行祭祀活动，最初有着功利主义的需求，即获得神灵的福佑，禳灾避邪。但在实践中，这种活动产生了额外的客观效果。一方面，人们脆弱、敏感、有限的生命获得了安慰和保障，生活获得了意义，共同体生活得到了维持。人们获得安慰和保障，条件是要承担对于“鬼神”的义务，而这种义务本质上体现为对他人的义务，即遵守共同体的伦理规范。如果违反了义务，可能会受到“鬼神”的责罚，这是宗教伦理发挥作用的心理要因。不过，个人因违背共同体的伦理规范而遭致惩罚，要由“鬼神”在人间的代理——诸如长老、祭司等共同体秩序的维护者——来实施，这暴露了“神权”根本的社会属性（科耶夫《法权现象学纲要》）。另一方面，由于祭祀要求特定的仪式，“礼乐”在这个过程中逐渐发达起来。这种“礼乐”进一步向社会全域的扩散，就是社会走向文明化的一个特定过程。显然，华夏世界的礼乐文明与社会秩序有其固有的“祭祀”起源。

我们已经看到，正是借助“鬼神”这种中介，人们生活赖以维系的“礼教”和“律法”才得到了创建。现代社会主张“法律”优先并没有问题，但倘若忽视了“法律”与心灵秩序的关系，忽视了人之存在与宇宙本源的关系，结果可能就是事倍功半，甚至劳而无功。因此，西方法律思想家非常强调“法律”与“信仰”的关联；比如，美国法学家伯尔曼（Harold J. Berman，1918—2007）就曾指出：“法律必须被信仰，否则将形同虚设。”（《信仰与秩序》）

那么，在法律与信仰日益分离的现代社会当中，如何重建法律与心灵秩序的关系？在传统的华夏世界，儒学主导的“礼教”就是“法律”与“信仰”最初融合的形式。因此，或许只有从“礼教”入手，现代华夏世界的生活秩序与心灵秩序才能得到维护和安顿。

**[朱注]**

程子曰：“鬼神，天地之功用，而造化之迹也。”张子曰：“鬼神者，二气之良能也。”愚谓以二气言，则鬼者阴之灵也，神者阳之灵也。以一气言，则至而伸者为神，反而归者为鬼，其实一物而已。

鬼神无形与声，然物之终始，莫非阴阳合散之所为，是其为物之体，而物所不能遗也。

**子曰：“舜其大孝也与！德为圣人，尊为天子，富有四海之内。宗庙飨之，子孙保之。故大德必得其位，必得其禄，必得其名，必得其寿。故天之生物，必因其材而笃焉。故栽者培之，倾者覆之。《诗》曰：‘嘉乐君子，宪宪令德。宜民宜人，受禄于天，保佑命之，自天申之。’故大德者必受命。”**

**[文义]**

孔子说：“舜的孝才是大孝啊！他在德行上成为圣人，被尊为天子，富有四海。人们建立宗庙供奉他，子子孙孙祭祀他。他自己成人、成圣、成神，使其祖考也同享殊荣，这就是大孝。所以，有大德在身的人，必然会获得相应的尊位，必然会获得相应的俸禄，必然会获得相应的名声，必然长久生于人世。因此，天生万物，必定因其材质而对其损益，好好生长的就加以栽培，不好好生长的就加以倾覆。《诗·大雅·假乐》赞颂说：‘欢欣喜悦的君子，他的德行多么美好。人民深受其惠，承受上天的福泽。他受到天意眷顾，一再获得保佑。’所以，有大德者一定会获得天命，成为天子。”

**子曰：“无忧者，其惟文王乎！以王季为父，以武王为子，父作之，子述之。武王缵大王、王季、文王之绪，壹戎衣而有天下。身不失天下之显名，尊为天子，富有四海之内。宗庙飨之，子孙保之。武王末受命，周公成文、武之德，追王大王、王季，上祀先公以天子之礼。斯礼也，达乎诸侯大夫，及士庶人。父为大夫，子为士，葬以大夫，祭以士。父为士，子为大夫，葬以士，祭以大夫。期之丧，达乎大夫。三年之丧，达乎天子。父母之丧，无贵贱一也。”**

**[文义]**

孔子说：“治国君子中没有忧虑的，大概只有文王吧！文王有王季做父亲，有武王做儿子；父亲创立了功业，他自己加以承继，而他的儿子继续发扬光大。武王继承曾祖太王、祖父王季、父亲文王的功业，身披盔甲，举兵伐纣，获得了天下。举兵本来是叛逆，但武王非但没有失去名誉，还因此获得了美名，被尊为天子，富有四海。他获得了宗庙的供奉、子孙的祭祀。武王晚年才接受天命，功业未竟，于是周公辅佐成王，最终完成了文王、武王的建国大业，追封太王、王季为王，以天子之礼节祭祀这些先人。这一新制定的礼仪适用于全天下，涵盖了从诸侯、大夫到士人以及庶人。葬礼按照死者的爵位办理，祭礼按照生者的身份举行。例如，如果父为大夫子为士，葬礼就按照大夫之礼进行，祭祀则按照士之礼进行；如果父为士子为大夫，葬礼就按照士之礼进行，祭祀则按照大夫之礼进行。服丧一年的礼制，通行到大夫。服丧三年的礼制，通行到天子。给父母守丧，没有贵贱差别，都服丧三年。”

**子曰：“武王、周公，其达孝矣乎！夫孝者，善继人之志，善述人之事者也。春秋修其祖庙，陈其宗器，设其裳衣，荐其时食。宗庙之礼，所以序昭穆也。序爵，所以辨贵贱也。序事，所以辨贤也。旅酬下为上，所以逮贱也。燕毛，所以序齿也。践其位，行其礼，奏其乐，敬其所尊，爱其所亲，事死如事生，事亡如事存，孝之至也。郊社之礼，所以事上帝也。宗庙之礼，所以祀乎其先也。明乎郊社之礼、禘尝之义，治国其如示诸掌乎！”**

**[文义]**

孔子继续说：“武王、周公的孝堪称普遍适用的大孝吧！所谓孝，就是能继承先人的遗志，能完成先人的事业。每年春秋两季修整祖庙，陈设宗族祭祀用的重器和先人衣裳，供奉时令食品。宗庙礼制上规定，先祖的位次以左为昭，以右为穆，参与祭祀的子孙也以此为序排列。参与祭祀的公、侯、卿、大夫等按照爵位排列，这是为了分辨身份的高低。组织祭祀的官员按照职能排列，这是为了分辨各自的才能。在祭祀活动结束后的酬宾宴会上，众人互相敬酒，晚辈要先敬长辈，这样就能使身份地位低的人也有参与感。最后随意饮酒时，依照头发颜色排定座位，这是为了显示年龄的大小。站在先王此前祭祀时所站的位置，实行先王传下的礼仪，演奏先王时代的音乐，尊敬先王所尊敬的列祖列宗，爱护先王所爱护的子子孙孙。先王虽然已经逝去，但祭祀时仿佛他们仍然活在世间一样，这可以说是最高的孝行了。在郊社进行的祭祀，是用来侍奉上帝的；在宗庙举行的祭礼，是用来祭祀先人的。郊外祭天，社坛祭地，禘是天子宗庙每五年举行一次的大祭，尝是秋天举行的祭祀——懂得了这些祭祀的礼仪和含义，那么治理国家就如同看自己的手掌一样清楚吧！”

**[评唱]**

本章所言的“礼”，实际上是指祭礼的“祭义”和“仪礼”，即祭礼的意义与形式。孔子在描述了周礼的基本仪式后，随即指出了仪式背后的意图：它们均指向了共同体生活的建构。“礼”起源于先民的巫术仪式，经过后世在长期实践中的加工和升华，成为“圣人制作”的精华。现代的人们通常认为“礼”来源于“约定俗成”，实质上“制作”与“约定”并没有严格的区分，都可视为人们在共同生活中形成的规范。但规范何以成为有约束力的“规范”？现代学者通常认为，礼仪的规范性和权威性来源于社会，它们就是权力的属性，但我们不能因此就忽略“规范”所具有的超越性的内容和内涵。儒家释“礼”为“天理之节文”，目的就是要揭示“礼”所具有的超越性意义。在日常生活当中，礼仪往往沦为形式，徒有其表而丧失了其固有的意义，所以孔子曾感叹说：“礼云礼云，玉帛云乎哉？”（《论语·阳货第十七》）

孔子说，如果治国君子“明乎郊社之礼、禘尝之义”，那治国就易如反掌，其实这里孔子诉诸的正是“礼”的意义世界，而它与维系共同体的终极意义源泉并无二致——它们均扎根于永恒的天道和普遍的人性。比如，本章提到的“禘尝”两种祭礼，最初就起源于人们对先祖的表敬行为。《礼记·祭义》指出，祭祀如果过频，人们就会不敬；而次数过疏，人们就会遗忘。“是故君子合诸天道，春禘秋尝”，也就是说，君王每年于春秋举行两次祭祀仪式，背后其实有普遍人性的原因。不过，这个“人性”还有着另外意义上的自然属性，它源于人们对自然环境的一种心灵感受：“霜露既降，君子履之，必有凄怆之心，非其寒之谓也。春雨露既濡，君子履之，必有怵惕之心，如将见之。乐以迎来，哀以送往，故禘有乐而尝无乐。”——春天万物复苏，生机勃勃，人们自然会有欢喜的心境，所以春天的祭祀要配以音乐；而秋后天降霜露，万物萧杀，人们心情凝重收敛，不主欢乐，所以祭祀时不配乐。

《礼记·祭义》最后将“礼”的意义置于共同体生活的功利主义层面上。“礼”的目标就是“致反始”“致鬼神”“致和用”“致义”以及“致让”，就是让人们不要忘记生而为人的根本，让人们遵循人伦正义行事；为政者最终“合此五者以治天下”，就是“礼”在建构政治秩序上的应用。这就是孔子认为君王如果明白春秋两次大祭的意义，就会“治国其如示诸掌”的原因。相反，为政者如果不明白“礼”在个体和共同体生活中的真实内涵，那么礼制的政治效用就将大打折扣。

**哀公问政。子曰：“文、武之政，布在方策。其人存，则其政举；其人亡，则其政息。人道敏政，地道敏树。夫政也者，蒲卢也。故为政在人，取人以身，修身以道，修道以仁。仁者人也，亲亲为大；义者宜也，尊贤为大。亲亲之杀，尊贤之等，礼所生也。在下位不获乎上，民不可得而治矣！故君子不可以不修身；思修身，不可以不事亲；思事亲，不可以不知人；思知人，不可以不知天。”**

**［文义］**

鲁哀公询问为政的要义。孔子回答说：“文王、武王的政治理念和法令，都刊布在木板及竹简上，后人都知道。但只有有文王、武王这样的人，那些政策法令才能实行；没有他们这样的人，那些政策法令也就无人问津了。人们的德行决定政治的好坏，这就如同树木繁茂与否取决于土地的本性一样。你看那蒲苇，但凡得了地力，就会飞快生长。政治，跟蒲苇类似，为政者就是土壤。所以，为政的核心在于选择贤人，而选择贤人的前提是为政者的修身；修身就要修道，要遵循大道，而修道必须以仁为根本。仁，就是人自身，舍弃人则无以谈仁；仁者爱人，但以爱自己的双亲为最重要的原则。义，就是合宜，分别事理，各得其所，但只有贤人办事，才能每每合宜；所以，义要以尊重贤人为最重要的原则。根据与自己的亲疏关系，爱自然有梯度；根据贤人才能的高低，尊贤当然有等级。礼就产生于这种亲疏、等级关系中。因此，治国的君子不可以不修身；想要修身，就必须侍奉好双亲；想侍奉好双亲，就要知道人性；而要想知道人性，就必须知道天。”

**[评唱]**

“仁者人也”。这是孔子对“仁”的本质、对象与方法进行的综合界定，本书也多次引述这一说法。孔子论述“仁”，意味着华夏世界对“人”自身意识的最终觉醒，让“人”克服了自身作为自然存在的动物属性，最终上升到可“赞天地之化育”的造物主的境地。这是对人性的最高信赖与赞美。

**天下之达道五，所以行之者三。曰：君臣也，父子也，夫妇也，昆弟也，朋友之交也，五者天下之达道也。知，仁，勇，三者天下之达德也，所以行之者一也。或生而知之，或学而知之，或困而知之，及其知之一也。或安而行之，或利而行之，或勉强而行之，及其成功，一也。**

**[文义]**

天下普遍通行的大道有五条，人们需要修明三种德性才能走上这些大道。这五条大道就是君臣、父子、夫妇、昆弟与朋友这五种关系；智慧、仁爱与勇敢就是天下通行的美德，而实践它们的方法只有一种。有人天生就明白，有人要通过学习圣贤才能明白，还有人必须亲身经历一番艰难困苦才能明白，但等到他们都明白了，就会发现道理是一样的。这些大道，有人天然就乐于实行，有人出于功利目的才去实行，还有人虽并非心甘情愿、不明所以，但最终还是努力勉强去实行了，但等到他们最终获得成功，结果又是一样的。

**[朱注]**

盖人性虽无不善，而气禀有不同者，故闻道有蚤莫，行道有难易，然能自强不息，则其至一也。

**子曰："好学近乎知，力行近乎仁，知耻近乎勇。知斯三者，则知所以修身；知所以修身，则知所以治人；知所以治人，则知所以治天下国家矣。"**

**[文义]**

孔子说："爱好学习，对世界的认知日益加深，这就接近智慧了；将自己的认知努力加以实践，在实践中再加深认知，这就接近仁爱了；常反思自己的不足而心生羞愧，进而勇猛精进、奋力补足，这就接近勇敢了。知道这三件事，就知道如何修身了；知道如何修身，就知道如何治理人民了；知道如何治理人民，就知道如何治理天下国家了。"

**[评唱]**

智、仁、勇为儒学提倡的三种美德，本章分别从"好学""力行"

与“知耻”的角度去试图描述三者的状态。我们要留意的是，它们又是实现三种美德的方法。人们在日常生活中若能时刻以“好学”“力行”与“知耻”为念，假以时日，自然会上升到一种更高的人生境界与心灵境界。

**凡为天下国家有九经，曰：修身也，尊贤也，亲亲也，敬大臣也，体群臣也，子庶民也，来百工也，柔远人也，怀诸侯也。修身则道立，尊贤则不惑，亲亲则诸父昆弟不怨，敬大臣则不眩，体群臣则士之报礼重，子庶民则百姓劝，来百工则财用足，柔远人则四方归之，怀诸侯则天下畏之。**

**[文义]**

治理天下国家，要依循九种永恒的法则，它们是：修养自身，尊重贤才，和睦亲族，尊敬大臣，体谅群臣，爱护百姓，召集工匠，善待远人，礼遇诸侯。为政者修养自身，就找到了正道。尊重贤才，广泛听取他们的意见，困惑就会减少。和睦亲族，同宗族的人就不会怨恨。尊敬大臣，就不必事事亲为、忙碌不堪了。体谅群臣，他们就会按照礼仪百倍努力回报。爱护百姓，百姓自然会努力劳动。召集天下工匠，财富物资就会源源不断地生产出来。善待来自远方的人，国境以外的人就会归化。礼遇诸侯，使他们为天子的屏藩，那么全天下的人都会有敬畏之心。

**齐明盛服，非礼不动，所以修身也。去谗远色，贱货而贵德，所以劝贤也。尊其位，重其禄，同其好恶，所以劝亲亲也。官盛任使，所以劝大臣也。忠信重禄，所以劝士也。时使薄敛，所以劝百姓也。**

**日省月试，既禀称事，所以劝百工也。送往迎来，嘉善而矜不能，所以柔远人也。继绝世，举废国，治乱持危。朝聘以时，厚往而薄来，所以怀诸侯也。凡为天下国家有九经，所以行之者一也。凡事豫则立，不豫则废。言前定则不跲，事前定则不困，行前定则不疚，道前定则不穷。**

**［文义］**

上述九经有各自的实践方法。为政者大权在握，容易放纵私欲，所以在内必须时常斋戒，以收敛心志，在外要身着正装，以整肃仪容，动静都要依循礼仪和规章制度，这就是“修身”的方法。放逐奸佞小人，远离美色诱惑，不贪图财货，以德行为重，这是鼓励贤人的“劝贤”方法。同宗族的人往往会产生怨念，所以要给予他们适当尊贵的爵位和丰厚的俸禄，对他们的好恶能时常体察，这就是团结同族的“亲亲”方法。大臣不当事事亲为，要给他们配备充足的下属，为其办事，这是优待大臣的“劝大臣”方法。对于群臣，要待之以诚，并给予他们优渥的俸禄，这是鼓舞士人的“劝士”方法。对于百姓，要根据耕作的时令安排他们的劳役，要减轻他们的税粮，这样他们就会更安心从事生产，这是嘉奖百姓的“劝百姓”方法。对于召集而来的工匠，要对他们的工作每日监察、每月考核，然后根据他们的工作绩效给予相应的酬劳，这是激励工匠的“劝百工”方法。对于远方来的人，让他们来去自由，且以礼招待，同时奖励他们擅长之事，而不勉为其难，这是厚待他们的“柔远人”方法。对于没有子嗣或者丧失了土地的诸侯国，想方设法让它们能够延续下去；若诸侯国发生混乱，或有倾覆危险，则协助它们进行治理；大夫纳贡以及诸侯觐见天子，这些都按照规定的时日进行；不在意他们进献物品的厚薄，还赐给他们的礼物则要丰厚，这些就是让诸侯国心悦诚服的“怀诸侯”方法。上述治理天下国家的九种普遍法则，做起来其实就只有一种，那就是“诚”，即实心实意地做事，而不自欺欺人。凡事预先谋划就能成功，不预先谋划就会失败。说话预先想好就不会支支吾吾，事情提前定好就不会陷入困境，行为事先有准则就不会产生悔恨，道路事先选好就不会走不通。

**在下位不获乎上，民不可得而治矣。获乎上有道：不信乎朋友，不获乎上矣；信乎朋友有道：不顺乎亲，不信乎朋友矣；顺乎亲有道：反诸身不诚，不顺乎亲矣；诚身有道：不明乎善，不诚乎身矣。诚者，天之道也；诚之者，人之道也。诚者不勉而中，不思而得，从容中道，圣人也。诚之者，择善而固执之者也。**

**[文义]**

在下位者若未能获得在上位者的信赖和支持，那么他就无法治理民众。想获得在上位者的支持，有确定的方法，那就是首先要取信于朋友；如果连朋友的信任都无法取得，那自然就无法取得在上位者的信任了。同样，要取信于朋友，首先要看他和父母的关系如何，能否做到孝。孝敬父母也有其方法，那就是反过来点检自己，看看自己是否身有不诚之处，也就是有无虚假、不实的地方。要想做到身诚，那就首先要明白自己本来具有的天赋的善。所谓诚，是指每个人生来的本性真实无妄，它就是天道；将这个本性完全实现，实现人自身的自然完美，这就是人道。有诚在身的人，不需努力就做到了中正，行为不假思索就符合正道，他们就是圣人。普通的人们要致力于诚，事事努力落到实处的人，他们就是选择了固守善道的人。

**[朱注]**

诚者，真实无妄之谓，天理之本然也。诚之者，未能真实无妄，而欲其真实无妄之谓，人事之当然也。

**博学之，审问之，慎思之，明辨之，笃行之。有弗学，学之弗能，弗措也；有弗问，问之弗知，弗措也；有弗思，思之弗得，弗措也；有弗辨，辨之弗明，弗措也；有弗行，行之弗笃，弗措也。人一能之己百之，人十能之己千之。果能此道矣，虽愚必明，虽柔必强。**

**[文义]**

固守善道有五种方法：广泛学习，详细探究，审慎思考，清晰明辨，踏实实践。有未学到的或者学而未能做到的，就不要停下来；同样，在探究、思考、辨析、实践上未能做到上述要求，还有不足的地方，都不要停下来。别人一次能做到，自己若做不到，就努力一百次去做；别人努力十次就能做到，自己若做不到，就努力一千次去做。如果能做到这一点，那即使天资不好，最终也会明白事理；即使生来软弱，最终也会变得坚毅刚强。

**[评唱]**

本章中朱子所引述的吕氏“君子所以学者，为能变化气质”的相关说法极佳，句句说到了实处，我们需要牢记在心。“气质”是我们今天常说的一个词，通常用于对人的评价。人们都认为有气质是好事，所以会尝试去改变、提升自己的气质。但可惜，人们往往没有找到正确的方法。苏轼有诗曰：“粗缯大布裹生涯，腹有诗书气自华。”（《和董传留别》）其实，俗世中的人们如果想改变自身的气质，唯一的方法就是读书学习，也就是做到“腹有诗书”；反过来说，学习的根本目的就是改变自身的气质。孔子言“古之学者为己”（《论语・宪问第十四》），这个“为己”就是要改变自己的气质，实现天赋的本性，而不是为了其他目的。

改变气质，从根本上说，就是克服个人生来材质的缺陷，克服后天习惯对自己身心造成的束缚与不良影响；用《大学》中的说法，就是“明明德”，自明其天赋的潜能，实现自然的完美。我们曾说《论语》的一条线索就是“学习”，本章可以看作是对“学习”方法的综合表达；反复诵读本章，可以说有百利而无一害。

以上诸章在《四书章句集注》中同属“哀公问政”一章。

**[朱注]**

明者择善之功，强者固执之效。吕氏曰：“君子所以学者，为能变化气质而已。德胜气质，则愚者可进于明，柔者可进于强。不能胜之，则虽有志于学，亦愚不能明、柔不能立而已矣。盖均善而无恶者，性也，人所同也；昏暗强弱之禀不齐者，才也，人所异也。诚之者，所以反其同而变其异也。夫以不美之质，求变而美，非百倍其功，不足以致之。今以卤莽灭裂之学，或作或辍，以变其不美之质，及不能变，则曰天质不美，非学所能变。是果于自弃，其为不仁甚矣！”

# 二
# 至诚尽性：从人道到天命之路

## 1. 至诚与创世

**自诚明，谓之性。自明诚，谓之教。诚则明矣，明则诚矣。**

**[文义]**

诚的意思是实，真实无妄；明的意思是通晓万事万物的道理。有人天生睿智聪明，德性无不落在实处，事理无不明白，这就是“自诚明谓之性”，是天性使然。相反，先明白了天赋明德于自身的道理，然后致力于将它们显现出来，成就自身的自然完美，这就是“自明诚谓之教”，是教化使然。因诚而明，可遇不可求；因明而诚，则是人之为人的当行之路，舍此无以为人。

**[朱注]**

自，由也。德无不实而明无不照者，圣人之德。所性而有者也，天道也。先明乎善，而后能实其善者，贤人之学。由教而入者也，人道也。诚则无不明矣，明则可以至于诚矣。

**唯天下至诚，为能尽其性；能尽其性，则能尽人之性；能尽人之性，**

**则能尽物之性；能尽物之性，则可以赞天地之化育；可以赞天地之化育，则可以与天地参矣。**

**[文义]**

一个人只有将诚推至极处，一言一行皆真实无妄，才能实现其天性的完满。能实现全部天性的人，天然就是人群的领袖与教师，他们以身作则，制定礼仪规章制度，进行社会治理与民众教化，就能导引人们实现自己的天性。一个人能导引人们实现自己的天性，当然也能洞察、通晓事物的属性，帮助万物实现各自的本性。这样的人，可以说是赞助天地的变化、生成与创造的人。这种能“赞天地之化育”的人，就可以与天和地并列为三了。

**[评唱]**

人类史上的那些伟大的科学家们，就是洞察到了他们各自研究对象的本性与奥秘的人，最终做出了伟大的发现、发明与创造，可以说就是在“赞天地之化育”。这是一个由“至诚”而“创世”的过程。在有神的世界，创世由超验的诸神完成；在华夏世界，这一创世的任务落到了每一个人的身上。如果说个体具有某种特定的、形同“神性”一般的不可思议的能力，那么在华夏世界，这个“神性”就体现在自身的天赋属性上。这种能够做到自我实现的人，如天地一般生生不息，化生万物，因而与天地同在。

从政治哲学的角度来看，这是人的合理化的最终完成。在西方的认知体系中，儒学的这种“创世”过程被称为“自然神学”（natural theology），它与其他知识一样，来自人的头脑；与其相对的是“启示神学”（revealed theology），它是由上帝启示给人们的神圣馈赠。摩西在西奈山接受的上帝垂训，即“十诫”，就是神律，这种神意构成了基督教世界的道德基础。日本学者五来欣造（1875—1944）曾这样指出："自然神学之神诉诸人之内的光明（即理性）而得知。如此得来之神的观念，仅系人类之合理的反映。若探讨人类性，则必达于神。神存于人类以内，而非存于人类以外，故神即为合理的人。"（《儒教政治哲学》）今天的人们多用"人文主义"或"人本主义"（humanism）来指称信赖并歌颂人类理性的思维方式；显然，儒学就是世界文明中最初的"人文主义"，且持续至今。

**［朱注］**

天下至诚，谓圣人之德之实，天下莫能加也。尽其性者德无不实，故无人欲之私，而天命之在我者，察之由之，巨细精粗，无毫发之不尽也。人物之性，亦我之性，但以所赋形气不同而有异耳。能尽之者，谓知之无不明而处之无不当也。赞，犹助也。与天地参，谓与天地并立为三也。此自诚而明者之事也。

**其次致曲。曲能有诚，诚则形，形则著，著则明，明则动，动则变，变则化。唯天下至诚为能化。**

**［文义］**

圣贤以下的人，可以通过"致曲"的方法达到"至诚"。人们都有各自的"曲"，也就是对特定的事物，自己会有独到的认知和体悟，而这在本质上同样是对事物本性的洞察。如果能用力于自己内心的这一线光明，将其推致极端处，就能穿透天生资质与后天观念的影响，洞察到自己的本心，见到天地的本性；假以时日，必将有所成就，这就是"曲能有诚"。诚于内而形于外，气质发生了变化，就会表现出来，日益显著，动静举止、威仪风貌日显其天性的光辉。当这种德性显现出光辉时，它自然会熏陶、感动外界事物，进而导引他人，使他人皆发向上、向善的本心；结果，人世也会由此为之一变，实现普遍的教化。唯有至诚的圣人，才能让全天下的人受到他的感化。

**[评唱]**

天生睿智聪明的人，能自然完善其天性；而普通的芸芸众生，其心灵也每每有闪光的时刻，那就是天赋的“明德”穿透了气禀与欲望的遮蔽，使得自身在那一刻做到了明心见性。诗人说：“万物皆有裂痕，那是光照进来的地方。”（莱昂纳多·科恩《颂歌》）人们的内心总有一个孔道，通向光明的自然本性，而自然之光会从这个孔道照亮人们的心灵。为了不让这样的时刻湮灭，人们就要在那一点上用力，自明其德，勇猛精进，“苟日新，日日新，又日新”（《大学》），最终将其全部的德性展现出来，实现天性的完美。这就是“致曲”的方法。

**[朱注]**

致，推致也。曲，一偏也。形者，积中而发外。著，则又加显矣。明，则又有光辉发越之盛也。动者，诚能动物。变者，物从而变。化，则有所不知其所以然者。盖人之性无不同，而气则有异，故惟圣人能举其性之全体而尽之。其次则必自其善端发见之偏，而悉推致之，以各造其极也。曲无不致，则德无不实，而形、著、动、变之功自不能已。积而至于能化，则其至诚之妙，亦不异于圣人矣。

**至诚之道，可以前知。国家将兴，必有祯祥；国家将亡，必有妖孽。见乎蓍龟，动乎四体。祸福将至：善，必先知之；不善，必先知之。故至诚如神。**

**[文义]**

至诚的效用，是可以预见事物的未来。国家将要兴盛，必有祥瑞福兆；国家将要灭亡，必有凶象灾祸。这种国运嬗变的迹象，显现于用蓍草与龟壳进行的占卜，流露于为政者的动作举止。至诚的人，心灵虚灵不昧，与宇宙万有相通，因此能洞察变化的几微而可以提前预判：福祸将临时，好事一定会先知道，不好的事也一定会先知道。所以说，至诚的人就好像神灵一样。

**[评唱]**

人们通常认为先知或预言家是希伯来—犹太教传统中的人物，认为未卜先知属于神灵的能力；其实，华夏世界也有自己的“先知”——此先知并不负责沟通人神之间的事务，不传递诸如神谕等神给予人间的特定讯息；此先知只是人自身本性的显现，无非是“至诚”的外在显现与功效而已。

还要注意的是，对于本章谈及用蓍草、龟甲进行占卜的“预言”行为，我们不能简单地将其视为迷信或原始的思维方式。法国汉学家汪德迈这样指出：“占卜学不是去神神气气地挖掘自然与被认定是操纵自然的超自然之间的契合，而是理性地研究自然现象之间的契合。”（《中国思想的两种理性》）占卜的底层逻辑是一种“关联思维”方式，它与主导近代科学的“逻辑思维”方式一同构成了人类的基本思维模式。

**[朱注]**

祯祥者，福之兆。妖孽者，祸之萌。蓍，所以筮。龟，所以卜。四体，谓动作威仪之间，如执玉高卑，其容俯仰之类。凡此皆理之先见者也。然惟诚之至极，而无一毫私伪留于心目之间者，乃能有以察其几焉。神，谓鬼神。

**诚者自成也，而道自道也。诚者物之终始，不诚无物。是故君子诚之为贵。诚者非自成己而已也，所以成物也。成己，仁也；成物，知也。性之德也，合外内之道也，故时措之宜也。**

**[文义]**

诚，就是自己成就自己；道，就是自己导引自己。诚，贯穿于万物终始，没有诚就没有事物。所以君子要以诚为贵。诚，并非只是成就自己，还要成就万事万物。成就自己，这是仁德；成就万物，这是智慧。诚是天赋的美德，兼有内外的道理，所以应该时刻用力于实现这个诚的大道。

**[评唱]**

至诚如神，最终要靠自己去成就；大道至简，要自己导引自己走上正道。这也就是“人能弘道，非道弘人”（《论语·卫灵公第十五》）。所以，君子以“自成”和“自道”为贵。君子如果能将“诚”落到实处，那么他就不会仅仅成就自己的天赋美德，还会让万事万物各尽其性，各自充分实现。成己，使自己显现“仁德”的光辉；成物，使自己显现出“智慧”的光辉。诚是天赋的德性，内外无别，也就是心灵秩序和宇宙秩序的合一；人若能将应对事物的“仁德”和“智慧”发挥出来，就相当于在“赞天地之化育”，成就自然非同小可。

**[朱注]**

言诚者物之所以自成，而道者人之所当自行也。诚以心言，本也；道以理言，用也。

天下之物，皆实理之所为，故必得是理，然后有是物。

故至诚无息。不息则久，久则征，征则悠远，悠远则博厚，博厚则高明。博厚，所以载物也；高明，所以覆物也；悠久，所以成物也。博厚配地，高明配天，悠久无疆。如此者不见而章，不动而变，无为而成。

**[文义]**

所以，人在追求至诚的道路上不应停息。不停息就会长久不变，假以时日就会有实际的效验；有了实际的效验，自然会持之久远。如此积累下去，德性会愈发广博而深厚，功业也就会更高大而光辉。广博深厚，这是大地的本性，可以承载万物；高大光明，这是天的属性，可以照临万物。悠久长远，如同万物生于天地之间一样，就能让万物各尽其性。因此，至诚的博厚堪比大地，其高明足以比苍天，而其悠久成物之功，就没有止境了。一个人如果做到了至诚，那么德性自然会显现出其光辉，他的存在自身就会让人们欣然向善，不必有所作为就会自然取得成功。

天地之道，可一言而尽也。其为物不贰，则其生物不测。天地之道，博也，厚也，高也，明也，悠也，久也。今夫天，斯昭昭之多，及其无穷也，日月星辰系焉，万物覆焉。今夫地，一撮土之多，及其广厚，载华岳而不重，振河海而不泄，万物载焉。今夫山，一卷石之多，及其广大，草木生之，禽兽居之，宝藏兴焉，今夫水，一勺之多，及其不测，鼋、鼍、蛟龙、鱼鳖生焉，货财殖焉。《诗》云："维天之命，於穆不已！"盖曰天之所以为天也。"於乎不显，文王之德之纯！"盖曰文王之所以为文也，纯亦不已。

**[文义]**

天地之道，一言以蔽之，就是至诚。诚者真实无妄，在万事万物上皆一以贯之，以实相待，所以能化生万物，如同天地的创造者一般神秘莫测。天地之道就是前面说的广博、深厚、高大、光明、悠长、久远，就是宇宙自身的本性。你看那天，如果只从一孔看去，就只能看到一孔的光明，但这一孔之明无限集聚下去，就会成为无穷的天空，日月星辰仿佛挂在上面，世间万物仿佛为其覆盖。你看那地，只看眼前似乎只有一小撮土，但这一小撮土无限堆积下去，就会成为广袤深厚的大地；它承载华山而不显得沉重，收纳江海而不见它泄漏，万物皆生长在上面。你再看那山，小山只有几块石头，但当它聚而成巍峨大山时，草木皆生发其中，禽兽居于其中，还蕴藏着各种矿物宝藏。你再看那水，一勺一勺地累积下去，就会深不可测，鼋鼍蛟龙鱼鳖皆生于其中，成为人们生活的物资和财物。《诗·周颂·维天之命》赞颂道："天道幽深玄远，永不息止！"这大致就是对天之所以为天的概括。诗人继续赞颂道："啊，多么光辉的显现啊，那是文王至纯的美德！"这是对文王之所以被称为"文"的概括，至纯也没有止境。

大哉，圣人之道！洋洋乎，发育万物，峻极于天。优优大哉！礼仪三百，威仪三千。待其人而后行。故曰：苟不至德，至道不凝焉。故君子尊德性而道问学，致广大而尽精微，极高明而道中庸。温故而知新，敦厚以崇礼。是故居上不骄，为下不倍。国有道，其言足以兴；国无道，其默足以容。《诗》曰："既明且哲，以保其身。"其此之谓与！

**[文义]**

圣人的大道，真是广大深远啊！它周流不滞，资生万物，等同于上天。圣人的大道，真是广大悉备啊！数百种的礼节仪式，数千种的态度仪表，都出自圣人之手。后人如果有志于圣人的大道，大道就会得到实现。所以说，如果没有德性至纯的人，这些道理也无法转化为活生生的现实、无法呈现在人们面前。所以，有志于此的君子，要恭敬奉持自己的天赋德性，而方法就是博学审问。他要致力于扩充胸次，达到宽广博大的境界，又要探究事物的精微之理；他追求达到高远光明的境界，但在日常生活中又奉行中庸之道。在日常生活中，他能温故知新，淳朴笃厚，尊崇礼仪。这样一来，他居上位时不会骄傲，居于下位时不会背叛。国家有道，他的言行会促进国家的兴旺；国家无道，他会保持沉默，足以保全自身。《诗·大雅·烝民》有言："既聪明又有见识，足以保全自身。"这句诗说的就是这个意思吧！

**子曰："愚而好自用，贱而好自专，生乎今之世，反古之道。如此者，灾及其身者也。"非天子，不议礼，不制度，不考文。今天下车同轨，书同文，行同伦。虽有其位，苟无其德，不敢作礼乐焉；虽有其德，苟无其位，亦不敢作礼乐焉。子曰："吾说夏礼，杞不足征也。吾学殷礼，有宋存焉。吾学周礼，今用之，吾从周。"**

**[文义]**

孔子说："资质愚蠢而固执己见，地位卑微而好独断专行，生活在当下却要回到从前的老路上去。这样做，灾祸一定会降临到他的身上。"所以，若非有德有位的真正天子，不要议论礼仪，不能订立制度，不必考订文字，只要继承现存礼乐制度的精华就足够了。现今天下车辆轮距一致，文字样式相同，行为伦理得到了统一。所以，君主即使有天子之位而无天子之德，也不能擅自制作礼乐；同样，一个人虽然拥有完美的德性，但若没有天子之位，也不能制作礼乐。孔子说："我能略微谈论一下夏朝的礼乐制度，只是因年代久远，杞国现存的典籍、文物与制度尚不足以支持我的看法。我在学习商朝的礼乐制度，因为宋国还存有相关的文献和习俗。我当然还在学习周朝的礼乐制度，它如今还在发挥着作用，所以我遵循周礼。"

**王天下有三重焉，其寡过矣乎！上焉者虽善无征，无征不信，不信民弗从；下焉者虽善不尊，不尊不信，不信民弗从。故君子之道：本诸身，征诸庶民，考诸三王而不缪，建诸天地而不悖，质诸鬼神而无疑，百世以俟圣人而不惑。质诸鬼神而无疑，知天也；百世以俟圣人而不惑，知人也。是故君子动而世为天下道，行而世为天下法，言而世为天下则。远之则有望，近之则不厌。《诗》曰："在彼无恶，在此无射。庶几夙夜，以永终誉！"君子未有不如此，而蚤有誉于天下者也。**

**[文义]**

治理天下要重视议礼、制度、考文这三件事；这些事情做好，就不会犯大错了。在上位者虽然是善人，但如果没有执政效果，就没有人相信他，百姓自然也不会遵从；在下位者虽然是善人，但如果没有获得尊重，就没有人相信他，百姓自然也不会遵从。所以君子治国的正道就是：以自己的德性为根据制定礼乐制度，然后观察百姓的实践效果，再与三代圣王的理想进行对比，看看是否有差错，最后观察天地万物、造化之迹，看看它们是否各有生机、各得其所；如此制定的礼乐制度，即使百世以后出现的圣人也不会提出疑问、感到困惑。所以，君子的言行举止都在为后世确立正道与法度。离开他的人会仰望他，接近他的人心安理得，不会产生厌恶。《诗·周颂·振鹭》上赞美说：“在那里不为人厌恶，在这里不为人厌恶。无论是白天还是黑夜，他都会保持美誉。”君子若能以上述方法治国，就会很快在天下获得美誉。

## 2. 天德与政治

**仲尼祖述尧、舜，宪章文、武；上律天时，下袭水土。辟如天地之无不持载，无不覆帱，辟如四时之错行，如日月之代明。万物并育而不相害，道并行而不相悖。小德川流，大德敦化，此天地之所以为大也。**

**［文义］**

孔子继承效法尧、舜的大道，又遵守文王、武王的法度。他仰观天文，道法自然；俯察地理，因地制宜。孔子的学说与大道，就好比天地承载万有、覆盖万物一样，无所不至；还可比作四季的变化，可比作日月的交替，万古不易。万物并行生发成长而不互相伤害，天道人道并行而不相违背。小的德行如同河水一样奔流不息，资生万物；大的德行能使宇宙万物变得敦厚纯朴，这就是天地之所以伟大的原因。

**唯天下至圣，为能聪明睿知，足以有临也；宽裕温柔，足以有容也；发强刚毅，足以有执也；齐庄中正，足以有敬也；文理密察，足以有别也。**

溥博渊泉，而时出之；溥博如天，渊泉如渊。见而民莫不敬，言而民莫不信，行而民莫不说。是以声名洋溢乎中国，施及蛮、貊。舟车所至，人力所通，天之所覆，地之所载，日月所照，霜露所队，凡有血气者，莫不尊亲，故曰配天。

**[文义]**

只有天下的至圣才能做到这些。他们天生睿智聪明，是天地大德的承载者，所以能君临天下；他们生性宽容笃厚、温和而不苛刻，足以包容天下万事；他们能奋发向上、刚毅不拔，足以执守正道；他们仪表庄严中正，足以保持内心正直，获得百姓的敬重；他们详细考察现象和道理，足以做出准确的判断和区分。他们的德行宽广博大，如同渊泉，如同苍天，不时显现于天地之间。对于他们的行为，百姓无不敬重；对于他们的说法，百姓无不相信；对于他们的政策，百姓无不心悦诚服。因此，他们美名远扬，内外皆知。但凡舟车所能到达、人力所能开通、天地所能覆盖与承载、日月所能照耀、霜露能够降下的地方，这些地方所有有血气的人，都尊崇圣人，如同敬爱自己的双亲一般。所以说，他们的德行与天德相配。

唯天下至诚，为能经纶天下之大经，立天下之大本，知天地之化育。夫焉有所倚？肫肫其仁！渊渊其渊！浩浩其天！苟不固聪明圣知达天德者，其孰能知之？

**[文义]**

唯有天下至诚的人能为天下制定大法，能为天下确立根本原则，能通晓天地化育的根本道理。他们所依靠的，不正是这至诚吗？他的仁德是多么诚挚深厚啊！他的仁德沉静，像那深渊一样；他的仁德静穆，像那浩瀚的苍天一样。若非聪明睿智而能实现全部上天所赋予的德性的人，谁能知道这种至诚的功效呢？

**［朱注］**

惟圣人之德极诚无妄，故于人伦各尽其当然之实，而皆可以为天下后世法，所谓经纶之也。其于所性之全体，无一毫人欲之伪以杂之，而天下之道千变万化皆由此出，所谓立之也。其于天地之化育，则亦其极诚无妄者有默契焉，非但闻见之知而已。此皆至诚无妄，自然之功用，夫岂有所倚著于物而后能哉。

**《诗》曰："衣锦尚䌹。"恶其文之著也。故君子之道，暗然而日章；小人之道，的然而日亡。君子之道：淡而不厌，简而文，温而理，知远之近，知风之自，知微之显，可与入德矣。**

**［文义］**

《诗·卫风·硕人》有言："身穿色彩华丽的丝绸，外面罩上麻布做的黑衣。"这是说君子贵有美在其中，而厌恶彰显其文采于外。君子为学行事，不求人知，而效果却日渐显现出来；小人为学行事只做表面文章，虚伪无实，看上去漂亮但却逐渐走向消亡。君子之道平淡但韵味深长，简素但文采斐然，温厚但条理井然。他知道将来的事情是由近处、眼下的情况决定的，知道外在的风貌来自内在的修养，知道细微的心灵会在哪里显现出来。这种君子之道，就是走向圣德的大道。

**［朱注］**

远之近，见于彼者由于此也。风之自，著乎外者本乎内也。微之显，有诸内者形诸外也。

《诗》云："潜虽伏矣，亦孔之昭！"故君子内省不疚，无恶于志。君子之所不可及者，其唯人之所不见乎！《诗》云："相在尔室，尚不愧于屋漏。"故君子不动而敬，不言而信。《诗》曰："奏假无言，时靡有争。"是故君子不赏而民劝，不怒而民威于鈇钺。《诗》曰："不显惟德！百辟其刑之。"是故君子笃恭而天下平。《诗》云："予怀明德，不大声以色。"子曰："声色之于以化民，末也。"诗曰"德輶如毛"，毛犹有伦。"上天之载，无声无臭"，至矣！

**[文义]**

《诗·小雅·正月》有言："虽然潜藏于水底，但也昭然可见！"所以，君子自我反省，要没有愧疚，不会于心不安。君子之所以是君子，其他人无法比肩，原因就在于人所不知时，他能谨慎约束自己的行为和观念。《诗·大雅·抑》有言："看你在居室中独处，在暗角里也没有惭愧。"所以，君子即使在闲居的时刻，也能敬慎于心；在静默的时刻，也能显现诚实的风貌。《诗·商颂·烈祖》有言："默默无声地祷告，当时人们都停止了喧闹。"所以，君子的诚敬之德自然能感化他人，无需进行奖赏，百姓就会努力向善；无需显示怒意，百姓就会感到威严，有甚于对刀斧刑罚的恐惧。《诗·周颂·烈文》有言："大大彰显美好的德行，诸侯们都会加以效法。"所以，治国君子只是显示其恭敬笃厚的德性，天下就会达成大治。《诗·大雅·皇矣》有言："我怀有光辉的品德，从不厉声厉色。"孔子说："若用自己的声音、脸色去教化百姓，那已经是末流了。"《诗·大雅·烝民》有"用道德进行教化，若举鸿毛"的说法，但鸿毛依然有形迹。《诗·大雅·文王》言“天生万物，无声无息”，这才是天德大道的最高境界！

**[评唱]**

本章是《中庸》的最后一章，揭示了君主的最高德性——主权者只是决断时刻显示其存在，而其他时刻则是“无为而治”。无为而治并不是什么都不做；事实上，它是对君主德性的至高要求：儒家理想君王的前提，就是君王要受到“道”的约束，成为“道”在人间的代理与化身，因此，“无为”的前提是君王自身的“修道”。与儒家理想的君王相比较，现实的君王往往都是失败者；儒家就是在这种真实的情境中走上了华夏世界的政治舞台。因此，儒学政治的核心议题，就在于如何在真实的人性的情境中追求自由与秩序。

儒家的方法论包括三点：其一是对君王的权力进行限制，通常借助超越凡世的“道”与超越当下的“传统”来进行；其二是对君王进行直接的教诲；其三是提升士大夫的自我意识，最终确立“道统”与“政统”的并立，乃至前者优越于后者的地位。儒学的这种政治方案，在宋朝的新儒学中得到了整全的呈现；非但如此，它还在宋朝的政治实践中得到了切实的应用，士大夫们扮演了与君王共治天下的角色（余英时《朱熹的历史世界》）。华夏世界的政治原理，从根本上说就是用永恒的天道，来协助实现包括为政者在内每一个个体在此世的义务，即完成自己天赋的使命。

# 参考文献

一、四书注解文献

皇侃：《论语义疏》，高尚榘校点，中华书局，2013年。

朱熹：《四书章句集注》，中华书局，2011年。

钱穆：《论语新解》，九州出版社，2011年。

钱穆：《四书释义》，九州出版社，2010年。

张岱：《四书遇》，朱宏大点校，浙江古籍出版社，2014年。

蕅益：《四书蕅益解》，崇文书局，2015年。

张居正：《四书直解》，九州出版社，2010年。

刘宝楠：《论语正义》，中华书局，1990年。

王夫之：《四书训义》，岳麓书社，2011年。

王夫之：《读四书大全说》，岳麓书社，2011年。

陆陇其：《松阳讲义》，周军等校注，华夏出版社，2013年。

李炳南：《论语讲要》，长江文艺出版社，2011年。

李泽厚：《论语今读》，世界图书出版公司，2018年。

杨伯峻：《论语译注》，中华书局，2015年。

二、其他相关文献

钱穆：《灵魂与心》，九州出版社，2011年。

钱穆：《晚学盲言》，九州出版社，2011 年。

蒋庆：《公羊学引论：儒家的政治智慧与历史信仰》，福建教育出版社，2014 年。

冯友兰：《中国哲学史》，中国画报出版社，2020 年。

李泽厚：《实用理性与乐感文化》，生活·读书·新知三联书店，2005 年。

李泽厚：《美的历程》，生活·读书·新知三联书店，2014 年。

李泽厚：《历史本体论 己卯五说》，生活·读书·新知三联书店，2003 年。

牟宗三：《中国哲学十九讲》，贵州人民出版社，2019 年。

唐君毅：《生命存在与心灵境界》，中国社会科学出版社，2006 年。

徐复观：《中国艺术精神》，辽宁人民出版社，2019 年。

余英时：《朱熹的历史世界》，生活·读书·新知三联书店，2008 年。

余英时：《文史传统与文化重建》，生活·读书·新知三联书店，2008 年。

鄢圣华：《老子旨归》，安徽教育出版社，2013 年。

萧公权：《中国政治思想史》，商务印书馆，2011 年。

章太炎：《国故论衡》，商务印书馆，2010 年。

邓国光：《〈文心雕龙〉文理研究：以孔子、屈原为枢纽轴心的要义》，上海古籍出版社，2012 年。

[德]埃利亚斯：《文明的进程》，王佩莉等译，上海译文出版社，2013 年。

[德]海德格尔：《存在与时间》，陈嘉映等译，生活·读书·新知三联书店，2014 年。

[德]尼采：《权力意志》，贺骥译，漓江出版社，2000 年。

[德]尼采：《曙光》，田立年译，漓江出版社，2000 年。

[德]尼采：《善恶的彼岸》，赵千帆译，商务印书馆，2017 年。

[德]叔本华：《伦理学的两个基本问题》，任立等译，商务印书馆，1996 年。

[德]雅斯贝尔斯：《论历史的起源与目标》，李雪涛译，华东师范大学

出版社，2018 年。
[德]雅斯贝尔斯:《大哲学家》,李雪涛译,社会科学文献出版社,2005 年。
[德]韦伯:《学术与政治》,钱永祥等译,广西师范大学出版社,2004 年。
[德]韦伯：《儒教与道教》，王容芬译，商务印书馆，1995 年。
[奥]弗洛伊德：《释梦》，车文博主编，九州出版社，2014 年。
[英]休谟：《宗教的自然史》，曾晓平译，商务印书馆，2014 年。
[英]葛瑞汉：《论道者：中国古代哲学论辩》，张海晏译，中国社会科学出版社，2013 年。
[英]白哲特：《英国宪制》，李国庆译，北京大学出版社，2005 年。
[英]鲍曼：《个体化社会》，范祥涛译，上海三联书店，2002 年。
[英]哈耶克：《自由秩序原理》，邓正来译，生活·读书·新知三联书店，1997 年。
[以]优锐：《展望永恒帝国：战国时代的中国政治思想》，孙英刚译，上海古籍出版社，2013 年。
[法]柏格森：《道德和宗教的两个来源》，彭海涛译，北京时代华文书局，2018 年。
[法]汪德迈：《中国思想的两种理性：占卜与表意》，金丝燕译，北京大学出版社，2017 年。
[法]范热内普：《过渡礼仪》，张举文译，商务印书馆，2017 年。
[法]卢梭：《社会契约论》，何兆武译，商务印书馆，2009 年。
[法]帕斯卡尔：《思想录》，贾雪等译，中国法制出版社，2015 年。
[法]朱利安：《功效：在中国与西方思维之间》，林志明译，北京大学出版社，2013 年。
[法]科耶夫：《法权现象学纲要》，邱立波译，华东师范大学出版社，2011 年。

［美］沃格林：《新政治科学》，商务印书馆，2018 年。

［美］普鸣：《成神：早期中国的宇宙论、祭祀与自我神化》，张常煊等译，生活·读书·新知三联书店，2020 年。

［美］田浩：《功利主义儒家：陈亮对朱熹的挑战》，姜长苏译，江苏人民出版社，2012 年。

［美］布鲁姆：《人应该如何生活：柏拉图〈王制〉释义》，刘晨光译，华夏出版社，2015 年。

［美］克莱因：《数学与知识的探求》，刘志勇译，复旦大学出版社，2005 年。

［美］塞尔：《心灵导论》，徐英瑾译，上海人民出版社，2019 年。

［美］戈夫曼：《日常生活中的自我呈现》，冯钢译，北京大学出版社，2008 年。

［美］伯格、卢克曼：《现实的社会构建》，汪涌译，北京大学出版社，2009 年。

［美］牟复礼：《中国思想之渊源》，王重阳译，北京大学出版社，2016 年。

［美］伯尔曼：《信仰与秩序：法律与宗教的复合》，姚剑波译，中央编译出版社，2010 年。

［美］史华兹：《古代中国的思想世界》，程钢译，江苏人民出版社，2008 年。

［美］施特劳斯：《斯宾诺莎的宗教批判》，李永晶译，华夏出版社，2013 年。

［美］伊利亚德：《神圣的存在：比较宗教的范型》，晏可佳等译，广西师范大学出版社，2019 年。

［日］五来欣造：《儒教政治哲学》，胡朴安等译，山西人民出版社，2015 年。

［日］子安宣邦：《孔子的学问：日本人如何读〈论语〉》，吴燕译，生活·读书·新知三联书店，2017 年。

［日］井上靖：《孔子》，刘慕沙译，北京十月文艺出版社，2010 年。

［荷］赫伊津哈：《游戏的人：文化的游戏要素研究》，傅存良译，北京

大学出版社，2014 年。

[古希腊]色诺芬：《回忆苏格拉底》，吴永泉译，商务印书馆，2011 年。

[古希腊]柏拉图：《柏拉图全集》，王晓朝译，人民出版社，2003 年。

[古希腊]亚里士多德：《尼各马可伦理学》，廖申白译注，商务印书馆，2011 年。

[古希腊]亚里士多德：《政治学》，吴寿彭译，商务印书馆，2011 年。

[古希腊]亚里士多德：《诗学》，陈中梅译，商务印书馆，1996 年。

[古罗马]西塞罗：《论老年 论友谊 论责任》，徐奕春译，商务印书馆，2003 年。

[古罗马]查士丁尼：《法学总论：法学阶梯》，张企泰译，商务印书馆，2011 年。

[古罗马]卢克莱修：《物性论》，方书春译，译林出版社，2014 年。

# 后记
# 如雪花一样飘落心间

## 一

昨日深夜完成本书第二稿的写作时，一种喜悦之情油然而生，不禁浮想联翩。从开始动笔将手头的笔记整理成文算起，本书的写作用去了整整一年的时间；但如果从本书的准备开始算起，那么十数年的光阴已经过去；而如果追溯古典儒学进入自己视野的时刻，那就要回到二十余年前了。

大概在1999年的春天，当时我在东京大学文学部念书，选修了一门叫“中国民俗学”的课程。至今我清晰地记得，任课的老师在第一次课上就播放了一张幻灯片，上面印着从“天命之谓性”一直到“致中和，天地位焉，万物育焉”的一段文字。这张幻灯片顿时让我产生了一种既熟悉又陌生的奇异感。熟悉，是因为整张幻灯片都是汉字，而且引文的末尾标明它出自《礼记·中庸》，我知道这部书是儒家经典；陌生，是因为那是我第一次看到这段文字，似懂非懂，其实是完全不懂。日本老师也用日文读法进行了朗读，并做了解释，但很可惜，当时我并没有听懂老师的讲解。后来我才逐渐明白，对儒学思想的茫然无知，才是自己不懂的根本原因。那时我还选修了一门叫“明清法律史”的课程，有一部分内容是研读《荀子》；同样，课堂上我总会不时地产生异样感。

许久以后我才意识到，那种感受其实是一种错觉：我将《礼记》或《荀子》这样的文本认定是“中国”的思想，而我作为一名中国学生，应该很容易理解这些内容……然而事实却是，古典文本和个体先天的国籍属性并没有关系；二者的关系端赖于后天的教育与生活——谁拥有了古典所建构、所导引的生活，谁拥有了由古典辅助、滋润的心性，谁就拥有这些文本。

不过，从那一时刻开始，儒学的文字和观念，开始如雪花一样飘进我的心田。这是一个自然的过程。我记得当时曾经申请过一家叫“力行会馆”的学生宿舍，其中的“力行”二字，不禁让我凝视：为何会用这样显得奇怪的词语来命名宿舍？很多学生宿舍，为何叫“寮”或“学寮”？这种类似的体验很快多了起来；比如，我知道了名叫“三省堂”“有斐阁”“木铎社”的出版社，大街上不时见到“劝业银行”，在新闻中几乎每天都会听到中央政府的“厚生省”与地方政府行政长官“知事”的活动。又过了若干年，我才知道，诸如“力行”“三省”“木铎”等词汇都来自《论语》。

从 2004 年开始，我与当时在东京大学读书的几位朋友组织中国古典读书会；活动地点位于“赤门”旁边的那幢楼，所以后来我们就称其为“赤门读书会”。我们从“四书”开始，相继阅读了《诗经》《礼记》《墨子》《吕氏春秋》等十余种古典文本；多的时候有六七人参加，少的时候只有二人，这样前后持续了四年左右。读这些古典的首要目的是自我扫盲，所以不免走马观花。不过，当我们读到各自曾经熟悉的章节或语句时，总会有某种重逢的喜悦。彼时，日本社会不时散发出的“古典”气息——当然也需要去捕捉——与读书会创造的个体生活空间，竟然毫无违和感地融为一体。这种经历构成了我此后思考古典问题的经验基础。

习惯成自然。2009 年春天我回国到汕头大学工作，在进行教学和研究的同时，继续进行自我教育。2017 年，我开始为学生开设“儒家政治哲学”与“中国思想史”的选修课程；在讲课过程中，我尝试将“四书”纳入现代人文社会科学的知识体系中进行重新的解释。教学相长，我在这个过程中获得了进一步的启发和认知。

写上面这一番话，是想交代本书的“自然”起源。这么说，当然不是要为自己学有不逮而找借口——儒学文献浩如烟海，单注释《论语》的著作就有数百种，我参阅的或不及百分之一；所以，我在本书中的工作，仅仅是将自己的一部分认知与感受用语言呈现出来。当然，在这个过程中，我也会借助一些“学术”概念来表述。不过，无论是现代白话，还是现代学术概念，它们到底只是工具。佛家教学体系中有“筏喻”一说——竹筏是渡河的工具，过河后，我们就应该舍弃了，不能不放手。在面对“四书”的古典世界时，我们不能对工具抱有不恰当的期待。

## 二

近代以降，由于世道人心的急剧变迁，人们对“儒学”或“儒家”颇多微辞，乃至有严厉的批评，至今依然如此。我们今天重读《论语》，首先要将自己的门户之见悬置起来；我们只需静观先哲所言究竟是何事即可，然后再看它能否与我们自身的心灵发生共振，是否会引发我们心灵的变化。

这种要求来源于我们的生活现实。作为个人体验，我在上面的追忆实属微不足道，但我也从中认识到，我们和古典文本之间至少横亘着三重帷幕，它们遮住了我们的视线，阻碍了我们的脚步。第一重帷幕就是“语言”。比如，我们经常会使用“诚实”这个词，但其含义究竟是什么呢？要知道，“诚”这个字在“四书”当中可是得到了极其精微的界定和讨论。第二重帷幕是“问题”本身。包括“四书”在内的典籍，它们思考的都是诸如“什么是幸福”“什么是正义”“什么是生命”这样的大问题；但由于现代观念的变迁，这些问题在人们的眼中已经变得陌生。第三重帷幕是“生活”。比如，传统社会非常讲究礼数，人们自然会对“礼”的观念有直观的体认；与此相对，现代社会生活中“礼”的形式和行为被无限压缩，人们只能在极其有限的场合中，或者在各自追求的“仪式感”中，才能获得对“礼”的某种直觉和情感的满足。

所以，本书不是在现代学术体系下对儒学思想进行的“学术研究”，而是通过对孔子及其弟子说法的重新解释，将距今大约二千五百年的对话呈现出来，并接着孔门弟子的思想继续说下去。我希望本书的认知，能更接近孔子的本意一步。当然，本书首要的目的还是与读者一同寻找一条通道，借以穿透上述三重帷幕，让我们的生命，即存在自身，能在世界中再次整全地显现出来。

正如本书序言所交代，本书的释义主要以朱子《四书章句集注》为基础，融合自己的意思表述而成。其实这么做的一个主要理由就是，在朱子所代表的这个新儒学体系中的学者，他们做的事情主要还是“读书”——读书，明理，养气，做事；这是一个整全的体系，而不是现代学科与研究体制下的“学问”。或者说，在这个新儒学的体系下，“学问”其实另有标准。

张子曾言：“《尚书》难看，盖难得胸臆如此之大，只欲解义则无难也。”（《张载集》）其实读《论语》同样如此。如果只是看字面意思，或者辨析、考证个别字词章句的含义，我们借助各种工具书，可能不会有多少特别的困难。今天我们读《论语》的难处，端在于我们是否有与之匹配的“胸臆”，是否有与之相符的心灵世界。也正因如此，通过阅读《论语》，我们如能感受到自己的“胸臆”多少变得宽广、宏大、纯粹起来，那就说明我们自己的气质发生了改变，可谓善莫大焉。

当然，这需要一个过程，是我们现代人要“力行”才有可能到达的一种境界。但退一步而言，如果我们在《论语》的世界中偶尔读到一句话，我们自己的心灵能为之一震，与之共鸣，这或许就是一个美妙的时刻、美妙的开始吧。如我在本书中一再表述的那样，《论语》早已经构成了华夏心灵世界的原风景，它纯朴、高尚、辽阔、明净；阅读其中的章句，无法不让人心志高尚起来，无法不让人心灵明净起来。“润物细无声”，心灵这种一般自然变化的过程，会通过特定的社会过程，转化为我们共同体生活的品格。

由于《论语》语录体的特征，同一个主题可能在不同语境中反复出现，所以，我在表述自己的体认时，自然也无法在某一章句下完全表述出来；同一个主题，比如“仁”，比如“礼”，我也随着文本的不同做出有差异的解释。当我重新阅读本书时，我终于意识到了《论语》中语录编排的好处。回忆一下我们遇到了怎样的主题吧：学习、友谊、家庭、政治、语言、信仰、祭祀、鬼神、责任、衰老、疾病、生死、心灵、富贵、贫贱、音乐、审美、艺术、历史、拯救、逍遥、战争、和平……这些主题在全篇中分散存在，阅读时让我们不时有峰回路转、豁然开朗的感受。它们共同演奏出一篇伟大的乐章，仿佛从历史和民族心灵的深处传来，不时地引发我们各自的共鸣。

我们今天重读《论语》，就是聆听这篇乐章，而我们的生活与生命，也会随着这篇乐章延展下去。传统文化的复兴，中华文明的复兴，归根结蒂就是人心的复兴。因此，读者若能经由本书的工作，对《论语》以及《大学》《中庸》中的只言片语感受到一种欢欣喜悦，并进而能“欢喜奉行”，那我也会感到无比欢喜。当然，由于我自身学养不足，行文中不可避免地会有误解乃至不解之处，谨请十方仁者鉴谅，并不吝赐教。

最后，我要对彭毅文女史表示由衷的感谢，没有她的慧眼和支持，本书的写作和出版可能还要花费无数时日。编辑曾文丽女史对本书的呈现形式提出了宝贵的意见；编辑田梦瑶女史非但细致入微地校阅了全部书稿，还对个别行文和表现方式提出了非常中肯的评论；编辑陈嘉梦女史为本书的后期制作付出了许多心血；她们的智慧和热情，不知为本书增添了多少的光华，在此我要对她们再次表达诚挚的谢意！当然，我还要对漓江出版社谨致谢忱，希望本书能不负出版社方面的出版使命。

2021 年 7 月 1 日记，11 月 19 日定稿

作者谨识于江苏省昆山市花桥镇寓所

胭+砚
project

胭砚计划：
《大欢喜：论语章句评唱》，李永晶著
《多情的不安》，【智利】特蕾莎·威尔姆斯·蒙特著，李佳钟译
《在大理石的沉默中》，【智利】特蕾莎·威尔姆斯·蒙特著，李佳钟译
《〈李白〉及其他诗歌》，【墨】何塞·胡安·塔布拉达著，张礼骏译
《珠唾集》，【西】拉蒙·戈麦斯·德拉·赛尔纳著，范晔译
《雪岭逐鹿：爱尔兰传奇》，邱方哲著
《青春燃烧：日本动漫与战后左翼运动》，徐靖著
《自我的幻觉术》，汪天艾著
《阿尔塔索尔》，【智利】比森特·维多夫罗著，李佳钟译
《海东五百年：朝鲜王朝（1392—1910）兴衰史》，丁晨楠著
《昭和风，平成雨：当代日本的过去与现在》，沙青青著
《送你一颗子弹》，刘瑜著
《平成史讲义》，【日】吉见俊哉编著，奚伶译
《平成史》，【日】保阪正康著，黄立俊译
《看得见的与看不见的》，【法】弗雷德里克·巴斯夏著，于海燕译
《群山自黄金》，【阿根廷】莱奥波尔多·卢贡内斯著，张礼骏译
《诗人的迟缓》，范晔著
《亲爱的老爱尔兰》，邱方哲著
《故事新编》，刘以鬯著
《国家根本与皇帝世仆——清代旗人的法律地位》，鹿智钧著
《父母等恩：〈孝慈录〉与明代母服的理念及其实践》，萧琪著
《说吧，医生 1》，吕洛衿著
《说吧，医生 2》，吕洛衿著
《摩登中华：从帝国到民国》，贾葭著
《一茶，猫与四季》，【日】小林一茶著，吴菲译
《暴走军国：近代日本的战争记忆》，沙青青著
《天命与剑：帝制时代的合法性焦虑》，张明扬著
《古寺巡礼》，【日】和辻哲郎著，谭仁岸译
《造物》，【日】平凡社编，何晓毅译

**图书在版编目（CIP）数据**

大欢喜：论语章句评唱 / 李永晶著 .-- 桂林：
漓江出版社，2022.8
ISBN 978-7-5407-9283-1

Ⅰ . ①大… Ⅱ . ①李… Ⅲ . ①《论语》- 注释 Ⅳ .
① B222.22

中国版本图书馆 CIP 数据核字 (2022) 第 105267 号

大欢喜：论语章句评唱
DA HUANXI : LUNYU ZHANGJU PINGCHANG
李永晶 著

出版人 刘迪才
品牌监制 彭毅文
责任编辑 陈嘉梦
特约编辑 田梦瑶
装帧设计 一本好书
责任监印 陈娅妮

漓江出版社有限公司出版
社址 / 广西桂林市南环路 22 号
邮政编码 / 541002
网址 / www.lijiangbooks.com
微信公众号 / lijiangpress
北京联合天畅文化传播有限公司发行
发行电话 / 010-64258472
印制 / 北京盛通印刷股份有限公司
开本 / 880mm × 1240mm 1/32
印张 / 16.25 字数 / 400 千字
版次 / 2022 年 8 月第 1 版
印次 / 2022 年 8 月第 1 次印刷
定价：58.00 元